U0794349

国家双高“铁道机车专业群”系列 活页工作手册式立体化教材
——铁道机车运用与维护专业

行车安全装备

主 编 ◎ 张琼洁 张 远 海 方

副主编 ◎ 张中央 党建猛 李孝坤 张红涛

西南交通大学出版社

·成 都·

图书在版编目（C I P）数据

行车安全装备 / 张琼洁，张远，海方主编. —成都：西南交通大学出版社，2023.1（2025.1 重印）

ISBN 978-7-5643-9137-9

Ⅰ. ①行… Ⅱ. ①张… ②张… ③海… Ⅲ. ①机车－行车安全－安全设备 Ⅳ. ①U268.2

中国版本图书馆 CIP 数据核字（2022）第 255383 号

Xingche Anquan Zhuangbei

行车安全装备

主编 张琼洁 张 远 海 方

责任编辑	梁志敏
封面设计	何东琳设计工作室
出版发行	西南交通大学出版社 （四川省成都市金牛区二环路北一段 111 号 西南交通大学创新大厦 21 楼）
邮政编码	610031
发行部电话	028-87600564 028-87600533
网址	http://www.xnjdcbs.com
印刷	成都蜀雅印务有限公司
成品尺寸	185 mm × 260 mm
印张	25
字数	529 千
版次	2023 年 1 月第 1 版
印次	2025 年 1 月第 2 次
定价	59.00 元
书号	ISBN 978-7-5643-9137-9

课件咨询电话：028-81435775

Preface 前言

安全是铁路运输的生命线，是运输生产永恒的主题。铁路运输安全不仅影响着企业本身的生产效率和经济效益，也对社会经济有着重大影响。轨道电路、机车信号、列车综合无线调度系统、列尾装置等为列车运行安全提供了有效的保障。列车运行监控记录装置简称监控装置，即 LKJ，是我国研制的以保证列车运行安全为主要目的列车速度监控装置。该装置在实现列车速度安全控制的同时，采集记录与列车安全运行有关的各种机车运行状态信息，促进了机车运行管理的自动化。机车 6A 系统即机车车载安全防护系统，是对机车运行重点部位进行安全防护的重要装置。我国机车远程监测与诊断系统（CMD 系统）通过车载 LDP 设备获取机车各设备信息，并通过多种传输手段将机车数据源源不断地传到地面系统，实现车地一体化。地面系统通过大数据分析为机车的安全运行保驾护航。本书根据铁路高职教育电力机车驾驶专业教学计划编写，为铁道机车专业教学一体化课程教材，分为理论篇和实训篇两部分，理论部分共分为八个项目，主要介绍各装备的工作原理和功能。实训部分共五个项目，按照机车乘务员一次乘务作业现场操作过程，按任务分解各个设备的操作。

本书为校企合作的新形态教材，由郑州铁路职业技术学院、中国铁路郑州局集团有限公司、郑州畅想高科股份有限公司联合编写，配套有数字资源。其中郑州铁路职业技术学院张琼洁、海方，中国铁路郑州局集团有限公司高级工程师张远担任主编。郑州铁路职业技术学院张中央、党建猛、李孝坤、张红涛担任副主编。其中理论部分项目一至项目三由海方编写，项目四由张琼洁编写，项目五由张中央编写，项目六至项目八由李孝坤编写。实训部分项目一至项目三由党建猛编写，项目四由张远编写，项目五由张红涛编写。由于编者水平有限，不妥之处在所难免，恳请读者批评指正。

本书的编写得到中国铁路郑州局集团有限公司、郑州畅想高科股份有限公司等相关企业的大力支持，部分配套数字资源由郑州畅想高科股份有限公司制作，在此一并表示感谢。

编　者

2021 年 12 月

数字资源列表

序号	数字资源名称	资源类型			页码	项目
		视频	动画	PPT		
1	轨道电路的组成、工作原理和作用	√		√	9	项目一
2	轨道电路的分类	√		√	11	
3	机车信号概述	√		√	35	项目二
4	机车信号分类	√		√	37	
5	JT1-CZ2000 型一体化机车信号	√		√	39	
6	监控记录装置的发展	√		√	67	项目四
7	LKJ2000 型列车运行监控记录装置功能	√		√	70	
8	LKJ2000 型列车运行监控记录装置语音提示	√		√	79	
9	LKJ2000 型列车运行监控记录装置认知	√		√	82	
10	LKJ2000 型列车运行监控记录装置主机	√		√	84	
11	LKJ2000 型列车运行监控记录装置人机交互单元	√		√	95	
12	LKJ2000 型列车运行监控记录装置控制模式	√		√	103	
13	LKJ2000 型列车运行监控记录装置控制状态	√		√	106	
14	LKJ2000 型列车运行监控记录装置故障处理分析	√		√	135	
15	6A 系统概述	√		√	148	项目五
16	CPP 中央处理平台	√		√	151	
17	ABDR 机车空气制动安全监测子系统	√	√	√	153	
18	AFDR 机车防火监控子系统	√		√	156	
19	AGDR 机车高压绝缘检测子系统	√		√	160	
20	APDR 机车列车供电监测子系统	√		√	165	
21	ATDR 机车走行部故障监测子系统	√		√	173	
22	AVDR 机车自动视频监控及记录子系统	√		√	178	
23	CMD 系统概述	√		√	186	项目六
24	CMD 车载子系统	√		√	188	
25	CMD 数据传输子系统	√		√	192	
26	CMD 地面综合应用子系统	√		√	201	

续表

序号	数字资源名称	资源类型			页码	项目
		视频	动画	PPT		
27	CTCS 认知	√		√	207	项目七
28	CTCS-2 概述	√		√	214	
29	CTCS-2-地面及车载系统	√		√	215	
30	CTCS-2 级列车运行控制系统模拟	√			217	
31	CTCS-2 临时限速地面设备传输信息流程	√			217	
32	列尾报警操作		√		264	实训项目一
33	列尾辅助排风操作		√		264	
34	列尾故障时操作办法		√		264	
35	LBJ 使用方法	√			269	

Contents 目录

上篇　理论篇

下篇　实训篇

上篇

理论篇

项目一 轨道电路基本理论 ▶▶▶

项目描述

为了检查列车占用钢轨线路状态，美国人鲁宾逊于1870年发明了开路式轨道电路，1872年又研制成功了闭路式轨道电路，并于1873年首先在宾夕法尼亚铁路试用，从此诞生了铁路自动信号。我国铁路在建国前采用的轨道电路传输信息少，分布也极不平衡，从20世纪50年代中期开始，轨道电路技术在我国有了长足的发展，不仅传输的信息量有了大幅增加，而且其使用范围遍及全国铁路各线，构成了我国铁路信号技术发展的基础。

轨道电路的正常工作保证了列车运行安全，所以，当轨道电路出现故障时应采取相应的修复技术予以处理。

知识目标

（1）了解我国轨道电路的发展历程。
（2）掌握轨道电路的组成结构、工作原理、分类。
（3）掌握轨道电路的故障分析及处理方法。

能力目标

（1）能够辨认不同时期的轨道电路。
（2）能够认识轨道电路相关设备。
（3）能够处理故障轨道电路。

思政目标

（1）培养敬业爱岗、遵章守纪、乐于奉献的职业精神。
（2）牢记安全第一、以质量促安全的职业规范。
（3）塑因果理念，扬精益求精工匠精神。

任务一　轨道电路相关电工知识及发展历程

任务描述

（1）掌握与轨道电路相关的基本电路知识。

（2）了解我国轨道电路的发展历程。

知识储备

一、轨道电路相关电工知识

我们常说的电路是一些简单的理想电路，不掺杂任何干扰和外在因素的电路，是由独立的元器件或合成的块电路构成的电路，因而分析起来相对容易，但对于轨道电路来说，其所掺杂的外界因素很多，甚至有些因素至今仍不能完全解析清楚，因此分析轨道电路时必需掌握电工的某些知识。这一节我们就从轨道电路入手，以目前朔黄线所大量使用的 25 Hz 相敏轨道电路为重点加入其他部分轨道电路作为参考对象来讲解一些相关的电工知识。

分析轨道电路必须具备一定的电路理论，除电路的基本物理量外，还应掌握部分元器件的特性、作用，部分电源的特点、部分定律的应用和计算方法。

基本物理量分为两大类：基本变量和基本复合变量。其中，基本变量有 4 个，即电流、电压、电荷、磁通，基本复合变量有 2 个，即电功率和电能。

1. 电荷

电荷是物体或构成物体的质点（质点是物体运动状态时，不考虑物体的大小和形状而认为它只是有质量的点）所带的正电或负电。电荷是一种现象，到现在仍然没有一种理论能预言电荷能像质子、电子和 U 介子等以基本粒子存在，只有在现代量子物理学中才能解释。因此，电荷的单位是不能用电荷本身的概念来确定的，我们现在看到的电荷的单位是从电流的单位导出来的（定义为：如果导线中有 1 A 的恒定电流，则在 1 s 内流过此导线中任意给定截面的电量就是 1 C。用符号表示为 $q=it$，q 代表电荷，i 代表电流，t 为时间常数），这就是我们常常见到在很多应用领域称电荷为“单位正电荷或单位负电荷”的缘故。

电荷在物质内部能够自由运动，但只限定在导体中，在绝缘体中电荷是不能移动的；在金属中也只有负电荷才可以自由运动，正电荷是不动的，正电荷只有在特定的环境下才能运动，比如在电解液中。金属中电荷的携带者是自由电子，在绝缘体中，由于电子数量非常少，原子核最外层电子层结合紧密，受原子核束缚很大，外层电子处在原子核高能量能带中，电子穿越能带很困难，并且构成绝缘体的原子是以晶体结构存在的，电子脱离晶体结构是非常不容易的，因此不导电，但不是纯粹不导电（因为自然界不存在绝对的绝缘），在外力（电场力即电势或电压）的强作用下，绝缘体也会导电，叫作绝缘击穿。比如，电容内的绝缘体在额定电压下是绝缘的，但将电压一直提升，就会将电容内绝缘介质击穿，从而导电。

我们讨论电荷是因为自然界电荷是无处不在的，只要有电场力或电势能对电荷作用，电荷就可能会在任何地方形成电流，如果这种电流正好出现在我们所要研究的轨道电路中，那么就会对我们的轨道电路形成影响，这在我们现场的轨道电路中是非常普遍的现象。现场的轨道电路既存在电容击穿，又存在电荷非金属（实际上已经形成或正在形成导体或半导体性质）内转移，例如对于某些临界短路点，轨道电压正常时或许可以工作，但由于受到外界影响使电路结构改变，电荷能移动时，故障就可能出现了；再例如，道床在正常状态下，两轨间道床是“绝缘的”，但在某些情况下，如下雨时，电荷在雨水中就能在轨道电路的电势作用下顺利流动，从而造成红光带，UM71 轨道电路就受这种情况影响。

2. 电流

单位正电荷的定向移动形成了电流。金属导体内电子的运动是自由运动，没有形成有规律的运动，它不是定向运动，必须要有外力来引导电子作定向运动，这个引导工具就是电势差（或是电压），电势差越高，电子移动速度越快，传输能力也就越强，这就是为什么发电厂送出来的电要以高压的形式往外传输，一方面要使送出来的电子形成定向运动，另一方面就是让电子流能最大限度地克服导体电阻力，加快传输速度，以便使其传输得更远。

在轨道电路中，提高轨道送电端电压可以让濒临界面的轨道继电器不落，或者吸起，就是利用加速电流运动的方法迫使电子流突破阻碍点（或分流点）送入室内，使室内的有关继电器保持不落或吸起，但是，这里有个问题，就是任何运动都具有发热现象，电子的运动也具有发热现象，在导体横截面一定时（也就是电子流通流带一定），其电子的加速运动必将使导体发热加速，电子流越大，发热越快，除非增加导体横截面，让电子通过空间加大，如果不能做到增加横截面，那就可能会出现电子流流经路径中通流带小的地方被烧损，如保险、细的芯线等，所以“十二严禁”为要什么规定“不能盲目用提高轨端送电端电压的方法来处理故障”也就不难理解了。

3. 电势

我们知道，物质是由分子构成的，分子是由原子（质子、中子和核外电子）组成的，通常状态下原子核力束缚着电子的电能力，使物质不显电性，这也就是说，要想让电荷在任何地方移动，必须借助一定的外力，这个外力应用到我们电路学中就是电势。势，是一种趋向，物质只有有了势，才能运动，水从高山上流下是因为存在重力下产生的水势，飞机从地面升空是因为借助了机械能产生的冲势，这也就是说势是在某一线性趋势中存在的能力差。电场中任意两点间所存在的电能力差就是电势差。电势差可以是正值、负值或零，这要区别是以什么方向什么点为参考点的。在电路学中电荷在电场中由任意点 A 移动到另一点 B 时，外力，也就是电势差所做的功用焦耳/库仑（符号 W/q）来表示，为便于使用，国际中常用伏特（符号 V）来表示。

1 伏特=1 焦耳/库仑

如果将点 A 作为参考点时，则电荷由点 A 移动到点 B 电场力所做的功为：

$$V_{AB}=V_B-V_A \quad 即 \quad V_{AB}=V_B-V_A=W_{AB}/q=V$$

电场中电势相等的点的轨迹叫作等势面，因为电势差为零，所以在等势面上任何两点间的电荷移动时不须要电势差，也就是外力不需要做功，由公式 $V_{AB}=V_B-V_A$ 也可以看出 $V_B=V_A$ 时 W_{AB} 必定为零。在轨道电路中到处存在着电势差，这些电势差有些是对轨道电路起正面作用的，有些是起反面作用的，这就要求我们在维护轨道电路或者在分析、处理轨道电路故障时要考虑各种电势差的具体影响。

4. 电压

电压是电势差作用下产生的一个物理几何常数，是将电势差 W_{AB}/q 这个比值当作一个常数比值来使用。由奥斯特电磁原理我们知道，在通电导体周围会产生磁场，即电场，电荷在电场中运动时，受电场的电磁束缚，要克服这个约束力，就必须借助外力来抵消这个电力，这个外力的大小与电力相同，方向与电力相反。因此，电荷在导体内移动时，电场力就要对电荷做功。由此，我们可以看到，移动的电荷越多，电场力需做的功相应地也会越大，反过来也就是说电场力所做功的大小与移动电荷的多少成正比。我们研究电压，是因为在轨道电路中经常要使用电压来测试与分析电路状态。日常测试中要用电压来衡量轨道电路的工作状态；处理故障时要用电压来分析查找故障点。

5. 电位

电位是在电路中人为规定一个参考点，它在电路中并不存在，规定了参考点后，电路中某点对参考点的电压就叫作该点的电位。我们研究电位，是因为在轨道电路中需要用电位的有关知识对某些复杂的故障进行分析。例如，在分析轨道电路被牵引电流烧损故障时，就要清楚接触网的纵电势是否存在。

我们知道，大地是常作为参考点来考虑的，但是请注意，大地并不全是所谓的“零电位”，车站站场在牵引电力地线、接地网、高压变压器接地极，以及信号、通信等各种设备的防雷地线、安全地线组成的繁杂的地线群中，存在着地线埋深不同、接地点土质不同、接地体的不同而形成的各种接地电势差，这种电势差在牵引电路闪络、电路因故放电等因素的作用下会使各种地线之间形成危害很大的感应电势，足可以击穿绝缘、烧损设备。在历年来的接触网烧损扼流变、轨道电路设备的故障中，此类故障也占有一定的比例。因此，信号设备的接地体及可能受到牵引电势的危害的处所需要检查相关接地体的电位差，尽可能使各种地线处于同一电位，减小危害。再例如，在查找轨道电路半接地或低电压故障时，要利用大地电位和设备各部件间不同的电位来进行对比测试；在轨道电路的其他故障中也要用不同点的电压来对比、衡量各部分的正常电压值：可以测量钢丝绳上的电压降，也可以测量螺丝间的电压降等等来查找轨道电路故障。另外，在日常分析某一点轨道电路故障时通常也要使用电位来分析。

6. 电动势

电动势是能够维持电势差的电磁器件。电动势既可以以单独的形式存在，也可以以电路的形式存在，这就是说，单独存在与电路存在均可以在其上面测试出电势差来，即可以测试出电压来。因此可以说任何能测试出电势差的储存有电荷的器件均是电动势（电容暂不作为研究范围）。电动势既然能维持电势差，就可以对通过它的电荷做功，这在我们讨论电势时已经讲过。可以看出电动势同电势与电压一样，都是研究电场力做功的，因此电动势的单位也是伏特（即焦耳/库仑），但不同的是电势是研究电场力做功的方向的；电压是研究电场力做功的比值的；电动势研究的是电场力做功时电能能量转换过程的。在闭合电路中，电动势对电荷携带者做功，在其内部一定就有了能量的转换，此时的做功是在整个电路中进行的，包括它自身的内电阻。

7. 实际源

我们日常所说的电源是不包括电源本身内阻的电源，是理想中的电源，也就是我们常说的恒压源（或恒流源），这在现实生活中是不存在的。实际中的电源是具有内阻的，其端电压是随着电流（或电压）的大小而变化的。

实际的电压源是由一个理想电压源串联上一个电源内阻组成的；实际的电流源是由一个理想的电流源并联上一个电源内阻组成的。

二、我国轨道电路的发展历程及现状

从 1924 年轨道电路首次在国内应用，到今天高铁已经历 10 年的发展，轨道电路的发展历程大致可分为 5 个阶段：技术萌发、自主探索、引进吸收、自主转化和高铁创新阶段。

1. 技术萌发时期：1920—1949 年

这个阶段我国属于半封建半殖民地社会，处于军阀混战、外国割据时期。国家没有主权，技术更谈不上发展。这个时期的轨道电路技术完全是国外的，只是在中国应用而已，但这也标志着轨道电路踏入了有着 5000 年历史的中华大地。

（1）1924 年，在长大线大连—金州间和沈阳—苏家屯间修建的自动闭塞中，最早使用了交流轨道电路，采用的器材是美国的产品。

（2）1925 年，秦皇岛和南大寺两站首先装用闭路式直流轨道电路，采用的器材是英国麦堪司和荷兰德公司的产品。

2. 自主探索时期：1949—1980 年

新中国成立之初，西方势力对我们实施全面的技术封锁，就连苏联也在 1960 年撤走了所有在华技术专家。我国各项技术进入自主探索时期，在毛主席“自力更生”方针的指导下，轨道电路技术呈现了百花齐放、百家齐鸣的生动局面：一是参与研制的单位争先涌现，如北京全路通信信号研究设计院（简称通号院）、中国铁道科学院（简称铁科院）、各路局和相关高校，或联合或独立开展研究；二是为满足机车信号，出现了更多的轨道电路制式。

（1）1952 年铁科院开始研究电冲轨道电路，作为自动闭塞的基础设备正式投入运用，定名为 TY-58D 型极性电冲轨道电路。

（2）20 世纪 60 年代中期，沈阳、北京、哈尔滨、郑州等铁路局与铁科院分别研究各种方案的极性频率脉冲轨道电路，满足取得机车信号控制信息需要。

（3）20 世纪 60 年代中期，铁道部组织通号院、铁科院、北方交通大学等单位共同研制频率轨道电路。1970 年 5 月完成在焦枝线耿波—邓湖间第一个 9 km 试点区间。

3. 引进吸收时期：1980—1997 年

1978 年 12 月，党的十一届三中全会开启了改革开放的历史新时期。轨道电路技术在自主探索的基础上，主动引进了国外先进技术。在此基础上，我国也开始了对国外先进轨道电路技术的消化和吸收。

（1）1989 年，从法国 CSEE 公司引进 UM71 移频轨道电路，于 1990 年在郑州—武昌间首先安装，并于 1992 年 12 月全线开通运用。在此基础上，我国也开始了移频轨道电路的消化吸收。

（2）1992 年，在广州一仙村间安装运用 ZP-89 型 8 信息移频轨道电路。

（3）1997 年初，中铁第四勘察设计院（简称铁四院）、哈尔滨铁路局、铁科院等单位联合成立研制课题组，在有绝缘 18 信息移频轨道电路的基础上，实现无绝缘化。1998—1999 年间，该系统经多次审查后统一鉴定，命名为 ZP · W1-18 型轨道电路。1998 年 8 月至 1999 年 6 月在京广线良田—太平里间，1999 年 1 月至 2000 年 12 月在哈大线长春—四平间，2000 年 3 月至 2001 年 3 月在宝成线马角坝—二郎庙电气化区段进行运行考验，未推广。

4. 自主转化时期：1997—2007 年

这个时期，我国改革开放已见成效，人民生活水平得到极大改善，为进一步满足人民对于快速出行的美好愿望，我国在 1997 年至 2007 年这 10 年间，共进行了 6 次大提速，时速由 48 km 提升至 250 km。更快的时速意味着需要更完善的安全保障，然而 2000 年 10 月，国产移频轨道电路连续出现 2 次不能实现“断轨”检查，造成运行客车脱轨重大事故。因此，“断轨检查”成为轨道电路的新安全需求和底线。

（1）2002 年 5 月 28 日，ZPW-2000A 轨道电路通过铁道部科技司技术鉴定。

（2）2003 年 6 月 9 日，《关于规范 ZPW-2000 自动闭塞尚到管理工作的通知》（铁运函〔2003〕196 号），明确了统一发展 ZPW-2000 制式。

（3）2003 年 10 月 28 日，济南局于官屯一三唐的 ZPW-2000A 轨道电路示范段开通。

（4）2007 年 4 月 18 日，实施全国铁路第 6 次大面积提速，区间 ZPW-2000A 轨道电路大面积运用。

任务自检

1. 简述电路中四个基本变量的概念。
2. 简述我国轨道电路的发展历程。

任务二　轨道电路认知

任务描述

（1）掌握轨道电路的构成和基本工作原理。

（2）掌握轨道电路的技术要求。

（3）了解轨道电路的分类方法。

视频：轨道电路的组成、工作原理和作用

PPT：轨道电路的组成、工作原理和作用

知识储备

一、轨道电路的定义

轨道电路是以铁路线路的两根钢轨作为导体，用引接线连接电源和接收设备所构成的电气回路，它是监督铁路线路是否空闲，自动并连续地将列车的运行和信号设备联系起来，以保证行车的安全，在线路上安设的电路式装置。轨道电路是以铁路线路的两根钢轨作为导体，两端加以电气绝缘或电气分割，并接上送电设备和受电设备构成的电路。它的主要功能就是反映轨道区段是否被列车占用。轨道电路是构成现代化铁路信号设备的基础，它能否正常工作，直接关系到行车安全和行车效率。

二、轨道电路的构成

轨道电路由钢轨、轨道绝缘、轨端接续线、引接线、送电设备及受电设备等主要元件组成。最简单的轨道电路构成形式如图 1.1.1 所示。

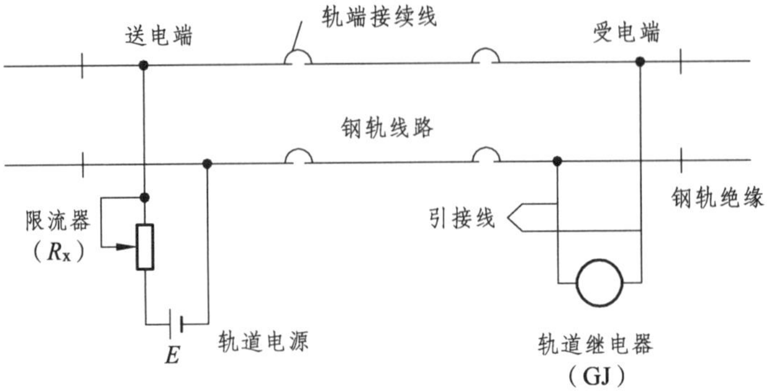

图 1.1.1　轨道电路的结构

轨道电路的送电设备安装在送电端（又称为电源端或始端），它由轨道电源 E 和限流器 R_X 组成。根据轨道电路的类型不同，轨道电源可以用铅蓄电池（或其他直流电源）浮充供电，也可以用轨道变压器或变频器、信号发生器供电。限流器一般为电阻器，也可以采用电抗器，它的作用是保护电源设备不因过负荷而损坏，并保证在列车占用轨道电路时，轨道继电器能可靠落下。对某些交流轨道电路而言，限流器还兼有相位调整的功效。轨道电源采用由电子器件组成的信号发生器时，一般都不设限流器。

轨道电路的接收设备安装在受电端（又称为继电器端或终端），目前接收器主要采用的是继电器（称为轨道继电器 GJ），由它来接收轨道信号电流。电子轨道电路的接收设备一般都采用电子器件，其作用和轨道继电器相同。

轨端接续线是为了减小钢轨的纵向电阻，而在轨条的连接处增设的。

钢轨绝缘的作用是分割相邻的轨道电路，从电的方面加以绝缘，但是，相邻钢轨线路之间通过大地仍保持着联系，从而给电流形成了附加通路，使轨道电路的传输复杂化。

两组绝缘节之间的钢轨线路（即从送电端到受电端之间），称为轨道电路的控制区段，其长度也就是轨道电路的长度。

送电和接收设备一般放在轨道旁的继电器箱、变压器箱（分散）或信号楼内（集中），直接由引接线（钢丝绳）或通过电缆再由引接线接向钢轨。

三、轨道电路的工作原理

当轨道电路控制区段内的钢轨完整，且无列车占用（即线路空闲）时，通过轨道继电器的电流比较大，轨道继电器励磁吸起，前接点闭合，利用轨道继电器前接点的闭合条件，接通信号机的绿灯电路，信号开放，表示轨道电路设备完整、没有被列车占用，允许列车进入该区段，如图 1.1.2（a）所示。轨道电路若被列车占用，即轨道电路被列车轮对分路，钢轨中的信号电流会同时通过机车车辆的轮对，由于轮对电阻比轨道继电器线圈的电阻小得多，电源输出的电流将显著增大，限流器 R_X 上的压降随之增加，两根钢轨间的电压降低，当流经轨道继电器线圈的减少到它的落下值时，衔铁释放，后接点闭合，信号机的绿灯电路切断，信号关闭。同时利用其后接点的闭合条件，接通信号机的红灯电路，这样就表示轨道电路已经被占用，向后续列车显示禁止信号，如图 1.1.2（b）所示。当轨道电路某一设备损坏，如引接线或钢轨折断时，轨道继电器也会因得不到足够的电流而失磁，同样使信号机点红灯，禁止列车进入该区段，以保证行车安全。

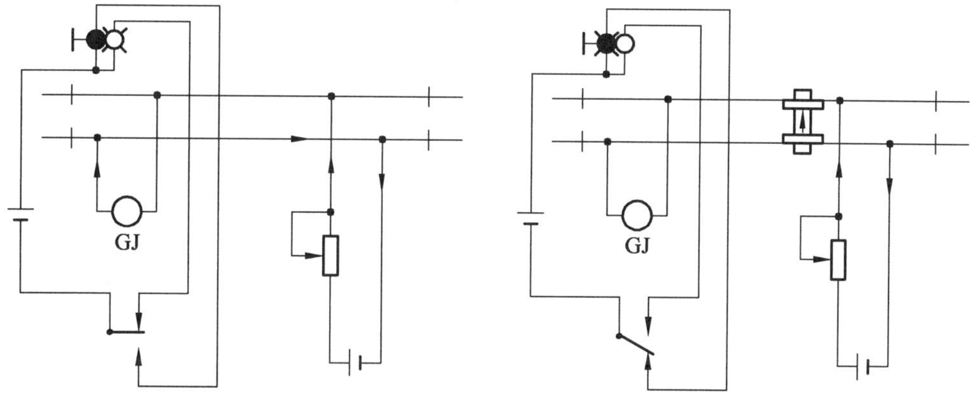

（a）　　　　　　（b）

图 1.1.2　轨道电路的工作原理

轨道电路的工作状态由接收器即轨道继电器反映出来，轨道继电器的接点又控制着信号机的显示，信号机的显示指示着列车的运行，列车的运行又影响着轨道电路的工作状态，就这样构成了自动控制系统。

四、轨道电路的技术要求

（1）当轨道电路空闲且设备良好时，轨道电路继电器衔铁应可靠吸起。

（2）轨道电路在任何一点被列车占用时，即使只有一个轮对进入轨道电路，轨道继电器应立即释放衔铁。

（3）当轨道电路不完整时，断轨、断线或绝缘破损时，轨道继电器应立即释放衔铁，关闭信号。

（4）对某些轨道电路，还应实现由轨道向机车传递信息的要求。

五、轨道电路的分类

（一）按工作原理分类

视频：轨道电路的分类　　PPT：轨道电路的分类

轨道电路按工作原理可分为闭路式轨道电路和开路式轨

道电路，传导式轨道电路和感应式轨道电路。

（1）闭路式轨道电路：发送设备和接收设备分别安装在轨道电路的两端。其特点是当发生断线、断轨或绝缘破损等故障时，由于流经轨道继电器线圈的电流大大减少，所以轨道继电器也会落下，符合信号设备一旦发生故障应倒向安全的原则。

（2）开路式轨道电路：发送和接收设备都安装在轨道电路的同一端，轨道继电器落下表示无车占用。该种轨道电路不符合故障—安全原则，一般情况都不采用。其优点是：对列车的占用反映比较迅速，平时消耗电能较少。因此，在驼峰信号设备以及电源比较困难的半自动闭塞区段，常采用两段开路或一段开路一段闭路的形式构成轨道电路。

（3）传导式轨道电路又称为电压式轨道电路，感应式轨道电路又称为电流式轨道电路。上述所讲的均为电压式轨道电路，电流式轨道电路的原理是：有电源送出交流信号沿钢轨流经负载阻抗时，在钢轨周围产生交变磁场，磁场中放置电感线圈，线圈中产生电动势，使电流接收器工作。

（二）按信号电流的性质分类

轨道电路按信号电流的性质可分为直流轨道电路和交流轨道电路。

1. 直流轨道电路

轨道电路的电源采用直流供电的，称为直流轨道电路，它常用在交流电源不可靠的非电力牵引区段，当交流电不可用时，由平时浮充供电的蓄电池供电。由于该轨道电路安装电源设备较困难、检修不方便以及容易受迷流干扰等原因，新安装的轨道电路很少采用。

2. 交流轨道电路

采用交流供电的轨道电路，称为交流轨道电路。下面简单介绍几种交流轨道电路。

1）交流连续式安全型整流轨道电路

由于该轨道电路的轨道继电器线圈的串联电阻值为 480 Ω，又称为“480”型轨道电路。因该轨道电路电源的频率为 50 Hz，故该轨道电路只能应用于非电化区段。如图 1.1.3 所示为该轨道电路的结构图。

2）25 Hz 相敏轨道电路

该电路适用于电化和非电化区段，结构如图 1.1.4 所示。

该轨道电路特点：① 轨道电路的信号源由铁磁分频器供给 25 Hz 交流电，以区分于 50 Hz 牵引电流；② 接收器采用二元二位相敏轨道继电器（JRJC）。由图 1.1.4 可以看出，该继电器的轨道线圈由送电端 25 Hz 电源经钢轨传输后供电，局部线圈则由 25 Hz 局部分频器供电。轨道继电器工作时，从轨道电路取得较小的功率（约 0.57 W），而大部分功率是通过局部线圈取自局部电源（约 8 W），因而轨道电路的距离可以延长；同时该轨道电路具有可靠的频率选择性和相位选择性，因而它的抗干扰能力较强。

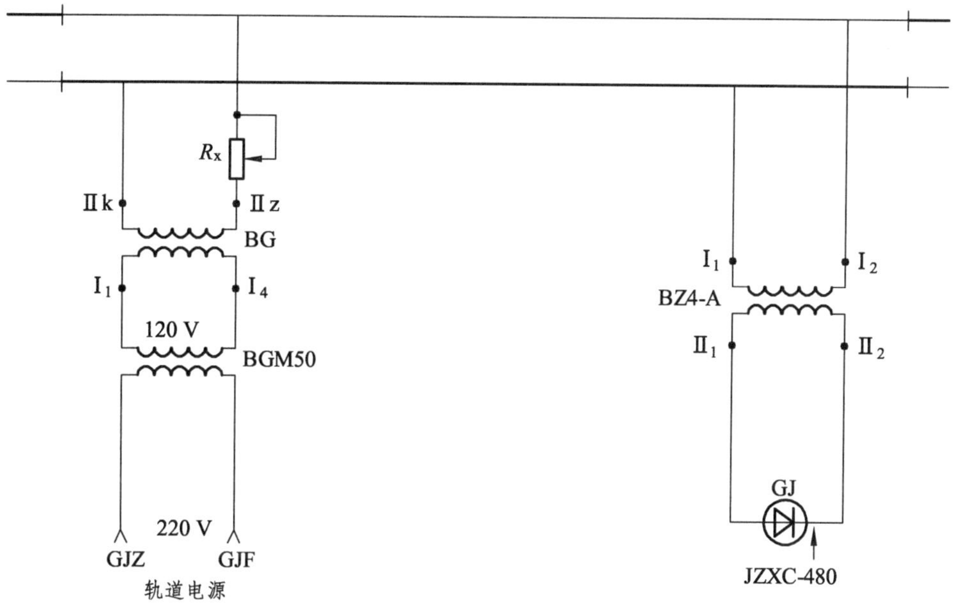

图 1.1.3　交流连续式“480”型轨道电路

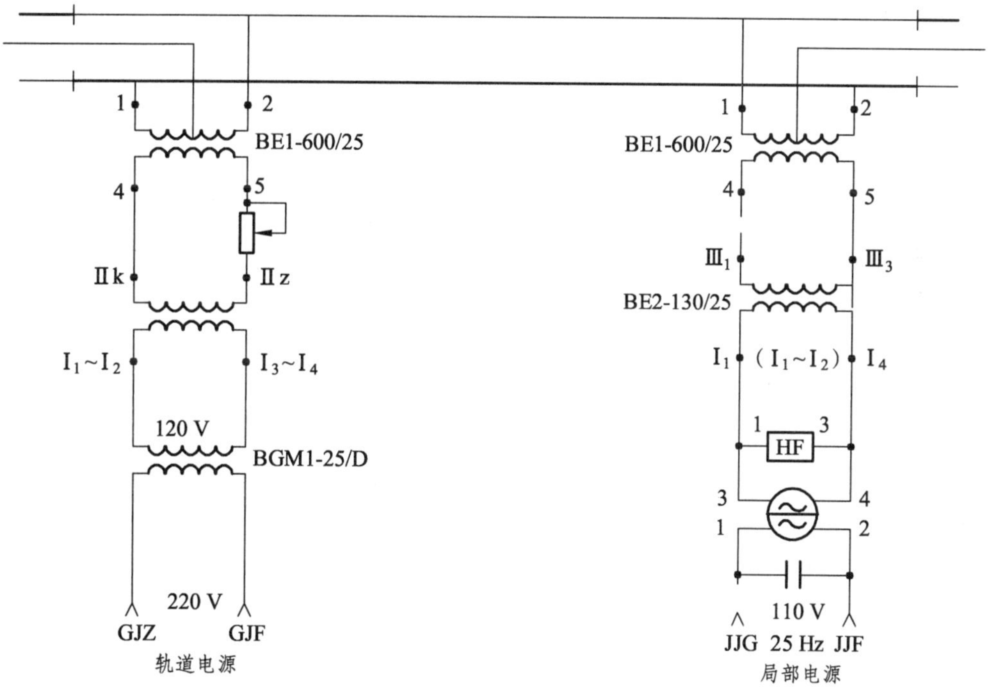

图 1.1.4　电化区段双扼流 25 Hz 相敏轨道电路

3）移频轨道电路

该电路可分为非电化区段、电化区段站内和电化区段区间三种轨道电路，这三种轨道电路的动作原理是相同的，电路结构原理如图 1.1.5 所示。

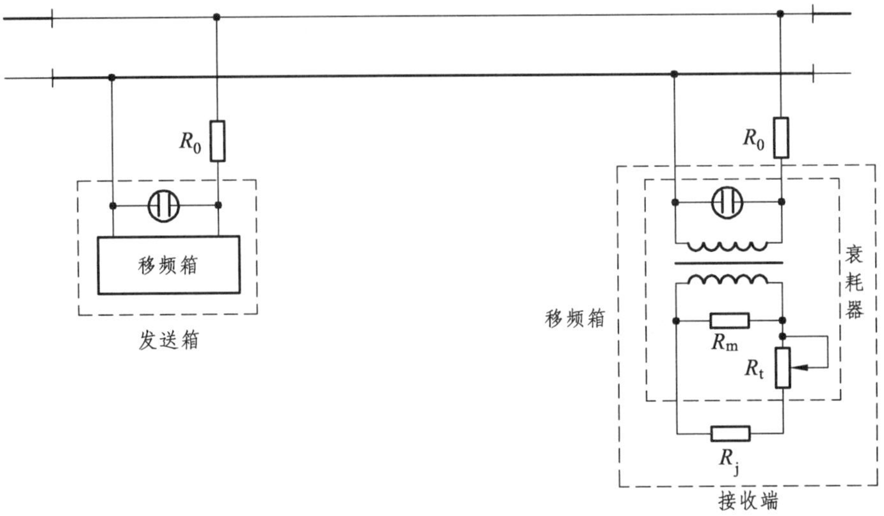

图 1.1.5　移频轨道电路结构框图

送电端发送的信号，由功率放大器直接馈送到钢轨上，图中的 R_0 是引接线电阻，在送电端不设调整电压的元件，因而送电端的电压是不可调的。但是由于发送设备是由电子器件组成，送电端的输出电压将会受到电源电压的波动及轨道电路输入阻抗模值变化的影响。在受电端，为了使收到的信号电平比较稳定，轨道上送来的信号要通过衰耗器再接至有关设备。衰耗器中串接可调电阻 R_t，根据轨道电路的长度及线路漏泄情况调节 R_t 的阻值，就可以达到调整轨道电路接收端电平的目的。

移频轨道电路在钢轨上传送的是经低频调制过的音频信号，该信号是振幅不变，频率由 f_1 与 f_2 交替变化的移频波，音频 f_1 和 f_2 交替变化的频率则由低频信息决定。移频轨道电路的中心载频频率有 4 种，上行线为 650 Hz 和 850 Hz，下行线为 550 Hz 和 850 Hz。频偏 Δf 为 55 Hz，调制信号的频率采用 11 Hz、15 Hz、20 Hz 和 26 Hz 4 种，即我们平常所说的四信息。

4）UM71 轨道电路

UM71 无绝缘轨道电路为法国 CESS 公司所研制的带调制（U）移频轨道电路，1989 年引入我国。该系统符合中国铁路运输向高速、重载及高密度发展的需要，敷设于我国铁路主要干线，与车载列车超速防护 TVM300 系统配合使用，表现出了较高的安全性、可靠性。UM71 轨道电路设备包括室外和室内两大部分：室内设备主要有发送器、接收器、轨道继电器和电源设备；室外设备主要包括空心线圈、调谐单元、匹配变压器以及补偿电容等。这两大部分通过电缆连接，其构成如图 1.1.6 所示。

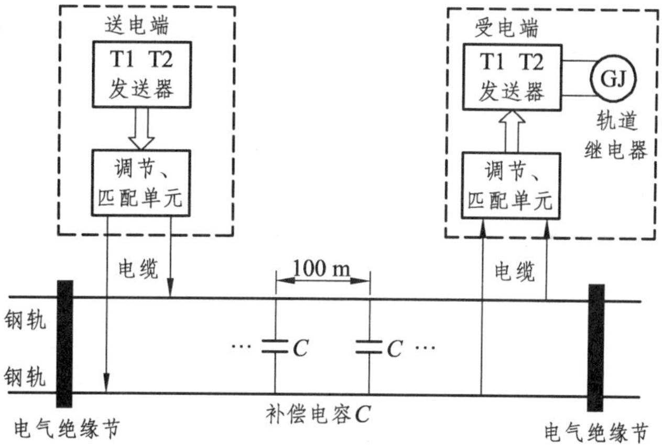

图 1.1.6　UM71 轨道电路的构成

工频电源（220 V）经轨道变压器变压后从轨道电路的始端出发，经过轨道线路传到轨道电路终端，再经中继变压器实行阻抗变换后，由电缆传至设置在信号楼的轨道继电器的交流输入端子，通过桥式整流将交流电变成脉动直流电，带有铁心的继电器线圈通过直流后，便产生磁力，吸引衔铁，使轨道继电器呈励磁状态。当轨道区段内有车辆占用，或者发生断路故障时，流经轨道继电器的电流将急剧地减少，致使衔铁失磁落下，轨道继电器呈失磁状态。平时，列车未占用轨道电路时，电流流过轨道继电器线圈，使继电器保持在吸起状态，接通信号机的绿灯电路，允许列车进入相应轨道。当列车占用轨道电路区段时，电流同时流过机车车辆轮对和轨道继电器线圈，由于轮对电阻比轨道继电器线圈电阻小得多，使电源输出电流显著加大，最终导致两根钢轨间的电压降低。因而流经轨道继电器线圈的电流减小到继电器的落下值，使轨道继电器释放衔铁，用继电器的常闭点接通信号机的红灯电路，向后续列车发出停车信号，以保证列车在该轨道电路区段内运行的安全。

列车行车过程中，为了传送信息需要，UM71 轨道电路利用铁轨传送移频信号，选用了 4 个较高的载频信号：1700 Hz、2000 Hz、2300 Hz 和 2600 Hz。其中，下行线采用 1700 Hz、2300 Hz 交替配置，而上行线采用 2000 Hz、2600 Hz 交替配置。为满足列车速度控制多信息需要，UM71 轨道电路共有从 10.3 Hz 开始按 1.1 Hz 等差数列递增至 29 Hz 的 18 种低频信息。其频偏 f_A 为 11 Hz，故 UM71 轨道电路轨面上传送的移频信号由载频 f_0、频偏 f_A 和低频调制信号 f_c 三者构成。

UM71 轨道电路每间隔 100 m 两轨间并接一个电容器，正常值为 33 μF，称为补偿电容。补偿电容是 UM71 轨道电路的重要组成部分，它的作用是改善轨道电路在调整状态和分流状态的传输特性，延长轨道电路的传输距离，确保钢轨中有足够稳定的信号电流经钢轨向机车发送信息。然而由于其易受温度、湿度以及人为因素的影响，产生电容电特性参数漂移或接触不良，导致补偿电容的老化、失效或丢失，最终影响铁路信号的正确传输，故需经常检查。

5）ZPW2000 轨道电路

在 UM71 轨道电路的基础上，结合我国铁路运营的特点，经过技术改造，开发了能够满足我国复杂铁路运行环境的 ZPW2000 轨道电路，其主要实现对区间轨道区段空闲检查、钢轨是否完好检查、调谐区小轨检查，同时将轨道信息传递给机车并完成系统自我检验功能。其特点是信号在传输过程中更加稳定，施工成本相对较低，因此得到广泛使用。ZPW2000 轨道电路结构如图 1.1.7 所示。

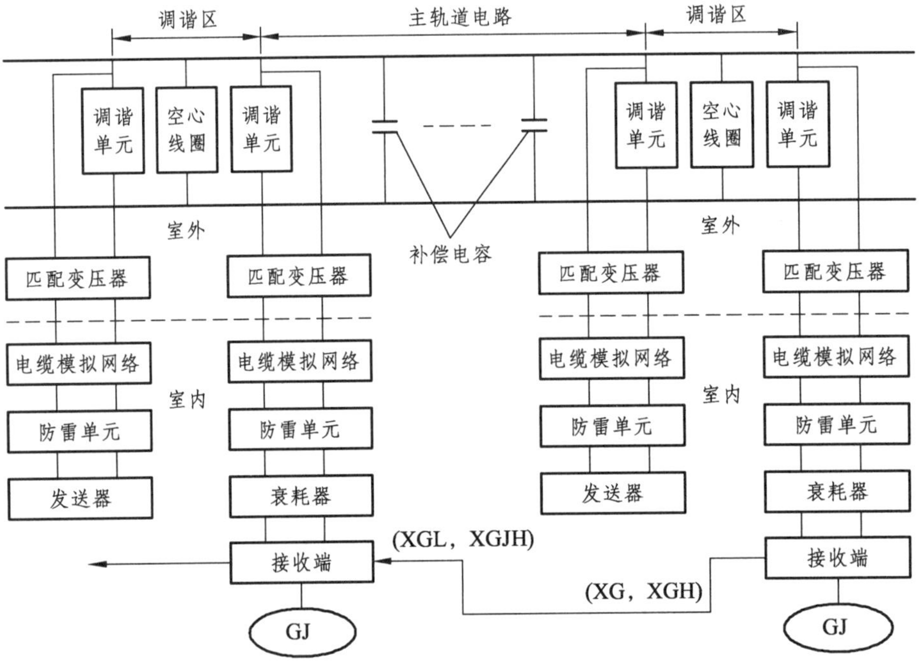

图 1.1.7　ZPW2000 轨道电路结构

ZPW2000 轨道电路在正常运行条件下，由发送器控制发出具有不同编码信息的轨道电路移频信号，通过专用信号传输电缆（模拟、SPT 数字）送到匹配变压器（9∶1），再进行合理降压后传到轨面至本区段对应的调谐单元。当移频信号传输至相邻区段时，因电气绝缘的有效隔离，不会对相邻区段产生干扰。由于主轨道区段较长，移频信号传输会产生衰减，需等间隔增设补偿电容来降低传输衰耗。最后，移频信号经过钢轨、调谐单元、匹配变压器，传输到接收器。通过对轨道电路移频信号的解调，能够得到轨道电路的占用状态信息、钢轨完整性信息等。

ZPW2000 轨道电路是将移频轨道电路与数字技术相融合，具有高可靠性、高安全性和抗干扰性等优点，广泛铺设于我国高速铁路区间。具体优点如下：

（1）能够实现主轨道电路和调谐区的全区段断轨检测。

（2）缩短了调谐区的分路死区，增强抗干扰能力。

（3）能够对调谐单元进行断线检测。

（4）提升了移频信号传输距离。

（5）增强机械绝缘节轨道电路信号传输距离与电气绝缘保持一致。

（6）发送器和接收器都具有完善的信息检测功能，发送器可“N+1”冗余，接收器可双机冗余，能够保证系统的安全高效运行。

（三）按机车牵引电流的回归方式分类

轨道电路按机车牵引电流的回归方式可分为单轨条轨道电路和双轨条轨道电路，大部分轨道电路采用后者。

1. 单轨条轨道电路

单轨条轨道电路是以一根钢轨作为牵引电流回线，在绝缘处用抗流线引向相邻轨道电路钢轨上的一种轨道电路（见图 1.1.8），由于其牵引电流流过钢轨时在钢轨间产生较大的电位差，成为信号电路外界的主要干扰源，牵引电流越大，钢轨阻抗越大，对信号电路造成的干扰也越大，并且由于单轨条轨道电路轨抗较大，传输距离相对缩短。单轨条轨道的优点：电路构造简单、建设成本低、相对功耗小。

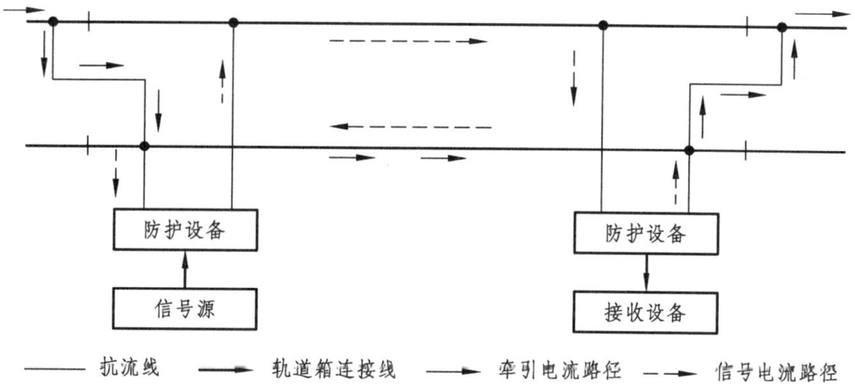

图 1.1.8 单轨条轨道电路

2. 双轨条轨道电路

双轨条轨道电路是针对单轨条轨道电路不利于信号设备稳定的缺点而设计的又一种轨道电路（见图 1.1.9）。双轨条轨道电路牵引电流是沿着两根钢轨流通的，在钢轨绝缘处为导通牵引电流而设置了扼流变压器，信号设备通过扼流变压器接向轨道。

双轨条轨道电路是由两根钢轨并联传递牵引电流的，两钢轨间产生的不平衡电流比单轨条要小得多，因此对于牵引电流的阻抗较低，利于信号的传输，设备运行也相对稳定。其缺点是造价较高，维修较复杂。

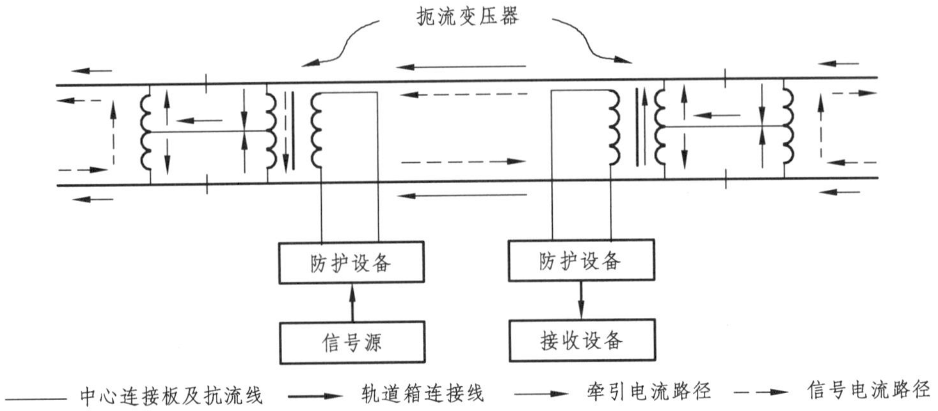

图 1.1.9　双轨条轨道电路

（四）按供电方式分类

轨道电路按供电方式可分为连续式轨道电路和脉冲式轨道电路。

1. 连续式轨道电路

连续式轨道电路的电源供以连续的直流或交流电流，轨道继电器在轨道空闲、设备完整的情况下经常吸起，这时轨道继电器线圈中的电流必须在工作值以上或等于工作值。当轨道电路被车占用或断轨情况下，通过轨道继电器的电流必须降低到小于或等于可靠落下值。一般电磁继电器的落下值为工作值的 50%，而可靠落下值为落下值的 60%。因此，连续式轨道电路在被列车占用或断轨时，轨道继电器线圈中的电流必须减小到工作值的 30%，才能保证行车安全，这样，轨道电路的极限长度被限制在 1500 m 左右。

2. 脉冲式轨道电路

脉冲式轨道电路是间歇（断续）供电的，在轨道空闲时，其轨道继电器线圈中的电流也是断续的，所以它的衔铁是随着送电端的供电而脉动，为了在正常情况下轨道继电器能可靠地脉动，此时继电器线圈中通入的电流值应是工作值的 1.2 倍（称为可靠工作值）。由于轨道继电器的衔铁在脉冲间隔里自动落下，所以当轨道电路被车占用或断轨时，只要求轨道继电器不吸起就可以了，这时轨道继电器线圈中的电流应小于或等于继电器的可靠不吸起值。由此，脉冲式轨道电路的极限长度一般可达 2500 m 以上。

（五）按轨道电路的分割方式分类

轨道电路按轨道电路的分割方式可分为有绝缘节轨道电路和无绝缘节轨道电路。

1. 有绝缘节轨道电路

当相邻轨道电路的钢轨连接时，既要有足够的强度以保证列车运行的安全，又要保证有良好的电气绝缘性能，以实现电气分隔。目前，我国采用尼龙绝缘节作为分隔设备。但由于上述元件要承受车辆行走时的冲击力、剪切力，所以很容易破损，这样电气隔离性能就会消失。此外，绝缘节的安装，给长轨无缝线路的应用带来了麻烦。在轨道电路的分割处，为了安装绝缘节一定要把长轨锯断，这样就降低了轨道强度，使线路维护工作复杂化。另外，当绝缘节安装在电气化区段时，则沿钢轨构成的牵引电流回路的连续性被破坏，为此需增设扼流变压器等特殊器件，以便让牵引电流绕过绝缘节。综上所述，有绝缘节轨道电路对列车运行并不理想。

2. 无绝缘节轨道电路

无绝缘节轨道电路又分为自然衰耗式（无电气分割点）和电气隔离式（又称为谐振式，有电气分割点）。

当信号电流的频率增加时，钢轨线路阻抗的模值将增大，轨间的漏泄也会增加，因此信号电流的衰耗将增加。信号频率为 20 kHz 左右时，轨道上电流（电压）传输的衰耗是很大的，当向轨道馈送 2～3 V 的电压时，在距离馈电点百米左右的范围外，电压就会衰耗殆尽，这就是自然衰耗式无绝缘轨道电路的工作原理。通过选择适当的信号频率及发送设备的输出功率，经计算就会得到轨道电路的长度，或反之，已知轨道电路的长度，可以确定发送设备的输出功率。

电气隔离式无绝缘轨道电路的工作原理如图 1.1.10 所示。

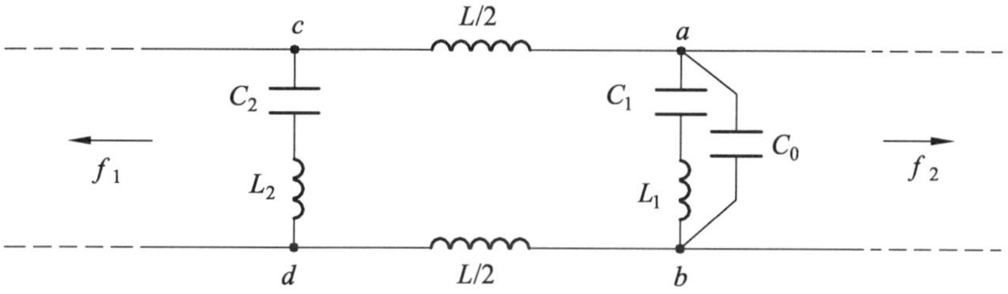

图 1.1.10　电气隔离式无绝缘轨道电路

图 1.1.10 中，*abcd* 为电气绝缘区域，其中 L_2、C_2 是串联谐振槽路，它的谐振频率为 f_2。对 f_2 而言，*cd* 槽路好似一根短路线，故 *cd* 是 f_2 的边界线，它可以阻止 f_2 频率信号向 f_1 区域传输。同样，*ab* 两点的 L_1、C_1 槽路也是串联谐振回路，它谐振于 f_1 频率，故 *ab* 两点对 f_1 频率而言相当于一根短路线，可以阻止 f_1 频率向 f_2 区域传输，故 *ab* 两点是 f_1 的边界线。因此，*abcd* 区域既是电气绝缘接头，又是相邻信号频率的交叉区域。

在一般情况下，频率 f_1、f_2、钢轨电感 L 是已知的。*cd* 谐振槽路的 L_2、C_2 可按图 1.1.11（*a*）三元件二端网络求出。*ab* 槽路的 C_1、L_1、C_0 可根据图 1.1.11（*b*）的四元件二端网络求出。

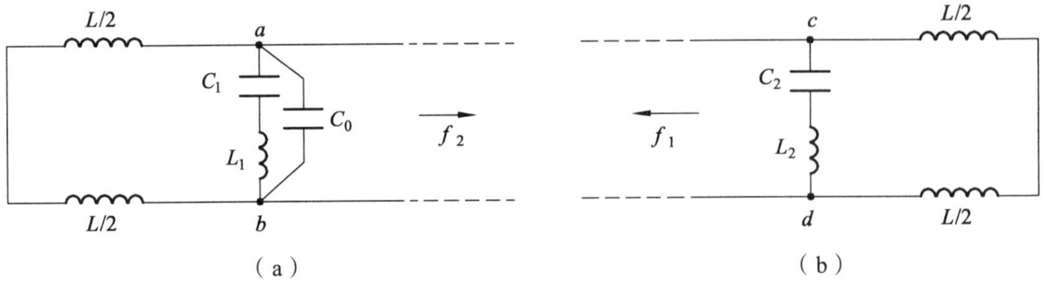

图 1.1.11　电气分隔点的等效电路

任务自检

1. 轨道电路由哪几部分组成？
2. 轨道电路有哪几种工作状态？
3. 轨道电路的工作原理是什么？

任务三　轨道电路的故障分析与处理

任务描述

（1）掌握轨道电路基本检测方法。
（2）明确轨道电路的故障原因，掌握故障分析流程。

知识储备

一、轨道电路的基本检测方法

轨道电路的一般检测是铁路信号工作中不可缺少的一项重要工作，本任务以 JZXC-480 型轨道电路为例介绍基本的检测方法。根据规定，信号工区应定期进行下列项目的检测。

（一）电源变压器及变阻器的测试

1. 电源变压器电压

将交流电压表并接在变压器Ⅱ次线圈的端子上，如图 1.1.12 所示，即可进行测试。交流电压表的量程应为实际使用电压的 1.5 ~ 2 倍，内阻一般应大于 200 Ω。

在进行测试工作时，无论在任何情况下，都不能将电压表串接在电路中。由于电压表本身内阻很高，若串接在电路中，将会影响轨道电路的正常工作。

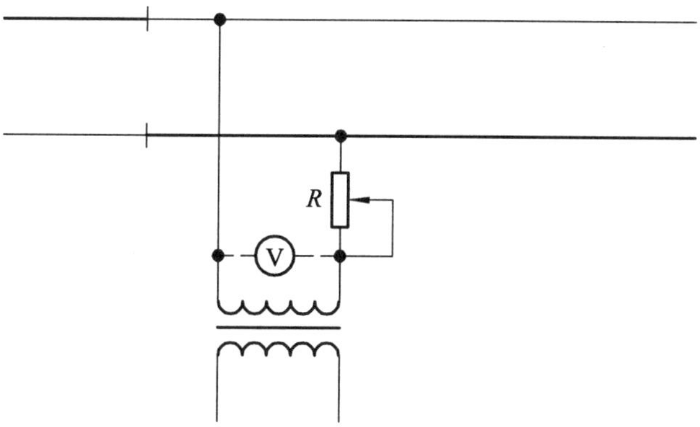

图 1.1.12　变压器电压测试

2. 变阻器电压降

用电压表（交流电可采用 0 ~ 2.5 V）并接在变阻器（*R*）的两端，如图 1.1.13 所示，即可进行测试。

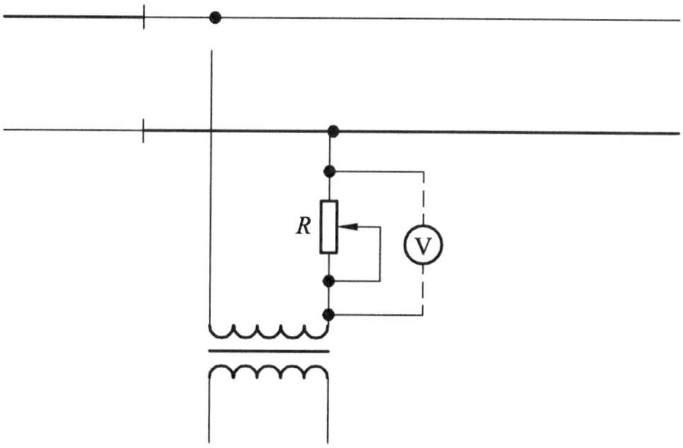

图 1.1.13　变阻器电压测试

（二）送电端轨面电压和电压测试

交流轨道电路可按图 1.1.14 中所示连接，即可测试。将交流电压表和交流电流表，分别连接在钢轨上和供电电路内，即可进行测试。仪表量程应根据轨道电路类型来定。

（三）受电端电压、电流（中继变压器一次、二次电压、电流和轨道电路电压）的测试

交流轨道电路可按图 1.1.15 中所示，将交流电压表和交流电流表分别接入电路进行测试即可。

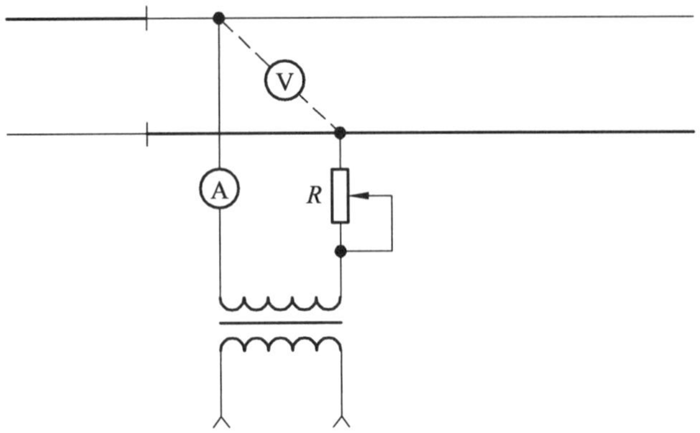

图 1.1.14　交流轨道电路轨面电压和电流的测试

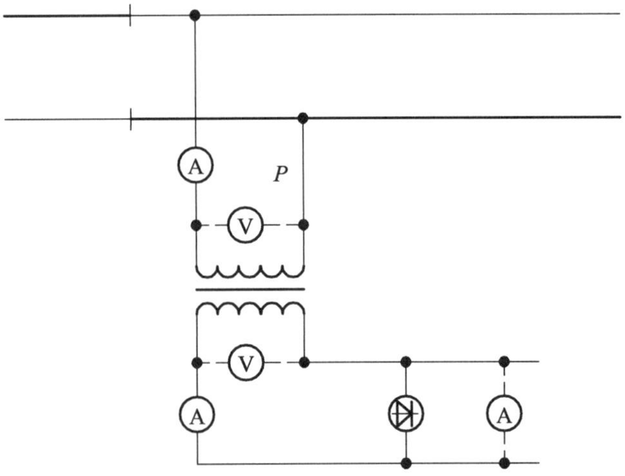

图 1.1.15　交流轨道电路受电端电压、电流测试

（四）分路效应的检查

以标准的分路电阻短路两根钢轨时，观察轨道电路的动作情况，并测试轨道继电器端子上的残压，应小于等于所规定的标准。

对于非分支轨道电路区段（如站内轨道电路），可按图 1.1.16 所示，将标准分路灵敏度线在受电端轨面上进行分路即可。

对于分支轨道电路区段，可按图 1.1.17 所示，首先将标准分路灵敏度线在未设轨道电路继电器的一侧尽头处的轨面上进行分路，然后再在设有轨道继电器一侧处进行分路即可。

在进行测试前，需将轨面处理干净，然后用事先准备好的标准分路灵敏度线在轨面上进行分路。分路后，轨道继电器正常工作停止或轨道继电器衔铁落下，残压符合规定，表示该区段分路灵敏度符合要求。

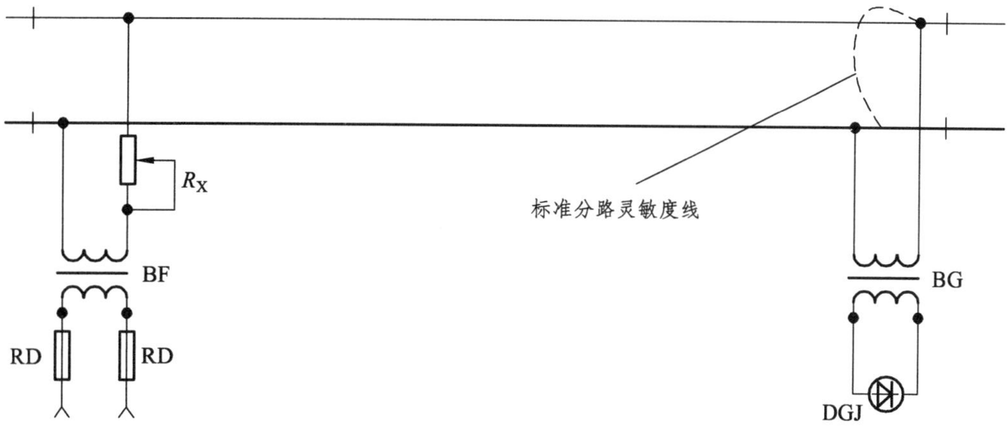

图 1.1.16 非分支轨道电路分路灵敏度测试

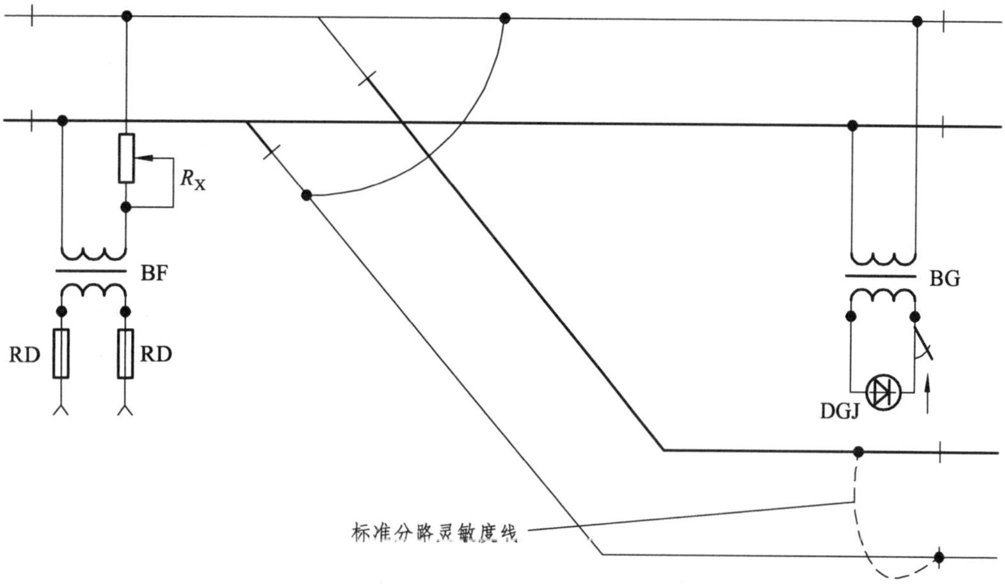

图 1.1.17 分支轨道电路分路灵敏度测试

（五）轨道绝缘的测试

1. 仪表测试法

（1）在送电端的两根钢轨之间并接一块电压表或串联一块电流表，其连接方式如图 1.1.18 所示。

接入仪表后，在电压表（或电流表）上可读取一个数值。然后利用短路线 a 连接在相邻轨道电路两根钢轨上（如图中虚线所示），此时，如果电压表（或电流表）读数没有变化，则说明其绝缘良好；如果电压表（或电流表）读数有变化，则说明有不良现象存在。

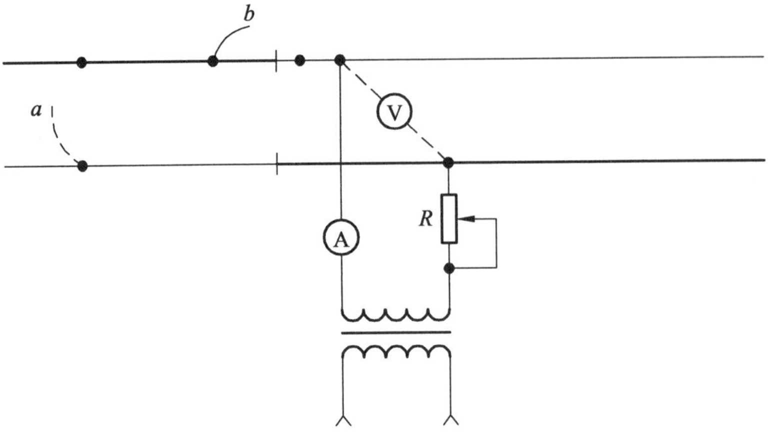

图 1.1.18 轨道电路绝缘绝缘仪表测试（1）

当短路线 *a* 连接在两根钢轨上时，由于轨道电路绝缘不好，电路中绝缘电阻值减少，直接影响电压表（或电流表）上的读数。但此时尚不能确定故障位置。为此，在保留短路线 *a* 的基础上，再利用短路线 *b* 跨接在其中一组绝缘上，将其短路，若电压表（或电流表）读数有较大变化，则说明相对应的一组绝缘不良；若电压表（或电流表）读数不变，则可将此短路线 *b* 跨接在另一组绝缘上，如上所述判断相对应的一组绝缘性能情况。

（2）如图 1.1.19 所示，首先将电压表跨接在受电端钢轨上，此时电压表上可读得一个数值，然后利用短路线 *a* 跨接在其中一组绝缘节 A 两端的钢轨上。此时，如果轨道继电器衔铁落下或电压表数值减小，甚至指针反方向动作，则说明相对应的那组绝缘 B 有破损现象。因此时邻接轨道电源通过绝缘 B 直接串在电路中，构成环状电路所致。再按此法，将短路线 *a* 跨接在另一组绝缘 B 上，同样即可测得相对绝缘 A 的性能情况。

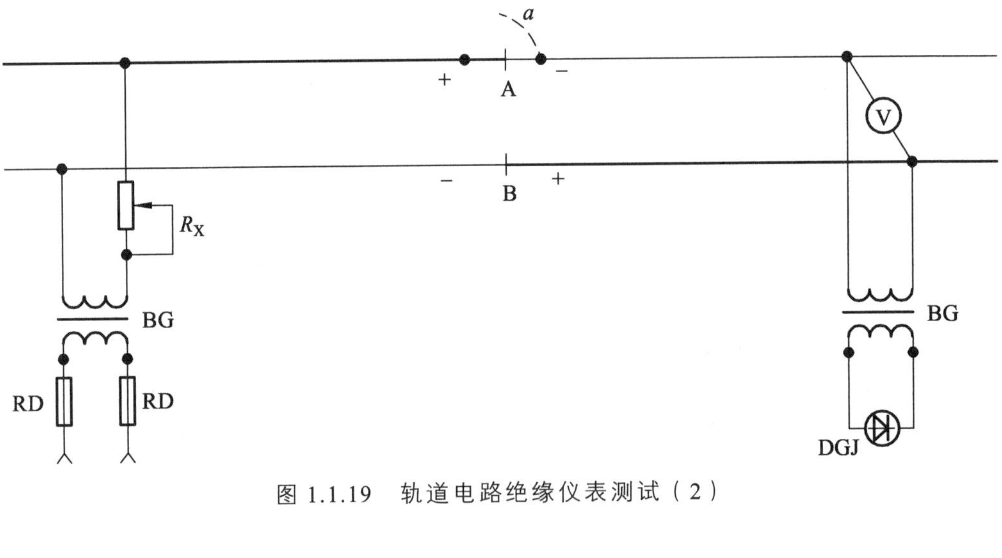

图 1.1.19 轨道电路绝缘仪表测试（2）

（3）如图 1.1.20 所示，首先将电压跨接在 2GJ 受电端的钢轨面上，此时，在电压表上可读得一个数值，然后利用短路线 *a* 跨接在相邻轨道电路异侧钢轨上（见图 1.1.20 中虚线）。

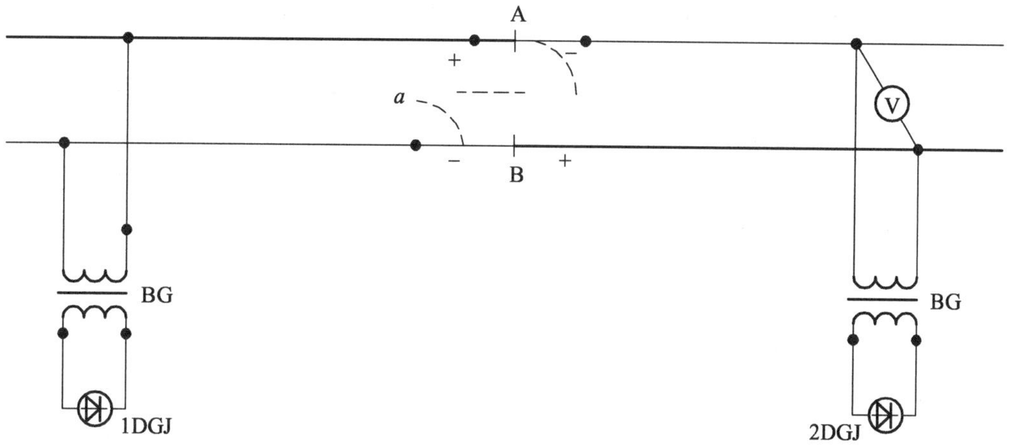

图 1.1.20　轨道电路绝缘仪表测试（3）

此时，可能发生以下三种情况：

① 若轨道继电器 1GJ 失磁落下，则说明绝缘 A 已破损。

② 若轨道继电器 2GJ 失磁落下或电压表读数减小，则说明绝缘 B 有破损现象。

③ 若轨道继电器 1GJ 和 2GJ 全部失磁落下或电压表读数减小，甚至为零或反向动作时，则说明绝缘 A 和 B 都有破损现象存在。

2. 感应测试法

这种测试法是利用电磁感应的原理来进行的，如图 1.1.21 所示，由于交变磁场对线圈的影响，在线圈内产生一个感应电势，该电势通过电表或蜂鸣器反映出轨道绝缘是否良好。因此，它只适用于交流或脉冲（电码）式轨道电路区段，其他类型轨道电路不宜使用。

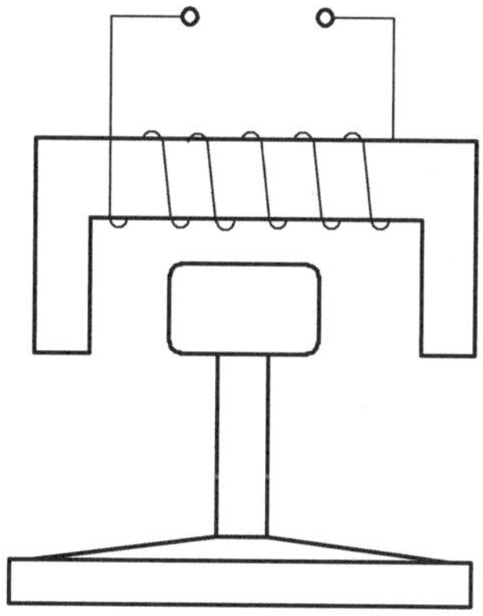

图 1.1.21　感应线圈测试

准备耳机（高阻型）和带铁心的感应线圈各一个，感应线圈沿带有交流电的钢轨移动时，耳机内即可听到嗡嗡声；而感应线圈在不通交流电的钢轨上移动时，耳机内无声响。因此，将该线圈在绝缘上移动时，如果耳机内有“卜卜”声则说明该处绝缘有破损现象；反之若耳机内无声音，则说明绝缘性能良好。

（六）极性交叉检查

为了保证轨道电路不受邻近轨道电路电流的影响而使轨道继电器衔铁错误动作，两个邻接的轨道电路电源极性必须进行交叉安排。检查轨道电路是否符合这种安排，其测试方法如下：

（1）在交流轨道电路区段两个受电端邻接时，可利用两根短路线，如图 1.1.22 所示进行检查。

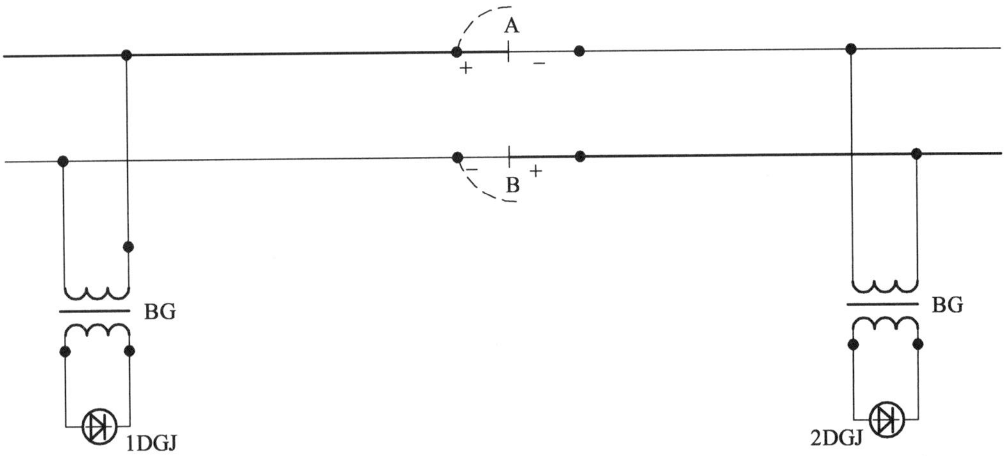

图 1.1.22　轨道电路极性交叉测试（1）

将两根短路线跨接在两组绝缘上，此时，轨道继电器衔铁落下，则说明极性是正确的，电源正负极互相短路。反之，则极性没有做到交叉（两轨面电压差值不能太大）。

（2）在交流轨道电路中，当送电端和受电端邻接时，可利用短路线和交流电压表按图 1.1.23 所示进行检查。

首先将电压表接在受电端钢轨面上，在电压表上读得电压 V_1 值，然后将电压表跨接在一组钢轨绝缘上，再将短路线跨接在另一组钢轨绝缘上，这样从电压表又可读得电压 V_2 值，如果电压值 V_1 小于 V_2，则说明该处极性是交叉的；反之，则极性没有交叉（此时同样应注意两轨面电压的差值，差值大亦有可能误判）。

当两个送电端邻接时亦可利用此法进行。

以上是 JZXC-480 型轨道电路的基本测试方法，它也完全适用于 25 Hz 轨道电路的检测，不同的是 25 Hz 轨道电路的所谓“极性”是由相位来区分的，在测试时还应注意相位的问题，要配合相位的检查来测试。

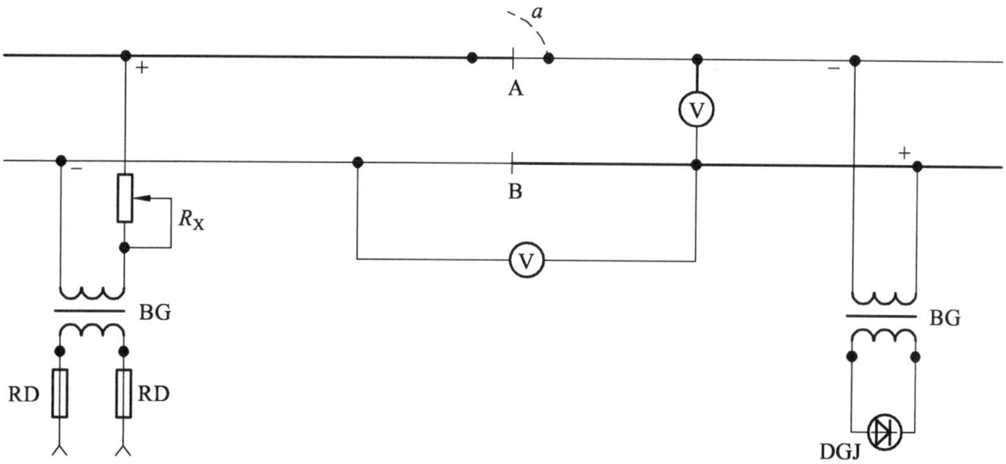

图 1.1.23　轨道电路极性交叉测试（2）

二、JZXC-480 型轨道电路的故障分析

（一）故障原因分析

轨道电路发生故障时显现两种现象：有车占用无红光带和无车占用有红光带。

1. 有车占用无红光带

发生这一类型的故障相当危险，很容易引发大事故，故障发生后应先停用设备后处理。其原因一般有以下 8 个方面：

（1）“死区段”（见图 1.1.24）过长，属设计原因，一般不会出现。

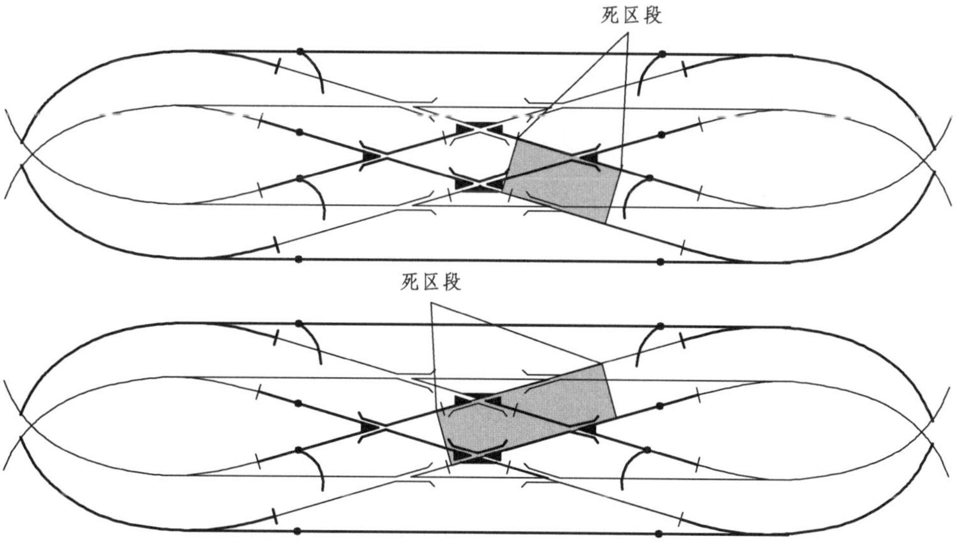

图 1.1.24　死区段示意图

（2）设有轨端绝缘但没有设受电端的渡线或侧线，因轨端接续线或岔后跳线断、

脱，而造成“死区段”。

（3）轨面电压调整过高或送电端变阻器调整的阻值过小，造成车辆“压不死”。

（4）“一送多受”的轨道区段因各受电端相距较远，轨面电压调整不平衡，有个别受电端轨面电压过高，造成车辆“压不死”。

（5）车辆轮对分路不良。由于轨面生锈，车辆自重过轻以及轮对电阻过大等所致。

（6）控制台光带表示灯故障。

（7）轨道继电器有剩磁或接点卡阻、粘连等。

（8）其他电源混入，如移频电压干扰等。

当轨道电路出现红光带时，可以在分线盘测试。若在分线轨道电路受电处测得的电压较平时偏高，则为室内断路故障。若电压低，则应在分线盘上甩开一个端子，若电压仍然较低，则为室外断路或短路故障；若电压升高，则应该重点检查室内是否短路。尤其应注意的是，“一送二受”或“一送三受”的轨道区段，若 DGJ 不吸起，则应先查看 DGJ1 和 DGJ2 是否正常；若 DGJ1 和 DGJ2 正常，再查看 DGJ 电压。

2. 无车占用有红光带

此为现场常见故障，也是多发故障，在下面将进行详细地讲解。

（二）断路故障分析

1. 送电端断路故障分析

（1）在 XB1 型轨道变压器箱 1、3 端子（以单送为例）上测量：

① 若有交流 220 V 电压，说明室内已将 GJZ、GJF 送至本区段。

② 若无交流 220 V 电压，说明室内未将电源送至本区段。

（2）在 XB1 型轨道变压器箱 2、4 端子上测量：

① 若有交流 220 V 电压，说明熔断器正常。

② 若无交流 220 V 电压，至少有一个熔断器熔断，分别判断。

（3）在 BG1-50 型变压器 Ⅰ 次侧测量：

① 若有交流 220 V 电压，说明端子 2、4 至 I_1、I_4之间配线良好。

② 若无交流 220 V 电压，说明端子 2、4 至 I_1、I_4之间配线断线，分别判断即可。

（4）在 BG1-50 型变压器 Ⅱ 次侧测量：

① 若有电压，说明变压器正常。

② 若无电压，Ⅱ 次侧两组线圈均使用，首先测量封线是否正常：

a. 封线两端有电压，说明封线断线。

b. 封线两端无电压，说明封线良好（仅限于同一区段，仅存在一处断路；若同一轨道区段同时存在两处断路，即使封线断，在封线的两端也测不到电压）。若封线正常，说明变压器故障。

（5）变压器故障的判断：

设 BG1-50 型变压器Ⅱ次侧封连$Ⅱ_3$、$Ⅱ_4$，使用$Ⅱ_2$、$Ⅱ_5$；封连Ⅰ次侧$Ⅰ_2$与$Ⅰ_3$，使用$Ⅰ_1$与$Ⅰ_4$。

①Ⅰ次侧的判断：

a. 若$Ⅰ_1$-$Ⅰ_2$-$Ⅰ_3$-$Ⅰ_4$之间均为 110 V 电压，则Ⅰ次侧正常。

b. 若$Ⅰ_1$-$Ⅰ_2$之间有 220 V 电压，说明$Ⅰ_1$-$Ⅰ_3$断线。

c. 若$Ⅰ_3$-$Ⅰ_4$之间有 220 V 电压，说明$Ⅰ_4$-$Ⅰ_2$断线。

d. 若$Ⅰ_1$-$Ⅰ_2$-$Ⅰ_3$-$Ⅰ_4$均无电压，说明封线断。

②Ⅱ次侧的判断：

若Ⅱ次侧各端子之间均无电压输出，则可以判明是Ⅰ次侧的故障。否则，是Ⅱ次侧故障，判断方法如下：

a. 先是甩开Ⅱ次侧的封线（因为$Ⅱ_2Ⅱ_5$通过轨道与受电端构成了回路，易形成串电现象，若不甩开封线，即使端子的引出线断开，也能测到电压）。

b. 分线圈测量，即可以判断出是哪个线圈或引出线断线。

注意：

a. 从变压器Ⅰ次到变压器Ⅱ次进行测量时，应注意更换万用表挡，防止烧坏万用表。

b. 判断变压器Ⅱ次故障，最好甩掉封线，防止因记错电压数值而发生误判。

（6）在送电端轨面及限流电阻上测量：

① 若限流电阻电压为 0 V，轨面电压为 0 V，则说明从轨面到变压器Ⅱ次侧发生了断线故障。

注意：限流电阻电压与轨面电压之和为Ⅱ次侧电压。

② 若限流电阻电压为 0 V（或接近 0 V），轨面电压接近Ⅱ次电压，则说明从送电端到受电端（共用部分）发生了断路故障。

注意：限流电阻上的电压是区分轨道电路故障性质的重要数据，所以测试时，应与平时的数据进行认真比较。

2. 线路部分断路故障分析

（1）若在送电端，电压已经送上轨面，但在受电端测不到电压，说明线路部分发生了断路，则应用万用表在线路上进行查找，电压从有到无的线路为故障点。

注意：在线路上测量，应特别注意岔后跳线是否正常，同时，应该防止轨面生锈而造成表笔接触不良测不到电压，从而造成误判。

（2）若相邻两轨道区段同时出现红光带，则应注意检查极性交叉。检查方法如下：

方法 1：检查确认轨道绝缘良好后，用万用表交流 2.5 V 挡先测轨面电压 U_{AD}，再用一根导线封连绝缘，与此同时测试另一轨端绝缘电压 U_{DC}。若 $U_{DC} > U_{AD}$，说明没有极性交叉。

方法 2：先连接要点，同时封连两组端绝缘，若两个轨道区段同时亮红光带，说明极性交叉正常。

方法 3：在轨端绝缘处交叉测量 U_{AC} 和 U_{DB}，若 U_{AC} 和 U_{DB} 低于轨面电压，说明极性交叉正常。

3. 受电端断线故障分析

（1）DGJ（直股部分）侧发生断线，DGJ1（弯股部分）侧正常。

现象：送电端限流电阻电压略有降低，而轨面电压略有升高。

分析：若 DGJ↓，DGJ1 正常，则轨道电路仍有一个负载。

（2）DGJ1（弯股部分）侧发生断线，DGJ（直股部分）侧正常。

现象：送电端限流电阻电压有降低，而轨面电压有较大升高。

分析：若 DGJ1↓，则 DGJ1↓→DGJ↓，从而将轨道电路的两个负载均断开，从而减小了限流电阻上的压降。

注意：

（1）测量受电端 BZ4 型变压器Ⅰ次与Ⅱ次电压时，应注意变换万用表挡位。

（2）BZ4 型变压器Ⅱ次侧电阻为 20 Ω 左右。

（3）切割弯（直）股时，当弯（直）股无电压时，应注意检查后续路线是否良好。

（4）开路故障应注意查“三线”，即轨端接续线、道岔路线和变压器箱连接线。若从送电端至受电端顺序查找，则电压突然下降之处为故障点；若从受电端至送电端顺序查找，则电压突然升高之处为故障点。

（三）短路故障分析

1. 造成短路故障的主要原因

（1）道岔岔后极性绝缘破损。

（2）道岔安装装置角钢绝缘双破损。

（3）轨距保持杆绝缘和道岔第二、第三连接杆绝缘破损。

（4）轨端绝缘双破损（有些相邻区段轨端绝缘双破损只有一个区段亮红光带）。

（5）变压器箱连接线轨端绝缘双破损。

（6）变压器箱连接线接触轨底或混连。

（7）岔后路线接触轨底。

（8）交分道岔垫板杆件擦角钢。

（9）异物短路，如铁丝、车辆上的部件等。

（10）其他钢管、钢丝过道接触轨底。

轨道电路的短路故障在现场较为多见。但自从有了钳流表之后，使得轨道电路短路故障的处理变得简单了。

2. 故障举例

限流电阻电压接近Ⅱ次输出电压，轨面电压接近 0 V。

分析：

（1）送电端变压器箱至钢轨的引接线上：

① 有较大电流，说明短路点在轨道部分或受电端。

② 有较小电流（较正常值减小），说明短路点在轨道箱内或箱壁上。

（2）轨道部分容易造成短路的点较多，应注意检查道岔安装装置、尖端杆、第一连接杆、轨距保持杆、岔后绝缘等处，正常时均不应有电流；若有电流，则说明发生了短路故障。

注意：平时应注意多观察、分析轨道部分电流正常时的分布情况。

（3）两个受电端，若任一侧的电流明显增加，而另一侧明显减小时，则电流增加的一侧存在短路现象。

注意：用钳流表查短路故障时，若在同一线路上，电流从某一点突然变小时，则此点为短路点的其中之一，再从另一线路上查找另一点即可。

（四）常见故障分析

（1）几个区段同时出现红光带，应重点检查电源熔断器和电缆。

（2）两个区段同时出现红光带，一般是相邻处的轨端绝缘破损。

（3）只有一个区段出现红光带，先在分线盘区分故障的范围。确定为室外故障后，再去室外处理。

① 若靠近送电端，先测轨面电压，若电压较高，一般为开路故障，可直接向受电端查找。

② 若靠近受电端，先测受端轨面电压。当轨面电压高于 0.6 V 时，若是"一送一受"的轨道区段，故障肯定在受电端至室内方面。"一送多受"区段，应开箱检查，分别进行区分。当轨面电压低于 0.6 V 时，有 4 种情况：

a. 测 BZ4 型变压器Ⅰ、Ⅱ次侧电压是否成比例或测Ⅰ、Ⅱ次侧电阻值，判断是否 BZ4 型变压器短路。

b. 用钳流表测量，判断是否轨道电路短路或半短路。

c. 重点查找"三线"，即轨端接续线、道岔路线和箱盒连接线，判断是否轨道电路开路或半开路。

④ 用钳流表测量 BZ4 型变压器二次侧有电流，说明受电端电缆混线。

总之，当室外设备发生故障时，除对故障多发部位进行重点检查外，在测量时，还应将所测数据与平时的记录作比较，防止发生误判。

任务自检

1. 简述轨道电路的基本检测方法。
2. 分析轨道电路常见故障。

项目二　机车信号基础知识 ▶▶▶

项目描述

机车信号是指在司机室内指示列车前方运行条件的信号。在地面信号机为主体信号的前提下，机车信号为辅助信号，它能自动地反映列车运行前方地面信号机的显示状态和运行条件，指示列车运行，并与列车自动停车装置结合，确保列车的安全运行。

信号机由于安装在地面上，受曲线、隧道等地形限制，给司机瞭望带来一定的困难，尤其是在雨雪、风沙、大雾等恶劣气候条件下，地面信号更是难以看清。另外，随着列车速度的不断提高，特别是高速列车的出现，显示距离约 1 km 的信号机已很难使司机从容采取措施。例如，司机发现红色停车信号时正以 200 km/h 的速度行驶，即使立即使用紧急制动，列车在巨大惯性的推动下，也要越过信号机 1 km。因此，高速列车单纯依赖地面信号机显然是极其危险的。为了解决这个问题，人们研制出了机车信号机，它安装在机车司机室内，能显示和地面信号机同样的信号，保证了行车安全，提高了运行效率，也改善了司机的工作条件。

知识目标

（1）掌握机车信号系统的含义。
（2）掌握机车信号的工作原理、分类及显示的意义。
（3）掌握机车信号设备故障时的处理方法。

能力目标

（1）能够辨认机车信号系统中的地面及车载设备。
（2）认识不同类型的机车信号设备。
（3）能够处理发生故障的机车信号设备。

思政目标

（1）培养敬业爱岗、遵章守纪、乐于奉献的职业精神。
（2）牢记安全第一、以质量促安全的职业规范。
（3）塑因果理念，扬精益求精工匠精神。

任务一　机车信号系统概述

任务描述

（1）认知机车信号系统。
（2）掌握机车信号车载系统对安全行车的作用。

知识储备

一、机车信号系统

机车信号系统（也称为铁路移频信号处理系统）由轨道电路地面设备和车载设备两部分组成。轨道电路为其他轨道系统提供基础服务，一般被分为三大模块，分别是地面轨道线路、匹配单元和室内接受设备，其主要功能为轨道状态检测、列车运行检测、列车—地面信号调制传输。机车信号车载系统作为轨道电路的后继系统，从轨道电路采集到信号之后，采用特定的解调算法在有限时间内完成解调和译码，一方面将解调信息映射到对应的行车控制指令，另一方面提供列车行驶信息至车载安全计算机系统，为列车的自动控制提供条件。

轨道电路系统制式繁多，我国主要使用 ZPW2000A 型轨道电路。1989 年引进了 UM71 型轨道电路后，因为其良好的性能逐渐应用于我国铁路系统，但是 2000 年连续出现了两次不能“断轨”检查，造成了列车脱轨的重大事故，自此，我国决定自研轨道电路系统，促使了 ZPW2000A 的诞生，旨在解决在列车经过电气绝缘节时的检测问题，经过几年的发展，ZPW2000A 成为我国应用最广泛的轨道电路，并且拥有自主知识产权。自 ZPW2000A 大规模应用以来，科研工作者们不断对其进行改进完善，面对我国日益复杂的轨道网络，该电路一直保持着高稳定性和高可靠性，其系统结构如图 1.2.1 所示。

传统意义上的轨道电路的接收端完全屏蔽了其他轨道区段的信号，而 ZPW2000A 型轨道电路同时采集本区段信号和相邻小轨道电路信号，这样做的优势在于接收小轨道信号并且处理之后发送给后续接收器，后续接收器将其当作检查条件之一，大大增加了系统的检测能力。轨道电路将一系列检测结果映射为不同的频率信息，经过调制后通过轨道线圈发送至机车信号系统，机车信号系统采样后完成解调译码得到相应的信息，机车信号的系统结构如图 1.2.2 所示。

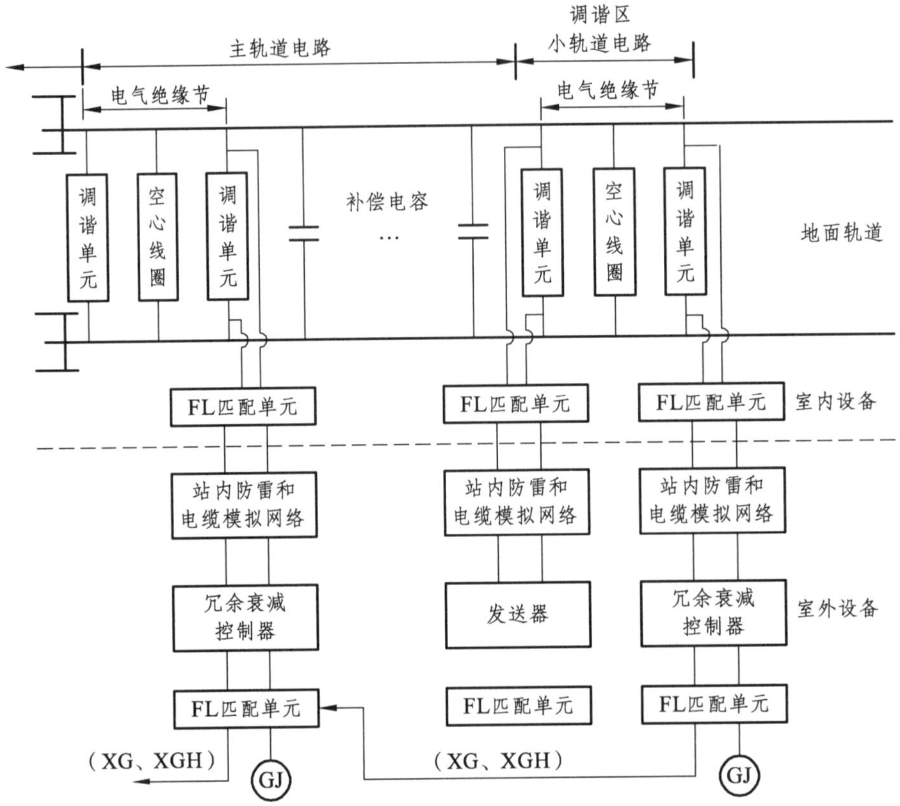

图 1.2.1　ZPW2000A 型轨道电路结构

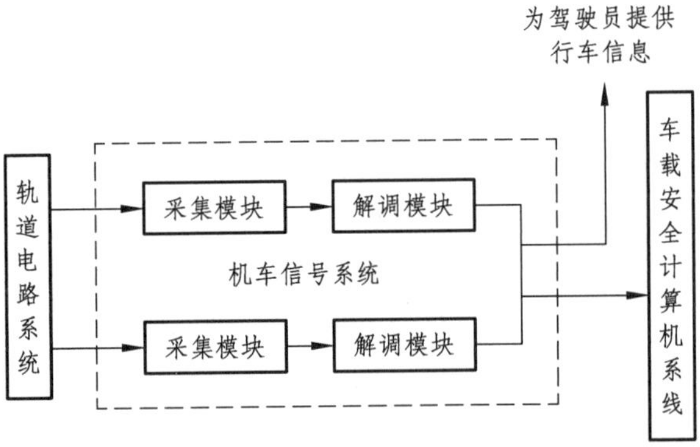

图 1.2.2　机车信号系统简略框图

二、机车信号车载系统对安全行车的意义

随着我国经济的高速发展、社会文明程度的不断提升，铁路交通在国民经济及日常出行中占据的地位越来越重要，同时，对铁路安全行车的要求也越来越高，铁路行车不但要给广大乘客提供舒适的乘车环境，还要在最大程度上降低顾客乘车风险，确保人们的出行安全。随着我国铁路交通技术的发展及不断创新，我国已经逐渐形成较为密集的铁路交通网络系统。在列车运行过程中，来往行驶的列车车辆较多，而且，铁路交通也受钢轨自身因素以及周围地理环境因素的影响。为了更好地帮助列车正常、安全地运行，准确无误地探明前方及周围路况，需要机车信号系统帮助列车工作人员了解信息并做出判断。因此，我国在铁路行车中安装了机车信号车载系统。

机车信号车载系统充分利用无线通信及计算机网络等技术，通过设在机车司机室内的机车信号机自动反映运行条件，将机车运行的基本线路状况进行全面仔细的分析和监控，及时反馈机车行驶过程中周围的情况变化和环境变化，提示司机正确操纵各控制手柄，安全控制机车运行，并在特殊情况下帮助机车司机提前做好应对准备。除此之外，该系统还会对机车行驶的路况进行仔细、全面地分析，为机车司机提供必要的建议和意见，帮助机车司机作出正确的判断，从而给出合理的行车操纵指令。

任务自检

1. 简述机车信号系统。
2. 简述机车信号车载系统对安全行车的作用。

任务二　机车信号认知

任务描述

（1）掌握机车信号的工作原理。

（2）掌握机车信号的分类。

（3）掌握机车信号显示的意义。

视频：机车信号概述　　PPT：机车信号概述

知识储备

一、机车信号概述

机车信号是指设在司机室内反映列车前方运行条件的信号显示，是一种能够自

动显示列车运行前方地面信号机显示状况的机车车载系统，它可以反映列车的运行条件，通过对接收到的地面信号的处理，得到列车运行前方信号机的显示信息，并将该信息通过机车信号显示机构复示出来。可以说，机车信号是设于机车驾驶室内用来反映机车前方运行条件、指导司机操作的运行信号，是保证铁路行车安全的重要设备之一（见图 1.2.3）。

机车信号发展初期，其功能是为了改善司机瞭望条件而向司机复示地面信号。随后在机车信号设备的基础上增加了自动报警、自动停车设备，机车信号设备不仅向司机提供信号显示，同时向后级设备提供信号来源，机车信号成为提高运输安全，实现车上自动报警、自动停车功能所必备的重要车载设备，被称为机车“三大件”之一。

图 1.2.3　通用机车信号

二、机车信号的工作原理

机车信号的工作原理如图 1.2.4 所示：

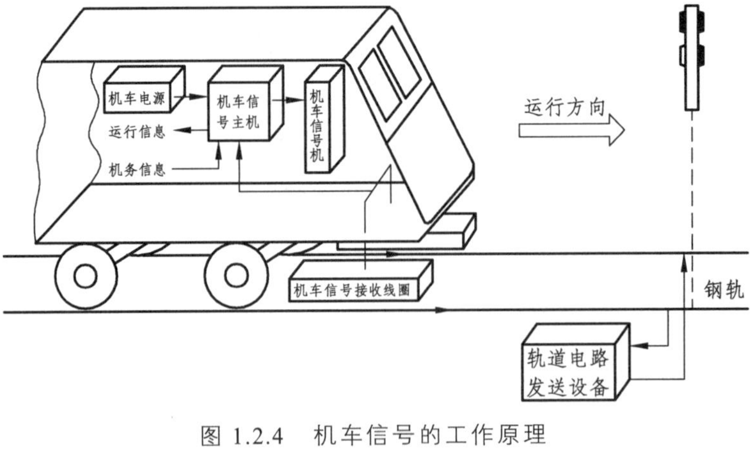

图 1.2.4　机车信号的工作原理

机车信号车载设备主要由机车信号接收线圈（机车感应器）、机车信号主机、机车信号机组成。地面信号发送设备（轨道电路发送设备）由电动发码器、传输继电器、发送轨道变压器、轨道电路和相应的连接线等组成。轨道电路发出信号电流，在钢轨周围产生交变磁场，被安装在机车头部排挡器下面的两个机车接收线圈接受。接收线圈将接收到的地面信息传递给主机，主机对地面信息进行识别、译码后输出与地面信息相对应的灯显信息，灯显信息通过机车信号机显示出来。

三、机车信号分类

按照从地面向机车传递信息方式的不同，机车信号分为3种类型：点式、连续式和接近连续式。

视频：机车信号分类　　PPT：机车信号分类

1. 点式机车信号

点式机车信号主要应用在非自动闭塞区段。只在线路上某些地点（一般在进站信号机外制动距离附近）设置发送设备，将地面信号机的显示转变成信息向机车上发送。它只在这个固定地点复示进站信号机的显示。

2. 连续式机车信号

连续式机车信号主要用在自动闭塞区段，利用自动闭塞分区的轨道电路向机车上传送信息。因此，在整个区间正线上，机车信号能连续地反映前方地面信号机的显示。

3. 接近连续式机车信号

接近连续式机车信号用于非自动闭塞区段，它是点式和连续式机车信号的综合，在进站信号机外制动距离附近的固定地点设置发送设备，并从固定地点到进站信号机之间又加装一段轨道电路。因此，它从固定地点开始一直到进站信号机处为止，都连续不断地向机车上传送地面信号的信息，使机车信号机连续复示进站信号机的显示。

我国铁路目前采用的机车信号分为接近连续式和连续式两种。

接近连续式多用于非自动闭塞区段，在进站信号机外制动距离附近的固定地点设置发送设备，并从固定地点到进站信号机之间加装一段轨道电路。从列车最前面的车轮轧在轨道电路上时起，发送装置就连续不断地向机车上传送地面信号的信息，使机车信号机连续复示进站信号机的显示。

连续式机车信号没有距离限制，只要列车在轨道上行驶，被机车第一轮对短路的轨道信号电流就会在钢轨周围产生磁场。装在机车上的感应器接收到信号，经过解码使机车信号机不断地显示与前方地面信号机相同的信号。

随着运输要求的提高和技术的发展，要求机车信号的译码输出提供给已广泛配备的列车运行监控装置，对机车信号设备的性能要求随之提高，机车信号除了向司机提供显示外，向后级列车运行监控设备提供信息成为一项重要功能。

四、机车信号显示的意义

8 显示机车信号，包含 11 种意义。

（1）绿灯：准许按规定速度运行。

（2）绿/黄：准许按规定速度注意运行。

（3）黄灯：要求列车减速到规定的速度等级。

（4）2 黄：预告次架信号机显示 2 个黄灯。

（5）黄/红：要求及时采取停车措施。

（6）黄/黄：表示列车接近的地面信号机开放经道岔侧向的进路。

（7）红灯：表示列车已越过显示红灯的信号机。

（8）白灯：不复示地面信号机的显示，机车乘务人员应按地面信号显示运行，双线双向自动闭塞反方向按站间闭塞运行。

（9）双半黄色闪光：要求列车限速运行，表示列车接近的地面机开放经 18 号及以上道岔侧向位置进路，且次架信号机开放经道岔的直向或 18 号以上道岔侧向位置进路；或表示列车接近设有分歧道岔路所在的地面信号机开放经 18 号道岔及以上道岔侧向位置进路。

（10）2 黄闪：表示地面信号机显示一个黄色闪光和一个黄色灯光。

（11）红/黄闪光：表示列车接近的进站或接车进路信号机开放引导信号或通过信号机显示容许信号。

（12）无显示：机车信号停止工作。

五、机车信号发展史

1. JT1 型通用式机车信号设备

JT1-A/B 型通用式机车信号设备是采用数字信号处理技术及高速超大规模集成电路设计而成的新一代通用式机车信号装置。JT1-A 型为单套（见图 1.2.5），JT1-B 型为双套（见图 1.2.6），设备能够自动接收移频 4 信息、8 信息、18 信息、交流计数（25 Hz、50 Hz、75 Hz 和微码化）信息、极频信息、UM71 信息及 ZPW2000（UM 系列）等自动闭塞信息，通过制式自动识别并处理后，将相应的信息显示在八显示机车信号机构上。

其技术特点包括：

（1）采用高速 DSP 数字信号处理技术，减少了信号反应识别时间，抗干扰能力增强。

（2）JT1-B 型机车信号设备主机的每块主机板内采用二取二容错安全结构，并采用双机热备提高系统的可靠性。

（3）使用双面 8 色灯 LED 机车信号显示器提高了显示器的可靠性。

（4）为监控装置提供机车信号灯位、速度等级、绝缘节等信息。

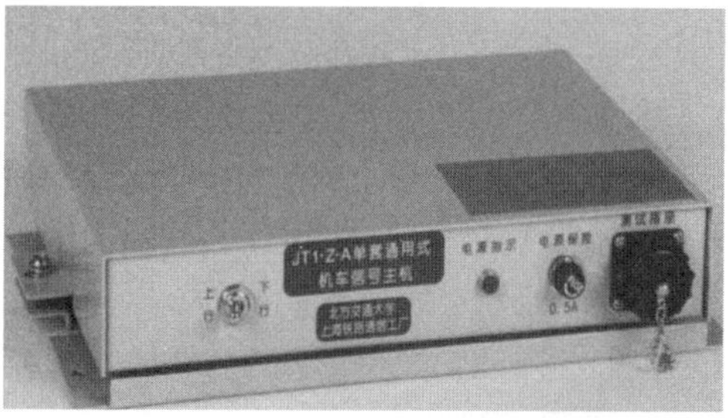

图 1.2.5　JT1-A（93）型主机

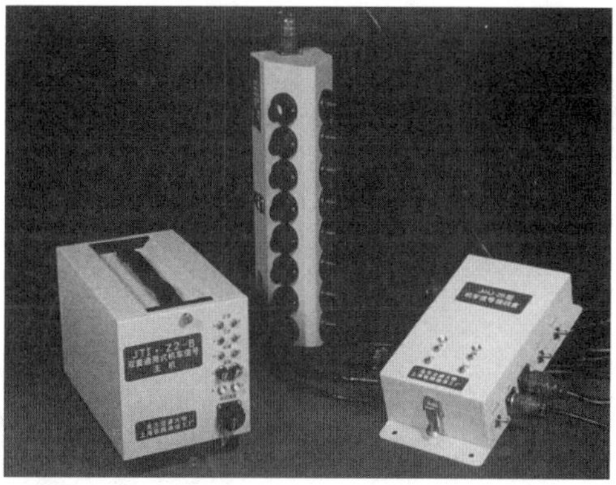

图 1.2.6　JT1-B（94）型通机整套设备

2. JT1-CZ2000 型主体化机车信号设备

JT1-CZ2000 型主体化机车信号车载系统吸取了 JT1-A/B 型通用式机车信号十多年来大面积推广运用的经验，它采用尖端的 DSP 译码技术、创新性的安全冗余技术、完备的海量数据记录技术，充分满足了铁路信号设备“故障导向安全”原则，具备高度可靠与高度可用的特点。该系统于 2002 年 7 月通过铁道部技术审查，2003 年 10 月通过铁道部科技成果鉴定，并已在全路推广使用，为保障中国铁路的提速与发展发挥着重要的作用。

视频：JT1-CZ2000 一体化机车信号

PPT：JT1-CZ2000 一体化机车信号

JT1-CZ2000 型主体化机车信号车载系统由主体化机车信号接收主机（含机车信号记录器）、机车信号带电源接线盒、机车信号双路接收线圈、机车信号显示器构成（见图 1.2.7）。JT1-CZ2000 型主体化机车信号车载系统设备的构成如图 1.2.8

所示，显示器可选用双面 8 色灯 LED 机车信号显示器或双面点阵式机车信号显示器。

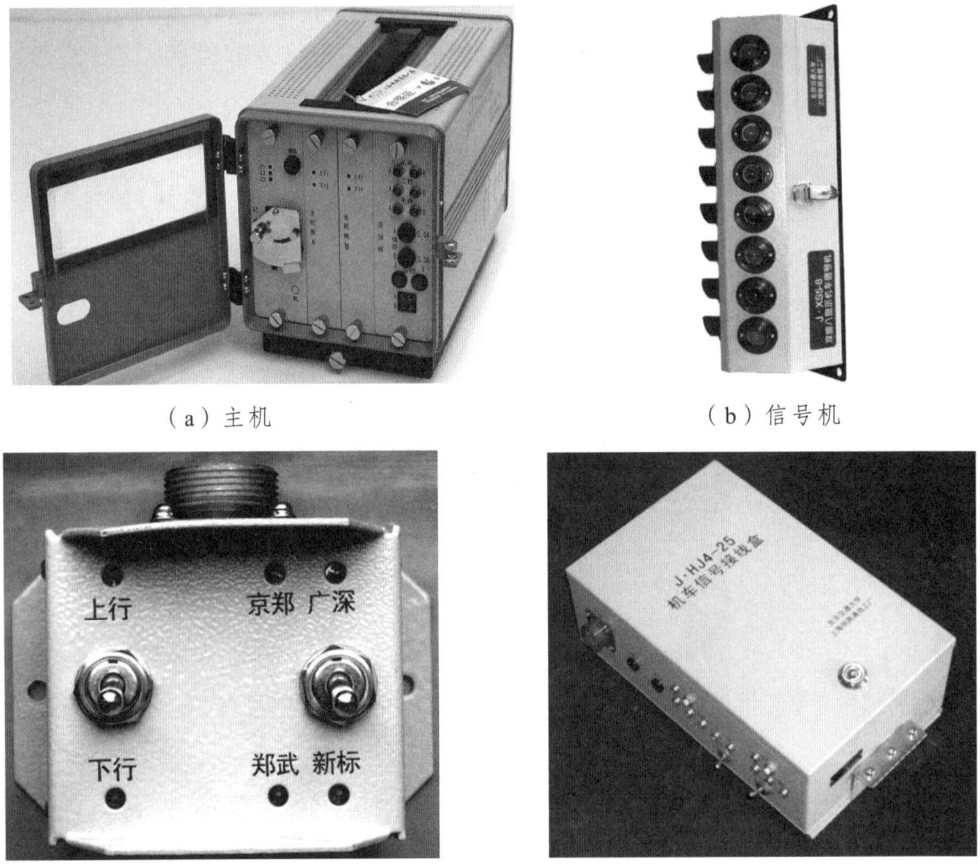

（a）主机　　（b）信号机

（c）开关盒　　（d）接线盒

图 1.2.7　JT1-CZ2000 型主体化机车信号设备

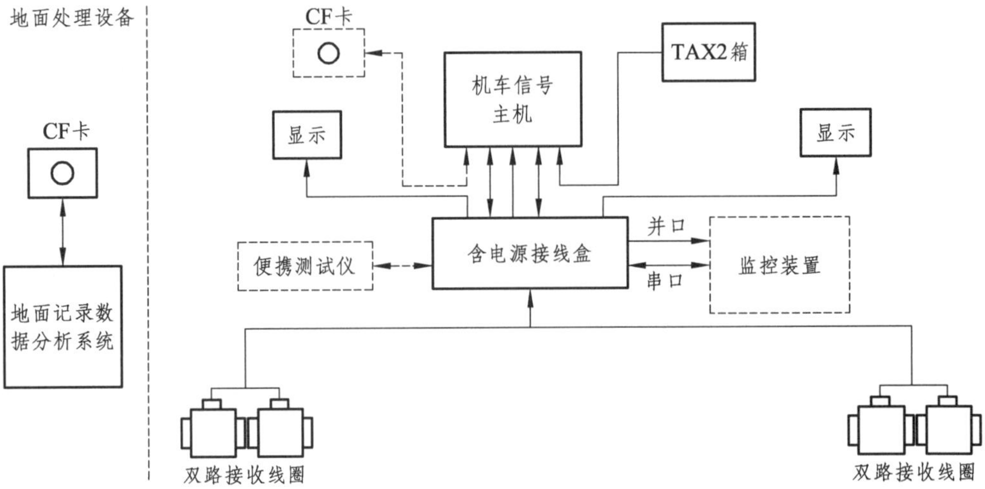

图 1.2.8　主体化机车信号车载系统设备构成框图

JT1-CZ2000 型主体化机车信号设备技术特点是：

（1）采用“二乘二取二”的容错安全结构，提高了设备的安全性。

（2）采用 32 位浮点高速 DSP 运算，频域处理和时域处理相结合技术，提高了系统的抗干扰能力。使其抗干扰性能比 JT1-A/B 型有较大提高，移频干信比满足用钢轨电流迭加法测试的 3∶1 的要求，UM71 信息接收干信比比 TVM300 略有提高。

（3）具备 UM2000 数字编码信息接收功能。

（4）采用主机双套热备、双套电源、双路接收线圈接收等冗余技术和 LED 机车信号显示器，提高了系统的可靠性。

（5）该系统的多制式并行接收处理、动态控制安全点灯电源、双路线圈同时接收、系统冗余结构、记录信号原始波形、地面数据处理软件等技术具有创新性。

3. JT-C 型一体化机车信号设备

JT-C 型一体化机车信号车载系统设备是根据 2000 年铁道部科技司“主体化机车信号的研制”项目要求，开发设计的新一代机车信号设备（见图 1.2.9）。JT-C 型一体化机车信号车载系统设备采用了“二乘二取二”的冗余容错安全结构，满足铁路信号设备的“故障—安全”要求。其技术已经广泛应用于轨道机车信号领域，并在城市轨道交通领域得到应用。JT-C 型机车信号车载系统在全路使用，其系列产品占全路机车信号保有量的 90%以上，在多次铁路大提速中起到了重要作用，创造了巨大的经济效益和社会效益，获得了各个路局的广泛认可。2008 年 11 月，JT-C 型机车信号车载系统获得铁道部科技进步一等奖。

该设备符合科技运函〔2006〕82 号文件《JT-C 系列机车信号车载系统设备技术规范（暂行）》和运基信号〔2006〕243 号文件《JT-C 系列机车信号车载系统设备安装规范（暂行）》。

该设备适用于运行速度 160 km/h 及以下的内燃机车、电力机车、动车组。

主要技术特点：

（1）采用“二乘二取二”的冗余容错安全结构，机车信号主机内双套热备、双套电源、双路接收线圈接收等冗余措施，提高了设备的安全性与可靠性。

（2）采用 32 位浮点高速 DSP 运算、频域处理和时域处理相结合技术，提高了接收设备可靠工作的干信比。

（3）各制式信号并行处理，提高了信息译解速度。

（4）采用带有动态控制点灯电源的故障安全电源，进一步提高了系统的安全性。

（5）配套研制了双面点阵式 LED 显示器，或者使用配套的双面 8 色灯 LED 显示器，可靠性高，功耗低。

（6）预留 CAN 总线和 RS485 输出，为机车计算机系统一体化、远程监测等设备提供了条件。

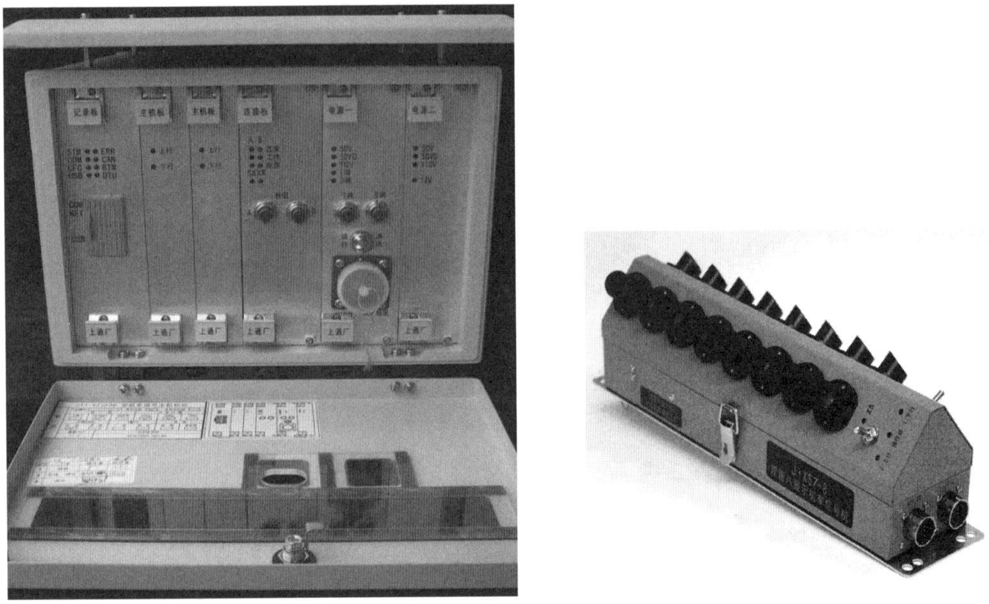

（a）主机　　　　（b）信号机

图 1.2.9　JT-C 型一体化机车信号设备

任务自检

1. 简述机车信号设备的工作原理及其分类。
2. 简述 8 显示机车信号包含的 11 种意义。

任务三　机车信号设备的故障分析与处理

任务描述

（1）掌握机车信号设备常见的故障类型。

（2）掌握机车信号设备出现故障时的处理方法。

知识储备

一、机车信号设备常见故障

机车信号设备主要包括车上信号设备和地面信号设备两大部分，机车信号所采集的信号主要来自地面钢轨传输的信息电流，通过对信息电流进行采集分析以驱动机车信号显示及自动停车设备，驾驶员结合机车信号显示的信息来调节列车行驶速度。机车信号设备运行中受到复杂恶劣工况的影响会发生掉码、串码、不接码和灭灯等异常现象。如若机车信号设备出现故障将会对列车的行车安全造成极大的影响。下面以 JT1-CZ2000 型机车信号设备为例，分析其故障现象及正确的处理方法。

1. 机车信号掉码

机车信号掉码是在机车信号设备使用中较为常见的故障之一，其主要表现为：绿码一无码一绿码或红黄码一无码一红黄码。出现上述异常现象主要是由于地面信号或是机车信号设备自身原因所造成的。

1）地面信号及机车原因

（1）通过机车信号数据分析及信号监测发现其包括电气化干扰、地面信号发送的幅值未达到机车信号接码触发条件以及地面信号设备机车逆变电源设备等造成的掉码。

（2）移频信号上下边频幅度相差太大，导致机车信号不译码。

（3）地面信号载频偏导致机车信号掉码等。

2）机车信号设备故障

在机车信号设备的日常检修中对于电容老化问题考虑较少，日常检修主要对机车信号设备的电源继电器电压、接收灵敏度、动态监督波形、时钟信号、复位信号、ZS 输出、JY 输出、应变时间、返还系数等的运行参数进行一定的测定，而上述测定在地面上往往无法测出故障而机车信号设备在车上将会出现异常。机车信号设备的上下行设置错误将导致机车信号出现掉灯故障，接收线圈虚接将容易造成机车信号设备译码故障。

2. 机车信号串码

干扰所导致的机车信号串码是影响机车信号设备正常使用的常见故障之一，应当对信号邻线干扰问题引起足够的重视。在机车信号设备运行的过程中，由于站内侧线道岔区段仍采用的是模拟信号，其受到邻线干扰的影响较大。

3. 机车信号不接码

机车信号设备不接码问题是影响列车安全的另一个重要的故障，其表现为机车信号设备运行在有码区段上时并未接收到移频信号，而机车信号设备在列车出入库时则接收正常。造成机车信号运行有码段不接码的最主要的原因是地面移频电码化故障，主要表现在发送移频设备电源盒、发送盒故障，这些故障均在控制台上有移频监测报警，都能很快处理。但在传输通道上串接电容故障（烧坏），会使移频信号传输不到发道路上（无监测报警），使信号工区无法发现，只有机车信号添乘发现才能得到解决。

4. 机车信号灭灯

机车信号设备灭灯故障主要表现为机车信号机灭灯和 LKJ 显示器复示信号灭灯。造成这一故障的原因主要为：机车信号设备自身、机车信号感应线圈断线，机车信号设备供应电源或点灯线出现问题等。在进行故障排查时可以从以上几个方面入手进行故障的排查处理。

案例：SS4-6158 机车 B 主机板异常导致机车信号灭灯。

SS4-6158 机车记录数据显示 2017 年 1 月 1 日 13 点，机车信号主机发生灭灯异常。数据上显示，机车信号设备 B 为工作主机，B 主机异常后，A 主机也发生了异常，之后 A 主机复位成为工作主机后，B 主机也随后恢复正常。根据数据中记录的异常代码 D0，表示主机复位原因为 A、B 主机争权判断出现错误。可能的异常原因为：A、B 主机按钮同时被按下，导致 A、B 主机争权错误。B 主机自身存在器件不良，导致其复位后残留生命信号，引起整机异常。根据既有经验，由于 B 主机先复位且复位时间长，在排除人为同时按下 A、B 主机按钮的原因外，可能原因为 B 主机异常导致。

二、机车信号设备的故障分析

不同车型的信号设备故障分析处理的程序和方法差别不大，应当在分析机车信号设备结构、原理的基础上进行故障的排查、处理。

1. 机车信号设备故障处理程序

做好机车信号设备故障处理前的准备，准备好各类常用工具，如条件允许可以先看一下 LKJ 监控设备的相关记录，并结合故障特点对故障原因进行初步诊断。在故障现场通过故障表象和对工作人员进行询问对故障有个初步的了解。通过连线下载机车信号数据，通过与 LKJ 文件进行比对分析，根据故障代码及文件数据进行初步判断。在故障排查时对机车信号设备的车上和车下部分进行初步检查，查看是否有明显的故障点。

2. 机车信号设备的故障处理

在对机车信号设备的数据及上电故障表象进行观察后可以对故障点进行初步判断。如若重启后故障仍在则可以判定为硬件故障。在故障点查找时多采用的是排除法，对主机采用替换电路板；对信号机故障可用排除法。对于机车信号设备信号机白灯不变的故障需要对机车双路线圈到主机 X26 插头之间的逻辑电路进行检查，尤其是要对机车下部线圈接线盒的端子进行重点检查，避免短接、虚接或断接。检查时还需要对继电器的工作状况进行检查。对信号机灭灯的故障还应检查双路接收线圈及相关插接件和连接电缆，看是否有被撞坏和挂断；对 A、B 主机不能正常切换故障，应首先考虑主机故障（可把 A、B 主机板对换，来确定是主机板还是连接板故障）。如果机车信号设备上电后并未出现明显的故障，且硬件检查正常则可以判定为软故障，这类故障现象多为：信号突变、信号瞬间灭灯、运行中有一段信号掉灯、信号掉灯频繁、出站信号开放机车信号显示 HU 灯（B 灯或 H 灯）等。对软故障进行处理时需要对地面轨道电流、发送信号和载频开关等进行检查。对于瞬间灭灯（断电）故障，则需要对机车 DC 110 V 电源的供电进行检查。重点对主机、X22 插头等几个部分进行检查，进行故障的排除处理。

任务自检

1. 机车信号设备常见故障有哪些？
2. 简述机车信号设备出现故障时正确的处理方法。

项目三 机车综合无线通信设备（CIR）与列尾装置

项目描述

“机车综合无线通信设备”简称CIR，它是新一代的铁路无线通信车载设备，不但具备既有铁路无线列调机车电台的全部业务功能，还能够提供提速铁路无线调度命令接收、车次号校核、列尾风压查询等新业务功能，更是高速铁路GSM-R无线通信系统不可或缺的一员。

列车尾部安全防护装置，简称列尾装置，是在货物列车取消守车后，尾部无人值守情况下，为提高铁路运输的安全性而研制的专用运输安全装置。设备应用计算机编码、无线遥控、语音合成、计算机处理技术，是保证列车运行安全的重要的铁路行车设备。

知识目标

（1）掌握CIR的各项操作。

（2）掌握列尾装置的各项操作。

（3）掌握列车尾部安全防护装置（KLW）的各项操作。

（4）掌握列车安全防护报警装置（LBJ）的各项操作。

能力目标

（1）认识CIR系统的组成。

（2）了解CIR系统的各项功能。

（3）掌握列尾装置的系统硬件组成。

（4）掌握列尾装置的功能。

（5）掌握列车尾部安全防护装置（KLW）。

（6）掌握列车安全防护报警装置（LBJ）。

思政目标

（1）培养敬业爱岗、遵章守纪、乐于奉献的职业精神。
（2）牢记安全第一、以质量促安全的职业规范。
（3）塑因果理念，扬精益求精工匠精神。

任务一　CIR 的功能与认知

任务描述

（1）掌握机车综合无线通信设备（CIR）系统组成。
（2）掌握机车综合无线通信设备（CIR）整机功能。

教学地点及设备

1. 教学地点

列车监控运行装置应用实训室。

2. 设　备

LKJ2000 列车监控装置教学台。

知识储备

一、机车综合无线通信设备（CIR）组成

机车综合无线通信设备（CIR）是基于 GSM-R 数字移动通信技术、GPS 全球定位技术、450 MHz 及 800 MHz 模拟无线电台通信技术等开发的综合车载通信设备。它与地面的 GSM-R 设备以及 450 MHz、800 MHz 等地面设备等共同组成一个完整的铁路综合无线通信网。机车综合无线通信设备由主机、操作显示终端（以下简称 MMI）、送受话器、扬声器、打印终端、连接电缆、天馈单元及机车数据采集编码器等构成。

机车综合无线通信设备（CIR）整机外观如图 1.3.1 所示。

CIR 由主机、MMI、送（受）话器、扬声器、打印终端、连接电缆、天馈单元及机车数据采集编码器等构成。设备构成原理框图如图 1.3.2 所示。

MMI 包括显示器、送受话器、扬声器、按键、外部接口等。

主机包括机柜（含子架）、总线板、主控单元、电源单元、后备电源（蓄电池）

单元、GPS 单元、GSM-R 话音单元、GSM-R 数据单元、高速数据单元、记录单元、天馈单元、接口单元、450 MHz 机车电台单元（450 MHz 调度命令单元）、800 MHz 列尾和列车安全预警车载电台（简称 800 MHz 车载电台）单元等，各组成部分模块化，可根据功能要求进行模块配置。

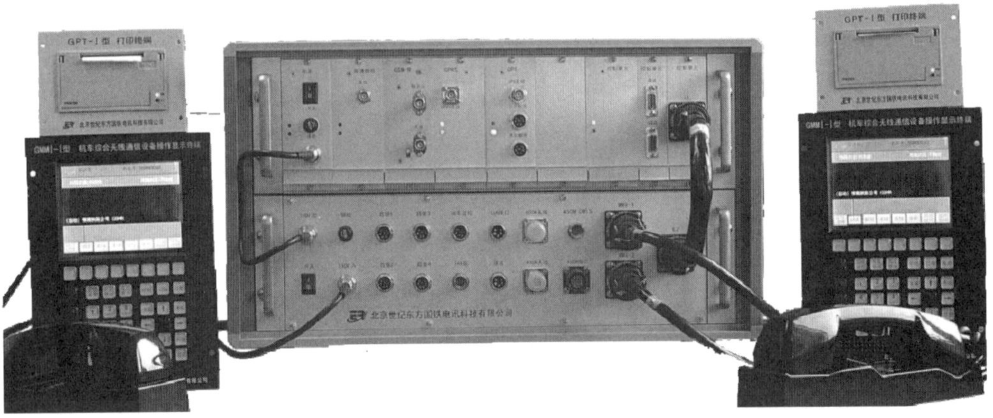

图 1.3.1　机车综合无线通信设备整机外观

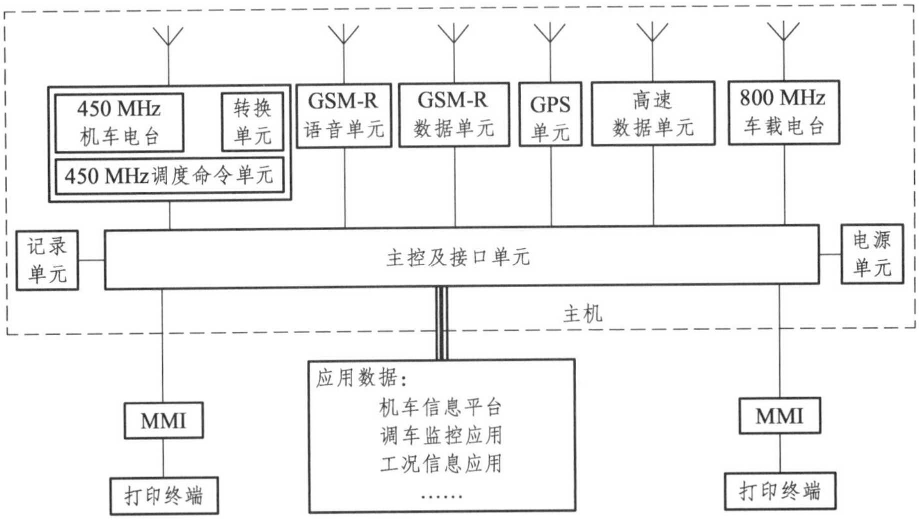

图 1.3.2　设备构成原理框图

其中 450 MHz 机车电台、800 MHz 车载电台、天馈等单元安置在机柜内或单独放置。

二、主机

CIR 包括机柜、A 子架、B 子架。A 子架包括主控单元、电源单元、电池单元、卫星定位单元、GSM-R 话音单元、GSM-R 数据单元、高速数据单元、记录单元；

B 子架包括接口单元、450 MHz 机车电台单元、800 MHz 列尾和列车安全预警车载电台（简称 800 MHz 车载电台）单元等，子架内各单元装配位置如图 1.3.3 所示。

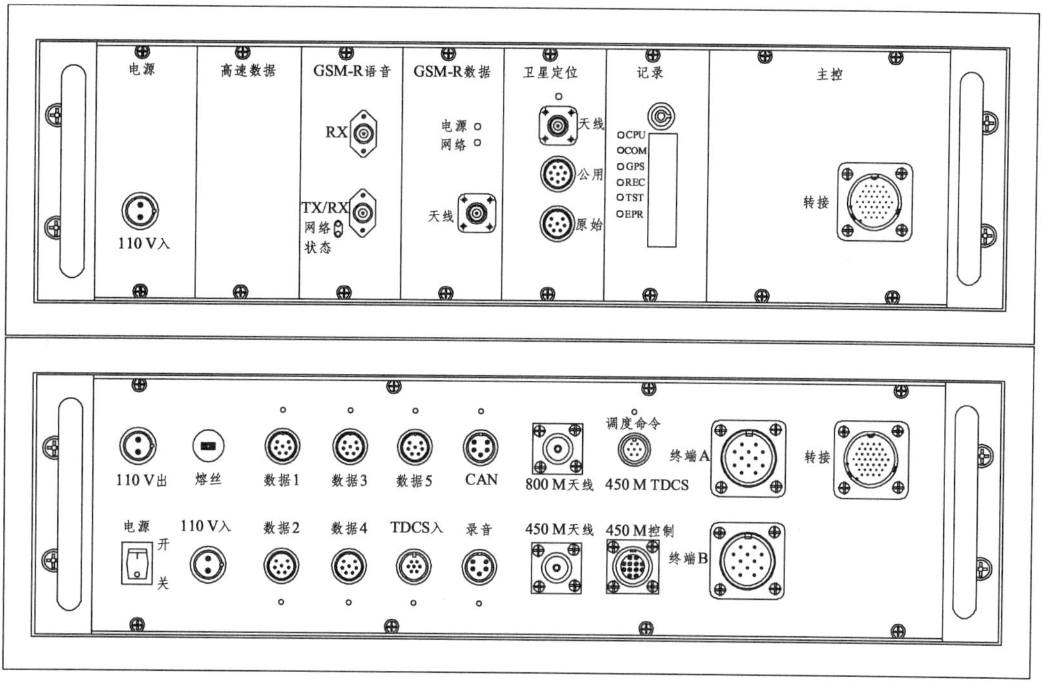

图 1.3.3　主机各单元装配示意图

受安装条件限制时 450 MHz 机车电台、800 MHz 车载电台等单元可外置接入 B 子架。

三、MMI

MMI 包括 5.7 寸显示屏、按键、外部接口，其外观示意图如图 1.3.4 所示。

CIR 设备根据功能模块的选配情况可实现不同机车设备功能。

竖立式和横向式 MMI 面板上的按键定义是相同的，具体按键功能如下：

“报警”按键用于发送 800 M 二次防护报警信息。

“紧急呼叫”按键用于发起 GSM-R 铁路紧急呼叫。

以上按键颜色为红底白字。

“复位”按键应能对主机进行重新启动。按键颜色为黑底红字。

“主控”按键实现副控状态到主控状态的切换。按键颜色为黑底白字。

“呼叫”按键在完成拨号后按该键进行呼叫；按该键 3 s 以上呼叫另一个操作显示终端。

“切换”按键用于处于通话中与等待中的电话之间切换。

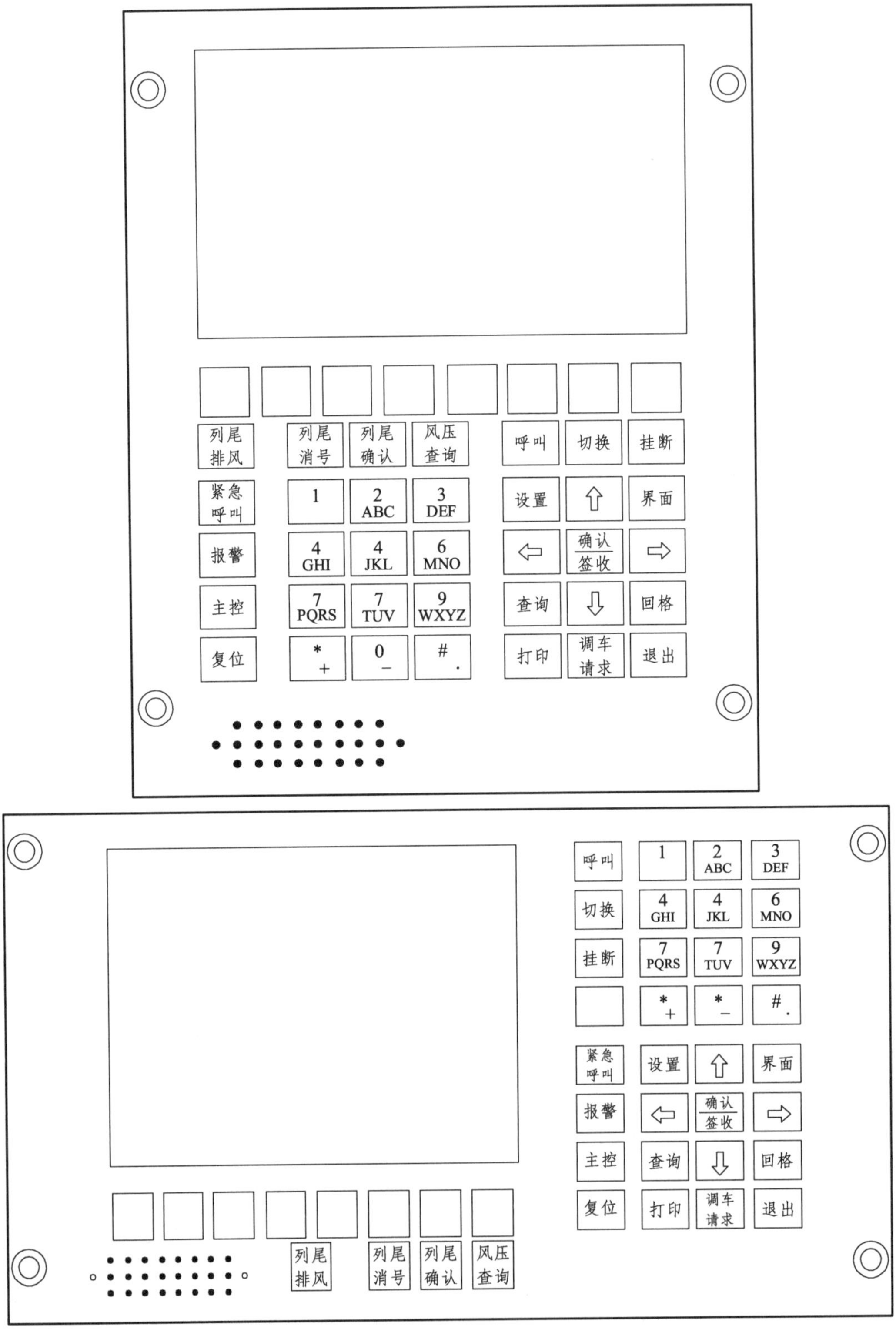

图 1.3.4 MMI 外观示意图

“挂断”按键用于挂断通话。

数字及字母按键用于拨号、输入车次号、输入机车号等。

“设置”按键用于进入设置界面。

“界面”按键用于界面之间的切换。

“确认/签收”按键用于确定选择信息、调度命令签收等。

“查询”按键用于查询调度命令等。

“回格”按键用于删除已输入的字符。

“打印”按键用于打印调度命令等。

“调车请求”按键用于发送调车请求。

“退出”按键用于返回上级界面。

“←”“↑”“→”“↓”按键用于移动光标，调节音量，翻页等。

以上按键颜色为灰底黑字。

“列尾排风”“列尾消号”“列尾确认”“风压查询”按键用于完成列尾规定的功能。“列尾排风”按键颜色为红底白字，“列尾消号”“列尾确认”“风压查询”按键颜色为灰底黑字。

8个可配置式按键根据工作模式定义，用于调度通信的呼叫。按键颜色为灰底。

四、整机功能

（1）具有450 MHz通用式机车电台的调度通信功能。

（2）具有450 MHz通用式机车电台承载的列车尾部风压、无线车次号、调度命令等数据信息的传输功能。

（3）具有GSM-R调度通信功能。

（4）具有GSM-R通用数据传输功能，根据承载业务的需要提供GPRS或电路方式数据传输链路。

（5）具有《800 MHz列尾和列车安全预警系统主要技术条件（暂行）》中规定的车载电台的功能。

（6）具有无线宽带数据传输功能。

（7）具有工作模式自动、手动转换功能和语音提示功能。

（8）具有上、下行线路分别设定工作模式转换点的功能。

（9）根据卫星定位信息无法确定唯一的运行线路时，具有提示并手动选择运行线路的功能。

（10）卫星定位单元失效时，具有手动转换工作模式和选择运行线路的功能。

（11）具有输出卫星定位原始信息、公用位置信息的功能。

（12）MMI具有调度通信、通用数据传输所需的操作、状态显示以及语音提示功能。

（13）具有主、副 MMI 之间通话功能。

（14）具有话音、数据业务和状态信息记录及转储功能。

（15）具有整机自检功能和故障定位功能（故障定位到单元模块），包括 450 MHz 机车电台单元、800 MHz 车载电台单元、GSM-R 话音单元、GSM-R 数据单元、记录单元、卫星定位单元、MMI、机车数据采集编码器、电池单元，并可将自检结果发送到库检设备。

（16）具有人工系统复位功能。复位重启后自动进入原注册状态。

（17）主机关机时，具有电池单元放电电压检测功能。

任务自检

1. 机车综合无线通信设备由哪几部分组成？
2. 简述 MMI 各面板按键的功能。

任务二　列尾装置

任务描述

（1）掌握列尾装置的主要功能。

（2）掌握列尾装置的主要组成。

知识储备

一、列尾装置概述

列尾装置全称为列车尾部安全防护装置，是货车取消守车后，在尾部无人值守情况下，为了保证列车运行安全而研制的、综合应用计算机编码、无线遥控、语音合成、计算机处理等技术的专用安全防护设备，也是重要的铁路行车设备。

通过列尾装置，机车乘务员能够及时准确地掌握列车尾部风压，当列车尾部风管因非正常泄露低于规定限值时，该设备可以自动报警；当车辆折角塞门被意外关闭时，机车乘务员可操纵列车尾部装置进行尾部排风辅助制动，以防止列车“放飏”事故；该设备还可兼作列车昼夜尾部标志（白天用红白相间斜彩条标识，夜间用红色发光管闪光标识），除对列车起防护作用之外，还用以表示列车完整、标示列车尾部的位置等。

二、列尾装置的主要功能

（1）列车尾部风压查询。

（2）列车尾部低风压报警。

（3）列车尾部排风制动。

（4）列尾主机电池电量不足告警。

（5）列车尾部标识。

（6）黑匣子记录功能。

三、普通列尾装置的系统构成及工作原理

（一）普通列尾装置主构成

1. 列车机车部分

列尾装置司机控制盒，可选固定机车控制盒或手持控制台。列尾控制盒的附属设备包括列尾装置输号器、列尾装置司机控制盒检测仪、列尾装置司机控制盒数据转存仪、列尾装置车载电台。列尾装置如图 1.3.5 所示。

图 1.3.5　列尾控制盒

2. 列车尾部部分

列尾装置尾部主机（简称列尾主机）。列尾主机附属设备包括中继器、检测台、确认仪、主机电池、电池充电器、列尾数据读取仪、简易场强仪、屏蔽室。列尾主机如图 1.3.6 所示。

3. 列车尾部安全防护装置数据处理系统

该系统主要由计算机和数据下载、处理软件构成，可以对列尾装置有关数据进行下载分析。

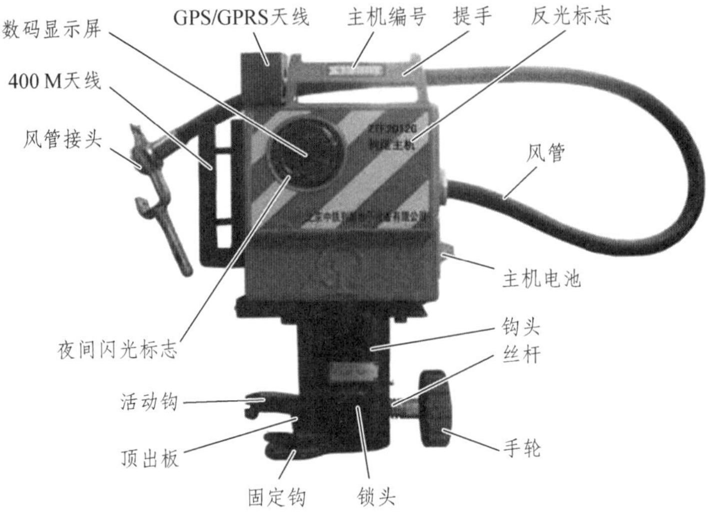

图 1.3.6 列尾主机

（二）列尾装置的工作原理

1. 列尾主机的主要功能

列尾主机是封装于全封闭壳体内的系统。由高集成微控制器系统、列尾装置运用数据记录、调制解调器、双余度电磁阀、电池组、电台、压力传感器、主风管等部件组成。

列尾主机内设有本机出厂 ID 编号，安装于列车尾部车钩或提钩杆上，与列车尾部制动软管连接。主要用于时时监测列车尾部风压、实现列车尾部排风制动、尾部标识（白天用红白相间斜彩条标识，夜间用红色发光管组闪光标识）等功能。

列尾主机自带锁闭机构，可实现列尾主机与列车车钩或钩提杆牢固锁闭。

2. 司机控制盒的主要功能

司机控制盒内设有本务机车的机车号码，有确认、风压查询、尾部排风和列尾主机消号等功能键；带有数码显示，待机状态时显示机车号码，查询时（或低风压告警时）显示列车的尾部风压，2 s 后又显示机车号码；自带语音系统（即音频功放、扬声器），司机控制盒带有列尾装置运用数据记录装置（俗称“黑匣子”），一般可滚动记录 4000 多条数据（即事件）。

3. 列尾装置的工作原理

机车乘务员操作司机控制盒功能键，首尾以无线数据传输方式传递信令（编码信息），其信令通过机车列调电台（或列尾专用机车电台）发送出去，列尾主机接收到司机控制盒发送的信令后，其响应信息再以同样的方式返回司机控制盒，司机通过司机控制盒合成的语音信息来了解列车尾部风压及列尾主机的工作状态等情况，并根据反馈的信息做出判断和处理。

四、客车列尾装置

2014 年 10 月 15 日 0 时起，全路普速旅客列车正式开通使用旅客列车尾部安全防护装置。客车列尾系统由旅客列车尾部防护装置（简称 KLW）和列车防护报警设备（简称 LBJ）两部分组成。其中 KLW 设备主机安装在列车尾部客车内（见图 1.3.7），LBJ 设备安装在机车驾驶室内（见图 1.3.8），由机车乘务员负责操控。

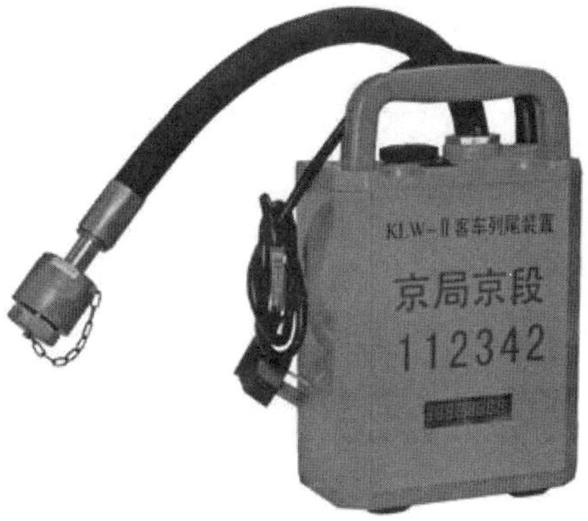

图 1.3.7　客车列尾装置（KLW）

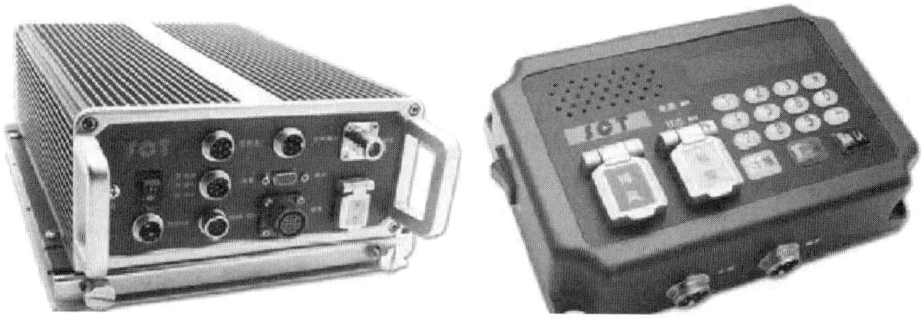

图 1.3.8　列车防护报警设备（LBJ）

客车列尾系统主要功能：

（1）具有列车尾部风压检测和数据上传功能。

（2）具有辅助排风制动功能。

（3）具有风压自动提示和供电电压欠压自动提示功能。

（4）具有状态信息和风压数据存储功能。

（5）具有列车防护报警功能。

任务自检

1. 列尾装置有哪些主要功能？
2. 简述列尾装置的系统构成及主要原理。

任务三　列车安全防护报警装置（LBJ）

任务描述

（1）掌握列车防护报警装置的主要功能。
（2）掌握列车防护报警装置的主要组成。

知识储备

一、列车防护报警设备（LBJ）

列车防护报警设备（简称 LBJ）是机车综合无线通信设备的组成部分，装设综合无线通信设备的机车、动车组应配套安装加装 LBJ 设备单元。在非正常情况下由列车司机通过相应操作向邻线或后续追踪列车发送（或接收）防护报警信息，并配套旅客列车尾部安全防护装置实现列车风压查询、控制列车辅助排风装置等功能，该系统频率配置如表 1.3.1 所示。

列车以低于 5 km/h（需调整时由铁道部统一规定）的速度运行时，LBJ 不发送列车接近预警信息；列车运行速度为 5 ~ 120 km/h 时，列车每运行 200 m，LBJ 发送一次列车接近预警信息；列车运行速度大于 120 km/h 时，LBJ 每隔 6 s 发送一次列车接近预警信息。道口报警设备、施工防护报警设备和预警器接收到列车接近预警信息后，发出声光提示。

表 1.3.1　列车防护报警系统

序号	信道频率/MHz	编码方式	信道业务
1	821.2375	POCSAG	列车接近预警
2	866.2375	FFSK	列尾、列车防护报警，道口事故报警，施工防护报警

二、列车防护报警设备（LBJ）的组成及使用方式

LBJ 可独立配置，由主机、控制盒、天线和连接电缆组成。LBJ 主机包括 LBJ 功能单元、机壳和防震架。LBJ 的构成及主机如图 1.3.9、图 1.3.10 所示。

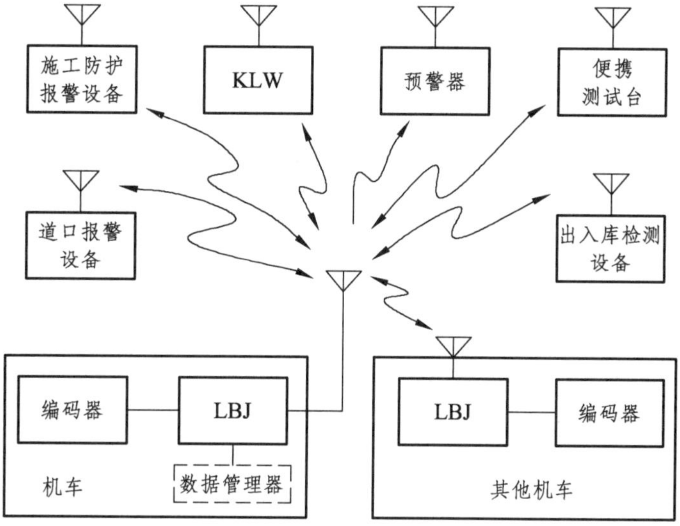

图 1.3.9　系统构成图

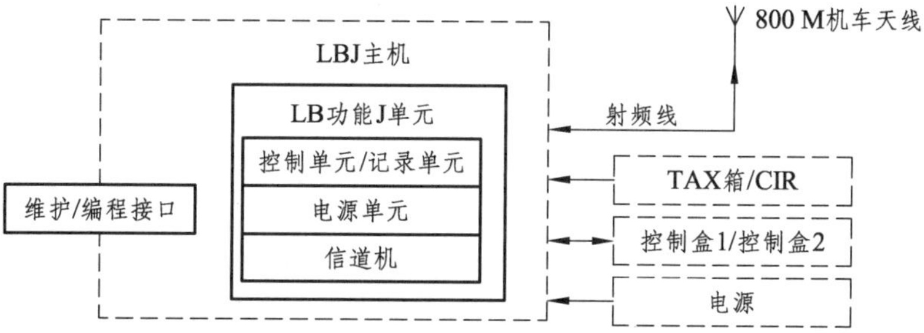

图 1.3.10　列车防护报警设备主机

三、列车防护报警设备（LBJ）的功能要求

（1）LBJ 配置多个报警触发装置时，各装置均应能触发 LBJ 发送列车事故防护报警信息，但只有触发报警的装置或按下主机面板的报警按键才能解除报警。

（2）LBJ 收到的列车防护报警信息包含的车次号超出预置语音库范围时，应直接播报车次类型标识字符和车次。

（3）LBJ 应接收 TAX 数据（或通过 CIR 转接接收），获取当前列车的车次号、机车号、机车类型、公里标和时间信息，其中机车类型和机车号转换为 8 位机车号后进行存储。不能获取 TAX 数据时，如果 LBJ 能获取 CIR 的综合信息，应存储 CIR 综合信息中包含的机车号。

（4）LBJ 接收到报警信息进行声光提示时，按下确认按键，LBJ 记录确认按键信息并不再提示相同的报警信息。

（5）LBJ 在 3 s 内接收到相同的报警信息或报警解除信息时，不重复进行处理。

（6）补机机车的 LBJ 应不发送列车接近预警信息。

（7）LBJ 处于列尾通信失效状态时应能进行列尾操作，发出风压查询命令、排风制动命令和消号命令。

（8）LBJ 处于列尾连接状态或通信失效状态时，如果 LBJ 意外重启，应进入列尾通信失效状态并自动向 KLW 发送风压查询命令信息，接收到列尾信息时恢复列尾连接状态。

（9）LBJ 在等待接收 KLW 返回列尾信息时，5 s 内应不发送列车接近预警信息，以保证 LBJ 可靠接收列尾信息。

（10）LBJ 接收到 KLW 返回的风压信息时，应重新启动自动查询风压计时。

（11）LBJ 连续 10 s 以上未获取 TAX 有效数据，发送列车防护报警信息时自动设置车次号为 88888、公里标为-888.8 km。

（12）LBJ 连续 10 s 以上未能获取 TAX 箱数据时，每隔 7 s 发送一次车次为 88888，速度为 888 km/h，公里标为 8888.8 km 的列车接近预警信息。

（13）LBJ 发送列车接近预警信息时每隔 10 min 伴发一次时钟校准信息。

（14）LBJ 应具有内部时钟，其误差每季度小于 1 min。当内部时钟与 CIR 转发的 GPS 信息包含的时间信息相差 1 min 以上时，LBJ 应根据 GPS 信息包含的时间信息校准内部时钟。不能获取 GPS 信息时，如果内部时钟与 TAX 箱数据中的时间信息相差 1 min 以上，LBJ 应根据 TAX 数据中的时间信息校准内部时钟。正常使用时，LBJ 内置的时钟电池使用寿命不少于 2 年。

（15）LBJ 应预留备用电池电源功能。机车直流供电电源中断后，LBJ 应自动切换到备用电池电源并发出提示语音。如果 LBJ 当前没有发送报警信息并且在 3 min 内没有任何装置触发 LBJ 发送报警信息，则 LBJ 自动关机，否则 LBJ 不关机，继续使用备用电池电源供电保持报警状态。机车直流供电电源中断后，LBJ 不再发送列车接近预警信息。

（16）LBJ 的接近预警功能应能设置为开启或关闭状态。设置为开启状态时，LBJ 按规定发送列车接近预警信息；设置为关闭状态时，LBJ 不发送接近预警信息。

（17）LBJ 应分类存储各类信息，包括报警信息、列尾信息、故障信息和出入库检测信息等。每类信息的存储能力均不少于 2000 条，记录信息溢出时循环覆盖。

四、列车防护报警设备（LBJ）的性能要求

1. 电源要求

LBJ 选配的电源单元应能适应不同类型机车的电源（蓄电池）供电条件，标称（额定）电压为 DC 24 V、DC 48 V、DC 72 V、DC 96 V 或 DC 110 V。

LBJ 整机功耗不大于 75 W。

LBJ 备用电池电源额定电压为 DC 12 V，电池电源容量应不低于 2 A·h，并能保证 LBJ 连续工作 30 min 以上。充电电压为 DC 13.8 V，充电方式采用浮充。

2. 天馈线要求

电压驻波比（VSWR）：≤1.5。

最大承载输出功率：≥30 W。

天线增益：≥0 dB（全向）。

馈线衰耗：≤1.5 dB。

馈线弯曲半径：≤5 倍馈线外径。

3. 可靠性要求

LBJ 平均无故障时间应不小于 30 000 h，各部按键应能使用 30 万次以上，正常使用时备用电池寿命应不低于 2 年，如表 1.3.2 所示。

表 1.3.2　技术要求

<table>
<tr><th>序号</th><th>标签</th><th colspan="2">说明</th></tr>
<tr><td>1</td><td>控制盒接口Ⅰ</td><td colspan="2">连接控制盒Ⅰ</td></tr>
<tr><td>2</td><td>控制盒接口Ⅱ</td><td colspan="2">连接控制盒Ⅱ</td></tr>
<tr><td rowspan="2">3</td><td rowspan="2">绿色电源指示灯</td><td>亮</td><td>电源开启，供电正常</td></tr>
<tr><td>灭</td><td>电源关闭</td></tr>
<tr><td>4</td><td>设备地线接线柱</td><td colspan="2">连接地线</td></tr>
<tr><td rowspan="2">5</td><td rowspan="2">电源开关</td><td>I</td><td>开机</td></tr>
<tr><td>O</td><td>关闭主机电源</td></tr>
<tr><td>6</td><td>电源输入</td><td colspan="2">连接机车电源</td></tr>
<tr><td rowspan="2">7</td><td rowspan="2">绿色运行指示灯</td><td>2 s 闪烁 1 次</td><td>设备正常工作、非列车事故报警状态、出入库检测状态</td></tr>
<tr><td>1 s 闪烁 1 次</td><td>机车电台处于列车事故报警状态</td></tr>
<tr><td rowspan="2">8</td><td rowspan="2">绿色 TAX 箱数据灯</td><td>闪烁</td><td>收到一帧 TAX 数据，指示灯闪烁 1 次</td></tr>
<tr><td>灭</td><td>无 TAX 数据</td></tr>
<tr><td>9</td><td>450 M TDCS 接口</td><td colspan="2">连接 450 M 机车电台 TDCS 接口</td></tr>
<tr><td>10</td><td>预留报警接口</td><td colspan="2">连接预留报警设备</td></tr>
<tr><td>11</td><td>TAX 箱/CIR 数据接口</td><td colspan="2">连接 TAX 适配器或 CIR 数据接口</td></tr>
<tr><td>12</td><td>维护和编程接口</td><td colspan="2">连接维护和编程设备</td></tr>
<tr><td rowspan="2">13</td><td>报警按钮防护罩</td><td colspan="2">防止报警按钮误操作</td></tr>
<tr><td>报警按钮/报警按钮指示灯</td><td colspan="2">启动/解除列车防护报警</td></tr>
<tr><td>14</td><td>天线接口</td><td colspan="2">连接 800 M 机车电台天线</td></tr>
</table>

五、列车防护报警设备（LBJ）数据下载

LBJ 专用数据管理器（以下简称管理器）是对 LBJ 主机进行数据管理的专用维

护设备，具有如下功能：

（1）设置 LBJ 主机的列车接近预警功能。

（2）设置和读取 LBJ 主机的机车号。

（3）下载和保存 LBJ 主机存储的记录信息。

（4）查询 LBJ 主机软件版本。

（5）转存 LBJ 主机存储的记录信息至出入库检设备。

（一）LBJ 数据下载连接方式

1. 连接 LBJ 主机

选用 LBJ 主机连接电缆（标有“LBJ 主机连接电缆”），标有“LBJ 主机”的一端连接至 LBJ 主机“维护”接口上，标有“管理器”的一端连接至管理器“LBJ 接口”上。

2. 连接 CIR

选用 CIR 连接电缆（标有“CIR 连接电缆”），标有“CIR”的一端连接至 CIR 的 B 子架“数据 4”接口上，标有“管理器”的一端连接至管理器“LBJ 接口”上。

（二）数据管理器开机

打开管理器电源开关（电源开关按到“|”的位置），管理器首先显示欢迎界面，其中包含管理器软件版本和日期，然后自动进入主菜单。在显示欢迎界面时，也可按“确认”键快速进入主菜单（见图 1.3.11）。

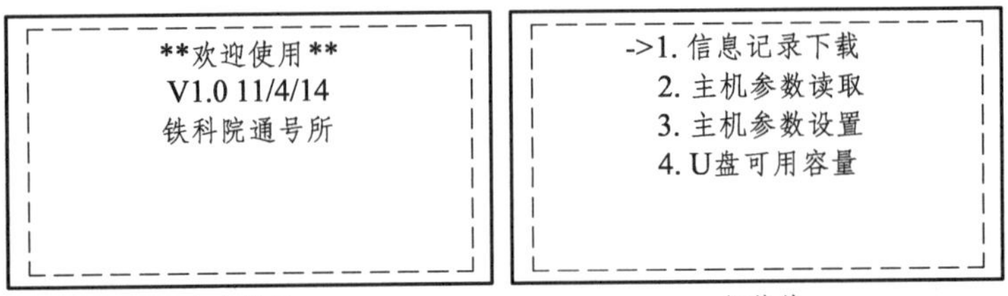

欢迎界面　　主菜单

图 1.3.11　数据管理器开机界面

下载 LBJ 主机记录信息。主菜单下按方向键选择“1.信息记录下载”后按“确认”键，或直接按数字“1”键，进入记录下载菜单。

记录下载菜单设置为 8 个可选项，分两页显示，按“翻页”键可切换菜单页。其中“所有记录信息”是指所有类别的信息记录，其他 7 个可选项对应 LBJ 主机存储的七大类信息记录，8 个可选项的子菜单和下载的数据内容如图 1.3.12 所示。

在记录下载菜单中按方向键选取要读取信息的类别，按“确认”键或直接按对应的数字键可进入其子菜单，在子菜单中按方向键选取要读取信息的类别，按“确认”键或直接按对应的数字键，管理器便开始下载所选定类别的信息记录，同时，液晶屏上显示“正在下载信息”和下载进度，待信息下载完成后，液晶屏上提示“信息下载完成”。此时，按“返回”键可返回到记录下载菜单（见表 1.3.3）。

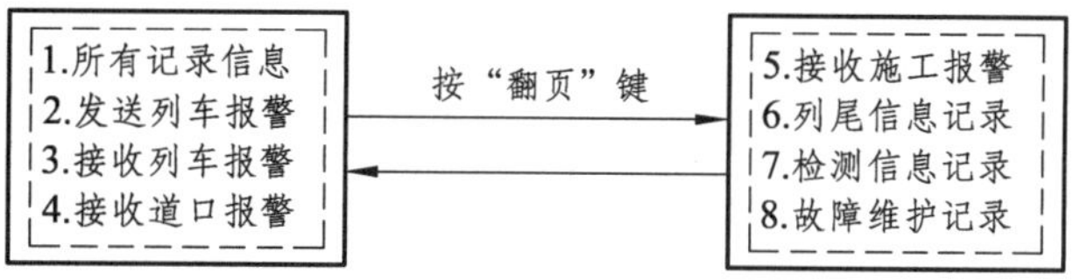

图 1.3.12　LBJ 主机记录下载菜单

表 1.3.3　记录下载菜单

菜单可选项	子菜单	下载的数据内容
所有记录信息	无	所有信息记录
发送列车报警	此类所有记录	此类信息所包含的所有信息记录
	报警记录	LBJ 发送的列车防护报警记录信息
	报警解除记录	LBJ 发送的列车防护报警解除记录信息
接收列车报警	此类所有记录	此类信息所包含的所有信息记录
	报警记录	LBJ 接收的列车防护报警记录信息
	报警解除记录	LBJ 接收的列车防护报警解除记录信息
	确人按键记录	LBJ 接收报警信息后的确认按键记录信息
接收道口报警	此类所有记录	此类信息所包含的所有信息记录
	报警记录	LBJ 接收的道口事故报警记录信息
	报警解除记录	LBJ 接收的道口事故报警解除记录信息
接收施工报警	此类所有记录	此类信息所包含的所有信息记录
	报警记录	LBJ 接收的施工防护报警记录信息
	报警解除记录	LBJ 接收的施工防护报警解除记录信息
列尾信息记录	此类所有记录	此类信息所包含的所有信息记录
	发送列尾信息	LBJ 发送的列尾信息
	接收列尾信息	LBJ 接收的列尾信息
检测信息记录	此类所有记录	此类信息所包含的所有信息记录
	检测命令记录	LBJ 接收的出入库检测命令记录信息
	报警试验记录	LBJ 发送的报警试验记录信息
故障维护记录	此类所有记录	此类信息所包含的所有信息记录
	故障信息记录	LBJ 故障记录信息
	维护信息记录	LBJ 维护记录信息

六、列车防护报警设备（LBJ）数据分析

LBJ 数据分析使用 CIR 出入库检测系统软件来进行分析。

（1）选择菜单栏“LBJ”“读取数据管理器数据”，弹出“读取数据管理器数据”窗口。

（2）把数据管理器中的 U 盘插到计算机的 USB 口，在选择“U 盘”栏中选择需要分析的 U 盘，在文件列表中选择需要分析的文件，选择时间、机车号、车次号、报警类型。点击“读取”按钮，即可读取数据管理器的数据。

（3）分析数据按报警信息类、出入库检测命令类、报警试验记录信息类、客列尾信息类、故障信息类、维护记录信息类进行分类。

（4）点击“导出”，可以把读取出来的数据转存到 Excel 文件中。

1. 报警信息类

此类信息记录 LBJ 的所有报警信息，包括 LBJ 发送的列车防护报警信息及报警解除信息、LBJ 接收的列车防护报警信息及报警解除信息、LBJ 接收的道口事故报警及报警解除信息、LBJ 接收的施工防护报警及报警解除信息、LBJ 接收报警信息后的确认按键记录信息。

列车防护报警信息的内容包括车次号、机车号、公里标、报警（解除报警）时间、启动报警原因（见图 1.3.13）。

道口事故报警信息、施工防护报警信息的内容包括公里标、信息发送时间。

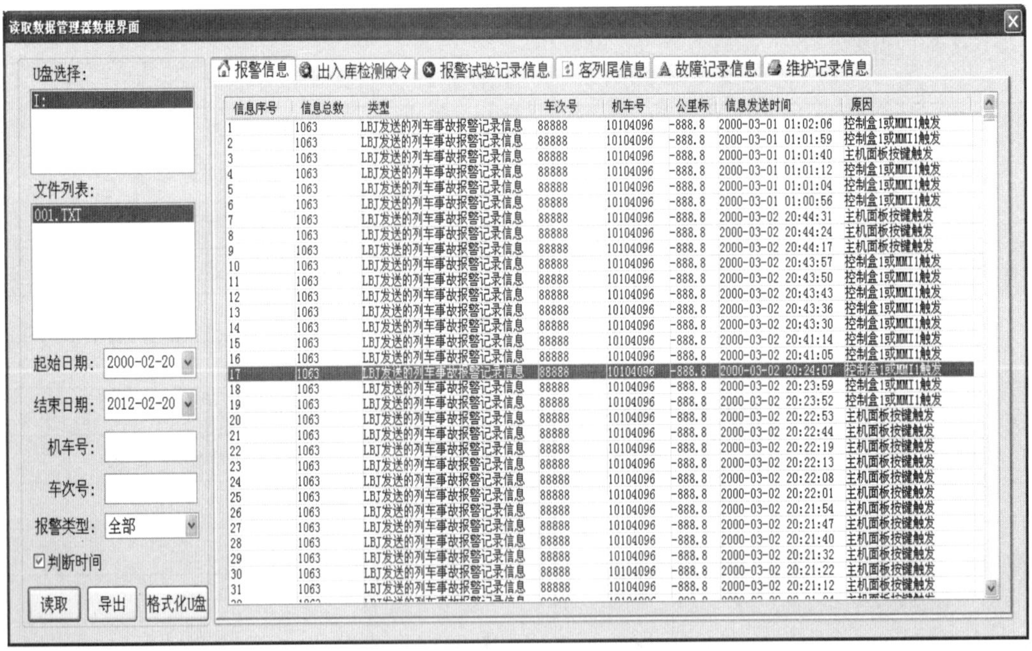

图 1.3.13　列车防护报警信息

2. 出入库检测命令类

此类信息记录收到的库检命令，内容包括 LBJ 库检的时间和机车号，如图 1.3.14 所示。

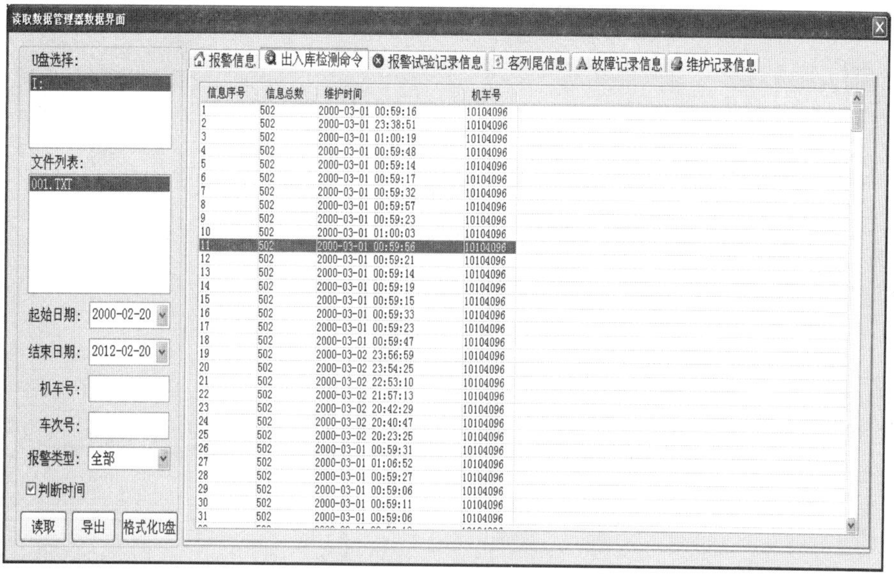

图 1.3.14　出入库检测命令信息

3. 报警试验记录信息类

此类信息即 LBJ 自检结果，包括自检时间、机车号、控制盒端口、TAX 箱状态、记录单元状态、信道机状态、报警键状态、列尾排风键状态、查询分压键状态、列尾确认键状态、电池电压，如图 1.3.15 所示。

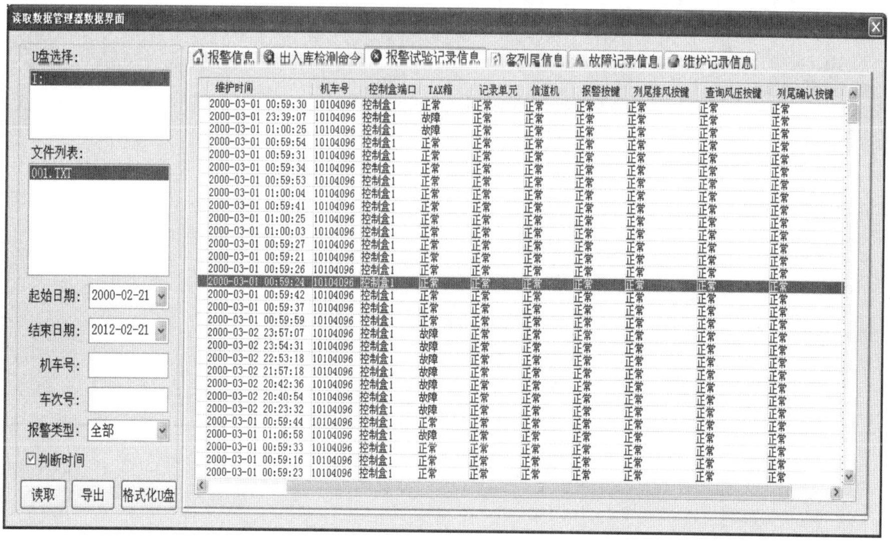

图 1.3.15　报警试验记录信息类

4. 客列尾信息类

此类信息记录与客车列尾间的所有交互信息，包括输入机车号、消号、手动查询风压、自动查询风压、排风制动、风压告警、电压告警等信息，如图 1.3.16 所示。

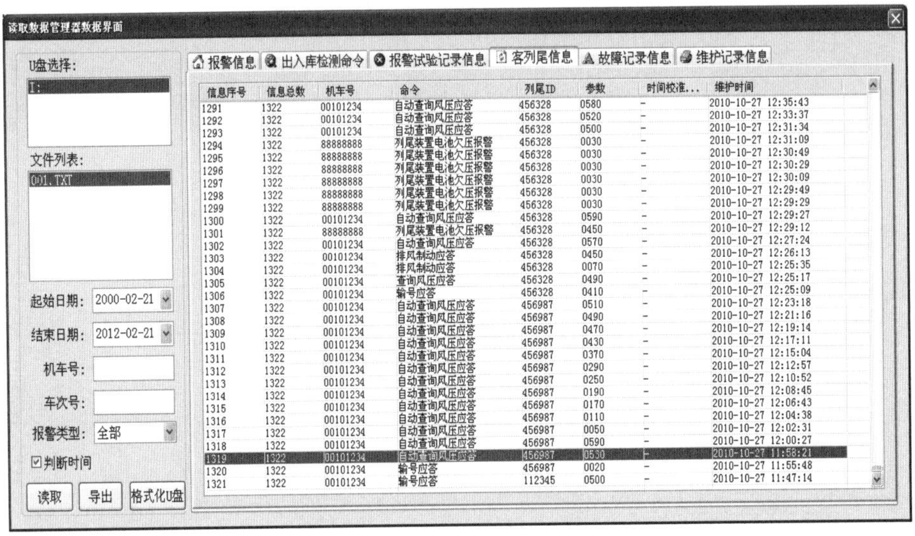

图 1.3.16 客列尾信息

5. 故障信息类

此类信息记录 LBJ 各单元故障及恢复的情况，包括时间、故障（恢复）单元，如图 1.3.17 所示。

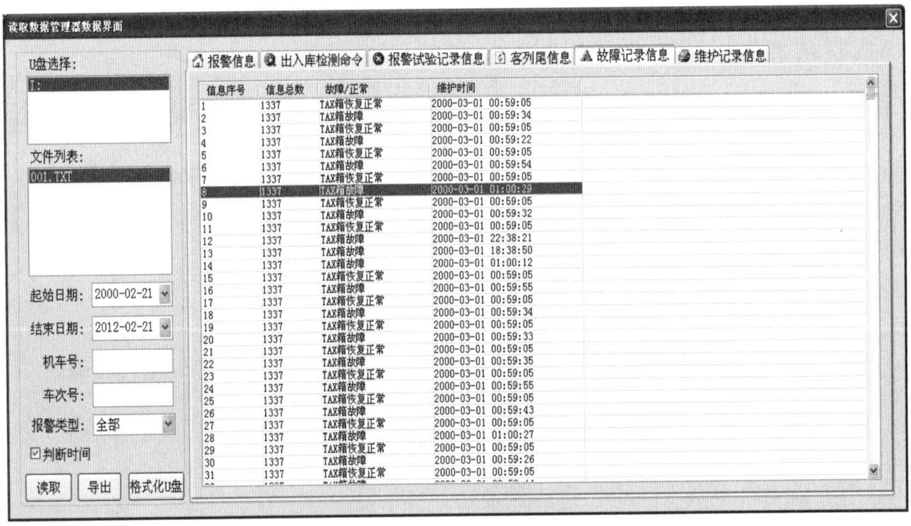

图 1.3.17 故障信息

6. 维护信息类

此类信息记录操作人员对 LBJ 的维护信息，包括维护时间、维护内容、维护参数，如图 1.3.18 所示。

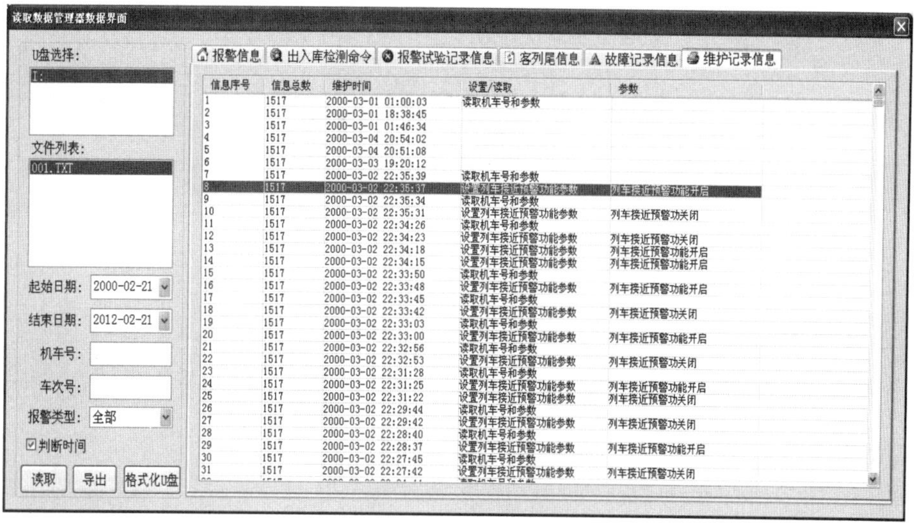

图 1.3.18　维护信息

任务自检

1. 列车防护报警设备由哪几部分组成？
2. 简述列车防护报警设备的功能要求。

项目四 LKJ2000 型列车运行监控记录装置

项目描述

列车运行监控记录装置（简称监控装置）源于 20 世纪 80 年代末，随着铁路运输发展对安全生产及更为客观地判定行车事故责任的要求，郑州局江岸机务段构思能否用微机技术实现对列车运行情况的记录，该建议得到了铁道部有关部门及一些高等院校的重视，于 1986 年研发出样机——机车运行记录器（简称运记），开始在江岸机务段和郑州机务段的机车上安装试运行。

伴随着计算机技术的不断进步、轨道电路的发码化及在实践中的不断完善。1989 年，JK-Ⅰ型列车运行监控记录装置成型，以后又陆续开发了 JK-Ⅱ型、JK-2H 型、LKJ-93 型及 LKJ2000 型监控记录装置。它们都是利用计算机技术，采用车载数据方式，将线路数据、允许速度及各类信号机、车站坐标预先存储在监控装置的数据芯片中。当列车运行时，根据机车实际坐标位置调用存储在数据芯片中的数据，同时采集列车运行前方信号机显示状态，实时计算列车制动距离，达到对列车运行安全的监控作用。

由于监控装置比较完整地记载了列车运行的主要信息，以及乘务员途中操纵列车的基本情况，可防止运行超速和因乘务员精力不振误操纵列车，对保证行车安全和行车事故的客观判定起到了非常有效的作用，因此得到各级领导和行车单位的高度肯定，也迎来了监控装置的更新发展。至 1998 年底，全路主要干线机车已全部安装了监控装置。

LKJ2000 型列车运行监控记录装置是在国铁集团统一组织领导下，由多家科研机构、企业及铁路营运部门联合开发研制的新一代列车超速防护设备。它是根据当前我国信号设备的发展及铁路运输提速，对铁路运输安全设备提出了新要求的背景下，在 LKJ-93 型列车运行监控记录装置成功应用的基础上，借鉴国外先进技术，结合多年来监控装置的运用经验及迅速发展的微机技术研制而成的更新换代产品。

知识目标

（1）认识 LKJ2000 型监控记录装置的结构、系统。

（2）了解 LKJ2000 型监控记录装置的通信网络及其安装条件。

（3）掌握监控装置的组成、功能。

（4）掌握列车运行途中 LKJ2000 型监控装置的控制模式。

（5）掌握监控装置各种控制状态。

（6）掌握各特殊情况的概念。

（7）理解特殊情况操作的原因和目标。

能力目标

（1）认识 LKJ2000 型监控记录装置。

（2）掌握 LKJ2000 型监控记录装置的冗余切换方式。

（3）掌握 LKJ2000 型监控记录装置人机界面显示器各功能区的内容及指示灯的含义。

（4）掌握列车运行途中 LKJ2000 型监控记录装置的运行状态。

（5）熟练掌握机车运行特殊情况的类型。

思政目标

（1）培养敬业爱岗、遵章守纪、乐于奉献的职业精神。

（2）牢记安全第一、以质量促安全的职业规范。

任务一　LKJ2000 型监控记录装置基础认知

任务描述

（1）掌握 LKJ2000 型监控记录装置的应用范围。

（2）掌握 LKJ2000 型监控记录装置的控制模式。

（3）掌握 LKJ2000 型监控记录装置的记录与分析处理。

视频：监控记录装置的发展

PPT：监控记录装置的发展

知识储备

一、LKJ2000 型列车运行监控记录装置简介

列车运行监控记录装置（LKJ）是中国铁路列车运行控制系统体系的组成部分，是用于防止列车冒进信号、运行超速事故和辅助机车司机（含动车组司机，下同）提高操纵能力的重要行车设备。LKJ 是机车、动车组设备的组成部分。

LKJ2000 型列车运行监控记录装置是国内新一代列车超速防护设备，能准确地记录列车运行状况、信号设备状况及机车乘务员操纵状况，并采用双机热备冗余工作方式、工作性能更加可靠；装置的屏幕显示器以图形、曲线、文字等方式来显示前方线路状况、运行情况等信息，并在出现列车超速、冒进信号等危险情况时自动采取紧急制动，保障铁路运输安全。

二、装置的应用范围

LKJ2000 型监控记录装置适合各型电力机车及内燃机车，适应自动及半自动闭塞方式，能适应各种信号制式，包括移频（含 18 信息移频）、交流计数、UM-71、极频等制式（装置所需机车信号信息取自通用式机车信号装置）。装置既适合运行于不同速度等级线路的各型旅客列车（包括动车组）及货物列车，也适合于调车机车。装置的软件具有通用性，不同的用户可通过面向用户的软件参数调整来满足不同功能的要求，适应不同的运行情况。

三、装置的控制模式

装置采用车载计算机预先存储地面线路数据的控制方式（即车载控制模式），在运行时根据列车所处位置按顺序调取的车载存储线路数据，按前方信号显示的状态并根据列车速度计算列车走行距离来产生控制模式曲线。当列车速度超过控制模式曲线范围时，装置对列车实施动力切除、常用制动及紧急制动控制，防止列车越过关闭的信号机。装置实施常用制动后，在列车速度低于规定的安全速度时，允许司机缓解；对于紧急制动控制，必须停车后才可缓解。特殊情况下的处理方式满足铁路《铁路技术管理规程》（以下简称《技规》）要求。为确保列车在关闭信号机前可靠停车，限制速度的计算采用实际计算方法，以满足控制精度要求。模式曲线的计算可根据列车运行速度的要求采用跨闭塞分区计算方式，即以关闭的信号机作为目标点来计算常用制动及紧急制动连续模式曲线。由于装置具有与地面进行信息传输的接口功能及传输信息的处理功能，因此，在有地面信息传输的区段，也可采用车载数据与地面传输信息结合的控制方案。这样既可减少乘务员操作，提高自动化控制程度，又可以提高控制的可靠性与安全性。信息传输方式可以采用点式应答器

或轨道电路叠加等方式。传输信息包括进路信息、站内开通股道信息、限速信息及距离信息等。

四、运行数据的记录与分析处理

装置对列车运行状态的相关参数及乘务员输入参数（包括 IC 卡输入参数）进行记录，并根据列车运行情况形成相应的数据文件储存在非易失性数据存储器中，通过数据转储供地面微机分析处理。数据记录采用不定长数据格式，记录数据的事件代号与内容采用不同的数据代码，以提高记录数据的可靠性。数据记录采用条件触发记录方式，当设定的记录条件满足时，则产生一项相应参数记录。地面分析处理软件将车载记录的列车运行数据经过翻译、整理，以直观的全程记录、运行曲线、各种报表等形式再现列车运行全过程，为机务的现代化管理及事故分析提供准确依据。

五、系统冗余方式与切换原理

为提高可靠性，系统采用双机热备冗余方式。系统主机由 A、B 二组完全独立的控制单元组成，每组单元都有完整的信号输入及控制输出接口模块，单元内部各模块之间采用 VME 总线连接。系统内部串行通信网络 CAN 也采用 A、B 组冗余方式连接各 CPU 模块。在正常情况下，一组为工作机，另一组为热备机，工作机控制系统工作并发出制动控制指令，热备机经 CAN 总线和同步通信接口实时接收工作机数据，以保持与工作机同步运行及数据的一致性。工作机故障时自动退出控制状态，而热备机则充当工作机进入控制状态，故障切换过程对控制准确性的影响须控制在允许范围内。为保证记录数据的完整性及唯一性，热备机与工作机同时进行记录，且热备机的记录数据源于工作机。冗余采用模块级冗余方式，当系统中任一模块故障时，并不会导致整个单元的切换，只是将工作单元中故障的模块切除，并采用热备单元中的相同模块。而故障的模块在恢复正常后，仍可被系统继续使用。当系统中相同的关键模块出现故障时，将产生报警输出，若在规定的时间内未得到切除装置操作，则产生紧急制动输出。

由于显示器出现故障并不会导致危及行车安全的情况发生，因此系统内装在司机室的显示器（屏幕或数码）采用单套运行方式，但同时配备双针速度表作为备份。当显示器故障时，依靠双针速度表维持系统基本功能运行的指示。

任务自检

1. LKJ2000 型列车运行监控记录装置的控制模式是什么？
2. LKJ2000 型列车运行监控记录装置系统的冗余方式是什么？

任务二　LKJ2000 型监控记录装置系统功能

任务描述

（1）掌握 LKJ2000 型监控记录装置的四大功能。

（2）掌握 LKJ2000 型监控记录装置的监控功能要求。

视频：LKJ2000 型列车运行监控记录装置功能

PPT：LKJ2000 型列车运行监控记录装置功能

知识储备

一、系统功能

LKJ2000 型监控记录装置车载设备主要有以下四大功能。

（1）监控功能。

（2）记录功能。

（3）显示功能（以数字或图形方式显示）。

（4）语音提示功能。

系统的地面设备还具有运行数据处理的功能。运行数据以报表、图形等形式再现列车运行全过程，为机务的现代化管理及事故分析提供强有力的依据。

注：列车运行监控装置（LKJ）产生的列车运行记录数据是行车安全分析的重要依据，任何单位和人员不得更改。

二、监控功能

监控装置的控制功能包括以下主要功能，根据机车及设备工作状态的改变调用相应的控制。

（1）监控装置只在列车速度超过安全行车允许的速度时才启动制动设备；当列车速度低于安全行车允许的速度时，监控装置不影响列车的正常运行。

（2）监控装置对机车信号信息进行限速控制，以防止列车越过关闭的信号机。

（3）监控装置防止列车运行速度超过线路允许速度、机车允许速度、车辆允许速度及其他允许速度中的最低值。

（4）监控装置按揭示命令要求控制列车在规定的施工区段速度不超过临时限速行车。

（5）监控装置防止列车超过规定的调车限速。

（6）监控装置根据机车信号信息（或地面传输信息）、车载线路数据以及输入的列车运行参数实时计算出速度-距离制动模式曲线。

（7）当列车达到报警速度时，监控装置进行报警提示；当列车速度超过监控装置设定的动作值时，即切除牵引动力、实施常用或紧急制动等相应措施，控制列车减速或停车。

（8）监控装置启动制动设备实施列车制动后，对于紧急制动方式，必须停车后才可缓解；对于常用制动方式，在列车速度低于监控装置设定的速度时，监控装置提供人工缓解条件。

（9）在列车停车情况下，防止列车向前/向后溜逸。

三、记录功能

（1）监控装置具有运行数据实时记录功能，能够记录日期、时间、里程坐标、机车条件变化、运行状态、按键、检修人员/乘务员输入、系统自检、揭示控制、点式信息等内容。

（2）记录的数据能够通过转储器、IC 卡或无线传输方式转录到地面微机系统中，通过相应的软件进行统计、分析及打印等工作。

（3）监控装置记录事件定义如表 1.4.1 ~ 表 1.4.10 所示。

表 1.4.1　系统自检信息

序号	记录事件名称	记录事件含义及记录时机
1	轮径超上界	当计算轮径值大于控制参数中设置的最大轮径时
2	轮径超下界	当计算轮径值小于控制参数中设置的最小轮径时
3	A 监控板故障	当 A 机监控记录插件由自检正常状态变为自检故障状态时
4	B 监控板故障	当 B 机监控记录插件由自检正常状态变为自检故障状态时
5	A 模拟入故障	当 A 机模拟量输入/输出插件上模拟量输入通道由自检正常状态变为自检故障状态时
6	B 模拟入故障	当 B 机模拟量输入/输出插件上模拟量输入通道由自检正常状态变为自检故障状态时
7	A 数字入故障	当 A 机数字量输入插件由自检正常状态变为自检故障状态时
8	B 数字入故障	当 B 机数字量输入插件由自检正常状态变为自检故障状态时
9	A 工况入故障	当 A 机数字量输入/输出插件上数字量输入通道由自检正常状态变为自检故障状态时
10	B 工况入故障	当 B 机数字量输入/输出插件上数字量输入通道由自检正常状态变为自检故障状态时

续表

序号	记录事件名称	记录事件含义及记录时机
11	A数字出故障	当A机数字量输入/输出插件上数字量输出通道反馈状态与输出状态由一致变为不一致时
12	B数字出故障	当B机数字量输入/输出插件上数字量输出通道反馈状态与输出状态由一致变为不一致时
13	A模块故障	当A机除监控记录插件外带CPU插件由自检正常状态变为自检故障状态时
14	B模块故障	当B机除监控记录插件外带CPU插件由自检正常状态变为自检故障状态时
15	A监控板恢复	当A机监控记录插件由自检故障状态变为自检正常状态时
16	B监控板恢复	当B机监控记录插件由自检故障状态变为自检正常状态时
17	A模拟入恢复	当A机模拟量输入/输出插件上模拟量输入通道由自检故障状态变为自检正常状态时
18	B模拟入恢复	当B机模拟量输入/输出插件上模拟量输入通道由自检故障状态变为自检正常状态时
19	A数字入恢复	当A机数字输入插件由自检故障状态变为自检正常状态时
20	B数字入恢复	当B机数字输入插件由自检故障状态变为自检正常状态时
21	A工况入恢复	当A机数字量输入/输出插件上数字量输入通道由自检故障状态变为自检正常状态时
22	B工况入恢复	当B机数字量输入/输出插件上数字量输入通道由自检故障状态变为自检正常状态时
23	A数字出恢复	当A机数字量输入/输出插件上数字量输出通道反馈状态与输出状态由不一致变为一致时
24	B数字出恢复	当B机数字量输入/输出插件上数字量输出通道反馈状态与输出状态由不一致变为一致时
25	A模块恢复	当A机除监控记录插件外带CPU插件由自检故障状态变为自检正常状态时
26	B模块恢复	当B机除监控记录插件外带CPU插件由自检故障状态变为自检正常状态时
27	硬件复位	当监控装置发生瞬间失电时（失电时间＜0.4 s）
28	关机	当监控装置断电后重新通电时记录断电时信息
29	开机	当监控装置断电后重新通电时记录通电时信息

表 1.4.2　检修人员/乘务员输入信息

序号	记录事件名称	记录事件含义及记录时机
1	日期修改	当人工修改日期成功时
2	时间修改	当人工修改时间成功时
3	轮径修改	当人工修改速度传感器所在轴的轮径值成功时
4	备用轮径修改	当人工修改备用速度传感器所在轴的轮径值成功时
5	机车号修改	当人工修改机车号成功时
6	装置号修改	当人工修改监控装置编号成功时
7	机车型号修改	当人工修改机车型号成功时
8	默认辆数修改	当人工修改监控装置默认辆数成功时
9	默认总重修改	当人工修改监控装置默认总重成功时
10	默认计长修改	当人工修改监控装置默认计长成功时
11	柴机脉冲数修改	当人工修改柴油机脉冲数成功时
12	速度表量程修改	当人工修改双针速度表量程成功时
13	机车 A/B 节修改	当人工输入双节机车 A/B 节信息成功时
14	司机号	当人工输入司机号变化时
15	副司机号	当人工输入副司机号变化时
16	司机号 2	当人工输入第二个司机号变化时
17	司机号 3	当人工输入第三个司机号变化时
19	车次	当人工输入车次变化时
20	本补客货	当人工输入车次的本补客货信息发生变化时
21	交路号	当人工输入交路号有效且变化时
22	数据交路号	当输入的交路号对应线路数据文件中的交路号变化时
23	车站号	当人工输入车站号有效且变化时
24	总重	当人工输入编组信息中的总重量变化时
25	辆数	当人工输入编组信息中的辆数变化时
26	计长	当人工输入编组信息中的计长变化时
27	参数确认	当人工进行设定输入，选择确认按钮退出时

表 1.4.3　揭示信息

序号	记录事件名称	记录事件含义及记录时机
1	揭示输入	当 IC 卡内的揭示信息向监控装置传送成功时
2	临时限速开始	当监控装置运行数据接近临时限速起点达到控制参数设置距离时
3	临时限速结束	当监控装置运行数据的列车尾部越过临时限速终点时
4	临时限速起点	当监控装置运行数据运行到临时限速起始地点时
5	取消揭示	当人工取消揭示时

表 1.4.4 点式信息

序号	记录事件名称	记录事件含义及记录时机
1	点式信息接收	当监控装置收到点式查询器送入的点式信息时
2	点式校正	当监控装置正确收到点式信息并按点式信息内容进行距离校正时
3	点式定位	当监控装置正确收到点式信息并按点式信息内容进行数据定位时
4	点式查询器故障	当点式查询器向监控装置发送的自检报告由正常变为故障时
5	点式查询器正常	当点式查询器向监控装置发送的自检报告由故障恢复正常时
6	点式通信超时	当监控装置长时间未收到点式查询器信息时
7	点式信息无效	当监控装置收到的点式信息内容与地面数据中点式信息内容不一致时
8	点式侧线信息	当监控装置收到点式信息中的侧线股道信息时
9	点式丢失	当监控装置未从点式查询器收到地面数据中预存的点式信息数据时
10	点式版本不一致	当监控装置收到点式信息的版本号与实际的版本号不一致时
11	点式报文非法	当监控装置收到点式信息的报文与实际不一致时

表 1.4.5 速度事件

序号	记录事件名称	记录事件含义及记录时机
1	速度突降	当速度信号由高于控制参数设置值的速度突降为 0 时
2	速度通道切换	当监控装置自动使双速度传感器的信号切换时
3	人工速度通道切换	当人工使双速度传感器的信号切换时
4	轮对空转	当监控装置判断速度信号加速度超过控制参数设置值时
5	空转结束	当监控装置判断轮对空转结束时
6	空转报警开始	当监控装置轮对空转报警开始时
7	空转报警结束	当监控装置轮对空转报警结束时
8	轮对滑行	当监控装置判断速度信号减速度超过控制参数设置值时
9	滑行结束	当监控装置判断轮对滑行结束时

表 1.4.6 按键事件

序号	记录事件名称	记录事件含义及记录时机
1	解锁键	当按压【解锁】键时
2	确认键	当按压解锁操作的【确认】键或解锁按钮时
3	警惕键	当按压【警惕】键时
4	缓解键	当按压【缓解】键时

续表

序号	记录事件名称	记录事件含义及记录时机
5	定标键	当按压【定标】键时
6	前端巡检 1	当进行机械间巡视前，在操纵端按压【巡检】键时
7	后端巡检	当巡视到非操纵端，按压【巡检】键时
8	前端巡检 2	当巡视回到操纵端，按压【巡检】键时
9	交权	当有权端显示器通过操作成功放弃操作权时
10	夺权	当无权端显示器通过操作成功获得操作权时
11	IC 卡插入	当 IC 卡插入显示器 IC 卡座时
12	IC 卡拔出	当 IC 卡从显示器 IC 卡座拔出时
13	键盘检测成功	当人工进行显示器按键检测成功时
14	键盘检测失败	当人工进行显示器按键检测失败时

表 1.4.7　运行状态

序号	记录事件名称	记录事件含义及记录时机
1	A 机单机	当监控装置主备状态转为 A 机单机工作时
2	B 机单机	当监控装置主备状态转为 B 机单机工作时
3	A 主 B 备	当监控装置主备状态转为 A 机主机 B 机备机工作时
4	A 备 B 主	当监控装置主备状态转为 A 机备机 B 机主机工作时
5	降级运行	当监控装置由其他工作状态变为降级工作状态时
6	进入调车	当监控装置进入调车工作状态时
7	退出调车	当监控装置退出调车工作状态时
8	出段	当人工按压【出入库】键进入出段工作状态时
9	入段	当人工按压【山入库】键进入入段工作状态时
10	退出出段	当人工按压【出入库】键由出段工作状态退出时
11	退出入段	当人工按压【出入库】键由入段工作状态退出时
12	引导解锁	当手信号引导行车解锁成功时
13	靠标解锁	当靠标解锁成功时
14	特定引导解锁	当特定手信号引导行车解锁成功时
15	调车点式解锁	当接收到调车点式信息解锁成功时
16	路票解锁	当停用基本闭塞法改用电话闭塞法解锁成功时
17	绿证解锁	当绿色许可证解锁成功时
18	股道无码确认	当车站股道无电码化确认地面信号开放成功时
19	临时命令号输入	当允许输入临时调度命令，人工输入相应的调度命令号时
20	凭证号输入	当人工输入行车凭证号时

续表

序号	记录事件名称	记录事件含义及记录时机
21	绿/绿黄确认	当出站信号机前机车信号为侧向信号，人工确认地面信号为绿灯/绿黄灯时
22	转入 20 km/h 限速	当监控装置由非 20 km/h 限速模式转入 20 km/h 限速模式时
23	转出 20 km/h 限速	当监控装置由 20 km/h 限速模式转出时
24	自动进入补机	当监控装置通过硬件切换由本务运行状态转为非本务运行状态时
25	自动退出补机	当监控装置通过硬件切换由非本务运行状态转为本务运行状态时
26	报警开始	当监控装置报警开始时
27	报警结束	当监控装置报警结束时
28	防溜报警开始	当监控装置防溜报警开始时
29	防溜报警结束	当监控装置防溜报警结束时
30	区间停车	当监控装置工作在通常工作状态且运行数据位于区间时采集的机车速度从非 0 变为 0 时
31	区间开车	当监控装置工作在通常工作状态且运行数据位于区间时采集的机车速度从 0 变为非 0 时
32	机外停车	当监控装置工作在通常工作状态且运行数据位于进站信号机外方时采集的机车速度从非 0 变为 0 时
33	机外开车	当监控装置工作在通常工作状态且运行数据位于进站信号机外方时采集的机车速度从 0 变为非 0 时
34	站内停车	当监控装置工作在通常工作状态且运行数据位于站内时采集的机车速度从非 0 变为 0 时
35	站内开车	当监控装置工作在通常工作状态且运行数据位于站内时采集的机车速度从 0 变为非 0 时
36	降级停车	当监控装置工作在降级工作状态时采集的机车速度从非 0 变为 0 时
37	降级开车	当监控装置工作在降级工作状态时采集的机车速度从 0 变为非 0 时
38	调车停车	当监控装置工作在调车工作状态时采集的机车速度从非 0 变为 0 时
39	调车开车	当监控装置工作在调车工作状态时采集的机车速度从 0 变为非 0 时
40	紧急制动	当监控装置发出紧急制动指令时
41	常用制动	当监控装置发出常用制动指令时
42	卸载动作	当监控装置发出切除机车牵引力指令时
43	允许缓解	当常用制动或卸载动作后，速度下降达到允许人工缓解条件时

续表

序号	记录事件名称	记录事件含义及记录时机
44	缓解成功	当常用制动或卸载动作后，按压【缓解】键缓解成功时
45	日期变化	当日期发生变化时
46	GPS 校时	当监控装置通过 GPS 设备校正时间成功时

表 1.4.8　制动试验

序号	记录事件名称	记录事件含义及记录时机
1	常用制动试验开始	当停车状态下通过显示器操作进行常用制动试验时
2	紧急制动试验开始	当停车状态下通过显示器操作进行紧急制动试验时
3	常用制动试验结束	当常用制动试验结束时
4	紧急制动试验结束	当紧急制动试验结束时
5	常用试验减压结束	当常用制动试验减压结束时

表 1.4.9　数据调用

序号	记录事件名称	记录事件含义及记录时机
1	开车对标	当参数设定有效后，按压【开车】键进入通常工作状态时
2	车位向前	当按压【向前】键进行距离调整有效时
3	车位向后	当按压【向后】键进行距离调整有效时
4	车位对中	当按压【自动校正】键进行距离调整有效时
5	支线选择	当允许输入支线，输入有效支线号时
6	侧线选择	当允许输入侧线，输入有效侧线号时
7	公里标突变	当监控装置运行数据通过公里标突变点时
8	座标增	当监控装置运行数据公里标变化趋势由减变为增时
9	座标减	当监控装置运行数据公里标变化趋势由增变为减时
10	过机不校	当监控装置收到过绝缘节信号，不进行距离修正时
11	过机校正	当监控装置收到过绝缘节信号，进行距离修正时
12	轮径修正	当过机校正自动修改轮径时
13	过站中心	当监控装置运行数据通过车站中心时
14	进站道岔	当监控装置运行数据通过进站道岔时
15	出站道岔	当监控装置运行数据通过出站道岔时
16	过信号机	当监控装置运行数据通过信号机时
17	正线终止	当监控装置运行数据结束走行时
18	过分相	当监控装置运行数据通过线路数据文件中所做分相点时
19	调用反向数据	当监控装置由正向数据进入反方向数据时
20	退出反向数据	当监控装置由反方向数据进入正向数据时

表 1.4.10　机车条件变化

序号	记录事件名称	记录事件含义及记录时机
1	机车信号变化	当监控装置接收的机车信号中的色灯信息或速度等级信息发生变化时
2	制式电平变化	当监控装置接收的机车信号中的制式信息或过绝缘节信息发生变化时
3	机车工况变化	当监控装置采集的机车工况发生变化时
4	信号突变	当机车信号从进行状态变为关闭状态并符合设定规则要求时
5	平调信号变化	当监控装置接收的平面调车灯显信号发生变化时
6	速度变化	当监控装置采集的机车速度变化达到记录界限（由控制参数设置）时
7	转速变化	当监控装置采集的内燃机车柴油机转速变化达到记录界限（由控制参数设置）时
8	电流变化	当监控装置采集的电力机车原边电流或电机电流变化达到记录界限（由控制参数设置）时（可选记录项目）
9	电压变化	当监控装置采集的电力机车原边电压变化达到记录界限（由控制参数设置）时（可选记录项目）
10	电功率变化	当监控装置采集的电力机车原边功率变化达到记录界限（由控制参数设置）时（可选记录项目）
11	限速变化	当监控装置计算的限制速度变化达到记录界限（由控制参数设置）时
12	管压变化	当监控装置采集的列车管压力变化达到记录界限（由控制参数设置）时
13	闸缸压力变化	当监控装置采集的制动缸压力变化达到记录界限（由控制参数设置）时
14	均缸压力变化	当监控装置采集的均衡风缸压力变化达到记录界限（由控制参数设置）时
15	定量记录	在一些特定情况下（比如建立新文件时）记录所有监控装置采集的机车条件状态
16	记录自动过分相	当监控装置采集到自动过分相装置动作时（可选记录项目）
17	记录鸣笛	当监控装置采集到按压鸣笛装置按钮时（可选记录项目）

四、显示功能

LKJ2000 型监控记录装置的屏幕显示器上的显示界面能显示如下信息：

（1）显示日期和时间。

（2）显示机车信号信息。

（3）显示列车运行速度与限速。

（4）显示前方目标信号机的类别、编号。

（5）显示距前方信号机距离。

（6）显示机车所在位置的里程坐标。

（7）显示监控状态和列车制动状态。

（8）显示列车最近走过的不少于 1 km 以内的运行速度值轨迹曲线。

（9）显示机车当前位置至前方不少于 3 km 以内的线路允许速度曲线。

（10）运行所在闭塞分区及运行前方闭塞分区模式限制速度曲线。

（11）以曲线、符号和文字形式，沿线路里程的延展显示机车运行前方不少于 3 km 以内的线路曲线、坡道坡度、道口、桥梁、隧道及车站、信号机、电气化铁路接触网分相标等设置情况。

五、语音提示功能

（一）屏蔽显示器语音提示

LKJ2000 型监控记录装置的屏幕显示器可以进行下列各类信息的声音提示，具体语音定义如表 1.4.11 ~ 表 1.4.14 所示。

视频：LKJ2000 型列车运行监控记录装置语音提示

PPT：LKJ2000 型列车运行监控记录装置语音提示

（1）监控装置报警。

（2）机车信号变化。

（3）前方限速变化。

（4）动力切除、常用制动或紧急制动。

（5）允许缓解。

（6）车机联控。

（7）侧线股道或支线的选择。

表 1.4.11　机车条件语音提示

序号	语音内容	语音含义及发声时机
1	绿灯通过	当监控装置接收的机车信号信息由其他信号变为绿灯时
2	绿黄灯，注意运行	当监控装置接收的机车信号信息由其他信号变为绿黄灯时
3	黄灯减速	当监控装置接收的机车信号信息由其他信号黄灯时
4	黄 2 灯，准备停车	当监控装置接收的机车信号信息由其他信号变为黄 2 灯时
5	红黄灯停车	当监控装置接收的机车信号信息由其他信号变为红黄灯时
6	红灯停车	当监控装置接收的机车信号信息由其他信号变为红灯时
7	双黄灯侧向进站	当监控装置接收的机车信号信息由其他信号变为双黄灯且前方信号机为进站信号机时

续表

序号	语音内容	语音含义及发声时机
8	双黄灯侧向出站	当监控装置接收的机车信号信息由其他信号变为双黄灯且前方信号机为出站信号机时
9	白灯无码	当监控装置接收的机车信号信息由其他信号变为白灯时
10	信号异常	当监控装置接收的机车信号信息由其他信号变为多灯或灭灯时
11	信号突变	在半自动闭塞区段当监控装置运行数据距前方信号机距离小于 100 m 时，机车信号信息由双黄灯变为白灯或红黄灯、黄灯变为白灯或红黄灯时

表 1.4.12　系统报警语音提示

序号	语音内容	语音含义及发声时机
1	呜·····	当降级工作状态下监控装置接收的机车信号为停车信号且运行速度为 5 km/h 时
2	空转空转	当监控装置判断速度信号加速度超过控制参数设置值时（可选语音项目）
3	轮滑轮滑	当监控装置判断速度信号减速度超过控制参数设置值时（可选语音项目）
4	卸载动作	当监控装置发出切除机车牵引力指令时
5	常用制动	当监控装置发出常用制动指令时
6	紧急制动	当监控装置发出紧急制动指令时
7	减速减速	当监控装置防冒或防超控制时实速接近限速达到控制参数设定的值时
8	注意限速	当监控装置限速曲线开始下降或下降达到一定间隔时
9	注意防溜	当监控装置判断机车发生溜逸时
10	防溜动作	当监控装置启动防溜控制发出紧急制动指令时

表 1.4.13　操作语音提示

序号	语音内容	语音含义及发声时机
1	输入支线号	当监控装置运行数据的前方分区或本分区存在支线数据且满足输入条件时
2	输入侧线号	当监控装置运行数据的前方分区有多条侧线数据且满足输入条件时
3	注意按开车键	当列车始发站发车后，乘务员未及时按压【开车】键时（可选语音项目）
4	注意试闸	当监控装置运行数据到达规定试闸地点而乘务员未进行试闸操作时（可选语音项目）

续表

序号	语音内容	语音含义及发声时机
5	注意鸣笛	当监控装置运行数据到达规定鸣笛地点时（可选语音项目）
6	注意巡检	当监控装置运行数据到达规定巡检地点时（可选语音项目）
7	巡检完成	当人工完成一次完整的巡检操作时（可选语音项目）
8	禁止双弓	当监控装置运行数据到达规定的降弓地点时
9	车机联控	当监控装置运行数据到达规定的车机联控地点时
10	允许缓解	当监控装置实施常用制动或切除机车牵引力后，速度下降达到允许人工缓解条件时
11	缓解成功	当监控装置实施常用制动或切除机车牵引力后，达到允许人工缓解条件，人工按压【缓解】键缓解成功时
12	解锁成功	当符合监控装置控制模式解锁条件，人工按键解锁成功时
13	注意前方限速	当监控装置运行数据接近规定的限速地点时
14	注意临时限速	当监控装置运行数据接近临时限速地点时
15	注意道岔限速	当监控装置运行数据接近道岔且将侧向通过道岔时

表 1.4.14　工作状态语音提示

序号	语音内容	语音含义及发声时机
1	出库	当人工按压【出入库】键进入出段工作状态时（可选语音项目）
2	入库	当人工按压【出入库】键进入入段工作状态时（可选语音项目）
3	监控运行	当监控装置由其他工作状态进入监控工作状态时(可选语音项目)
4	降级运行	当监控装置由其他工作状态进入降级工作状态时(可选语音项目)
5	退出调车	当监控装置由调车工作状态退出时（可选语音项目）
6	请注意调车信号	当调车工作状态下未确认前方调车信号动车时(可选语音项目)

（二）其他语音提示

1. 非操作端显示器

非操作端显示器不发语音。

2. 电力机车电分相语音提示

对于电力机车，监控装置在通常工作状态下，客车距“电分相”点 1500 m、500 m时，货车距“电分相”点 1000 m、500 m时，各语音提示“禁止双弓”两遍。

3. 调车动车语音提示

装置在调车工作状态下，机车动车时允许语音提示“请注意调车信号”。

4. 速度故障提示

装置判断速度通道故障时，语音提示“速度信号故障”。

5. 空转、轮滑提示

根据设定的最大加速度、最大减速度，装置判断轮对发生空转时提示“空转空转”，发生轮滑时提示“轮滑轮滑”。

6. 车机联控提示

监控装置在通常工作状态下，自动闭塞区段列车前方为一接近信号机，半自闭区段客车距预告信号机 2000 m、货车距预告信号机 1200 m 时，语音提示“车机联控”。若车载基础数据中设置了“车机联控”特殊语音数据，则按该设置提示。

7. 限速提示

（1）道岔限速提示。列车接近道岔限速地点时，装置语音提示“注意道岔限速”。

（2）区段限速提示。列车接近桥梁、曲线等限速地点时，装置语音提示“注意前方限速”。

（3）临时限速提示。列车临时施工限速地点时，装置语音提示“注意临时限速”。

（4）停车提示。当限速曲线闭口（出口限速为 0）时，装置语音提示“注意停车”。

8. 防洪地点语音提示

车载基础数据中设置防洪地点数据后，机车接近防洪危险地点 1 000 m 处，屏幕显示防洪地点标志，语音提示“注意运行”两遍。IC 卡数据载入防洪危险地点数据后，机车接近防洪危险地点（客车提前 3 000 m，货车提前 2 000 m）及起点处语音提示“注意运行”两遍。防洪地点前 500 m 屏幕显示“防汛地段”

任务自检

1. LKJ2000 型列车运行监控记录装置的四大功能是什么？
2. LKJ2000 型列车运行监控记录装置的监控功能是什么？
3. LKJ2000 型列车运行监控记录装置的显示功能是什么？

任务三　LKJ2000 型监控记录装置系统设备构成

任务描述

（1）掌握 LKJ2000 型监控记录装置系统的硬件构成。

（2）掌握 LKJ2000 型监控记录装置主机箱的各模块组成。

视频：LKJ2000 型列车运行监控记录装置认知

PPT：LKJ2000 型列车运行监控记录装置认知

知识储备

一、系统设备构成

LKJ2000 型列车运行监控记录装置设备主要由主机箱、显示器、事故状态记录器（选件）、速度传感器、压力传感器以及双针速度表组成，其中显示器分数码显示器与屏幕显示器两种，如图 1.4.1 所示。

LKJ 相关设备包括装设于机车、动车组上的机车安全信息综合监测装置（TAX 装置）、轨道信息接收处理单元（机车信号）、应答器信息接收单元（BTM）、机车语音记录装置、列车运行状态信息系统（LAIS）车载设备、铁路车号自动识别系统（ATIS）机车车号自动识别设备等。

LKJ 设备和 LKJ 相关设备整体构成 LKJ 系统。

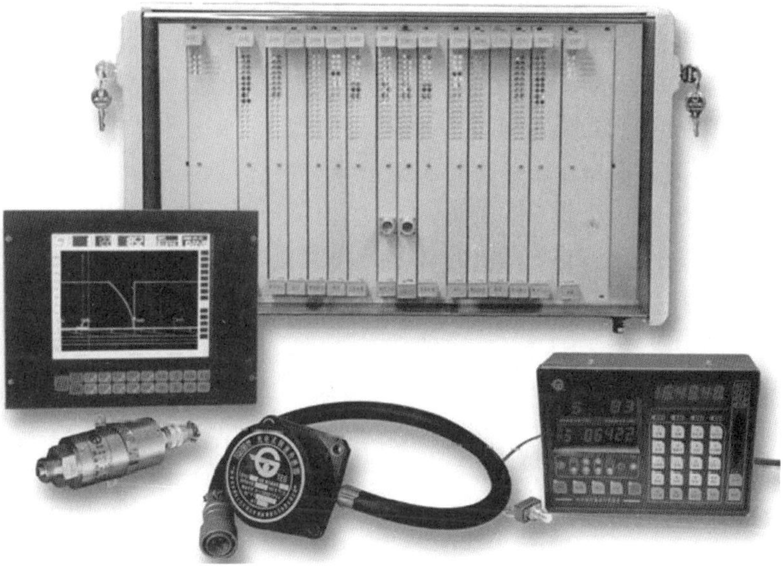

图 1.4.1　LKJ2000 型监控记录装置设备

系统构成主要包括以下模式（见图 1.4.2）。

（1）监控主机箱（双套模块冗余）：1 台。

（2）显示器（数码显示器或屏幕显示器）：2 个。

（3）转储器：地面配置。

（4）事故状态记录器（黑匣子）：1 个。

（5）双针速度表（带里程计或不带里程计）：2 个。

（6）光电式速度传感器：2 个。

（7）压力传感器：3 个。

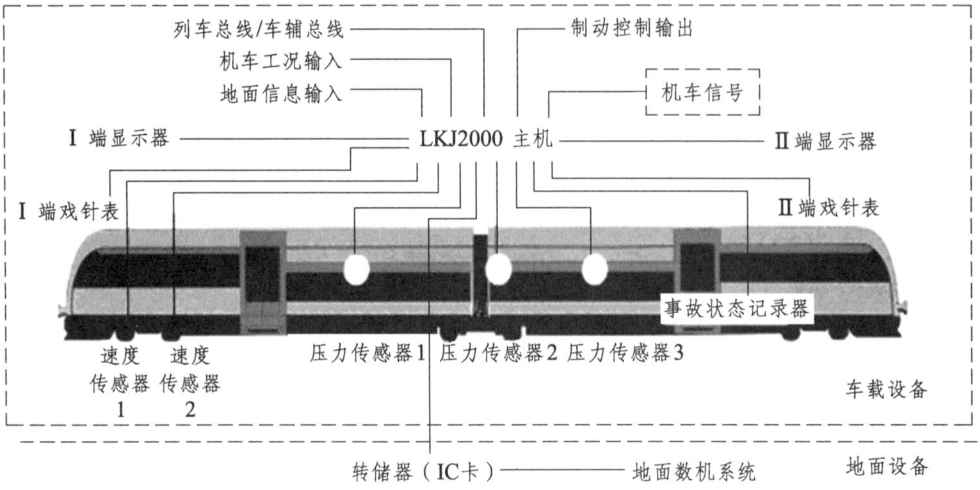

图 1.4.2　系统构成

LKJ2000型列车运行监控记录装置基本组成结构包括1个主机箱和2个显示器（屏幕或数码）。其速度信息来自安装在机车轮对上的 TQG15 或 DF16 光电式速度传感器，速度信号的基本配置为 2 通道（可扩充至 3 通道），如果 2 通道速度信号相位相差 90°，则可以满足装置相位防溜功能的需要。在无相位防溜功能的情况下，2 通道速度信号可分别取自 2 个速度传感器。机车信号信息可取自 JT1-A（SJ93）、JT1-B（SJ94）通用式机车信号装置（取点灯条件），也可通过 RS485/RS422 串行通信方式获取。压力检测除了检测列车管压力外，还检测机车均衡风缸压力及制动缸压力，均衡风缸压力信号用于反馈控制以提高常用制动减压量控制精度，制动缸压力信号主要在机车单机运行时作为状态记录依据。压力传感器可采用 TQG14 型机车压力变送器。指针式速度指示可采用 ZL 型或 EGZ3/8 型双针速度表，双针速度表实际速度与限制速度指针依靠装置主机驱动，驱动信号为 0～20 mA 的电流信号。在装置关机的情况下，由数/模转换盒驱动。I 端双针速度表的里程计指示可由监控装置驱动，在安装了数/模转换盒的情况下，也可由数/模转换盒驱动。双针速度表照明电源为机车照明电源。

二、监控主机箱

视频：LKJ2000 型列车运行监控记录装置主机

PPT：LKJ2000 型列车运行监控记录装置主机

主机箱采用 6U（高度）× 160（深度）标准机箱结构，其宽度尺寸为 84R（R= 5.08 mm）。主机箱为系统控制中心，其内部由 A、B 两组完全相同的控制单元组成（左边为 A 组，右边为 B 组），每组有 8 个插件位置（包括 1 个预留位置），各插件位置以机箱中心线为基准对称排列，从中心线开始往左、右，各插件排列顺序依次为：监控记录、地面信息、通信、模拟量输入/输出、预留、数字量输入、数字量输入/输出、电源。各插件之间采用 VME 标准总线母板连接。机箱采用背板对外出线方式，所有输入、输出信号均通过机箱背板连接器引出，在背板内侧装有过压抑制板。主机箱各插件位置排列如图 1.4.3 所示。

电源	数字输入/输出	数字输入	预留	模拟信号输入/输出	通信	地面信息	监控记录	监控记录	地面信息	通信	模拟信号	预留	数字输入	数字入出	电源
A	A	A	A	A	A	A	A	A	A	A	A	A	A	A	A

图 1.4.3　主机箱各插件位置排列

主机内各插件主要功能如下。

1. 监控记录插件

监控记录插件作为 LKJ2000 型监控记录装置的主机模块，是系统的核心部件（见图 1.4.4）。模块以 32 位微处理器 MC68332 为 CPU，主要完成地面线路数据的存储与调用、运行状态数据的记录与同步、控制模式曲线的计算、实时时钟的产生，并通过双路 CAN 串行总线或 VME 并行总线实现对系统其他模块的控制与管理。其他模块中带 CPU 的模块通过 CAN 网络与主机模块交换数据，而不带 CPU 的模块通过 VME 并行总线与主机模块联接。工作主机与热备主机之间的数据交换是通过同步通信实现的。记录用数据存储器与实时时钟器件采用非易失性存储器件，因而在无需外部电池的情况下可实现数据的长期可靠保存。记录数据的转储可通过 RS232 通信接口完成。

图 1.4.4　监控记录插件

2. 地面信息处理插件

地面信息处理插件的功能实际上就相当于 LKJ-93 型监控装置上的绝缘节检测插件，主要完成地面轨道电路绝缘节点的识别，为监控记录插件提供用以校正距前方信号机的距离绝缘节信号。此外插件还留有对轨道电路叠加信息处理电路的接口，完成对轨道叠加信息的利用（见图 1.4.5）。从轨道信号感应器上取得地面轨道电路信号，完成轨道电路传输信息的输入，经过电气隔离后进行调整放大，然后经数字信号处理器（DSP）对各种制式的信号进行数字滤波及分析处理。插件产生的过绝缘节信号供监控主机校正距离测量误差，绝缘节信息通过电平方式输出至监控主机，也可通过 CAN 通信网络传输。地面点式信息或轨道电路叠加信息的处理是根据需要，以相对独立的专用处理模块来完成的。从结构上看，此模块叠加在地面信息处理插件上。插件与监控主机通过内部 CAN 网络交换数据。

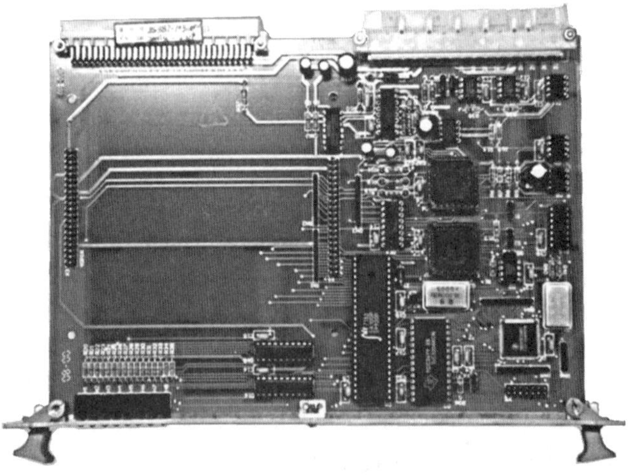

图 1.4.5　地面信息处理插件

3. 通信插件

通信插件主要完成监控装置与其他设备之间的通信管理，以使不同通信格式、不同通信接口和速率的设备可以和监控主机交换数据。通信插件提供装置的各种对外串行通信接口，包括 2 路 RS485 接口及 1 路 RS422/RS485 接口（见图 1.4.6）。1 路 RS485 接口用于与 TAX2 综合信息监测装置通信；1 路 RS485 接口用于与列车总线/车辆总线联接，实现监控装置与列车/机车控制系统的信息交换；1 路 RS422/RS485 接口用于与机车信号装置或点式信息设备通信，从而提高传输信息量及传输信息的可靠性。插件与监控主机通过内部 CAN 网络交换数据。

通信插件主要由五个功能模块组成：

（1）CPU 通信接口。

（2）隔离电源。

（3）CAN 通信接口。

（4）RS485 通信接口。

（5）HDLC 通信接口。

图 1.4.6 通信插件

4. 模拟量输入/输出插件

模拟量输入/输出插件主要完成模拟输入信号和频率输入信号的调整、隔离、模/数转换及模拟输出信号的数/模转换、隔离及调整输出（见图 1.4.7）。模拟输入信号包括压力信号、电流信号、电压信号及加速度信号；频率输入信号包括速度信号及柴油机转速信号；模拟输出信号主要是驱动双针速度表实际速度和限制速度的电流信号，以及驱动双针速度表里程计的电压脉冲信号。所有输入/输出信号全部经过隔离放大器隔离或光电隔离。模拟量输入/输出插件经 VME 并行总线与监控主机联接。

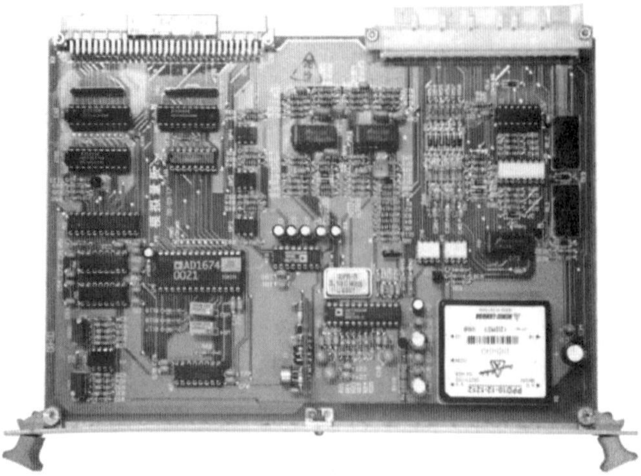

图 1.4.7　模拟量输入/输出插件

5. 数字量输入插件

数字量输入插件插件共有 16 路开关量输入通道，由机车信号输入通道和机车信号自检电路两部分组成，完成对机车信号点灯条件输入（50 V）的光电隔离与转换，经 VME 并行总线与监控主机联接，供监控主机读取（见图 1.4.8）。

图 1.4.8　数字量输入插件

6. 数字量输入/输出插件

数字量输入/输出插件插件经 VME 并行总线与监控主机联接，一方面完成机车工况输入信号（110 V）的隔离与转换，另一方面完成常用制动与紧急制动控制指令的执行输出（继电器触点输出），且各通道均具有自检功能（见图 1.4.9）。输出信号可直接驱动内燃机车常用制动装置控制阀或与电力机车制动控制回路联接，但控制信号不能直接驱动电力机车主断路器。将系统工作正常时监控板送来的“系统正常”脉冲转换成“系统故障信号”，系统故障时使系统交权。

图 1.4.9　数字量输入/输出插件

7. 电源插件

电源插件采用模块电源方式将 110 V 输入电源转换成系统所需的各种电源（见图 1.4.10）。所有输出电源与输入电源隔离。输出电压包括供主机箱各插件工作的 5 V、+12 V、-12 V 及 24 V；供数码显示器的 15 V（屏幕显示器采用 110 V 电源）；供速度传感器的 15 V 以及供压力传感器的 15 V。除 5 V、+12 V 及-12 V 共地外，其他各路输出电压互相隔离。

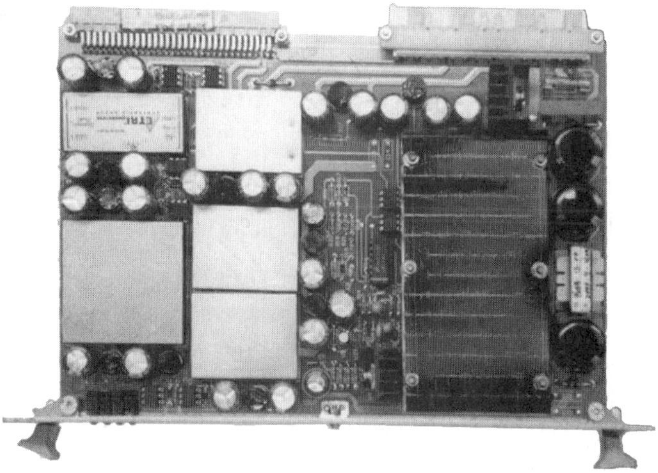

图 1.4.10　电源插件

8. 母　板

母板完成各插件的 VME 总线连接及输入/输出信号的连接。母板分左、右两部分，左半部分为 A 机母板；右半部分为 B 机母板。A、B 机母板的上半部分为 VME

总线，采用标准96芯连接器；下半部分为信号的输入/输出，采用标准48芯连接器。

9. 过压抑制板（安装在后盖板上）

外部110 V电源及110 V电路输入信号经过过压抑制板，输入至数字量输入/输出插件；数字量输入/输出插件的继电器输出信号经过过压抑制板输出至机车110 V回路。所有与机车110 V回路相联的信号均经过过压抑制板的滤波及瞬态过压抑制处理，消除了机车 110 V 回路干扰对装置的影响。因此，在安装 LKJ2000 型监控记录装置时，无需在机车上再另外安装过压吸收片。

主机由A、B两个相对独立的单元组成，每个单元都自成系统。两个单元互为热备，一个单元工作时，另一个单元处于热备状态。一旦工作单元的任何一块插件发生故障，热备单元的相应插件将立即投入工作，故障的插件将自动退出工作。工作单元的主机插件有指示灯指示，表示处于工作状态。

主机的输入/输出接口具有一定的扩展空间，允许4个压力传感器信号（如列车管压力、机车制动缸压力及均衡风缸压力等）输入，3路速度信号输入，2路模拟量（原边电流及原边电压）输入，1路柴油机转速信号输入、16个机车信号（50 V）开关量及8个110 V机车工况开关量输入，7路制动控制指令的输出（110 V回路）。

三、显示器

屏幕显示器是 LKJ2000 型监控记录装置的重要组成部分，是直接和乘务员交流信息的人机界面（见图 1.4.11）。LKJ2000 型监控记录装置有两种形式的显示器供用户选择：一种是数码显示器，其操作界面与LKJ-93型显示器兼容，因而可维持原LKJ-93型显示器操作方式基本不变，同时将大容量IC卡的读卡器直接设计在显示器内，不需要另外配置IC读卡器；另一种显示器是10″ TFT高亮度彩色液晶显示屏，以屏幕滚动方式显示实际运行速度轨迹曲线及模式限制速度（或线路允许速度）曲线，以图形、符号和文字形式显示地面信号机的位置、种类，以及运行线路的曲线、坡道、桥梁、隧道和道口等信息，同时可显示指导性机车优化操纵运行速度曲线和手柄级位曲线，以便提示或引导乘务员操作。数码显示器与屏幕显示器均具备语音提示功能。

四、事故状态记录器

LKJ2000型列车运行监控记录装置可装备列车事故状态记录器（黑匣子）（见图 1.4.12），将记录30 min以内列车运行状态数据，而记录密度将大大高于监控主机数据记录密度，列车走行距离超过5 m时，将产生一次相关参数记录。事故状态记录器还留有语音记录功能，可记录 30 min 以内的最新机车联控的通话记录。并具有抗冲击、防水及耐高温等性能。

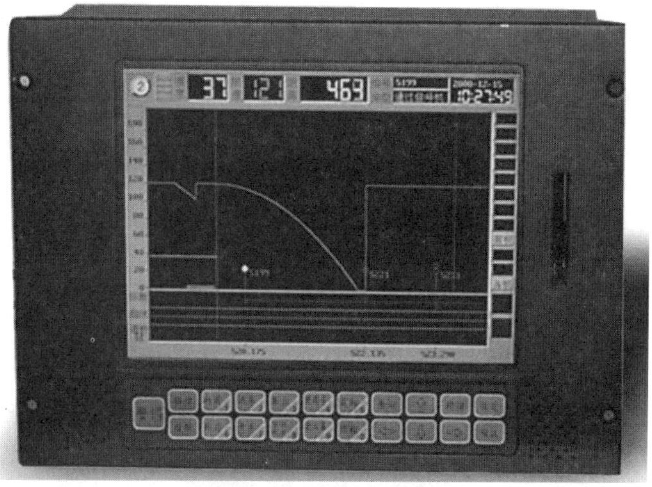

图 1.4.11　显示器

图 1.4.12　事故状态记录器

五、传感器

1. 速度传感器

目前与监控装置配套的光电速度传感器有 DF8、DF16、TQG9 及 TQG15 四种类型，四种传感器可以互换使用。这四种产品的基本工作原理都是用一个光源（发光二极管）经随车轮转动的光栅盘变为断续光，致使光接收器中的光敏二极管通断运行，经电路的放大整形后，输出与转速成比例的方波脉冲序列。速度信号的基本配置为二通道（可扩充至三通道），如果二通道速度信号相位相差 90°，则可以满足装置相位防溜功能的需要。在无相位防溜功能的情况下，二通道速度信号可分别取自二个速度传感器。图 1.4.13 所示为速度传感器的实物。

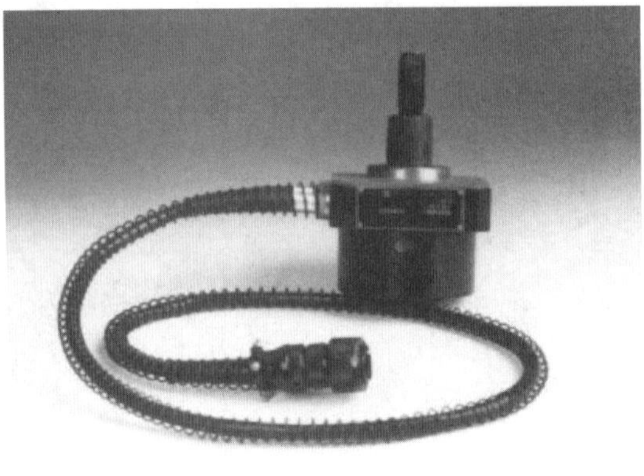

图 1.4.13 速度传感器

2. 压力传感器

LKJ2000 型监控记录装置压力传感器可分为 A、B、E 型，即 TQG14A 型、TQG14B 型、TQG14E 型压力传感器。内燃机车需装 4 个压力传感器，电力机车需装 3 个压力传感器。YC1 为机车列车管压力传感器，主要检测机车列车管有否压力。YC2 为机车闸瓦压力传感器，主要检测机车闸缸有否压力，安装部位由用户自定。YC3、YC4 为内燃机车Ⅰ、Ⅱ端均衡风缸压力传感器。电力机车全车只有一个均衡风缸，安装 1 个均衡风缸压力传感器。图 1.4.14 所示为压力传感器的实物。

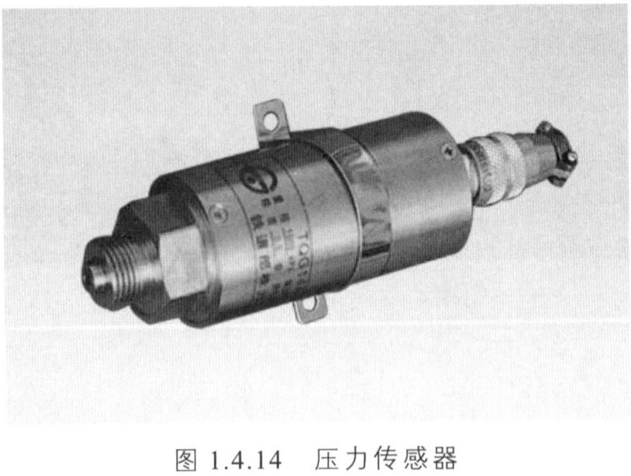

图 1.4.14 压力传感器

六、双针速度表

双针速度表以直观的指针方式指示列车实际运行速度及限制速度值（见图 1.4.15）。在 LKJ 通常工作状态下，双针速度表实际速度依靠监控装置驱动；在装置关机情况下，其由数/模转换盒驱动。当监控装置故障关机时，按照双针速度表指示运行。

图 1.4.15　双针速度表

七、地面配套设备

1. 转储器

LKJ2000 型数据转储器用于将车载记录数据转录到地面微机系统分析处理。其内部数据存储器采用大容量非易失性存储器（可不带电池长期保存数据），存储容量为 8M 字节。转储器与车载主机的数据传输以及与地面微机的数据转录均采用 RS-232 标准通信方式，通信具备数据校验功能。LKJ2000 型数据转储器既可转储 LKJ2000 型监控记录装置数据，也可转储 LKJ-93 型监控装置数据，并能自动识别不同设备类型及记录数据格式，其外形结构、按键及操作方法基本保持原 ZJK-S 型转储器风格（见图 1.4.16）。

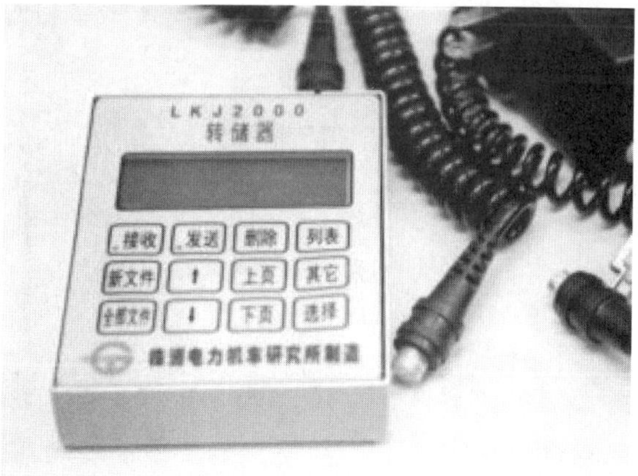

图 1.4.16　转储器

2. 便携式测试仪

LKJ2000 便携式测试仪是机车运行监控记录装置的专用测试设备（见图 1.4.17）。该测试仪模拟机车条件产生监控装置所需各种输入信号，检测监控装置的各种输出控制状态，提供与监控装置的各种通信接口，是装置的检修和培训工作中不可缺少的设备。

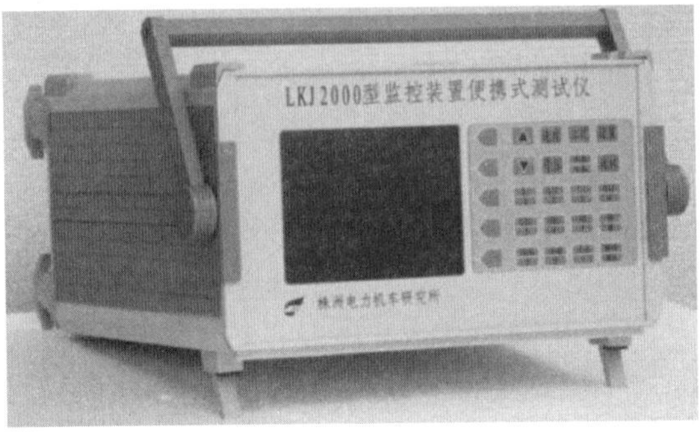

图 1.4.17　便携式测试仪

3. 综合测试台

综合测试台是机车运行监控记录装备的专用检测设备（见图 1.4.18）。它能对装置整机及插件分别进行检测，由计算机自动控制。在完成系统的软硬件安装后，操作员只需要进行相应的软件操作，就可以对 LKJ2000 型列车运行监控记录装置进行测试。

图 1.4.18　综合测试台

任务自检

1. LKJ2000 型列车运行监控记录装置主要由哪些设备构成？
2. LKJ2000 型列车运行监控记录装置的主机由哪些模块构成？
3. LKJ2000 型列车运行监控记录装置主机的监控记录模块的功能是什么？

任务四　LKJ2000 型监控记录装置屏幕显示器

任务描述

（1）掌握监控装置人机界面显示器各功能区的内容。

（2）掌握显示器系统状态指示灯的含义。

（3）掌握键盘上各按键的功能。

视频：LKJ2000 型列车运行监控记录装置人机交互单元

PPT：LKJ2000 型列车运行监控记录装置人机交互单元

知识储备

一、屏幕显示器

1．显示器组成

LKJ2000 型显示器在机车操纵台上的位置如图 1.4.19 所示，显示器由 10″的 TFT 高亮度彩色显示屏、21 个薄膜键的小键盘和 IC 卡读卡器组成。LKJ2000 型显示器如图 1.4.20 所示。

图 1.4.19　监控显示器在机车上的位置

图 1.4.20　LKJ2000 型显示器

2. 显示屏显示界面

屏幕显示器的显示主界面示意图如图 1.4.21 所示。

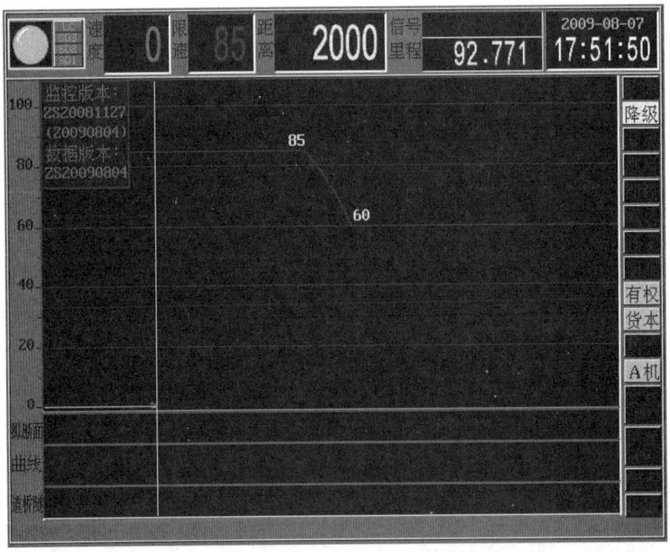

图 1.4.21　LKJ 主界面示意图

二、显示内容说明

屏幕显示器主界面按照显示内容大致分为 6 个基本信息区，如图 1.4.22 所示，各区具体内容如下。

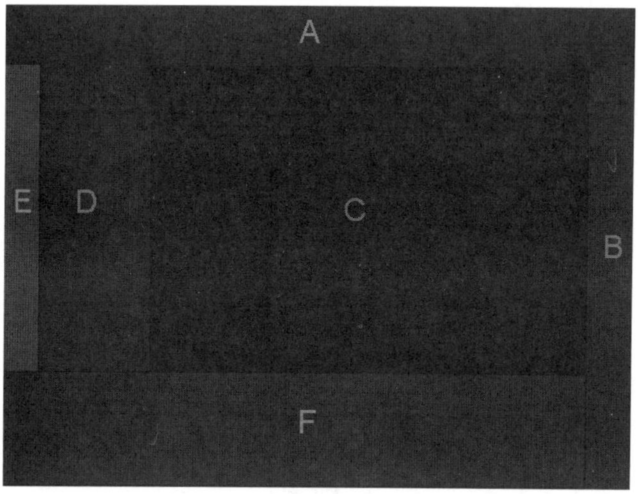

A—基本信息显示区；B—工作状态显示区；C—预示信息显示区；D—历史信息区；
E—速度标尺区；F—工务信息区。

图 1.4.22　屏幕显示器主界面区域划分示意图

1. 基本信息显示区

屏幕显示器主界面最上方的数据窗口为基本信息区，即图 1.4.22 所示的 A 部分，该区域从左向右依次为：

• 信号灯状态显示窗口：显示机车当前的信号状态，有绿灯、绿/黄灯、黄灯、红灯、红黄灯、双黄灯、黄 2 灯、白灯等。

• 速度等级显示窗口：从上至下有 SD3、SD2、SD1 三种速度等级，亮的部分表示当前所处的速度等级状态。SD1、SD2、SD3 分别表示速度等级 1、速度等级 2、速度等级 3，LC 表示绿色信号灯状态下最高速度等级。

• 运行速度窗口：显示机车当前的实际运行速度（绿色圆润字体的数字）。

• 限制速度窗口：显示机车当前的最大允许运行速度（红色圆润字体的数字）。

• 距离窗口：显示列车头部距前方信号机的距离（黄色圆润字体的数字），降级状态下为距前方限速点的距离。

• 信号机编号和信号机类型窗口：显示前方信号机的编号和信号机的类型。运行中收到过绝缘节信号且监控产生校正时显示背景为绿色，收到过绝缘节信号没有满足校正条件监控不产生校正时显示背景为红色。

• 里程显示窗口：显示机车当前的公里标。

• 日期和时间窗口：显示当前的系统日期及时间。

2. 工作状态显示区

屏幕显示器主界面右边的状态窗口为工作状态信息区（见图 1.4.23），即图 1.4.22 所示的 B 部分，该区域自上到下依次为：

图 1.4.23　状态栏指示

• 故障：当 CAN 总线故障时，指示灯点亮。显示“CANA”时表示 CAN 总线 A 路有故障，显示“CANB”时表示 CAN 总线 B 路有故障。显示“故障”时表示 CANA 和 CANB 均故障。当显示“故障”时屏幕显示器不能与监控主机进行正常通信。

• 工作模式：LKJ 当前所处的工作模式，分降级、段内走行、调车、通常、重载、无防冒、随时停车、其他列控、非本务 9 种工作模式。

• 紧急：LKJ 已输出紧急制动指令时，点亮此指示灯。

• 常用：LKJ 已输出常用制动指令时，点亮此指示灯。

• 卸载：LKJ 已输出解除牵引力指令时，点亮此指示灯。

• 解锁：司机成功完成解锁操作时，此灯点亮，维持 4 s 后消失。

• 开车：参数有效设定完毕且 LKJ 允许司机开车对标操作时，点亮此指示灯。

• 控制权：本端为有权端，具备完全操作权时显示为“有权”；本端为无权端，仅能完成有限的操作时显示为“无权”。

• 列车类型/巡检：一般情况下显示列车类型（客本、货本、客补、货补、动本）。当按压“巡检”键有效后显示“巡检”，4 s 后指示灯恢复显示列车类型信息。

• IC 卡：有 IC 卡插入时，点亮此指示灯。

• A/B 机：指示当前 LKJ 主机的工作状态。LKJ 双机运行且主工作机为 A 机时，以浅绿底蓝字的方式显示“A 机”；LKJ 双机运行且主工作机为 B 机时，以浅绿底蓝字的方式显示“B 机”；LKJ A 机单机运行时，以黄底蓝字的方式显示“A 机”；LKJB 机单机运行时，以黄底蓝字的方式显示“B 机”。

• 支线：列车运行中，当允许支线输入操作时，点亮此指示灯，支线输入有效后，显示所输入的支线号。

• 侧线：列车运行中，当允许侧线输入操作时，点亮此指示灯，侧线输入有效后，显示所输入的侧线号。

• 诊断：当机车故障诊断显示器故障时，在监控屏的状态指示栏位置诊断灯被点亮。

3. 预示信息显示区

屏幕显示器主界面的中间窗口为预示信息显示区，即图 1.4.22 所示的 C 部分，该区域以曲线方式显示机车当前速度及限速，并以曲线方式预显示前方一定距离范围内的限速信息，与此同时，按一定比例显示实际线路上的信号机及编号、道岔、站中心及站名、电分相等数据信息。主要内容包括：

• 实际速度曲线：机车在经过区段各点的速度值连成的曲线。

• 限制速度曲线：区段各点的限速值连成的曲线。

• 限速曲线提示值：限速曲线上的恒限速变化点处标示出变化点后的限速值。

• 光带：在通常模式下的限速曲线恒速区，填充光带警示实际速度值与固定模式限速值的接近程度。

• 站中心及站名：以坐标（垂直线）的方式显示前方一定距离内所有站的站中心位置，并用汉字标注对应车站的名称。

• 列车位置：显示界面中黄色垂直分隔线表示当前列车头部位置，下部显示一个列车图标，图标的长度与输入的列车计长成正比。

• 道岔：以坐标（垂直线加进、出标记）形式显示进、出站的道岔位置。

4. 历史信息区

图 1.4.23 所示的 D 部分为历史信息区，该区域显示列车头部已越过部分的实际速度曲线、限制速度曲线、线路信号机、车站设施、列车示意图等内容。

5. 速度标尺区

屏幕显示器主界面左侧部分为速度标尺区，即图 1.4.23 所示的 E 部分，该区域显示速度标尺。

6. 工务信息区

屏幕显示器主界面的最下方为预示信息显示区，即图 1.4.23 所示的 F 部分，主要内容包括：

• 线路纵断面、线路曲线、道桥隧：显示运行前方线路纵断面、线路曲线、桥梁、隧道、道口的情况，辅助司机操纵。

• 信号机千米标（公里标）：显示前方信号机的千米标信息，辅助司机操纵。

• 支线提示：LKJ 前方分区或本分区存在支线时，显示本分区、下分区的支线信息。

任务自检

1. LKJ2000 型监控记录装置显示器位于机车什么位置，由哪几部分组成？
2. LKJ2000 型监控记录装置显示器显示分为哪几个区域？
3. LKJ2000 型监控记录装置显示器基本信息显示区显示哪些信息？
4. LKJ2000 型监控记录装置显示器功能状态信息区显示哪些内容？

任务五　LKJ2000 型监控记录装置功能按键

任务描述

（1）掌握监控装置人机键盘上各按键的功能。

（2）掌握警惕键的使用。

知识储备

屏幕显示器按键布局示意图如图 1.4.24 所示：

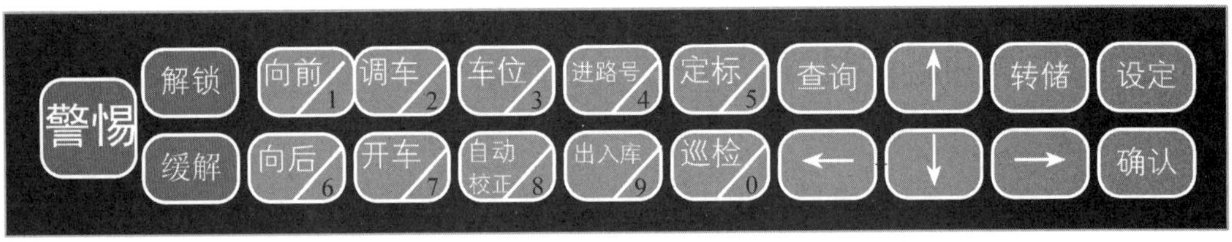

图 1.4.24　屏幕显示器按键布局示意图

操作按键为带背光薄膜按键，在环境光线变暗时，背光自动点亮。按键共 21 个，0 ~ 9 为复合键，其他为单功能键。功能键说明如表 1.4.15 所示。

表 1.4.15　LKJ 显示器功能键说明

按键	按键主功能	快捷键
【警惕】	暂停或中止报警。如降级 ZTL 报警时暂停报警作用，防溜报警及防溜动作后的报警解除，终止当前语音报警	无
【解锁】	按压此键，请求解除特定情况下的停车控制，或与其他键组合使用请求解除特定情况下的停车控制	无
【缓解】	按压此键，请求撤除常用制动指令	无

续表

按键	按键主功能	快捷键
【向前/1】	（1）在运行中，先按压【车位】键，5 s 内再按压【向前】，调整滞后误差； （2）在操作窗口中，按压此键做数字键【1】使用	快捷键 1
【调车/2】	（1）在符合进入或退出调车模式条件下，按压此键 LKJ 进入或退出调车模式； （2）在操作窗口中，按压此键作数字键【2】使用	快捷键 2
【车位/3】	（1）该键为组合键，与【向前】、【向后】键组合使用完成车位调整请求命令。调整车位时，先按压【车位】键，5 s 内再按压【向前】或【向后】键进行车位调整； （2）在操作窗口中，按压此键作数字键【3】使用	快捷键 3
【进路号/4】	（1）在运行中，当允许选择支线号或侧线号时，按压【进路号】键进入支线号或侧线号输入操作窗口； （2）在操作窗口中，按压此键作数字键【4】使用	快捷键 4
【定标/5】	（1）需 LKJ 记录此操作的时间、位置信息或解除司机警惕控制功能的报警； （2）在操作窗口中，按压此键作数字键【5】使用	快捷键 5
【查询】	按压此键进入信息查询操作状态	无
【转储】	（1）速度为 0 时，按压此键调出文件转储操作状态； （2）速度非 0，且 LKJ 存在当前起控 LKJ 临时数据时，与数字键【1】~【8】组合使用，提供快捷方式解除相应揭示	无
【设定】	按压此键进入或退出参数设定窗口	无
【向后/6】	（1）在运行中，先按压【车位】键，5 s 内再按压【向后】，调整超前误差； （2）在操作窗口中，按压此键作数字键【6】使用	快捷键 6
【开车/7】	（1）当允许开车对标时，按压此键执行开车对标操作； （2）在需要进行特定引导时，和【解锁】键组合进行特定引导行车的办理； （3）在操作窗口中，按压此键作数字键【7】使用	快捷键 7
自动校正/8】	（1）在运行中，当距离误差较小时，可在地面实际信号机位置按压【自动校正】键，监控主机自动判断滞后或超前误差，进行距离调整； （2）在操作窗口中，按压此键作数字键【8】使用	快捷键 8

续表

按键	按键主功能	快捷键
【出入库/9】	（1）在符合进入或退出段内走行模式时，按压此键LKJ进入或退出段内走行模式时； （2）在操作窗口中，按压此键作数字键【9】使用	快捷键9
【巡检/0】	（1）在运行中，按压此键执行司机机械间巡视记录； （2）在操作窗口中，按压此键作数字键【0】使用	快捷键0
【↑】	（1）按压此键超过2 s，弹出“非正常行车窗口”； （2）在非参数编辑状态，按压该键可以调整显示器亮度； （3）在操作窗口中，按压此键作向上方向键使用	无
【↓】	（1）在非参数编辑状态，按压该键可以调整显示器亮度； （2）在操作窗口中，按压此键作向下方向键使用	无
【←】	（1）在非参数编辑状态，按压该键可以调整显示器音量大小； （2）在输入数字时，此键作为退格键； （3）在操作窗口中，按压此键作向左方向键使用	无
【→】	（1）在非参数编辑状态按压该键可以调整显示器音量大小； （2）在操作窗口中，按压此键作向右方向键使用	无
【确认】	（1）按压此键，确认某个输入项或操作； （2）与其他键组合使用进行特定操作	无

警惕应答按钮如图1.4.25所示，安装在主司机操纵台上便于司机按压的位置，用于乘务员对警惕报警的应答。

图 1.4.25　警惕应答按钮

任务自检

1. LKJ2000型监控装置功能键共多少个？哪些为复合键？
2. 警惕应答键安装在什么位置，有什么功能？

任务六　LKJ2000 型监控记录装置控制模式

任务描述

（1）掌握 LKJ2000 型监控装置控制模式种类。

（2）掌握 LKJ2000 型监控装置各控制模式控制原理。

视频：LKJ2000 型列车运行监控记录装置控制模式

PPT：LKJ2000 型列车运行监控记录装置控制模式

知识储备

列车在平直的限速区段运行称为固定模式区；列车在目标降速点不为“0”的区段运行称为减速模式区；列车在目标点为“0”的区段运行称为停车模式区。不同模式区的示意如图 1.4.26 所示。

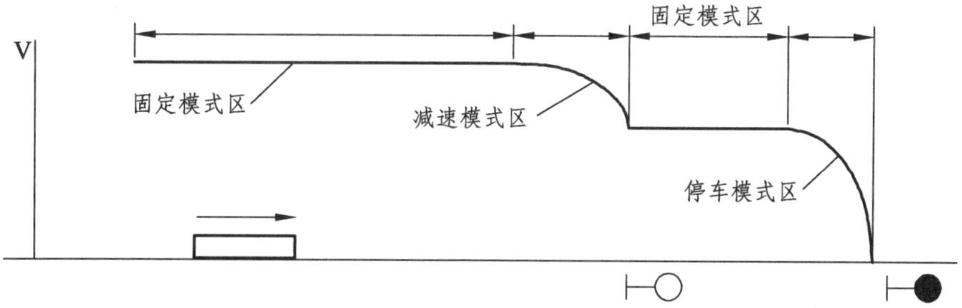

图 1.4.26　不同速度模式示意图

一、固定限速模式控制

监控装置按照线路允许速度（包括线路、道岔、曲线、桥梁、隧道、长期慢行地段、临时慢行地段等各项允许速度和限制速度）、接触网限制速度、机车最高运行速度、车辆最高运行速度、特定限速等各项允许和限制速度的最低者确定固定模式限速值。对于半径 400 m 及以下的曲线地段，按线路允许速度值减 2 确定该曲线地段的允许速度。

监控装置按报警、卸载、常用制动、紧急制动四个过程防止列车超速。

1. 侧向道岔、临时限速地段

当列车速度达到固定模式限速值时语音提示报警；当列车速度达到固定模式限速值+1 km/h 时解除牵引力（卸载）；当列车速度达到固定模式限速值+3 km/h 时实施常用制动控制；当列车速度达到固定模式限速值+5 km/h 时实施紧急制动控制。

2. 其他地段

当列车速度达到固定模式限速值+2 km/h 时语音提示报警；当列车速度达到固定模式限速值+3 km/h 时解除牵引力；当列车速度达到固定模式限速值+5 km/h 时实施常用制动控制；当列车速度达到固定模式限速值+8 km/h 时实施紧急制动控制。

3. 控制指令的解除

（1）卸载指令在速度低于常用制动限速值 3 km/h 后自动解除。

（2）常用制动指令的解除：当速度下降到比固定模式限速值低 5 km/h 时，语音提示“允许缓解”，确认可以缓解列车后，按压【缓解】键，装置解除常用制动指令。

（3）紧急制动之后的解除：列车停车后，紧急制动指令自动解除，同时解除其他控制指令。

二、减速模式控制

（1）在减速模式下，装置以计算的常用制动和紧急制动限速防止列车在限速地点超速。

① 动作值

常用计算模式限速值-实际速度值≤5 km/h 时，语音提示。

常用计算模式限速值-实际速度值≤1 km/h 时，输出解除牵引力（卸载）指令。

常用计算模式限速值-实际速度值=0 km/h 时，实施常用制动控制。

紧急计算模式限速值-实际速度值=0 km/h 时，实施紧急制动控制。

② 若列车管减压 50 kPa 及以上，装置自动暂停常用制动的控制，只保留紧急制动控制，直至列车停车或者越过减速模式控制区后恢复常用制动控制。

（2）当列车尾部越过限速地段后，限速恢复为固定模式限速。

（3）控制指令的解除：

① 卸载指令在速度低于常用制动限速值 3 km/h 后自动解除。

② 常用制动指令的解除：速度下降到目标限速以下，语音提示“允许缓解”，确认可以缓解列车后，按压【缓解】键，装置解除常用制动指令。

③ 紧急制动指令的解除：列车停车后，紧急制动指令自动解除，同时解除其他控制指令。

三、停车模式控制

（1）当机车信号为停车信号（红黄灯，黄灯、双黄灯转白灯，灭灯，多灯，红黄灯转单红灯等），装置以计算的常用制动和紧急制动限速监控列车停车（列车在站内停车控制时只采用计算的紧急制动限速监控列车)。

① 动作值为：

常用计算模式限速值-实际速度值≤5 km/h 时，语音提示；

常用计算模式限速值-实际速度值≤1 km/h 时，输出解除牵引力（卸载）指令；

常用计算模式限速值-实际速度值=0 km/h 时，实施常用制动控制；

紧急计算模式限速值-实际速度值=0 km/h 时，实施紧急制动控制。

② 若列车管减压 50 kPa 及以上，则装置自动暂停常用制动的控制，只保留紧急制动控制。直至列车停车后恢复常用制动控制。

（2）控制指令的解除：

① 卸载指令在速度低于常用制动限速值 3 km/h 后自动解除。

② 常用制动指令的解除：列车停车后，装置语音提示“允许缓解”，确认可以缓解列车后，按压【缓解】键，装置解除常用制动指令。

③ 紧急制动指令的解除：列车停车后，紧急制动指令自动解除，同时解除其他控制指令。

四、显示界面

当列车运行速度≥列车限速值时，在曲线显示窗口的左边界处显示一个放大的标尺窗口，标尺纵向坐标以常用制动速度值为中点，上边界为列车紧急制动限速值，下边界为列车限速值。同时，用数字提示当前列车运行速度与常用制动速度值（即操纵考核值）的差值。

常用制动速度值用单红线表示。列车限速值与列车解除牵引力速度值之间用光带显示，光带颜色按如下规律变化：

（1）当列车运行速度＜列车限速值时，光带用灰色显示。

（2）列车限速值≤列车运行速度＜解除牵引力值时，光带用黄色显示。

（3）当列车运行速度≥解除牵引力值时，光带用黄色显示，并以 1 Hz 的频率闪烁。

光带和放大窗口显示界面如图 1.4.27 所示。

下列特定情况下，允许机车牵引列车的装置自动关闭常用制动控制功能。自动关闭常用制动控制功能后，紧急固定模式限速值按常用固定模式限速值取值：

（1）在长大下坡道地段，且机车不具备电阻制动功能；

（2）在减速模式或停车模式区，人工减压≥50 kPa 后；

（3）站内停车控制仅采用紧急制动控制。

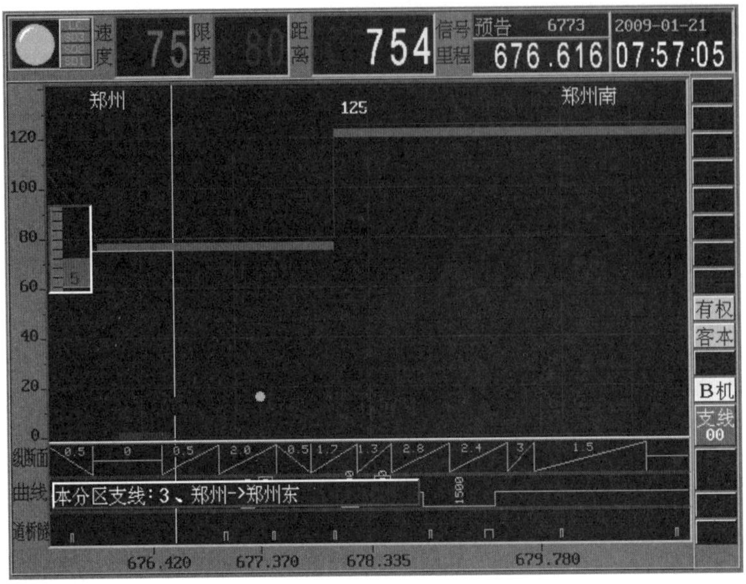

图 1.4.27　光带和放大窗口显示界面

任务自检

1. LKJ2000 型监控装置控制模式有哪几种？
2. LKJ2000 型监控装置固定限速模式控制方式是什么？
3. LKJ2000 型监控装置减速模式控制方式是什么？
4. LKJ2000 型监控装置停车模式控制方式是什么？

任务七　LKJ2000 型监控记录装置通常工作状态

任务描述

（1）掌握监控装置进入通常工作状态的时机。

（2）掌握监控装置通常工作状态各项控制功能。

视频：LKJ2000 型列车运行监控记录装置控制状态

PPT：LKJ2000 型列车运行监控记录装置控制状态

知识储备

设定正确的交路号、车站号、车次、客/货状态，在“本务”状态下按【开车】键后，装置进入通常工作状态，自“开车”点开始从数据芯片内顺序调用基础数据。

一、防止固定限速地点超速

列车运行中，在固定限速地段，装置以固定限速模式防止列车超速。

二、防止曲线、桥梁、道岔等减速地点超速

列车运行前方为曲线、桥梁等限速地段，接近限速地点时（客车为 3000 m、货车为 2000 m），装置语音提示“注意前方限速”，并以减速模式和固定限速模式防止列车通过限速地段超速。

列车运行前方侧向过岔，装置接收到双黄灯、双黄闪灯后，调用车载基础数据文件中存储的对应道岔限速值，装置语音提示“注意道岔限速”，并以减速模式和固定限速模式防止列车侧线过岔超速。侧线出站道岔限速控制时，装置以出站信号机作为控制起始点，至列车尾部越过出站道岔为止。

三、减速信号控制

对于绿黄灯、黄灯、黄 2 灯、黄 2 闪灯等减速信号，分两种控制方式：运行速度大于 140 km/h 的列车在自动闭塞区段采用“连续控制”，其他列车采用“分级控制”方式。其控制示意图如图 1.4.28 所示。

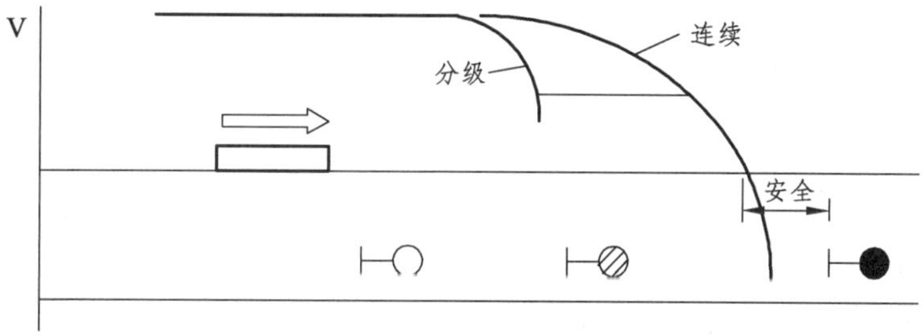

图 1.4.28　连续控制/分级控制示意图

1. 连续控制

采用连续控制方式时，机车信号为绿黄灯、黄灯，监控装置不设固定出口限速值，以停车模式监控列车在显示停车信号的信号机前停车；机车信号为黄 2 灯或黄 2 闪灯时，以减速模式防止列车侧向过岔超速。

2. 分级控制

采用分级控制方式时，以减速模式监控列车越过信号机时的速度不超过设定的目标限速值。目标限速值的设置见表 1.4.16。

表 1.4.16　目标限速值　　单位：km/h

列车种别	黄灯、黄 2 灯	绿黄灯、黄 2 闪灯
最高时速 120 km 及以下客车	90	120
最高时速 120 km 以上客车	100	140
货　车	60	80

四、临时限速控制

1. 控制过程

装置通过 IC 卡读入正确的临时限速运行揭示数据（时间、地点、限速值）后，在限速时段内，列车接近限速地点 4000 m 时显示屏右上方弹出“揭示信息”窗口，客车距施工点 3000 m、货车距施工点 2000 m 时语音提示“注意临时限速”，并以减速模式防止列车通过临时限速地点超速。

2. 临时限速解锁操作

当临时限速解锁条件满足，需要解除当前临时限速控制时，按下列方法操作：

列车接近施工地点，显示屏右上角自动弹出“揭示信息”窗口。按压【转储】键，再根据“揭示信息”窗口内需解锁的临时限速序号，按压对应的数字键，弹出调令号输入窗口，输入取消临时限速运行揭示的调度命令编号并按压【确认】键后，解除当前临时限速控制。

五、防止冒进信号

（1）当机车信号为停车信号（红黄灯，黄灯、双黄灯转白灯，灭灯，红黄灯转单红灯等）时，装置以前方信号机前附加安全距离处为停车目标，以停车模式防止列车冒进信号。

（2）安全距离如下：

① 前方为出站（发车进路）信号机，紧急制动安全距离为 $0.5V_0+20$（m）。

② 前方为通过、进站（接车进路）信号机，常用制动安全距离为 $0.5V_0+100$（m），紧急制动安全距离为 $0.5V_0+70$（m）。

注：V_0 为制动初速。

六、自动闭塞区间停车信号控制

（1）自动闭塞区段通过信号为停车信号，其控制示意图如图 1.4.29 所示。

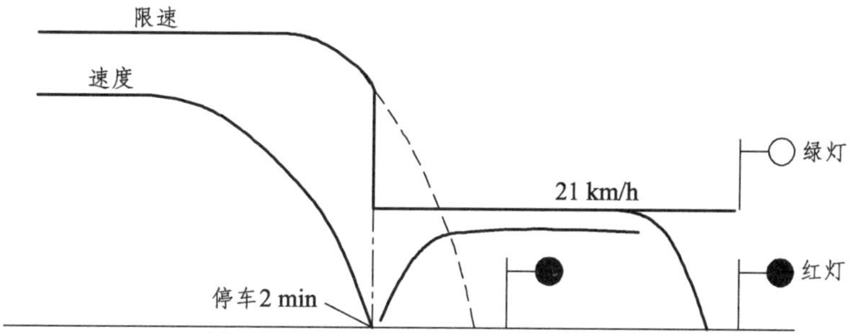

图 1.4.29　通过信号机为停车信号

① 在自动闭塞区间，机车运行前方为通过信号机，机车信号为停车信号时，监控装置按防止列车冒进信号控制。列车停车 2 min 后，监控列车以不超过 20 km/h 的速度运行，越过前方显示停车信号的分区通过信号机。

② 机车越过该信号机后，继续监控列车以不超过 20 km/h 的速度运行，并根据信号不同按第③条或第④条控制。

③ 当信号为停车信号时：

● 若前方信号机为通过信号机则按第①条控制。

● 若前方信号机为装有容许信号的通过信号机，按第 2 条“装有容许信号的通过信号机显示停车信号”控制。

● 若前方信号机为进站信号机，则按防止冒进信号控制。

④ 当信号不是停车信号时，监控列车以不超过 20 km/h 的速度越过信号机，然后按接收的信号控制。

（2）装有容许信号的通过信号机显示停车信号，其控制示意图如图 1.4.30 所示。

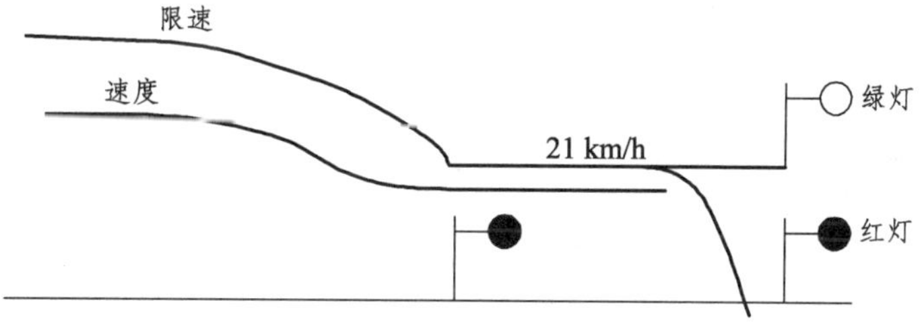

图 1.4.30　装有容许信号的通过信号机为停车信号

① 在自动闭塞区间，货车运行前方为装有容许信号的通过信号机，信号为停车信号时，监控装置自动解除防止列车冒进信号的停车控制功能，监控列车以不超过 20 km/h 的速度越过该信号机。

② 机车越过信号机后，控制方式与上述第（1）条第②点相同。

七、欠压运行提示

通常工作状态下，当列车速度大于 5 km/h 时，若列车管压力低于定压 100 kPa

且持续时间超过 4 min，装置语音提示“欠压运行”，提醒机车乘务员采取措施。机车乘务员应立即检查总风压力、列车管压力和均衡风缸压力，当列车管压力恢复定压时，装置停止报警。经检查各风压正常，按【警惕】键可停止报警。

八、防动轮迟缓提示

通常工作状态下，列车运行过程中，出现列车管压力降至小于 40 kPa（未减压）、机车闸缸压力超过 50 kPa（机车上闸）的现象，且持续时间超过 2 min，则装置语音提示“注意迟缓”，要求机车乘务员采取措施。机车乘务员应立即检查闸缸压力，当闸缸压力下降到 10 kPa 以下，装置停止报警。经检查闸缸压力正常，按【警惕】键可停止报警。

九、警惕功能

司机警惕功能是对 LKJ2000 型监控记录装置功能扩展后，实现的一种促进司机警醒的功能，包括“进站确认”和“周期警惕”两项子功能。

1. 进站确认

在通常监控工作状态下，列车运行途中，当前方信号机为进站、进出站信号机，且其次一信号机为出站或进出站信号机时，显示器语音提示“请确认信号”2 遍。在列车越过信号机前，司机要按压 1 次警惕按钮开关（按下并松开），否则，列车越过信号机后，LKJ 启动“警惕控制过程”（控制过程参见第 3 点）。

2. 周期警惕

在通常监控工作状态下，列车运行途中速度大于 5 km/h 时，LKJ 启动周期警惕功能；列车速度小于 3 km/h 时，终止周期警惕功能，如图 1.4.31 所示。

启动周期警惕功能后，开始计时。计时过程中，检测到下列信息之一时重新开始计时：

（1）列车管减压 50 kPa 及以上。

（2）闸缸压力大于等于 50 kPa。

（3）机车工况（零位/非零位）状态变化。

若计时达到 120 s，则启动“警惕控制过程”。

3. 警惕控制过程

启动警惕控制后，显示屏弹出“警惕”提示窗口（见图 1.4.32），并从 20 s 开始倒计时，倒计时到 10 s 时伴以“呜呜”报警声，若倒计时到 0 时则实施制动控制。

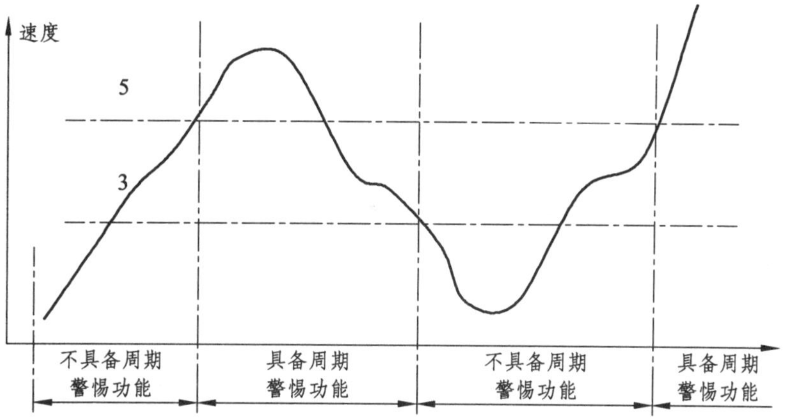

图 1.4.31　周期警惕功能启动速度示意图

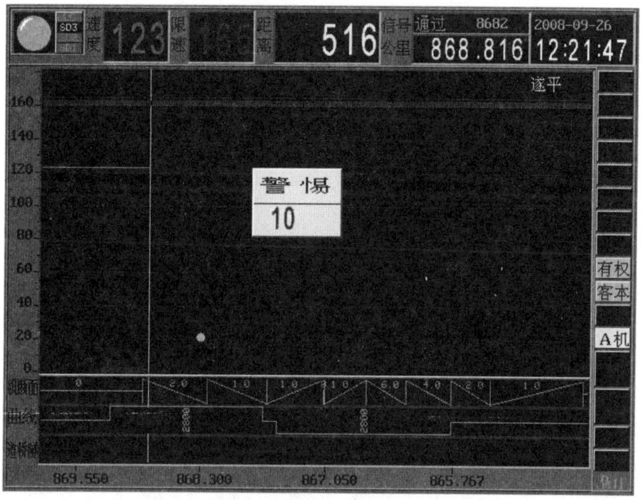

图 1.4.32　倒计时提示

显示屏弹出“警惕”提示窗口后，检测到下列信息之一时，终止本次控制过程（停止倒计时、提示窗口取消、停止报警）。

（1）按压警惕按钮开关 1 次。

（2）列车管压减压 50 kPa 及以上。

（3）闸缸压力大于等于 50 kPa。

（4）机车工况（零位/非零位）状态变化。

控制过程示意图如图 1.4.33 所示。

4. 相关说明

（1）当警惕按钮故障时，通过按显示器【定标】键可替代按压警惕按钮。

（2）在周期警惕的 120 s 计时间隔内，按压警惕按钮无效。

（3）LKJ 实施制动控制方式：

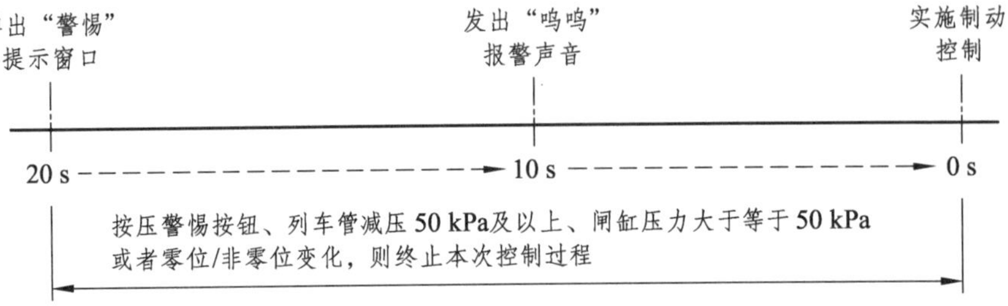

图 1.4.33　警惕控制过程示意图

① 当 LKJ 具备常用制动功能时，发出解除牵引力（卸载）和常用制动指令（减压量 80 kPa）；不具备常用制动功能时，发出解除牵引力和紧急制动指令。

② 一旦发出制动控制指令，必须在列车停车后才能解除（若发出常用制动控制指令，还必须按【缓解】键）。

任务自检

1. LKJ2000 型监控装置进入通常监控状态的时机是什么？
2. LKJ2000 型监控装置通常监控状态有哪些控制工能？

任务八　降级状态控制

任务描述

（1）掌握列车发生降级状态控制的时机。

（2）掌握在降级控制状态下，显示屏界面指示灯的显示状态。

（3）掌握装置处于降级控制状态时，采用的防超速监控功能情况。

（4）掌握装置由降级控制状态恢复到正常监控状态的操作方法。

（5）掌握人为由正常监控状态转为降级状态的条件。

知识储备

一、降级状态控制

（1）列车运行中，当发生下列情况之一时，装置处于降级控制状态（见图 1.4.34）：

① 装置关机后超过 30 s 再开机，司机未输入正确的数据或输入数据后未按【开车】键之前。

② 列车到达终点站，机车担当牵引任务完成，装置的交路数据走完后。

③ 列车运行途中装置的程序发生混乱时。

④ 装置由“20 km/h 限速模式”切回到正常控制模式时。

⑤ 人为设置为降级状态。

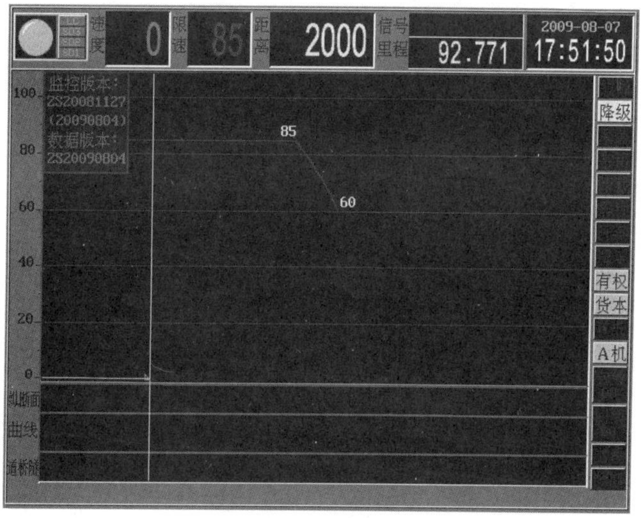

图 1.4.34　降级状态

（2）装置处于降级控制状态时，“降级”指示灯亮，“调车”指示灯灭。装置处于降级控制状态时，采用以下防超速监控功能：

① 机车信号为停车信号（含白灯），当列车运行速度超过 5 km/h 时。

② 装置实施周期语音提示，司机在 7 s 内未按压【警惕】键进行应答操作，装置实施紧急制动控制。当列车运行速度<5 km/h 时，语音提示自动解除。

③ 机车信号为进行信号，列车运行 2000 m 后限速为 60 km/h。

④ 机车信号由进行信号变为停车信号，列车运行 800 m 后限速为 20 km/h（见图 1.4.35）。

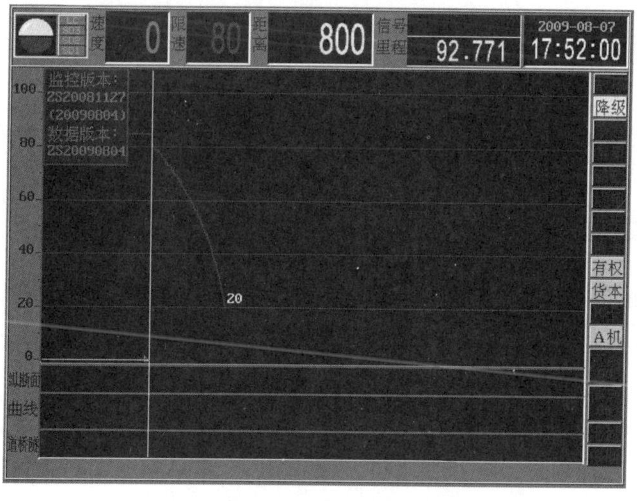

图 1.4.35　停车信号降级

（3）需要装置由降级控制状态恢复到正常监控状态时，应重新输入前方站号，运行到该站正线出站信号机（或指定地点）处按压【开车】键即可（见图 1.4.36）。

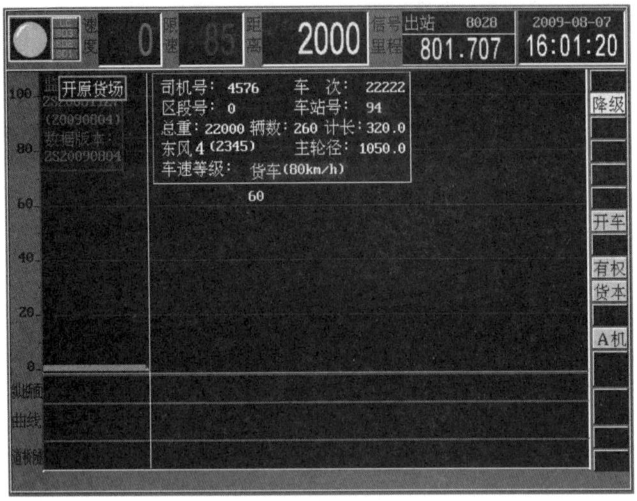

图 1.4.36　开车降级

（4）装置未发出卸载、常用、紧急制动指令且不处于防溜报警和警惕报警状态，并满足以下条件之一时，方可人为由正常监控状态转为降级状态：

① 机车信号为停车信号或按停车信号控制的信号，且列车处于停车状态。

② 机车信号为 UU 灯，且列车速度＜45 km/h。

③ 机车信号为其他进行的信号，且列车速度＜60 km/h。

④ 机车信号为红黄灯（或按照停车信号处理的“灭灯”“单红灯”、手信号引导、货车特殊前行）特定引导等解锁开口后，且列车处于停车状态。

⑤ 机车信号为“红黄闪”灯信号，前方信号机开口控制后，且列车处于停车状态。

⑥ 半自闭区间信号机的“红黄灯”(或按照停车信号处理的“灭灯”“单红灯”)，且列车处于停车状态。

（5）本务/非本务状态和客货混用交路，客货状态的改变必须在停车状态下进行。

二、速度信息异常和调用车载数据异常转入降级模式的控制

因 LKJ 判断速度信息异常或调用车载数据异常不能计算列车位置而转入降级模式后，LKJ 输出语音提示指令，人机界面单元弹出提示信息。司机在 7 s 内按键应答后 LKJ 暂停输出语音提示指令，4 s 后重新输出语音提示指令；输出语音提示指令 7 s 内司机未按键应答，LKJ 输出紧急制动指令。LKJ 输出紧急制动指令后，司机确认列车在停车状态并按规定方法操作后方可撤除紧急制动指令，LKJ 方能转入其他模式。

任务自检

1. LKJ2000 型监控装置进入通常监控状态的时机是什么？
2. LKJ2000 型监控装置由降级控制状态转入通常监控状态的操作方法是什么？
3. LKJ2000 型监控装置人为由通常监控状态转为降级状态的条件是什么？

任务九　防溜状态控制

任务描述

（1）掌握列车发生监控装置的三种防溜控制功能。

（2）掌握防溜控制的时机。

（3）掌握防溜控制指令的解除。

知识储备

LKJ 应同时具备管压防溜、手柄防溜和相位防溜功能。由于机车、动车组条件限制无法满足 LKJ 采集防溜控制功能所需信息的，可通过车载数据设置取消相应防溜控制功能。

一、管压防溜

1. 列车（单机除外）的管压防溜控制

（1）停车后列车管减压量不足 80 kPa，5 s 后 LKJ 输出语音提示指令。

（2）LKJ 输出语音提示指令后 10 s 内得到司机按键应答或追加减压至 80 kPa 及以上的信息时，LKJ 撤除语音提示指令和管压防溜控制。

（3）LKJ 输出语音提示指令时间达 10 s 未得到司机按键应答和追加减压至 80 kPa 及以上信息的，LKJ 输出紧急制动指令。

2. 单机的管压防溜控制

（1）停车后制动缸压力不足 80 kPa，5 s 后 LKJ 输出语音提示指令。

（2）LKJ 输出语音提示指令后 10 s 内得到司机按键应答或制动缸压力达 80 kPa 及以上的信息时，LKJ 撤除语音提示指令和管压防溜控制。

（3）LKJ 输出语音提示指令时间达 10 s 未得到司机按键应答和制动缸压力达 80 kPa 及以上信息的，LKJ 输出紧急制动指令。

二、手柄防溜

（1）机车或动车组未加载而由停车状态移动，当速度达 3 km/h 及以上或移动距离达 10 m 及以上时，LKJ 输出语音提示指令。

（2）LKJ 输出语音提示指令后 10 s 内得到司机按键应答或加载操作信息时，LKJ 撤除语音提示指令和手柄防溜控制。

（3）LKJ 输出语音提示指令时间达 10 s 未得到司机按键应答和加载操作信息的，LKJ 输出紧急制动指令。

三、相位防溜

1. 相位防溜启动需同时满足条件

（1）机车或动车组由停车状态移动，LKJ 通过对同一速度传感器两路速度信息相位判断的机车或动车组移动方向与机车或动车组工况信息的方向不一致。

（2）机车或动车组速度达 3 km/h 及以上或移动距离达 10 m 及以上。

2. 相位防溜控制要求

（1）满足相位防溜启动条件后，LKJ 输出语音提示指令。

（2）LKJ 输出语音提示指令后 10 s 内得到司机按键应答信息时暂停语音提示指令，于 4 s 后重新输出语音提示指令；如机车或动车组速度达 10 km/h 及以上，LKJ 输出语音提示指令后 10 s 内得到司机按键应答信息时，LKJ 撤除语音提示和相位防溜控制。

（3）LKJ 输出语音提示指令时间达 10 s 未得到司机按键应答信息的，LKJ 输出紧急制动指令。

四、防溜制动指令的撤除

机车或动车组停车状态下司机按规定方法操作后，LKJ 撤除防溜控制引起的紧急制动指令。

任务自检

1. LKJ2000 型监控装置防溜控制功能有哪些？
2. LKJ2000 型监控装置管压防溜的控制方式是什么？
3. LKJ2000 型监控装置手柄防溜的控制方式是什么？
4. LKJ2000 型监控装置相位防溜的控制方式是什么？
5. LKJ2000 型监控装置防溜制动指令的撤除方法是什么？

任务十　出入段工作状态控制

任务描述

（1）掌握进入和退出出入段工作状态的条件。

（2）掌握 LKJ 出入段工作状态的操作方法。

知识储备

一、进入和退出条件

同时满足以下条件时，LKJ 进入出入段工作状态：

（1）列车处于停车状态。

（2）司机按规定进行了进入出入段工作状态操作。

在出入段工作状态，司机按规定进行了退出出入段工作状态操作后，LKJ 退出出入段工作状态。

注意：速度≥1 km/h 时，不能进入出入段状态，但可以退出。

二、模式限速值的确定

LKJ 在出入段工作状态下，模式限速值按以下要求确定：

（1）按车载数据中设置的出入段限速值确定固定模式限速值。

（2）按固定模式限速值+1 km/h 确定常用固定模式限速值，按固定模式限速值+4 km/h 确定紧急固定模式限速值。

注意：13 km/h 报警、14 km/h 卸载、16 km/h 常用、19 km/h 紧急。未输出紧急制动指令条件下，12 km/h 取消卸载指令、取消语音报警、9 km/h 允许缓解。

三、出入段操作

出入段操作必须在停车状态下进行，方法如下：

（1）司机在段内出勤，登乘机车后，对装置进行下列操作：

① 开机→读卡→查询司机和副司机号→查询交路号、车站号和车次→逐条查询核对运行揭示。

② 需要时输入出入段车次，按压【出入库】键，使〖入段〗和〖调车〗灯点亮。

③ 机车运行至站段分界点停车，按压【出入库】键，确认〖入段〗灯灭，装置记录出段时分。

（2）列车到达终点站停妥后，进行下列操作：

① 需要时输入出入段车次，或按压【调车】键，点亮〖调车〗灯。

② 机车运行至站段分界点停车，按压【出入库】键，点亮〖入段〗灯，装置记录入段时分。

③ 机车入段停车后，及时转储装置记录的列车运行数据文件。

（3）按压一次【出入库】键，〖入段〗或〖出段〗灯亮，再按一次【出入库】键，〖入段〗或〖出段〗灯灭。当装置为通常监控状态、调车状态或降级状态，按压【出入库】键，点亮〖入段〗或〖出段〗灯时，装置进入出入段监控状态，最高限速为 16 km/h。

出入段工作状态下，具有防溜控制功能。

任务自检

1. LKJ2000 型监控装置出入段工作状态的进入退出方式是什么？
2. LKJ2000 型监控装置出入段工作状态的控制模式是什么？

任务十一　调车状态控制

任务描述

（1）掌握普通调车和平面调车内容。

（2）掌握调车作业。

知识储备

调车作业分为普通调车和平面调车两种。平面调车由监控装置和平面调车装置相连接配合实现，普通调车是指监控装置单独使用的调车状态。平面调车和普通调车的控制方式有差别，特别是语音提示、解除机车牵引力、常用制动、紧急制动的时机不同。监控装置无论工作在普通调车状态还是平面调车状态，均不再按机车信号信息监控机车运行。

一、普通调车

（1）进入调车状态：在机车停车状态下，按压【调车】键，监控装置进入调车状态。

（2）监控装置在调车状态下，机车实际运行速度≥38 km/h 时语音提示，运行速度≥39 km/h 时解除机车牵引力，运行速度≥41 km/h 时实施常用制动控制，运行速度≥44 km/h 时实施紧急制动控制。

（3）退出调车状态：监控装置在调车状态下，无论有无速度，按压【调车】键，即退出调车状态。

（4）中间站调车作业完成后应于开车前退出调车状态，若发现距离错误无法校正时，应重新进行参数设定，其中，设定车站号时，应先输入本交路中的其他车站号，再修改为本车站号。

二、平面调车

（1）监控装置和平面调车装置配合使用时，监控装置按平面调车信号控制。平面调车信号分为控制类和非控制类：控制类信号延迟一定时间和距离后，控制出口限速；非控制类信号只记录不改变原限速。控制类信号又分 3 类：紧急停车信号、停车类信号、非停车类信号。

监控装置的控制方式为：

① 紧急停车信号：收到紧急停车信号，机车速度不为“0”，监控装置立即发出紧急制动指令；

② 停车类信号：包括一般停车和故障停车信号，故障停车信号为平面调车信号中断，要求司机在一定时间内停车，否则监控装置发出停车指令。一般停车信号分为下面几种情况：

- 溜放停车信号：未收到十、五、三车信号，监控装置直接收到溜放信号，要求司机在一定时间内停车，否则监控装置发出停车指令；
- 十、五、三车停车信号：已收到十、五、三车信号，再收到停车信号，要求司机在一定时间内尽快停车，否则监控装置发出停车指令；
- 普通停车信号：未收到十、五、三车信号和溜放信号，直接收到停车信号，装置对停车时机要求不严格，司机应在一定时间内控制机车停车，否则，监控装置发出停车指令。

③ 非停车类信号：包括推进、起动、连接、溜放、十车、五车、三车信号，收到非停车类信号限速延迟一段距离或立即下降至目标值。

（2）距离、千米标的显示：机车停车时间大于监控装置设定值时，收到平面调车灯显信号，千米标和距离同时清 0，机车走行中显示累计公里标和距离。

（3）平面调车的速度控制：

① 空线牵引运行时，实际运行速度=40 km/h 时语音提示，实际运行速度≥41 km/h 时解除机车牵引力，实际运行速度≥43 km/h 时实施常用制动控制，实际运行速度≥45 km/h 时实施紧急制动控制。

② 空线推进运行时，实际运行速度=30 km/h 时语音提示，实际运行速度≥31 km/h 时解除机车牵引力，实际运行速度≥33 km/h 时实施常用制动控制，实际

运行速度≥35 km/h 时实施紧急制动控制。

③ 十、五、三车距离信号的速度控制：

• 十车距离信号：车列走行 50 m 后，速度≥13 km/h 时语音提示；速度≥14 km/h 时，解除机车牵引力；速度≥15 km/h 时实施常用制动控制；速度≥18 km/h 时实施紧急制动控制；

• 五车距离信号：车列走行 20 m 后，速度≥8 km/h 时语音提示；速度≥9 km/h 时，解除机车牵引力；速度≥10 km/h 时实施常用制动控制；速度≥13 km/h 时实施紧急制动控制；

• 三车距离信号：车列走行 20 m 后，速度≥4 km/h 时语音提示；速度≥5 km/h 时，解除机车牵引力；速度≥6 km/h 时实施常用制动控制；速度≥9 km/h 时实施紧急制动控制。

（4）监控装置与平面调车灯显装置相连的操作：

① 按压【调车】键，使装置进入“调车”状态，然后再打开调车信号接口盒开关；

② 监控装置在平面调车控制模式状态，不显示机车信号，取消语音提示，监控装置按平面调车信号进行控制并记录。

（5）平面调车接口盒说明：

① 电源指示灯：灯亮表示调车盒处于工作状态。

② 调车指示灯：灯亮表示输出的是平面调车信号，灯灭表示输出的是机车信号。

③ 转换开关：关闭时监控装置采集机车信号，打开时监控装置采集平面调车信号。

三、尽头线的控制

具备点式控制功能的尽头线分别安装了 3 套点式设备，第 1 处距土挡 350 m，第 2 处距土挡 50 m，第 3 处距土挡 46 ~ 48 m。尽头线路肩处设置 3 块指示牌，第 1 点式设备处指示牌标识限速 10 km/h，距离土挡 150 m 处的指示牌标识限速 5 km/h，第 2 点式设备处设置停车指示牌。尽头线点式设备布置如图 1.4.37 所示。

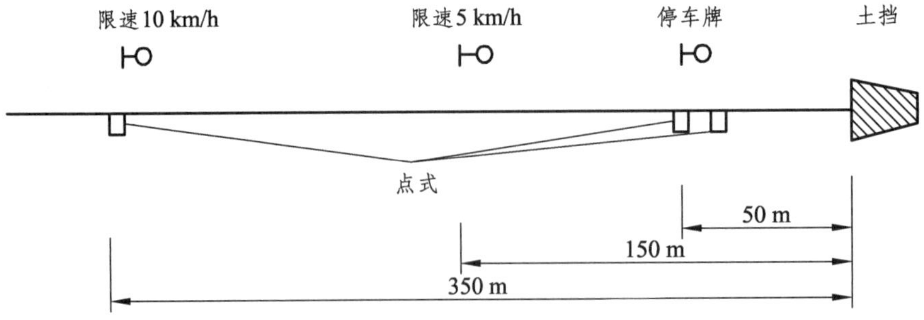

图 1.4.37　尽头线点式设备示意图

担当调车作业且已安装点式接收装置的机车在尽头线的控制方式为：

（1）机车通过第 1 处点式设备，速度≥3 km/h 时，监控装置仅语音提示，不控制放风制动。

（2）若机车速度≥10 km/h，监控装置语音提示 7 s 后实施紧急制动。如果在语音提示过程中 7 s 内按压【解锁】键，则停止语音提示，并解除监控装置对机车的停车控制。

（3）当机车通过第 1 处点式设备走行 200 m，则限速降至 5 km/h，若机车速度≥5 km/h，装置立即控制放风。如果机车速度小于 5 km/h，仅语音提示不控制放风，直至停车。

（4）若在非尽头线接收到干扰信号，出现点式设备限速时，应立即按压【解锁】键解除语音提示，防止监控装置控制放风。

（5）机车在任何速度下，顺序接收到第 2、第 3 点式设备的脉冲信息时，立即实施紧急制动。

（6）如果机车牵引的车辆较长，需要通过地面第 3 处点式设备时，须在该点式设备前停车，再以低于 2 km/h 的速度运行，乘务员应严格掌握机车距土挡距离，防止撞土挡。

任务自检

1. LKJ2000 型监控装置调车作业分为哪几种？
2. LKJ2000 型监控装置普通调车作业控制方式是什么？
3. LKJ2000 型监控装置平面调车作业控制方式是什么？

任务十二　非本务工作状态控制

任务描述

（1）掌握非本务工作状态的进入和退出方式。

（2）掌握非本务工作状态的控制功能。

知识储备

非本务工作状态也称为“补机模式”。

一、进入、退出

1. 通过参数设定进入、退出

停车时（未在调车工作状态），按【设定】键进入参数设定窗口，进入“本/补”

下拉菜单，选择“补机”，确定后进入非本务工作状态。

停车时，按【设定】键进入参数设定窗口，进入“本/补”下拉菜单，选择“本务”，确定后退出“补机模式”。

2. 通过转换开关进入、退出

加装了专用转换盒的机车通过操作切换开关实现。

二、功能

1. 记录与显示

监控装置在非本务工作状态下，不具备防止冒进信号、防止超速等监控功能，仅保留记录功能，显示屏显示“补机运行”（见图 1.4.38）。

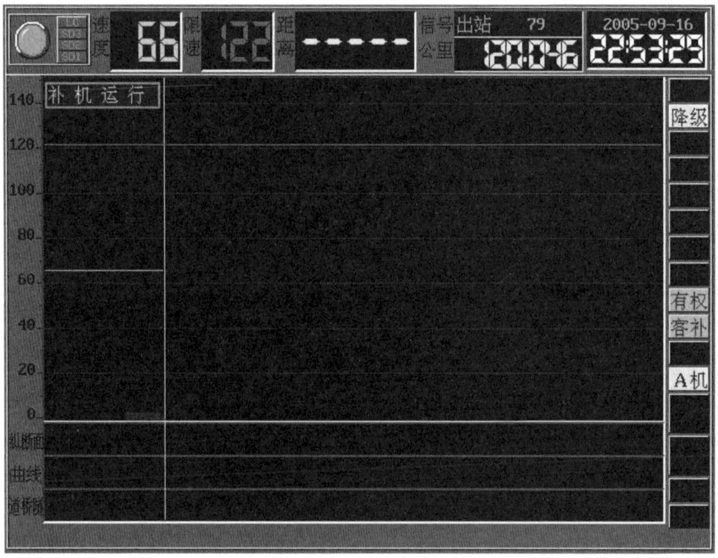

图 1.4.38　非本务运行显示界面

2. 防止“补机打钢轨”

监控装置在非本务工作状态下，列车运行时，若列车管压力比定压下降 50 kPa 及以上时，立即实施卸载控制。列车管压恢复后解除卸载指令（双机重联牵引时，在本务机车实施制动时，防止补机加载，磨伤钢轨或者超速）。

任务自检

1. LKJ2000 型监控装置如何进入和退出非本务工作状态？
2. LKJ2000 型监控装置非本务工作状态功能是什么？

任务十三　20 km/h 限速工作状态控制

任务描述

（1）掌握 20 km/h 限速工作状态进入和退出方式。

（2）掌握 20 km/h 限速工作状态的控制功能。

知识储备

《铁路技术管理规程》(以下简称《技规》) 第 270 条　列车司机在列车运行中，应做到：

机车信号、列车无线调度通信设备、列车运行监控记录装置必须全程运转，严禁擅自关机。

运行途中，遇列尾装置、机车信号、列车运行监控记录装置发生故障时，司机应立即使用列车无线调度通信设备报告车站值班员、列车调度员，并根据实际情况掌握速度运行；在自动闭塞区间，遇机车信号、列车运行监控记录装置发生故障时，列车以不超过 20 km/h 的速度运行至前方站；遇列车无线调度通信设备发生故障时，列车应在前方站停车报告。

《运维规则 98 号》第 115 条　在自动闭塞区间，机车信号发生故障（含动车组在 CTCS-0 级区段 ATP 故障不能正确接收地面信号）时，机车司机应立即停车，使用列车无线调度通信设备报告车站值班员、列车调度员。接到继续运行至前方站内停车的调度命令后，将 LKJ 转为 20 km/h 限速工作状态，严格按地面信号机的显示要求，操纵列车以规定的速度运行至前方站停车处理。

一、进入

在自动闭塞区间，列车停车后，按显示器的【↑】键 2 秒以上，显示屏弹出“非正常行车确认”窗口，将光标移到“转入 20 km/h 限速模式”选项再按压【确认】键（或直接按【4】键），窗口显示“转入 20 km/h 限速模式？”的提示，按【→】键将光标移到“确定”然后按【确认】键，监控装置转入 20 km/h 限速工作状态，显示屏显示“20 km/h 限速模式”（见图 1.4.39）。

“20 km/h 限速工作状态”只有在自动闭塞区间、停车状态下才能进入。进站、进路、出站信号机前，无论机车是否停车，均不能进入（若进行转入操作，显示屏提示“禁止操作”）。

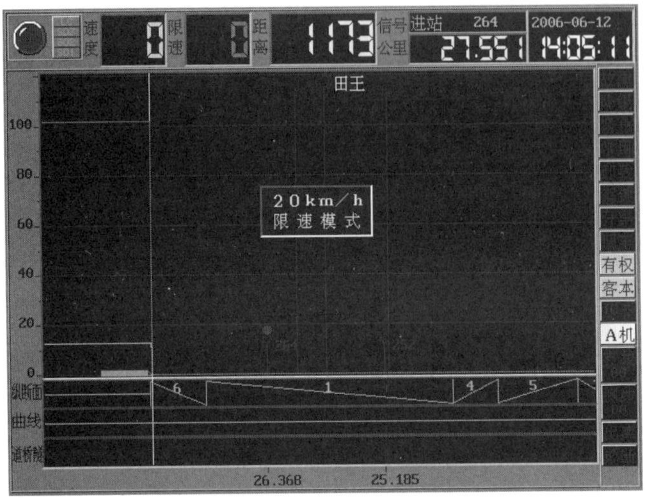

图 1.4.39　20 km/h 限速模式

二、功能

进入 20 km/h 限速工作状态后，装置限速值立即为 0.2 min 后，限速 21 km/h。由通常工作状态进入的，监控列车以不超过 20 km/h 的速度运行至前方车站的出站信号机（指车载基础数据中未设有线路所标志的出站信号机、进出站信号机）前停车；由降级工作状态进入的，监控列车以不超过 20 km/h 的速度运行，由机车乘务员控制运行至前方站停车。

进入“20 km/h 限速工作状态”后：

（1）装置不以机车信号作为控制依据。

（2）装置不进行自动距离误差校正。

（3）不能输入侧线股道号。

（4）不能进入调车、降级工作状态。

（5）无各项解锁功能。

（6）无临时限速、区段限速控制和显示。

（7）对于发车进路、出站信号机，按停车模式控制。

（8）无机车信号变化的语音提示。

窗口显示值 21 km/h，列车运行速度 18 km/h 报警，19 km/h 卸载。安装常用制动机车，21 km/h 常用制动，24 km/h 紧急制动；未安装常用制动机车，21 km/h 紧急制动；动车组 21 km/h 常用制动，26 km/h 紧急制动。

三、转出

列车在站内停车时，按压显示器的【↑】键 2 s 以上，显示器弹出“非正常行车确认”窗口，将光标移到“转出 20 km/h 限速模式”选项再按压【确认】键（或直接按【4】键），窗口显示“转出 20 km/h 限速模式？”的提示，按【→】键将光标移到“确定”然后按【确认】键，装置进入降级工作状态。

任务自检

1. LKJ2000 型监控装置如何进入和退出 20 km/h 限速工作状态？
2. LKJ2000 型监控装置 20 km/h 限速工作状态的功能是什么？

任务十四　各种工作状态转换情况

任务描述

（1）掌握 LKJ2000 型监控装置各工作状态的转换时机。
（2）掌握 LKJ2000 型监控装置各工作状态的转换方式。

知识储备

一、降级工作状态下可进行的转换

（1）开车灯点亮，按【开车】键自动进入通常工作状态。
（2）停车状态，按【调车】键自动进入调车工作状态。
（3）停车状态，按【出入库】键自动进入出入段工作状态。
（4）按规定操作进入 20 km/h 限速工作状态。

二、通常工作状态下可进行的转换

（1）人工设定自动进入降级工作状态。
（2）停车状态，按【调车】键自动进入调车工作状态。
（3）停车状态，按【出入库】键自动进入出入段工作状态。
（4）按规定操作进入 20 km/h 限速工作状态。

三、调车工作状态下可进行的转换

（1）降级工作状态下进入的调车，按【调车】键自动退回到降级工作状态。
（2）停车状态下按【出入库】键自动进入出入段工作状态。
（3）不允许直接进入通常工作状态。
（4）不允许进入 20 km/h 限速工作状态。

（5）不允许人工修改本补状态进入非本务工作状态。

四、出入段工作状态下可进行的转换

（1）降级工作状态下进入的出入段，按【出入库】键自动退回到调车工作状态。

（2）按【出入库】键自动退出出入段工作状态，或直接按【调车】键退出出入段工作状态。

（3）不允许直接进入通常工作状态。

（4）不允许进入 20 km/h 限速工作状态。

（5）不允许人工修改本补状态进入非本务工作状态。

五、非本务工作状态下可进行的转换：

（1）停车状态下进行退出非本务工作状态的操作，进入降级状态。

（2）停车状态下直接按【调车】键退出非本务工作状态，进入调车状态。

（3）停车状态下直接按【出入库】键退出非本务工作状态，进入出入段工作状态。

（4）不允许直接进入通常工作状态。

（5）不允许进入 20 km/h 限速工作状态。

六、20 km/h 限速工作状态下可进行转换

（1）人工按键退出 20 km/h 限速工作状态，自动进入降级工作状态。

（2）不允许进入调车工作状态。

（3）不允许进入出入段工作状态。

（4）不允许进入非本务工作状态（硬件转换至非本务除外）。

七、工作状态转换表（见表 1.4.17）

表 1.4.17　工作状态转换

	降级	通常	调车	出入段	非本务	20 km/h 限速
降级		人工	人工	人工	人工	人工
通常	人工或 LKJ 无法定位		人工	人工	人工	人工
调车	人工	—		人工	—	—
出入段	人工	—	人工		—	—
非本务	人工	—	人工	人工		—
20 km/h 限速	人工	—	—	—	—	

任务自检

1. LKJ2000 型监控装置通常工作状态下能进行哪些转换?
2. LKJ2000 型监控装置降级工作状态下能进行哪些转换?
3. LKJ2000 型监控装置调车工作状态下能进行哪些转换?
4. LKJ2000 型监控装置出入段工作状态下能进行哪些转换?
5. LKJ2000 型监控装置非本务工作工作状态下能进行哪些转换?
6. LKJ2000 型监控装置 20 km/h 限速工作状态下能进行哪些转换?

任务十五　信号突变

任务描述

（1）掌握信号突变的内容。

（2）掌握发生信号突变时的操作。

知识储备

（1）机车信号由绿灯、绿黄灯、黄 2 灯、黄 2 闪灯、双黄闪灯突变为白灯时，允许列车按规定的速度越过对应的地面信号机。列车通过对应的地面信号机后，机车信号仍显示白灯，按地面信号显示的停车信号监控列车运行。

（2）采用速度分级控制时，当监控装置计算列车距前方信号机距离<600 m 时，机车信号由绿灯、绿黄灯、黄 2 灯、黄 2 闪灯突变为黄灯（不含双黄灯），监控装置以机车前方 1 000 m 处为虚拟的黄灯作为速度控制目标点。

（3）在自动闭塞区段，当监控装置计算列车距前方信号机距离<50 m 时，机车信号由黄灯变为红黄灯、白灯或由双黄灯变为红黄灯、白灯时，监控装置自动消除本架信号机剩余距离，调用次一架信号机的距离，按次一架信号机的显示要求监控列车运行。

在半自动闭塞区段，当监控装置计算列车距前方信号机距离<100 m 时，机车信号由黄灯变为红黄灯、白灯或由双黄灯变为红黄灯、白灯，监控装置持续发出“信号突变”语音提示，司机按压【警惕】键后语音提示停止，并解除监控装置对当前信号机的停车控制功能，按次一架信号机的显示要求监控列车运行。

（4）无论自动闭塞还是半自动闭塞区段的进、出站信号机，机车信号由绿灯/绿黄灯突变为红黄灯时，不参考距离条件，监控装置立即启动紧急制动控制。

（5）机车信号为灭灯、多灯时，按停车信号控制。

（6）机车信号为一个红色灯光时，监控装置按停车信号控制。

任务自检

LKJ2000型监控装置机车信号由绿灯、绿黄灯、黄2灯、黄2闪灯、双黄闪灯突变为白灯时如何控制？

任务十六 警惕功能

任务描述

（1）掌握进站确认功能。

（2）掌握周期警惕功能。

知识储备

在通常监控状态，LKJ具备司机警惕功能，警惕包括两个子功能：一个是进站确认功能；另一个是周期警惕功能。

一、进站确认功能

（1）列车运行前方信号机LKJ显示器显示为进站信号机、进出站信号机，且次一架信号机LKJ显示器显示为出站或进出站信号机时，LKJ语音提示“请确认信号”2遍；司机听到提示后应在进站前按压司机操纵端警惕按钮进行应答。

（2）列车越过信号机前，司机未按压操纵端警惕按钮，则列车越过信号机后，LKJ显示屏弹出倒计时提示窗口（见图1.4.40），并从20 s开始倒计时，倒计时到10 s时伴以“呜呜”报警声，倒计时到0时实施卸载和常用制动控制，减压80 kPa（不具备LKJ控制常用制动的机车，实施卸载和紧急制动控制），LKJ卸载和制动控制指令发出后，须停车后按压【警惕】按钮方能解除。报警声持续至LKJ制动指令解除后才停止。

在倒计时过程中，检测到下列信息之一时终止本次进站确认控制过程：

① 按压司机操纵端警惕按钮。

② 列车管减压50 kPa及以上（以按开车键时的列车管压力为基准，下同）。

③ 闸缸压力≥50 kPa。

④ 机车手柄的卸载位和加载位相互发生变化（即由卸载变为加载，或由加载变为卸载）。

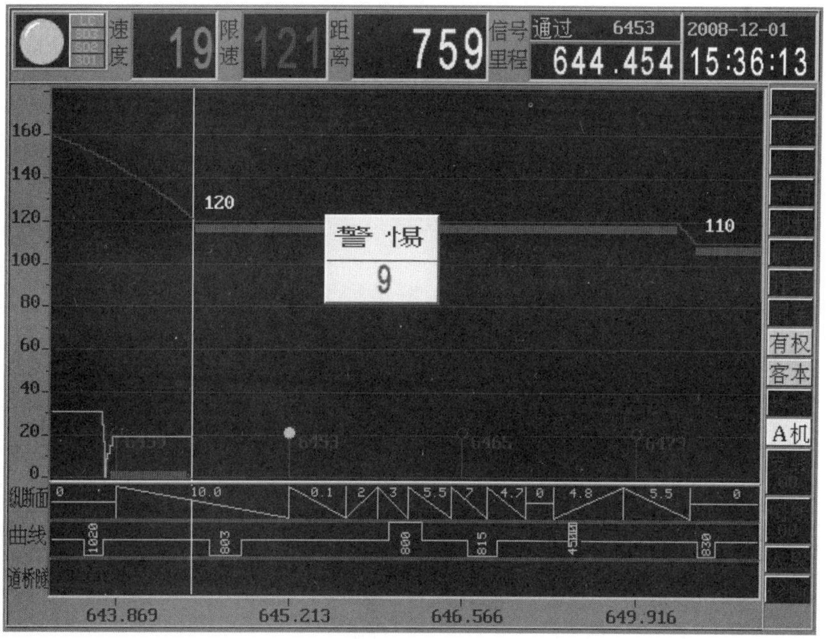

图 1.4.40　警惕功能倒计时窗口

二、周期警惕功能

（1）在通常状态下，列车速度>5 km/h 后，LKJ 启动周期警惕功能，如果启动功能后，在 120 s 内，未发生如下任一变化：

① 列车管减压 50 kPa 及以上。

② 闸缸压力大于等于 50 kPa。

③ 机车手柄的卸载位和加载位相互发生变化（即由卸载变为加载或由加载变为卸载）。

④ 列车速度<3 km/h。

则 120 s 后，显示屏弹出提示窗口，并从 20 s 开始倒计时，倒计时到 10 s 时伴以“呜呜”报警声，如果在倒计时 20 s 内未按压“司机操纵端警惕”按钮进行应答，倒计时到 0 时实施卸载和常用制动控制，减压 80 kPa（不具备 LKJ 控制常用制动的机车，实施卸载和紧急制动控制），LKJ 卸载和制动控制指令发出后，须停车后按压警惕按钮方能解除。报警声持续至 LKJ 制动指令解除后才停止。

（2）如果在 120 s 内发生了如下任一变化：

① 列车管减压 50 kPa 及以上。

② 闸缸压力大于等于 50 kPa。

③ 机车手柄的卸载位和加载位相互发生变化（即由卸载变为加载，或由加载变为卸载）。

④ 列车速度小于 3 km/h。

则 120 s 计时重新开始，启动下一个周期警惕过程。

（3）如果周期警惕功能启动 20 s 倒计时过程中，发生了如下任一变化：

① 按压司机操纵端“警惕”按钮开关。

② 列车管减压 50 kPa 及以上。

③ 闸缸压力大于等于 50 kPa。

④ 机车手柄的卸载位和加载位相互发生变化（即由卸载变为加载，或由加载变为卸载）。

则清除提示窗口，120 s 计时重新开始，启动下一个周期警惕过程。

三、警惕按钮的出段检查

按压【出/入库】键，LKJ 进入出入段工作状态且机车速度为 0 时，持续按压操纵端警惕按钮时间超过 3 s，开始启动警惕报警声提示。松开警惕按钮时，警惕报警声提示结束。另一端按同样的方法进行检查。

注意事项：

（1）进站信号机前未进行进站信号确认时，在启动“周期警惕提示过程”的同时弹出“警惕”提示窗口，按压一次警惕按钮同时解除“周期警惕提示过程”和本次进站信号确认过程。

（2）在周期警惕计时达到 100 s 时，进行进站信号确认，确认后 20 s 仍启动“周期警惕提示过程”并弹出警惕提示窗口，须再次确认。

（3）当进站信号确认和周期警惕均满足警惕启动条件时，倒计时按照先启动的进行计算进站前未进行进站信号确认的，在越过进站信号机前启动“周期警惕提示过程”，越过进站信号机后倒计时仍按照周期警惕倒计时进行控制。

（4）如遇运行中警惕按钮故障时，可使用 LKJ 显示器的【定标】键临时替代警惕按钮。

（5）一旦发出制动控制指令，必须在列车停车后才能解除（若发出常用制动控制指令，还必须按【缓解】键）。

任务自检

1. LKJ2000 型监控记录装置警惕功能有哪几种？
2. 什么是 LKJ2000 型监控记录装置的进站确认功能？
3. 什么是 LKJ2000 型监控记录装置的周期警惕功能？
4. LKJ2000 型监控记录装置警惕按钮的出段检查要求有哪些？

任务十七　自动闭塞区间行车

任务描述

（1）会正确进行地面闭塞分区通过信号显示停车信号的行车处理。

（2）会进行装有容许信号的分区通过信号机显示停车信号时的行车处理。

知识储备

一、自动闭塞区间行车

（1）地面闭塞分区通过信号机显示停车信号（含显示不明），且机车信号机显示半红半黄色灯光、一个白色灯光时，监控装置监控列车在该信号机前停车 2 min 后自动解除停车控制功能。列车起动后，监控装置监控列车以不超过 20 km/h 的速度越过该信号机并运行至次一架信号机。地面闭塞分区通过信号机显示正常时，应按地面信号机显示含义行车。

（2）在装有容许信号的通过信号机前，机车信号为半黄半红色闪光灯光或停车信号时，监控装置对货运列车自动解除停车控制功能，并监控列车以不超过 20 km/h 的速度越过该信号机并运行至次一架信号机。

二、通过信号机显示停车信号

1. 通过信号为停车信号

此时控制示意图如图 1.4.41 所示。

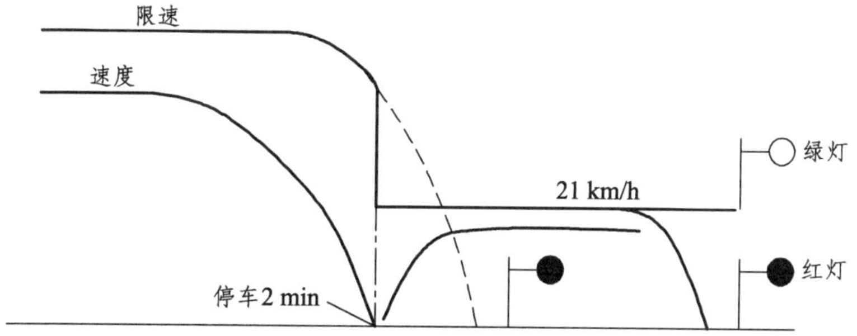

图 1.4.41　通过信号机显示停车信号控制示意图

（1）机车牵引的列车及在普速铁路区段运行的动车组列车在自动闭塞区段通过信号机前遇机车信号信息为停车信号，停车 2 min 后，LKJ 解除停车控制，监控列车以不超过 20 km/h 的速度越过该信号机直至次一通过信号机（进站信号机）（见图 1.4.42）。

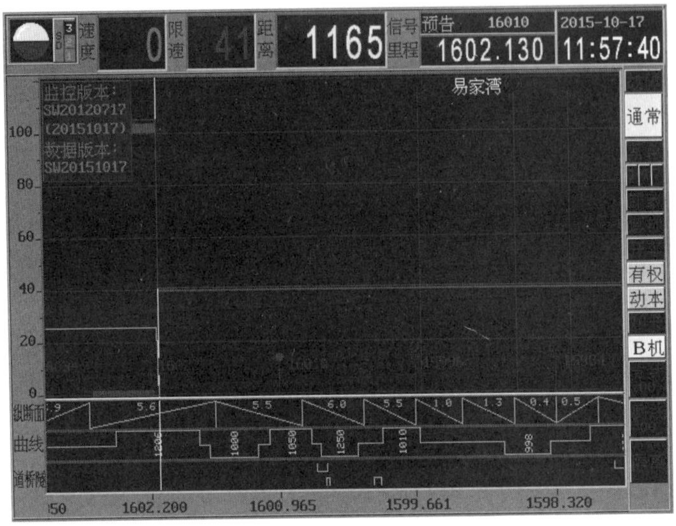

图 1.4.42　通过信号机显示停车信号

（2）机车越过该信号机后，继续监控列车以不超过 20 km/h（在高速铁路区段运行的动车组列车不超过 40 km/h）的速度运行，并根据信号不同按第（3）条或第（4）条控制。

（3）当信号为停车信号时：

① 若前方信号机为通过信号机则按第（1）条控制。

② 若前方信号机为装有容许信号的通过信号机，按第 2 条“装有容许信号的通过信号机显示停车信号”控制。

③ 若前方信号机为进站信号机，则按防止冒进信号控制（有关引导进站参见“引导接车”）。

（4）当信号不是停车信号时，监控列车以不超过 20 km/h（在高速铁路区段运行的动车组列车不超过 40 km/h）的速度越过信号机，然后按接收的信号控制。

2. 装有容许信号的通过信号机显示停车信号

此时控制示意图如图 1.4.43 所示。

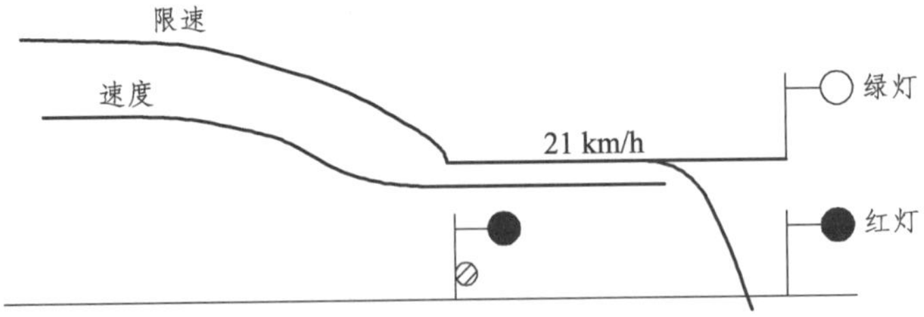

图 1.4.43　装有容许信号的通过信号机显示停车信号

（1）在自动闭塞区间，货物列车运行前方为装有容许信号的通过信号机，信号为停车信号时，当总质量大于 1500 t 时 LKJ 自动解除防止列车冒进信号的停车控制功能，监控列车以不超过 20 km/h 的速度越过该信号机。

（2）机车越过信号机后，控制方式与上述第 1 条第（2）点相同。

地面信号显示故障时，严禁将 LKJ 转入 20 km/h 限速模式。

任务自检

1. LKJ2000 型监控记录装置如何进行自动闭塞区间行车？
2. 什么是 LKJ2000 型监控记录装置的进站确认功能？
3. 什么是 LKJ2000 型监控记录装置的周期警惕功能？
4. 通过信号机显示停车信号 LKJ2000 型监控记录装置如何控制，操作方式是什么？

任务十八　信号无码区段运行

任务描述

掌握 LKJ2000 型监控记录装置信号无码区段运行方法。

知识储备

一、出站绿灯/绿黄灯确认

由 LKJ 控车时，在自动闭塞区段设置为允许绿灯/绿黄确认车站的出站（或发车进路）信号机显示绿灯、绿黄灯或双黄闪灯时，机车信号为双黄灯或双黄闪，当机车距该信号机距离小于 400 m 时，确认地面信号机显示显示绿灯、绿黄灯或双黄闪灯后，按【↑】键 2 s，弹出“非正常行车确认”窗口，选择【1.地面信号确认】调出确认窗口，选择【确定】。确认操作后，屏幕左侧显示“已确认信号为绿灯/绿黄灯”，LKJ 解除前方信号机和次一信号机前，机车信号显示白灯的停车控制。

在降级状态下，绿/绿黄灯确认操作有效。但在确认操作后又重新设定，则本次确认失效。

绿/绿黄灯确认操作后，信号变更为除白灯之外的其他信号，则本次确认失效。

二、股道无码车站通过

列车进站时机车信号为双黄灯（或交流计数区段不能为双黄码的黄色码），进站后转白灯，对于 LKJ 数据中设置为“股道固定无码”侧线股道的出站（或发车进路）信号机，在距该信号机距离小于 400 m，确认地面信号机显示进行的信号后，按【解锁】+【确认】键（即先按【解锁】键，3 s 内再按【确认】键，下同），LKJ 解除该信号机前信号白灯的停车控制，监控列车以不超过侧向道岔规定速度越过该信号机。

三、股道无码车站发车

列车在站内处于停车状态，机车信号为白灯，列车停车时，确认地面信号机显示进行的信号后，按【解锁】+【确认】键，LKJ 解除该信号机前信号白灯的停车控制，监控列车以不超过固定模式限速值的速度越过信号机。

当机车信号接收单红灯时，司机应转换一次机车信号上、下行开关，使机车信号转白灯后再进行以上操作。

四、一离去特殊发码信号机通过

列车在车载数据已设置为一离去发码特殊信号机的信号机前，如运行速度低于 45 km/h，LKJ 提供解除针对机车信号信息为无码的停车控制的操作条件；司机按【解锁】+【确认】键后，LKJ 按该信号机显示允许运行的信号监控列车运行。

五、场间无码特殊信号机

列车在车载数据已设置为场间无码特殊信号机的出站信号机前，如运行速度低于 45 km/h，LKJ 提供解除针对机车信号信息为无码的停车控制的操作条件；司机按【解锁】+【确认】键后，LKJ 以 45 km/h 确定为固定模式限速值监控列车越过该信号机。

六、关联发码特殊信号

对于列车在某一信号机前机车信号信息为 U、UU、UUS 码，且车载数据中已设置该信号机为被关联，次一信号机为关联发码特殊信号机的，LKJ 按次一信号机为允许运行的信号监控列车运行，并自动解除关联发码特殊信号机前机车信号信息由 U、UU、UUS 码转白灯时的停车控制。

任务自检

1. LKJ2000 型监控记录装置如何进行出站绿灯/绿黄灯确认？
2. LKJ2000 型监控记录装置股道无码车站通过时如何操作？
3. LKJ2000 型监控记录装置股道无码车站发车时如何操作？
4. LKJ2000 型监控记录装置一离去特殊发码信号机通过时如何操作？
5. LKJ2000 型监控记录装置场间无码特殊信号机时如何操作？

任务十九　应急故障处理

任务描述

（1）掌握应急故障类型。

（2）会进行监控装置的应急故障处理操作。

视频：LKJ2000 型列车运行监控记录装置故障处理分析

PPT：LKJ2000 型列车运行监控记录装置故障处理分析

知识储备

一、监控主机故障

故障现象：显示屏显示器故障灯亮，同时显示屏显示器蜂鸣器报警。

解决办法：必须在 3 min 内关闭监控主机电源，否则将实施紧急制动。

二、显示屏显示器故障

故障现象：黑屏、白屏、死屏、花屏、按键无效及语音提示混乱。

解决办法：

（1）将监控主机电源关闭 2～3 s 后再次打开（最好在机车信号绿灯或停车时进行）。

（2）具备双屏切换的机车，可进行显示屏显示器切换操作。

三、双针表显示有错误

解决办法：依次按压【查询】键、【7】键进入“库内试验”窗口，按【7】键进入“双针表切换”窗口，再按【确认】键，按【0】键返回。

四、IC 卡输入或转储故障

解决办法：

（1）换卡后再次输入或转储。

（2）换到另外一端显示屏显示器再次进行输入或转储。

（3）将监控主机电源关闭 2～3 s 后再次打开，重复（1）（2）项。

五、故障判断及处理

运行途中监控装置出现以下情况之一时，应停车，报告车站值班员转报列车调度员，断开主机电源开关 3 ~ 5 s，再合上电源开关，然后判断故障是否消除。如故障未消除，断开主机电源 30 s 后再开机。

重新开机后故障消失，若监控装置进入降级工作状态，司机应重新设定参数（如列车在区间内停车，在降级工作状态下严格按地面信号显示及有关规定维持运行至前方站），进行开车对标操作。

（1）主机发生“死机”。

（2）系统故障，持续发出“呜…呜…”报警声。

（3）操纵端显示器故障，无法进行输入、设定等操作或者显示“停滞”、死机、“黑屏”、“白屏”。

（4）显示器显示速度频繁跳动影响正常测速、走距误差，或者无速度显示。

（5）其他故障导致不能正常监控，或者影响列车正常运行。

六、故障后的操作

设备故障无法恢复，报告车站值班员转报列车调度员。接到继续运行至前方站内停车的调度命令后，严格按地面信号机的显示要求操纵列车，以不超过 20 km/h 的速度运行，到前方站内停车（若故障影响列车运行，关闭监控装置电源）。

七、速度通道故障

对于监控装置配套安装两个速度传感器的机车，当其中一个速度传感器发生故障时，可切换使用另一个速度传感器。切换方式有自动和手动两种。

1. 自动切换

机车运行时，若监控装置当前使用的速度传感器速度信息故障，而另一个速度传感器速度信息正常时，装置自动切换。

2. 手动切换

按【设定】键进入“参数设定”窗口，移动光标到“4 主速度”（或“4 备速度”），按【确认】键（也可直接按数字键【4】），选择“确定”，切换到另一个速度传感器。

任务自检

1. 显示屏显示器故障现象有哪些，如何解决？
2. LKJ2000 型监控记录装置故障后如何操作？
3. 如何进行速度通道切换？

任务二十　LKJ15 型列车运行监控记录装置

任务描述

（1）了解 LKJ15 型列车运行监控记录装置的设备组成。

（2）了解 LKJ15 型列车运行监控记录装置地面系统的软件组成。

知识储备

一、项目背景

LKJ2000 型列车运行监控装置是我国运用范围最广的列车运行控制车载设备。受 20 世纪 90 年代社会、经济发展水平和技术条件等限制，LKJ2000 型列车运行监控装置无法满足更高的安全需求。为更好地适应铁路管理体制及铁路运输方式的变化，迫切需要研制新一代列车运行监控系统。LKJ15 型列车运行监控装置是 2013 立项研发的新一代列车运行监控记录装置，2015 年开始现场装车试验，2017 年通过技术评审。

二、车载设备介绍

LKJ15 型监控装置车载设备综合轨道电路、应答器信息和动车组参数，自动生成连续速度控制模式曲线，实时监控列车安全运行。车载系统由主机单元、扩展单元、人机界面单元（DMI）、应答器信息接收单元、轨道电路信息读取单元（机车信号）、压力传感器、速度传感器、隔离模块组成（见图 1.4.44）。

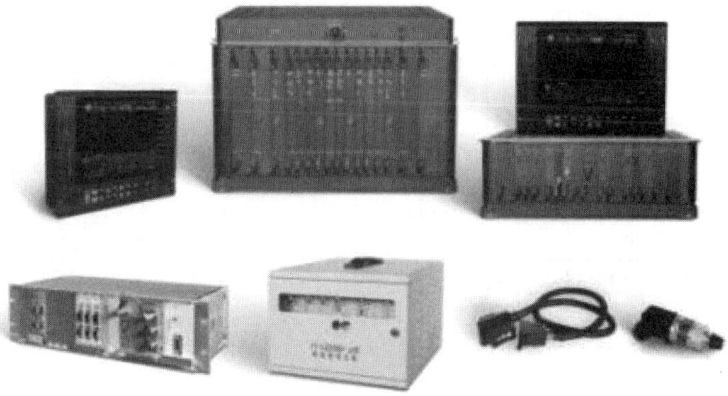

图 1.4.44　LKJ15 型监控装置车载设备组成

三、主机单元

主机单元通过接收的轨道电路信息、点式设备信息、列车状态信息及人机交互指令信息，结合车载预存或地面应答器提供的线路基础数据，依据列车制动属性完成目标距离模式曲线计算，监控列车安全运行，同时记录列车运行相关信息。二乘二取二安全计算机由功能完全相同且处于完全平等状态的两系构成，两系并行运行。每系包含功能完全相同的两套 CPU 及其驱动和采集电路，两个 CPU 同步运行，同步采集数据，独立运算，每一系中必须双机工作一致才能对外输出，实现全系统的高安全性；任何一系检出故障可自动切除由另一正常工作系监控列车运行。不存在系统启动、系间切换等延时间隔，双系同时故障才导致系统功能丧失，因此系统有较高的可靠性。

主机单元采用 19″标准机箱结构，如图 1.4.45 所示。

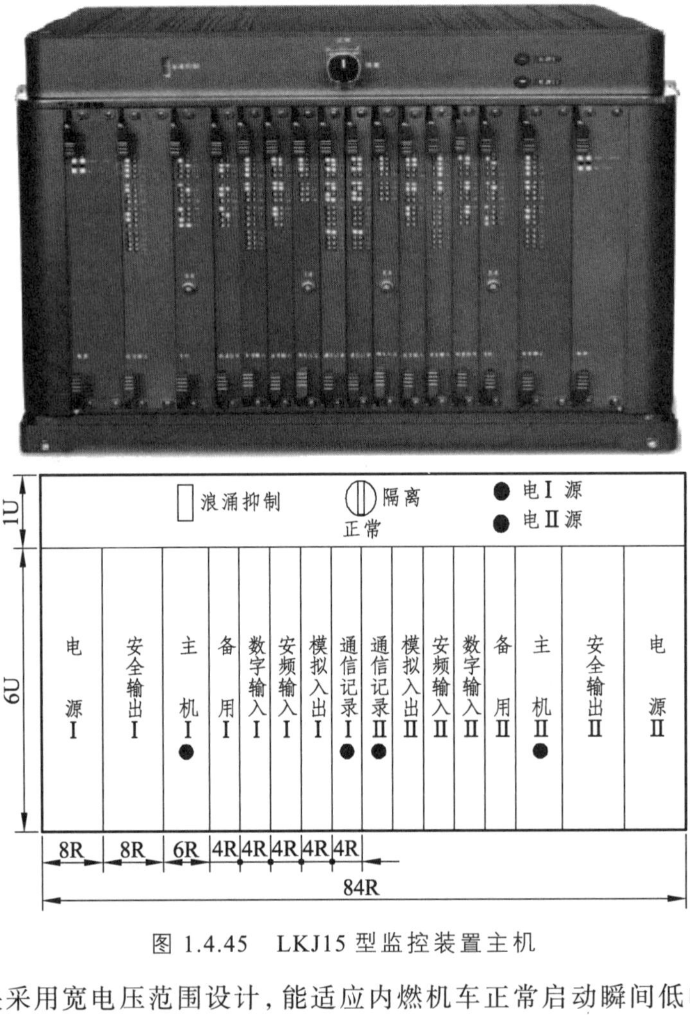

图 1.4.45　LKJ15 型监控装置主机

电源模块采用宽电压范围设计，能适应内燃机车正常启动瞬间低电压波动环境的运用需求，输入电压 DC 138～160 V，输出电压 24 V 到主机单元各插件。每块电源插件单独给本系所有插件供电。

安全输出模块具备输出牵引力切除、常用制动、紧急制动指令等安全数字量输出功能信号额定幅值 DC 110 V 由外部电源提供，每路接点容量大于等于 300 mA。每通道均采用安全继电器，满足故障导向安全原则。

主机模块完成外围信息的采集，计算目标距离和速度曲线，输出控制列车的制动指令。工作频率：533 MHz，数据存储容量：64 MB。

数字量输入模块采集机车工况、动车组接口、警惕按钮、隔离开关状态等开关量信息。预留 6 个通道，便于后续功能扩展。

安频输入模块计算列车速度、加速度、位移、相位等信息。最大计算速度为 500 km/h，测速误差≤±1%（在运行速度低于 100 km/h 时，测速误差不大于 1 km/h），测距误差≤±1%（在运行距离低于 100 m 时，测距误差不大于 1 m）。

模拟量输入模块采集列车管、制动缸、均衡风缸、总风缸压力，允许误差≤10 kPa。机车压力信息采集电流 4 ~ 20 mA 对应 0 ~ 1000 kPa，支持断线检测。频率量信通道（柴油机转速）允许误差≤30 r/m。

通信记录模块采用双路 CAN 与机车信号、BTM 进行通信。分别实现与扩展单元、DMI 通信，与 ATP/ITCS 通信，与雷达通信。记录容量为 128 MB。

四、扩展单元

扩展单元集成系统外围扩展功能。采集鸣笛等非安全开关量信号，接收平面调车信息，驱动双针速度表，采集 50 V 并口机车信号和绝缘节信息，采集 BDS/GPS 信息，实现远程无线数据换装无线通信，与 LAIS、TAX、EMU、司法记录器通信。扩展单元采用 3U 标准机箱结构（见图 1.4.46），安装空间：≤650 mm（宽）×600 mm（深）×300 mm（高）。

图 1.4.46　LKJ15 型监控装置扩展单元

电源模块采用宽电压范围设计，能适应内燃机车正常启动瞬间低电压波动环境的运用需求。输入电压 DC 38～160 V，输出电压 5 V、12 V、15 V、24 V 到主机单元各插件。采用两块电源插件供电，为内部插件、速度通道、机车控制器提供稳定电源。

通信模块与 TAX 通过 CAN 总线通信，与 EMU 通信，预留通信扩展功能。

交换机模块用于以太网通信，用于大数据量的信息交互，如无线数据换装、CMD、LAIS/LMD 的记录文件下载。

安全通信模块采集 BDS/GPS 信息，用于系统校时、定位。提供无线通信接口，实现远程车地无线通信。

数字量输入模块采集鸣笛、主断分合等信息，同时采集平调信号。

数模转换模块与主机单元通信获取实速、限速、里程计相关信息驱动双针表显示相关信息状态。主机单元故障时，通过自行采集速度传感器信息驱动实速及里程计信息显示。

信号采集模块支持移频、UM71、ZPW2000、交计、极频等全路所有信号制式的绝缘节信息采集，采用双套插件冗余设计。

电平转换模块将 DC 110 V 信号转换为 24 V 触点信号提供给主机单元。通道数：15×2。

五、主机柜

主机柜集成了主机单元、扩展单元和 BTM，设备集中度更高，对外布线少，设备安装维护更方便，适应于安装空间充足的机车和动车组。对外接口为 6 个重载连接器。BTM 采用前出线方式（见图 1.4.47）。安装空间：560 mm（宽）×1450 mm（深）×1200 mm（高）

图 1.4.47 主机柜

六、人机界面单元

人机界面单元（DMI）是系统的人机交互平台，主要用于控制信息及运行状态信息显示；临时控制参数、临时数据等的输入；播放语音及电鸣音提示等。采用双套冗余设计，轻触开关按键。采用 L 形键盘布局设计，带有触摸屏功能，分辨率提升至 800×600（见图 1.4.48）。安装空间：350 mm（宽）×180 mm（深）×260 mm（高）。

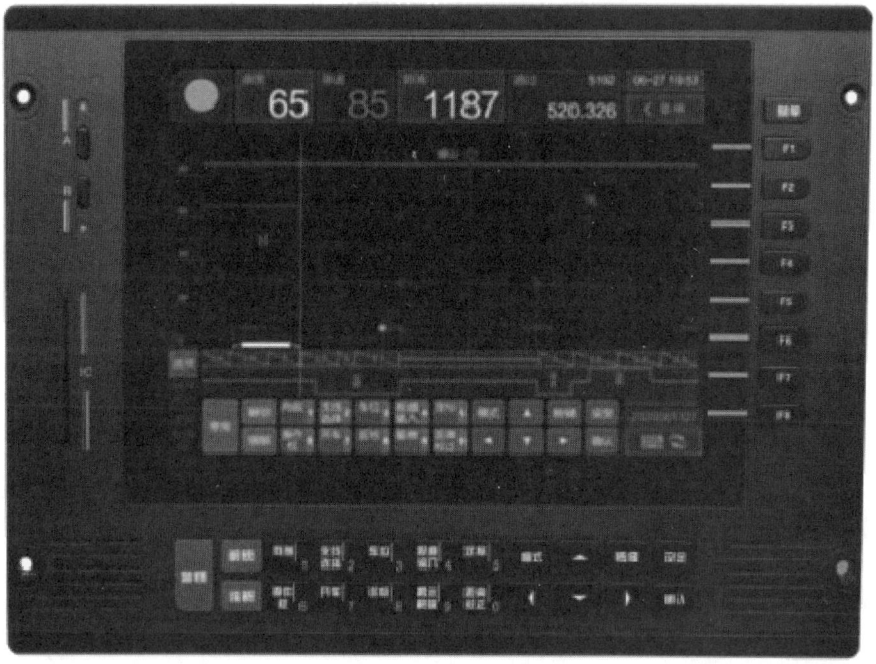

图 1.4.48　人机界面单元

七、传感器

霍尔式转速传感器是利用霍尔效应原理，检测机车车辆车轮转速的转速传感器，向主机单元提供与车轮转数成比例的电脉冲信号。霍尔式转速传感器采用非接触式安装方式，避免机械磨损，提升了转速传感器的寿命，不受到油污等污染，提升了系统测速测距的可靠性（见图 1.4.49）。

采用二线制电流式压力传感器（见图 1.4.50），系统采集列车管、闸缸、均衡风缸、总风缸的压力信息。不易受沿电线电阻压降和温漂的影响。对于 4～20 mA 两线制环路，电流传输不因电线长度的不等而造成精度的差异。4 mA 对应 0 kPa，便于判断开路与短路或传感器损坏（0 mA 状态）。标称电压：DC 24 V，输出信号：4～20 mA，精度：5‰。

图 1.4.49　霍尔式转速传感器

图 1.4.50　电流式压力传感器

八、地面系统软件

线路数据编制软件采用图形化的数据编制工具，编制数据直观明了。其特点是优化了数据架构，采用全路统一车站编码，确保全路数据的唯一性和准确性，方便线路数据的编制及跨局数据的交换。部分 LKJ2000 数据可通过工具直接导入生成 LKJ-15 数据，降低了数据编制的工作量。

LKJ 临时数据文件编制软件一次编辑，软件自动生成两份数据，分别为 LKJ2000 揭示数据和 LKJ-15 揭示数据，写卡时将两份数据同时写入 IC，放入不同地址，LKJ2000、LKJ-15 从 IC 卡不同地址读取揭示数据。

运行记录分析软件同时支持 LKJ2000 和 LKJ-15 两类运行文件的分析和处理。

无线数据换装软件由服务器（服务器包括通信服务器、应用服务器、数据及处理服务器、安全认证服务器、时钟同步服务器）、客户终端（客户终端包括换装转机专用、换装管理终端、换装查询终端、大屏幕）、硬件防火墙、交换机构成。客户终端负责换装计划的编制、审核、版本监测、闭环管理、报表输出和换装情况展示。服务器负责数据的解析、处理、存储和传输。

列车状态无线监测软件基于无线技术实现远程监测，对设备状态、关键参数进行实时监测及报警。

九、系统故障应急处理

当 LKJ-15C 系统发生系统故障时，人机界面单元提示“通信超时”，且系统发生紧急制动，故障处理如下：

（1）重启系统，观察故障是否消除。

（2）若重启后故障仍未消除，需将控车方式切换到 LKJ2000 型监控装置控车，具体切换步骤如下：

① 将 LKJ-15C 主机单元风扇组匣前端中部的隔离开关旋钮由“正常”位旋转到“隔离”位，切除 LKJ-15C 的控车权（见图 1.4.51）。

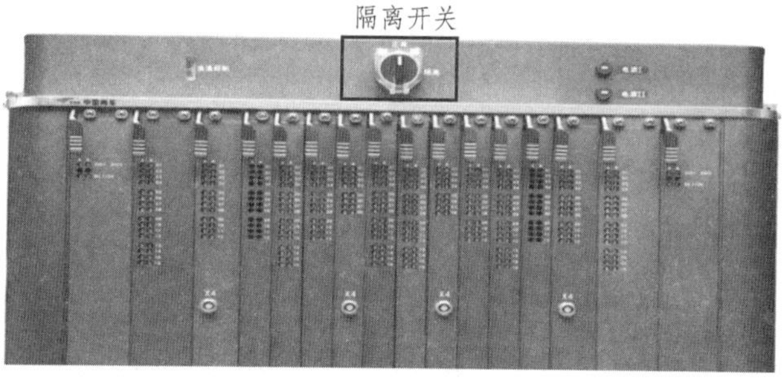

图 1.4.51　隔离开关

② 将本补切换装置的隔离开关由“隔离”位旋转到“正常”位。

（3）开启 LKJ2000 型监控装置电源，检查 LKJ2000 型监控装置系统正常后，由 LKJ2000 监控列车运行。

当人机界面单元发生故障，出现定屏、黑屏、花屏等现象时，需要通过人工切换到人机界面单元的备用机（见图 1.4.52）。

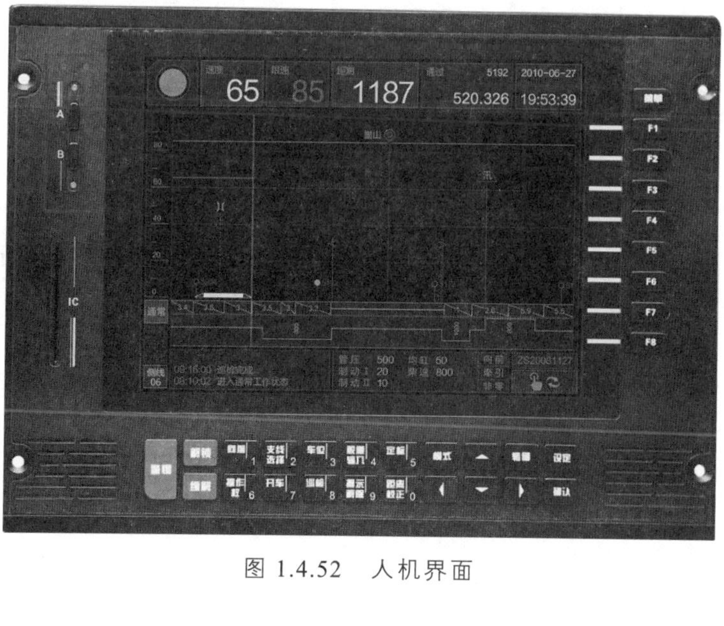

图 1.4.52　人机界面

当机车信号发生故障，出现机车信号异常，信号灭灯等情况时，可重启机车信号主机，如多次重启机车信号主机故障仍未消除，可停车重启 LKJ-15C 系统。如仍不能消除故障，待机车入库后，更换故障的机车信号主机或插件。

注意：对于车载同时装有 LKJ2000 和 LKJ-15C 两台机车信号主机的机车，由于 LKJ-15C 的机车信号主机需要 LKJ2000 的机车信号主机提供上下行信息，故应确保 LKJ-15C 机车信号主机上电前，LKJ2000 机车信号主机处于上电状态，否则 LKJ-15C 机车信号主机会因为采集不到上下行信息而无法正常工作。

当 BTM 主机发生故障，出现大量丢失地面应答器报文信息、影响新一代 LKJ 系统正常工作的问题时，多次重启 BTM 主机后，如故障仍未消除，需关闭 BTM 主机电源，待机车入库后，更换故障的 BTM 主机或插件。

当 BTM 天线、馈线发生故障，出现破损、无法采集地面应答器报文信息时，需关闭 BTM 主机电源，待机车入库后，更换有问题的 BTM 天线、馈线，更换过程中，请务必关闭 BTM 主机电源。

任务自检

1. LKJ15 型监控记录装置车载系统由哪些设备构成？
2. LKJ15 地面处理系统有哪些软件？

任务二十一　监控装置相关的规章制度

任务描述

掌握 LKJ2000 型监控记录装置相关规章制度。

知识储备

一、铁路技术管理规程

第 133 条　列车运行监控记录装置，其（速度）控制模式应按铁道部颁布的规则设置。各机车运用区段的（速度）控制模式参数的设定、调整，应由铁路局（专业机构实施），并实行集中统一管理。列车运行监控记录装置的控制、记录及运行记录数据的分析处理软件，必须执行铁道部的规定。（工务、电务、供电等单位须及时向铁路局专业机构提供有关的技术资料。）

列车运行监控记录装置和超速防护装置产生的列车运行记录数据是行车安全分析的重要依据，任何单位和人员均不得更改。各机务段对原始记录数据的保存期不得少于一个月。

第 251 条　自动闭塞区间通过信号机显示停车信号（包括显示不明或灯光熄灭）时，列车必须在该信号机前停车，司机应使用列车无线（调度通信设备）通知运转车长（无运转车长为车辆乘务员），通知不到时，鸣笛一长声。停车等候 2 min，该信号机仍未显示进行的信号时，即以遇到阻碍能随时停车的速度继续运行，最高不超过 20 km/h，运行到次一通过信号机，按其显示的要求运行；（在停车等候同时，与车站值班员、列车调度员、前行列车司机联系，）如确认前方闭塞分区内有列车时，不得进入。

第 270 条　列车司机在列车运行中，应做到：

（1）列车在出发前输入监控装置有关数据；按规定对列车制动机进行机能试验，在制动保压状态下列车制动主管的压力每分钟漏泄不得超过 20 kPa，确认列尾装置作用良好。

（2）遵守列车运行图规定的运行时刻和各项允许及限制速度。彻底瞭望，确认信号，认真执行呼唤应答制度，严格按信号显示要求行车，确保列车安全正点。遇有信号显示不明或危及行车和人身安全时，应立即采取减速或停车措施。特快旅客列车发生意外，不危及本列车安全时，可不停车，继续运行，同时用列车无线调度电话报告就近车站处理。

（3）机车信号、列车无线调度通信设备、列车运行监控记录装置或自动停车装置必须全程运转，严禁擅自关机。运行途中，遇列尾装置、机车信号、列车运行监控记录装置或自动停车装置发生故障时，司机应使用列车无线调度通信设备报告车站值班员和列车调度员，并根据实际情况掌握列车运行速度；在自动闭塞区间，遇机车信号、列车运行监控记录装置发生故障时，列车以不超过 20 km/h 的速度运行至前方站；遇列车无线调度通信设备发生故障时，列车应在前方站停车报告。

二、机务行车安全管理规则

第八章　行车安全装备管理

第六十五条

列车运行中擅自关闭“三项设备”的人员，按发生险性事故进行处理。

三、铁路机车行车安全装备管理规则

第 8 条　从事铁路机车行车安全装备工作（包括各项装置检测、维修、记录数据分析和安全装备管理）的人员应具备相应的专业知识和技能，任职前须经过岗位培训并考试合格。机车乘务员使用机车行车安全装备前须经过基本原理和操作方法的培训并考试合格后方可担当机车值乘任务。

第 19 条　应随时保证装用的机车行车安全装备状态良好。在段内发现行车安全装备状态不良（含多重冗余系统中虽不影响功能作用，但影响多重冗余性能的局部状态不良情况）的机车不准出段牵引列车。

第 23 条　机车乘务员应熟悉机车行车安全装备各项装置的基本结构、功能、性能，按使用说明书操作装置。对于监控装置，机车乘务员须按各铁路局《机车乘务员监控装置操作使用手册》要求规范使用和操作。

第 24 条　机车乘务员交接班时，应对机车行车安全装备各项装置的外观和施封处所进行检查，确认各项装置工作正常。

机车乘务员出勤时，由机务段机车调度室负责将与监控装置实施运行控制有关的调度命令或运行揭示进行编辑并写入装置专用 IC 卡内，由机车乘务员负责将 IC 卡内容转入监控装置并检查核实，确保列车运行途中监控装置对调度命令或运行揭示要求的准确控制。

机车乘务员在非所属机务段出勤时，IC 卡信息的编辑工作由办理出勤机务段机车调度室负责。

第 25 条　遇列车运行途中发生铁路行车安全装备故障，按铁道部规定的运行办法执行。

对列车运行途中的机车信号、监控装置等铁路行车安全装备故障情况，机车乘务员应将发生故障的时间、地点、现象进行记录。机车返段后，机车乘务员应及时向检测人员反映故障情况。

四、列车运行监控装置（LKJ）控制模式设定规范（铁总运〔2015〕102 号）

略。

五、列车运行监控装置（LKJ）运用维护规则（铁总运〔2014〕107 号）

略。

任务自检

1. LKJ2000 型监控记录装置《铁路技术管理规程》相关规定制度有哪些？
2. LKJ2000 型监控记录装置《铁路行车组织规划》相关规定制度有哪些？

项目五　机车车载安全防护系统

项目描述

近年来，随着机车交路的不断延长、运行速度的不断提高，以及牵引重量的不断增大，机车在运用现场的安全事故也时有发生，直接和间接损失巨大，严重影响了运用安全和运营秩序。

机车车载安全防护系统（6A 系统）是针对机车运行过程中危及安全的重要事项、重点部件和部位，在前期已有的各分散机车安全设备的基础上，完善功能、综合集成而形成的完整、系统、平台化的安全防护装置，目的是提高机车防范安全事故的能力。

知识目标

（1）掌握 6A 系统的功能。
（2）掌握 6A 系统各组成部分的功能。

能力目标

（1）认识 6A 系统各组成部分。
（2）掌握 6A 系统的应用。

思政目标

（1）培养敬业爱岗、遵章守纪、乐于奉献的职业精神。
（2）牢记安全第一、以质量促安全的职业规范。
（3）以预警为指引，形成防患于未然的工作意识。

任务一　机车车载安全防护系统概述

任务描述

（1）了解机车车载安全防护系统的研发背景及重要性。

（2）掌握机车车载安全防护系统中各子系统的名称及相互间关系。

视频：6A 系统概述　　PPT：6A 系统概述

知识储备

一、认知机车车载安全防护系统

铁路机车作为铁路运输过程中的重要移动装备，其安全性对列车的运行起着至关重要的作用。对此，长期以来相关单位开展了大量研究工作，开发和应用了多种安全监测和检测装置，也取得了较好的效果。但是，由于前期的安全防护产品是在不同时期陆续进行研究、试验和安装的，存在着标准不统一、接口不一致、安装不规范、显示存储等部件重复配置、无法纳入规范化管控等问题，所以亟须综合集成和完善功能。

目前机车各部件故障及安全事故主要包括：

（1）走行部轴箱轴承、电机轴承等故障。

（2）列车在运行中发生折角塞门非正常关闭引发的冒进、冲撞事故。

（3）机车高压绝缘破坏，引起接触网烧损，造成大面积停电。

（4）机车内部电线电缆短路、过热及其他原因引起的机车火灾。

（5）列车供电故障，造成列车不能正常出库、发车等。基于上述安全问题，如何运用技术手段体系化地解决机车安全管控问题，已经成为机车运用部门的关注重点。

针对上述我国机车运用现状及机车主要故障的发生，在现有安全监测设备的基础上，整体重新设计，构建了机车车载系统，地面专家系统一体化的机车安全防护体系。研制出具备高效传输、统一存储、智能化人机交互界面的机车车载安全防护系统（简称 6A 系统）及其地面专家系统（见图 1.5.1）。

6A 系统是针对机车的制动系统、防火、高压绝缘、列车供电、走行部、视频等危及安全的重要部件，采用实时检测、监视、报警并实现网络传输、统一固态存储和智能人机界面，整体研究设计而形成平台化的安全防护装置。相应的地面专家系统将在线监测与离线地面综合评估结合起来，完成了机车安全防护体系的构建（见图 1.5.2）。

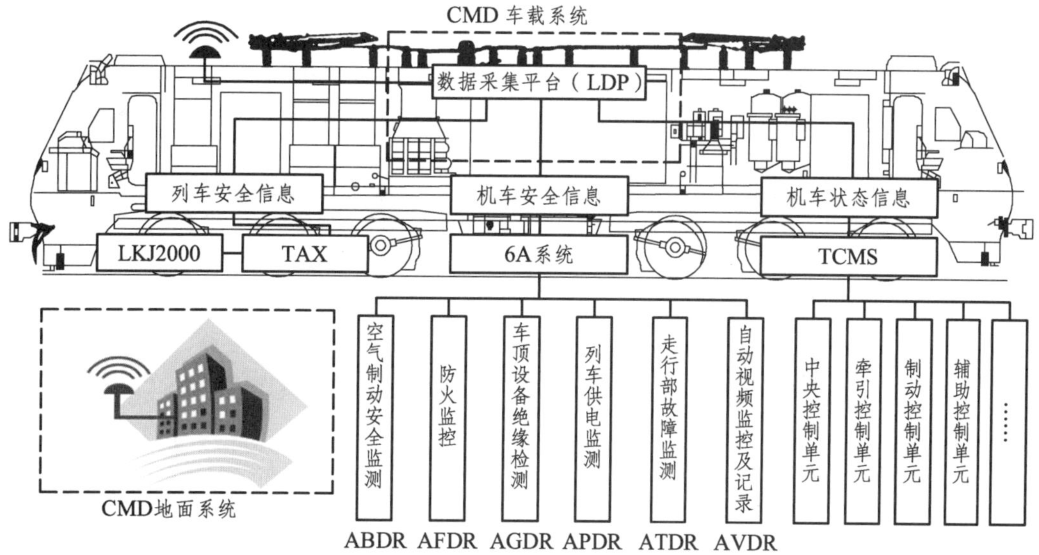

CMD 车载系统
数据采集平台（LDP）
列车安全信息
机车安全信息
机车状态信息
LKJ2000
TAX
6A系统
TCMS
空气制动安全监测
防火监控
车顶设备绝缘检测
列车供电监测
走行部故障监测
自动视频监控及记录
中央控制单元
牵引控制单元
制动控制单元
辅助控制单元
……
CMD地面系统
ABDR AFDR AGDR APDR ATDR AVDR

图 1.5.1　总体架构

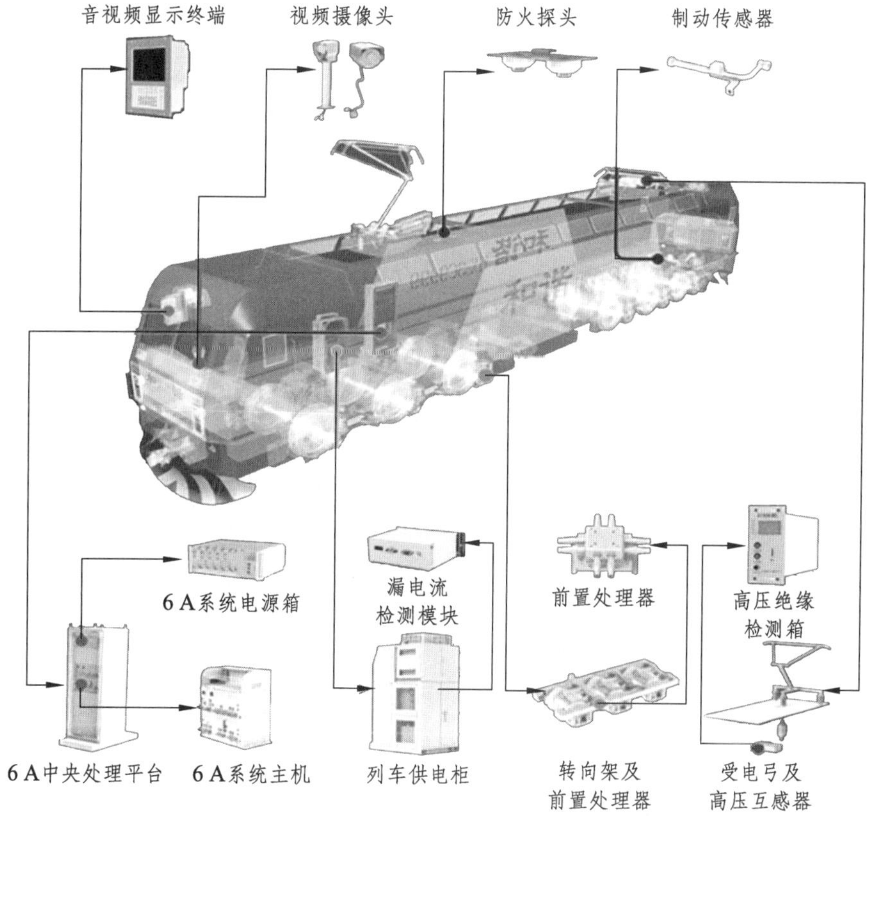

音视频显示终端
视频摄像头
防火探头
制动传感器
6 A系统电源箱
漏电流检测模块
前置处理器
高压绝缘检测箱
6 A中央处理平台
6 A系统主机
列车供电柜
转向架及前置处理器
受电弓及高压互感器

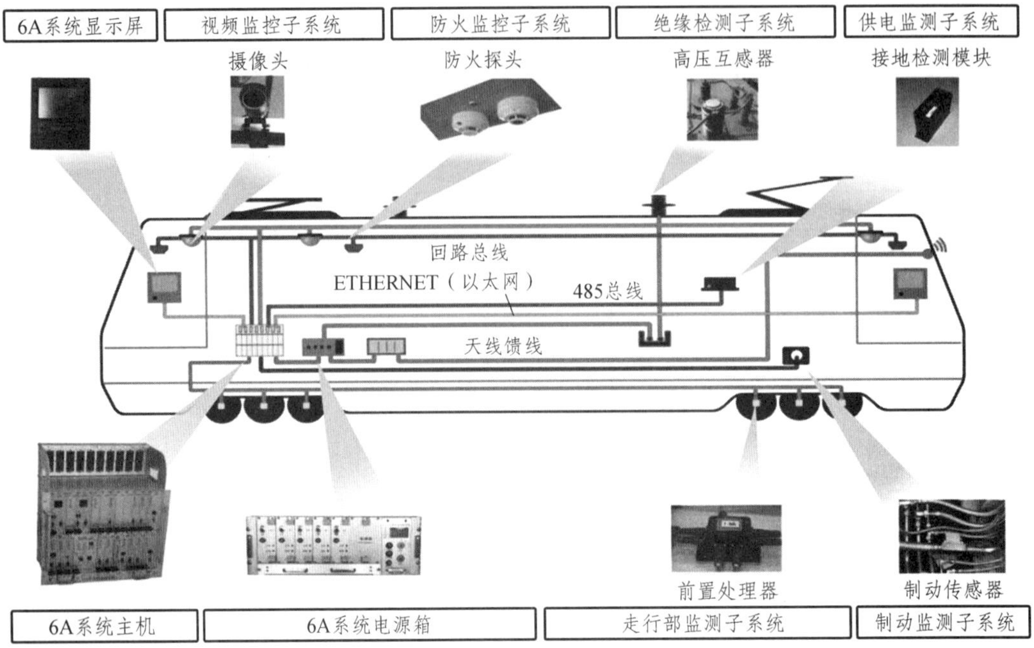

图 1.5.2　6A 系统示意图

6A 系统是国内首个具备 6 大类监测功能的机车车载安全设备，监测内容覆盖了机车 90%以上的主要故障，已经在国内电力机车、内燃机车、调车机等车型实现工程化应用，解决了机车运用中最突出的安全问题，对保障铁路机车的运行安全具有重要意义，有效提升了我国机车安全防护系统整体水平。

6A 系统已成为我国机车信息化的基础和车载安全数据的支撑性平台，其扩展性支持的功能包括机车校时、电能统计、乘务员状态评估等已经成为新型机车的标准或可选配置。6A 系统中央处理平台的特点还可成为运行机车轨道状态评估、弓网状态监测的支撑性平台。

6A 系统投入运用以来在安全事故防护、路外与机车运行相关事故分析、机车运行质量评价等方面发挥了较大的作用，如停放制动意外施加引起的脱轨事故防范与分析、内燃机车动力间火灾防控、电力机车电器火灾的防控、运行机车走行部轴承固死的及时报警等方面。

6A 系统的研究成果在 2013 年世界铁路大会上发表，在国际上引起了一定的反响，展示了我国机车安全防护领域的技术与管理实力。项目已获得授权的实用新型专利 4 项，登记 2 项计算机软件著作权。

6A 系统研制成功后，其成果已转化为我国新型机车及既有机车的标准配置。目前已经应用于新造机车和各种和谐车型机车的加装改造，包括铁路交直流传动的内燃、电力等各型机车，涵盖了客、货运机车和调车机车。

图 1.5.3 所示为 6A 系统的车载主机。

图 1.5.3　6A 系统的车载主机

二、机车车载安全防护系统的构成及发展历程

1. 机车车载安全防护系统（6A 系统）构成

视频：CPP 中央处理平台　PPT：CPP 中央处理平台

机车车载安全防护系统（6A 系统）主要由中央处理平台（CPP）和 6 个子系统构成（见图 1.5.4），其中机车车载安全防护系统中各子系统阐述如下：

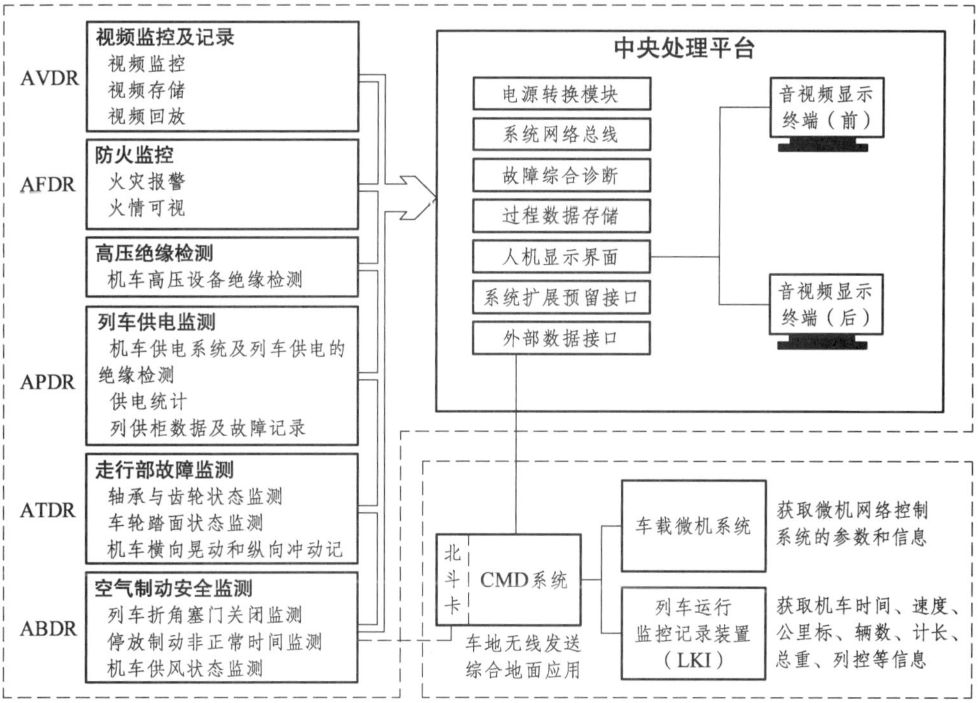

图 1.5.4　6A 系统总体功能框图

ABDR：机车空气制动安全监测子系统。

AFDR：机车防火监控子系统。

AGDR：机车高压绝缘检测子系统。

APDR：机车列车供电监测子系统。

ATDR：机车走行部故障监测子系统。

AVDR：机车自动视频监控及记录子系统。

其中，中央处理平台（CPP）是 6A 系统的必备与核心信息承载体（见图 1.5.5），其主要功能包括：① 综合处理报警；② 安全信息存储；③ 人机交互界面；④ 平台统一供电；⑤ 实时网络传输；⑥ 双处理器冗余工作；⑦ 监测子系统可扩展。

以中央处理平台（CPP）为核心，集成了 6 个监控子系统。

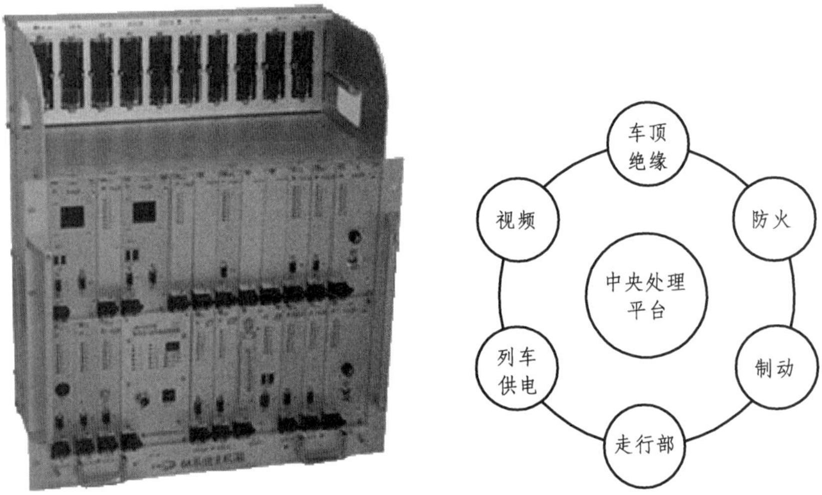

图 1.5.5　中央处理平台主机

2. 机车车载安全防护系统（6A 系统）的发展历程

2011 年 2 月，开始研发 6A 系统。

2011 年 10 月 25 日，下发铁运函〔2011〕737 号文件，提出 6A 系统总体暂行技术条件。

2012 年 9 月 26 日，下发铁运〔2012〕227 号文件，提出 6A 系统中央处理平台及 6 个子系统暂行技术条件。

2012 年 10 月 29 日，在中铁认证中心主持下，召开关于 6A 系统产品 CRCC 认证规则讨论会，确定了 6A 系统认证的基本规则。

2012 年 11 月底，6A 系统首批供应商通过 CRCC 认证。

2012 年 12 月，在 HXD3C 和 HXD1 型机车上批量安装 6A 系统。

2013 年 4 月，HXD3C 型机车 97 台，HXD1 型八轴机车 50 台批量生产投入运用。

2013 年 5 月，下发运机技验函〔2013〕179 号文件，《机车车载安全防护系统（6A 系统）运用维护管理规则（试行）》自 2013 年 7 月 1 日起施行。

任务自检

1. 简述机车车载安全防护系统的概念及对安全行车的意义。
2. 简述机车车载安全防护系统的构成及发展历程。

任务二　空气制动安全监测子系统

任务描述

（1）掌握机车空气制动安全监测子系统的概念及组成。

（2）了解机车空气制动安全监测子系统监测相关内容。

视频：ABDR 机车空气制动安全监测子系统

PPT：ABDR 机车空气制动安全监测子系统

知识储备

一、机车空气制动安全监测子系统概述

旅客列车及货物列车制动主管被异物堵塞或折角塞门被非正常关闭，特别是机后顺位靠前位置产生这种故障，极易造成列车制动失灵进而引发行车事故。机车空气制动安全监测子系统（见图 1.5.6）中的折角塞门关闭监测模块主要就是用来发现制动主管未贯通这种极其危险的事故安全隐患，及时提示司乘人员进行处置，有效预防因制动失灵引起的列车冒进、放飏事故的发生。

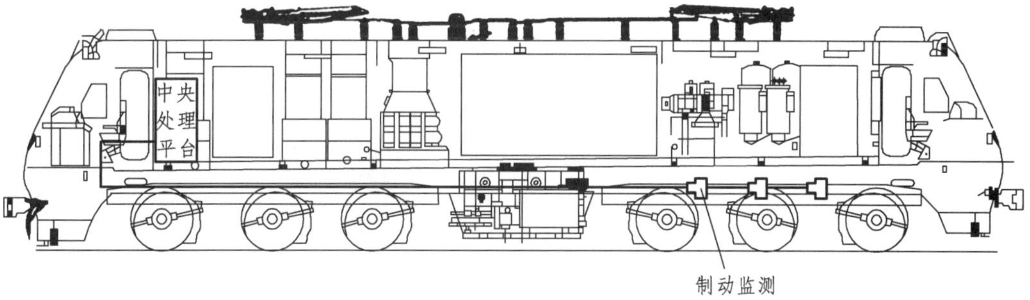

图 1.5.6　机车空气制动安全监测子系统布置

二、机车空气制动安全监测子系统组成

系统由制动监测板卡（见图 1.5.7）、压力传感器、流量变送器、连接器和线缆

组成。分为停放制动异常施加监测模块和折角塞门关闭监测模块两部分。制动监测板卡采集压力传感器的压力信号（见图 1.5.8），制动监测板卡通过 CAN 总线与中央处理平台通信。

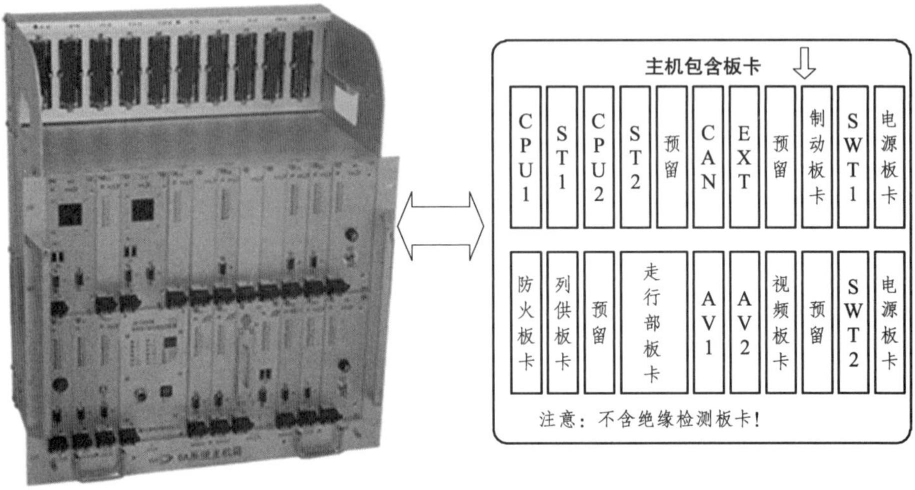

图 1.5.7　主机中的制动板卡

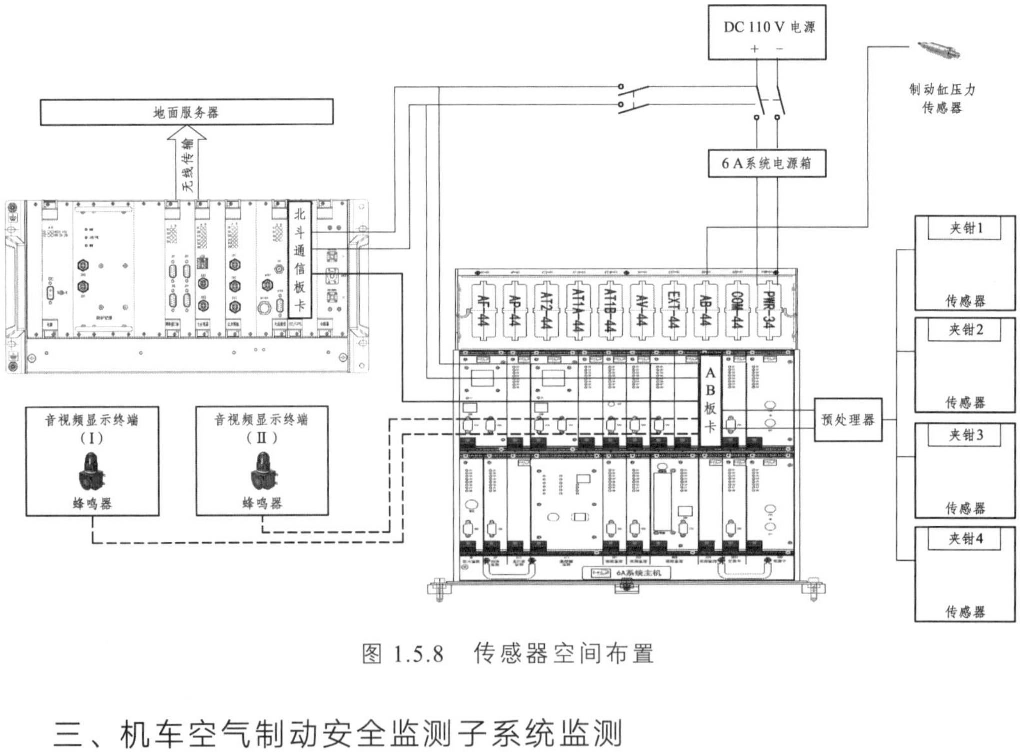

图 1.5.8　传感器空间布置

三、机车空气制动安全监测子系统监测

1. 停放制动异常施加监测

结合车载微机系统提供或触点传递的弹停制动阀被隔离信息，监测机车运行过

程中停放制动异常施加状态，并发送给中央处理平台（见图 1.5.9）。

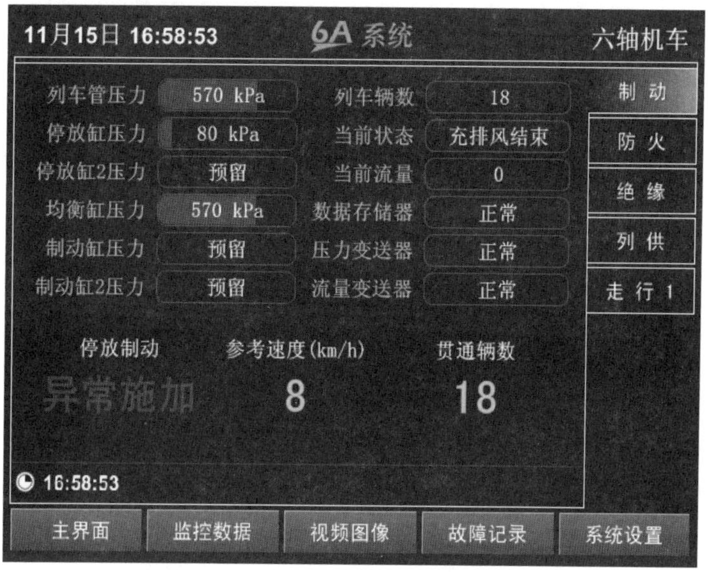

图 1.5.9　制动监测界面

2. 折角塞门关闭监测

发生折角塞门关闭的车辆顺位在 20 辆（含）以下时，误差不超过 5 辆。发生折角塞门关闭的车辆顺位在 20 辆以上时，提供列车贯通信息。

3. 贯通辆数语音提示

列车编组在 5 辆（含）以上，机后贯通辆数小于全列编组的 1/2 时，音视频显示终端语音提示“注意贯通辆数”。

四、机车空气制动安全监测子系统监测的实质意义

停放制动监测报警较多，暴露出机务段在规范操作方面存在不足，通过 6A 系统的报警提示，使得机务段加强了这方面的管理，对机车制动方面的安全运用起到了重要监督作用，若发现带闸运行能够及时采取措施后防止了闸片制动盘进一步磨损。显示示例如图 1.5.10 和图 1.5.11 所示。

任务自检

1. 简述机车空气制动安全监测子系统的概念及组成。
2. 简述机车空气制动安全监测子系统对安全行车的意义。

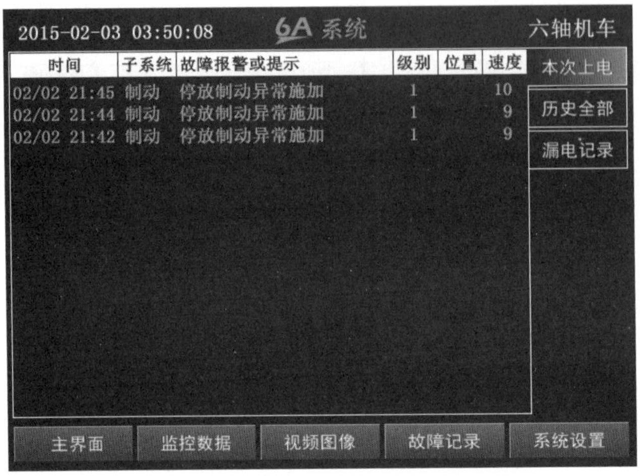

图 1.5.10　HXD3C0323 停放制动报警

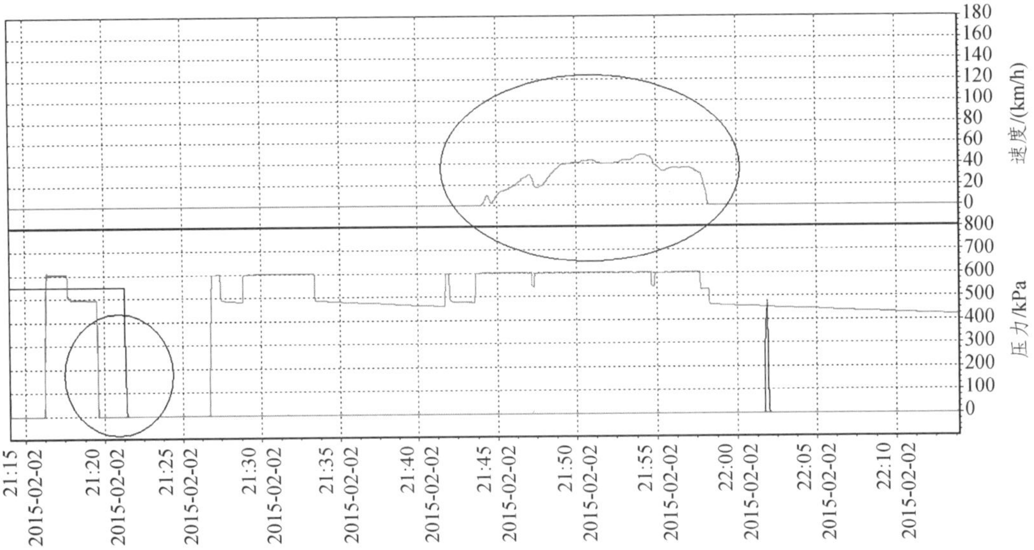

图 1.5.11　曲线显示机车以 44 km/h 带闸运行

任务三　防火监控子系统

任务描述

（1）掌握机车防火监控子系统的概念及功能。

（2）了解机车防火监控子系统防误报措施及报警原因。

视频：AFDR 机车防火监控子系统

PPT：AFDR 机车防火监控子系统

知识储备

一、机车防火监控子系统概述

机车防火监控子系统是 6A 防护系统的一个子系统（见图 1.5.12），这是一套完整的火灾探测器系统，包括防火板卡（AF）（见图 1.5.13）和前端火灾探测设备。前端探测设备常由智能烟温复合探测器、智能高温探测器、火焰探测器以及感温电缆组成，各机车依据车型的不同，在配置数量上略有差别。系统通过不同的探测设备对机车被保护区域进行实时监测，并将状态信息上传给 6A 中央处理平台。

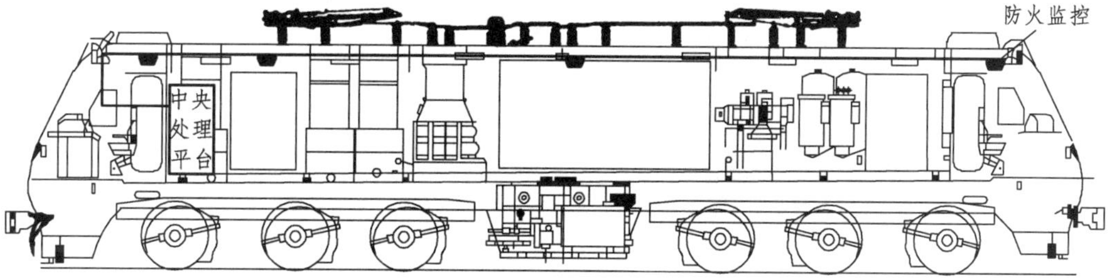

图 1.5.12　机车防火监控子系统空间布置

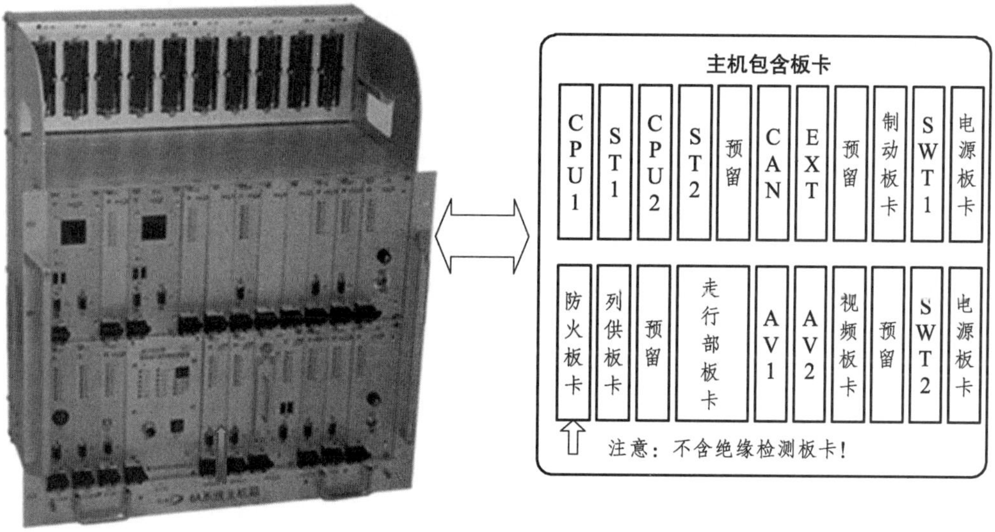

图 1.5.13　主机中的防火板卡

二、机车防火监控子系统的主要功能

机车防火监控子系统主要功能如下：

（1）通过感应烟雾、温度、光等物理量检测火情，发出报警。

（2）防火板卡根据探头的布设进行关联，综合诊断是否发生火情。

（3）具备司机室占用端智能烟雾判别功能。

（4）实时采集烟雾浓度和温度曲线，并通过防火板卡进行逻辑判断。

（5）具备环境补充、污染自动识别和报警功能。

（6）自动扫描探测器并能自动识别探测器的类型。

（7）具备探头和线路自检功能、火灾报警复位功能。

防火监控界面如图 1.5.14 所示。

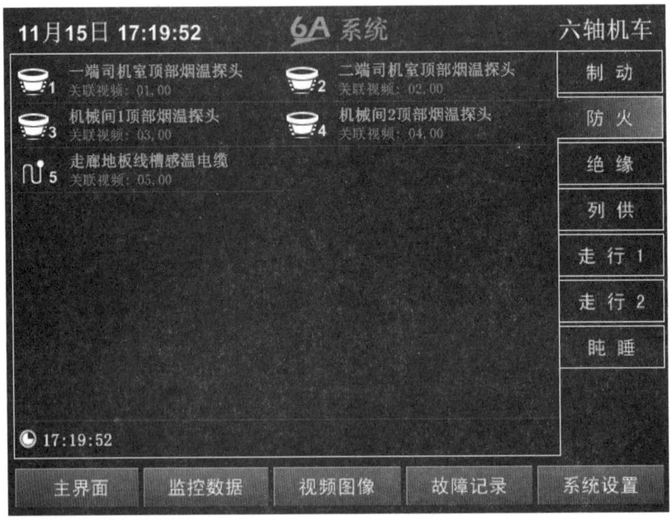

图 1.5.14 防火监控界面

三、机车防火监控子系统防误报措施及报警级别

1. 防误报措施

各型探测器均需采用智能探测器，并针对机车特殊环境采取如下的措施防止误报警：

（1）采用多探测器综合监测技术，在特定的区域内，发生火警时，已安装多种探测器的防护区域，应考虑利用同时报警减小单一探测器误报的影响。

（2）采用温度变化率和温差的智能处理，克服柴油机间高温环境对火灾探测器的影响。

（3）采用数字滤波、延时处理等措施实现触点拉弧与火灾的特征区分。

（4）采用数字滤波、延时处理等措施实现防日光、雷电光等干扰。

2. 机车防火监控子系统报警级别

（1）防火监控设备的自身故障为 1 级。

（2）火灾报警为 3 级。

四、机车防火监控子系统报警原因分析

防火报警原因分析主要分为三方面：

（1）烟温复合探测器温度测点阈值（57 °C）过低，机车运用过程中引起大量报警，经过现场分析确认后厂家立即进行整改。

（2）经过添乘观察，机车在启动时及运行过程中空气中漂浮大量灰尘，在气流的作用下通过换气口进入机械间，瞬间进入探测器内部导致探测器频繁报警。采集防火数据后出现几秒钟的报警信号便能引起报警，原因是探测器报警判别阈值太低，灵敏度过高。

（3）通过对 315 台报警机车进行跟踪确认，发现有 137 台为烟感探测器污染造成的报警，包括探头污染，视频查看到风机吹起灰尘等，占报警总数的 43%。其余报警机车，经添乘发现，此类报警多是在风机启动过程中发生的，原因是风机启动产生的强风将灰尘、水汽等吹入探测器（见图 1.5.15）内部引起误报警。

图 1.5.15　智能探头

五、机车防火监控子系统实际应用意义

由于 6A 系统的报警，及时避免了多起较严重的火灾事故，同时对事故的事后分析起到了至关重要的作用。例如，某型机车在执行牵引任务时，机械间突然发生火情，防火监控子系统及时报警，提示乘务员（见图 1.5.16），乘务员采取紧急措施，有效地控制了火情，避免了事故进一步扩大（见图 1.5.17）。

任务自检

1. 简述机车防火监控子系统的概念及功能。
2. 分析机车防火监控子系统报警原因。

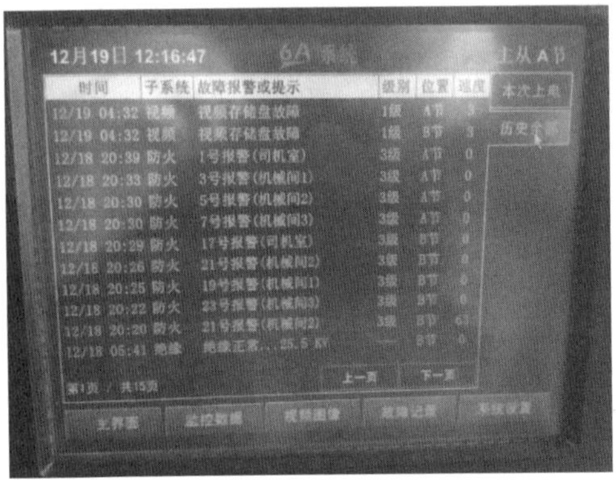

图 1.5.16　HXD21017 防火报警

图 1.5.17　火警后乘务员及时灭火

任务四　高压绝缘检测子系统

任务描述

（1）掌握机车高压绝缘检测子系统的概念、组成及功能。

（2）掌握机车高压绝缘检测子系统故障的处理方法。

视频：AGDR 机车高压绝缘检测子系统

PPT：AGDR 机车高压绝缘检测子系统

知识储备

一、机车高压绝缘检测子系统概述

受机车运行环境的影响，附着在车顶支持绝缘子表面的尘埃及污秽会逐渐加重，致使绝缘子的绝缘性能下降，特别是雨雾、冰雪等不良气候条件下，容易产生污闪或冰闪现象，引起接触网保护性跳闸。若此时故障机车不能准确界定绝缘故障，盲目升弓会再次引发事故，烧毁弓网。

机车高压绝缘检测子系统（见图 1.5.18）是机车车载安全防护系统（6A 系统）的一个重要组成部分，用于检测车顶高压绝缘状态，升弓前对机车高压绝缘状态进行确认，记录高压绝缘测试数据，防止盲目升弓而引起接触网烧损。随着技术的不断更新，一系列高压绝缘检测装置应运而生，出现绝缘故障后，司乘人员在机车内便能对车顶绝缘性能进行在线检测，这样既可有效避免闪络事故的再次发生，又能降低司乘人员在运行途中登顶作业的危险性。

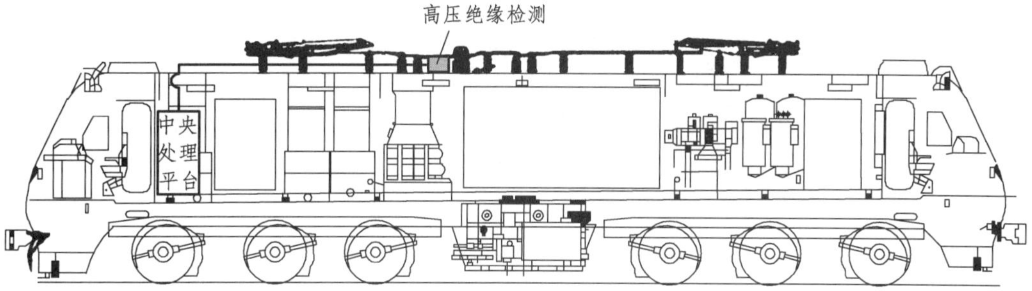

图 1.5.18 机车高压绝缘检测子系统

二、机车高压绝缘检测子系统组成及检测界面

机车高压绝缘检测子系统由高压绝缘检测箱（见图 1.5.19）、连接器和线缆组成。检测界面如图 1.5.20 所示。

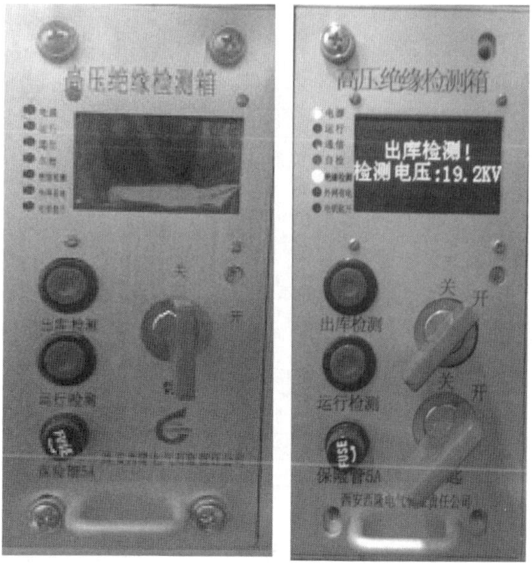

图 1.5.19 高压绝缘检测箱

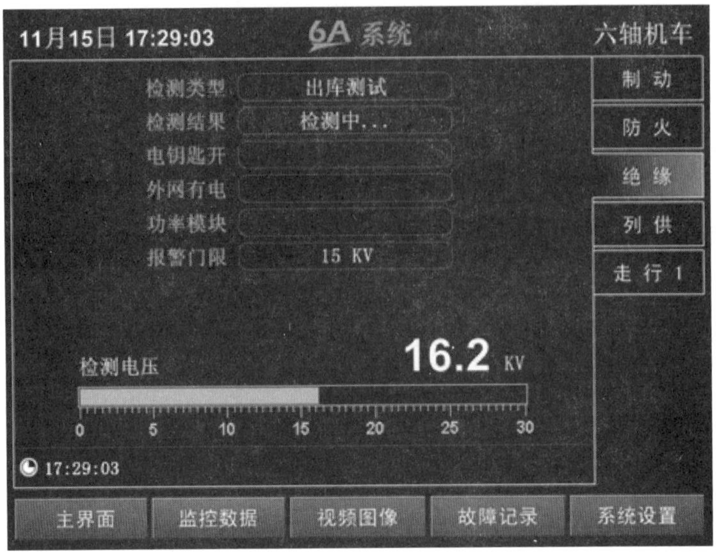

图 1.5.20　机车高压绝缘检测子系统绝缘检测界面

三、机车高压绝缘检测子系统主要功能

高压绝缘检测子系统（见图 1.5.21）主要功能如下：

（1）检测车顶高压部件的绝缘状态。

（2）有网压时自动锁闭检测功能。

（3）升弓状态下自动锁闭检测功能。

（4）系统配备钥匙开关，控制系统检测功能的启动。

（5）默认报警限值：出库检测电压≥19 kV；线路运行检测电压为 15 kV。

（6）支持各铁路局根据机车运行区段、气候条件、使用经验进行调整。

图 1.5.21　机车高压绝缘检测子系统实物

车顶绝缘检测设备的自身故障为 1 级。

车顶绝缘状态报警为 3 级，绝缘报警门限值：机车出库时检测电压≥19 kV；

线路运行时检测电压为 15 kV，具体的门限值由各铁路局根据机车运行区段、气候条件、使用经验自行确定。

四、机车高压绝缘检测子系统报警案例

2016 年 10 月 18 日，HXD38128 高压绝缘检测按出库检测按钮时电压上升到 6 kV 左右时，显示绝缘状态报警。

上车顶检查高压设备，检查受电弓及支持绝缘子、高压隔离开关、高压互感器绝缘子等高压设备外观无异常。

该车升弓后未合主断的情况下车顶部位有异响，且未合主断的情况下网压表有网压显示，初步判断主断路器（该车为真空主断路器）绝缘异常，首先将主断路器与 25 kV 回路的高压线缆断开，高压绝缘箱再测试绝缘状态，恢复正常。

而恢复主断路器与 25 kV 回路的高压线缆之后，高压绝缘箱测试绝缘状态，显示绝缘状态到 6.3 kV 后报警。

由此判断为主断路器绝缘性能降低导致高压绝缘检测时报警，10 月 19 日段方更换了一个新的主断路器后，高压绝缘出库测试完全正常，车顶绝缘故障排除（见图 1.5.22）。

图 1.5.22　高压绝缘检测箱报警及报警消除

通过对绝缘检测子系统报警的及时分析，发现了主断路器真空度不够，避免了事故的发生。在实际运用过程中，特别是雾霾严重的地区，高压绝缘检测装置对机车的保护作用逐渐显现出来，例如，段备机车在雾霾天气装备上线运用时，可以通过高压绝缘检测来确认机车高压部件的绝缘状态，有效避免了弓网事故的发生（见图 1.5.23）。

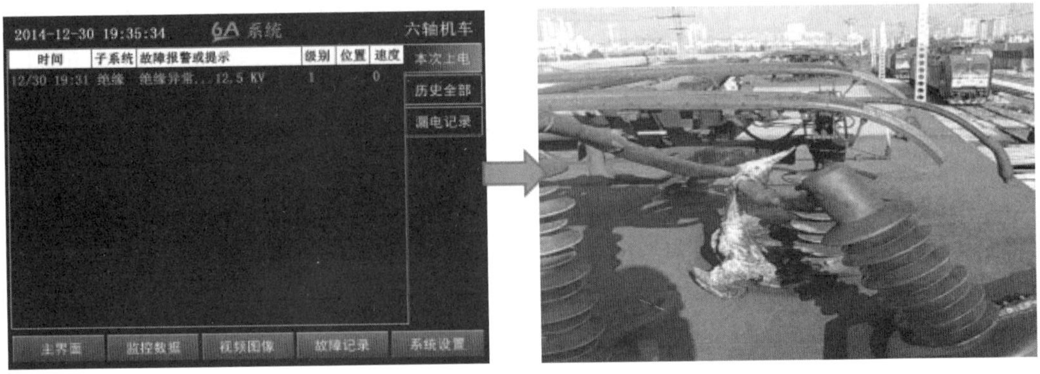

图 1.5.23　机车高压绝缘检测子系统实时检测画面

五、机车高压绝缘检测子系统故障处理办法

1. 故障处理流程

绝缘检测箱在库内使用过程中如果自检时出现“设备故障”，此时请关闭绝缘检测箱上的蓝钥匙（见图 1.5.24）1 min 后重新加电启动，如果还是出现“设备故障”则确认设备确实故障，唯一的处置办法就是更换设备。确认设备故障后只能停用，待回库后再做更换。

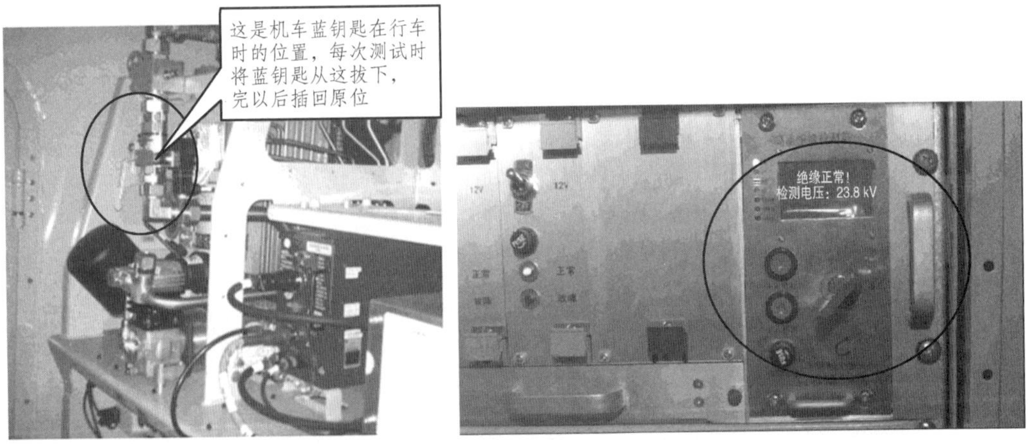

图 1.5.24　绝缘检测箱蓝钥匙位置

2. 报警处理流程

高压绝缘检测装置出厂预设报警阈值为：出库 19 kV、运行 15 kV，可通过 6A 主机平台调整、修改报警阈值。在进行绝缘测试时，如遇到异常或者绝缘报警，请将蓝钥匙打到“关”位 5 s 以上后重新打至“开”位，按绝缘检测步骤重新测试一次，以便确认测试结果。

如果设备自检正常，但是绝缘测试最终确认绝缘低于报警阈值，绝缘检测装置处于报警状态，此时建议不得盲目升弓，可将两个受电弓通过高压隔离开关隔离后分别测试绝缘，以此确定并隔离故障受电弓后方可升弓。如果两端受电弓隔离以后依然绝缘报警并且电压很低，请原地等待申请救援。

任务自检

1. 简述机车高压绝缘检测子系统的概念、组成及功能。
2. 简述机车高压绝缘检测子系统故障的处理方法。

任务五　列车供电监测子系统

任务描述

（1）掌握机车列车供电监测子系统的概念、组成及功能。

（2）掌握机车列车供电监测子系统常见故障的处理方法。

视频：APDR 机车列车供电监测子系统

PPT：APDR 机车列车供电监测子系统

知识储备

一、机车列车供电监测子系统概述

列车供电监测子系统是机车车载安全防护系统（6A 系统）的重要组成部件之一（见图 1.5.25），可在机车出库、挂车、运行过程中对列车供电状态进行实时监测，实现列车供电系统故障分析。监测机车及后部列车供电系统的运行状态和测量供电线路对地漏电流（接地诊断）、列车供电状态及故障记录。

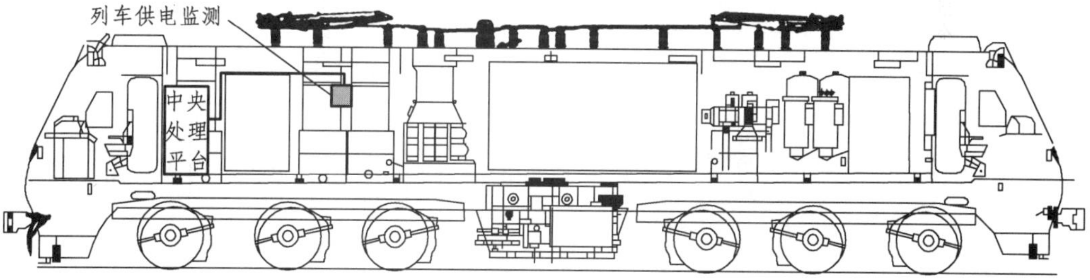

图 1.5.25　机车列车供电监测子系统

二、机车列车供电监测子系统组成及功能

1. 机车列车供电监测子系统组成

列车供电监测子系统由列供监测板卡、列供通信板、漏电检测装置、火警报警

装置及其间的 RS485 通信线路组成（见图 1.5.26）。

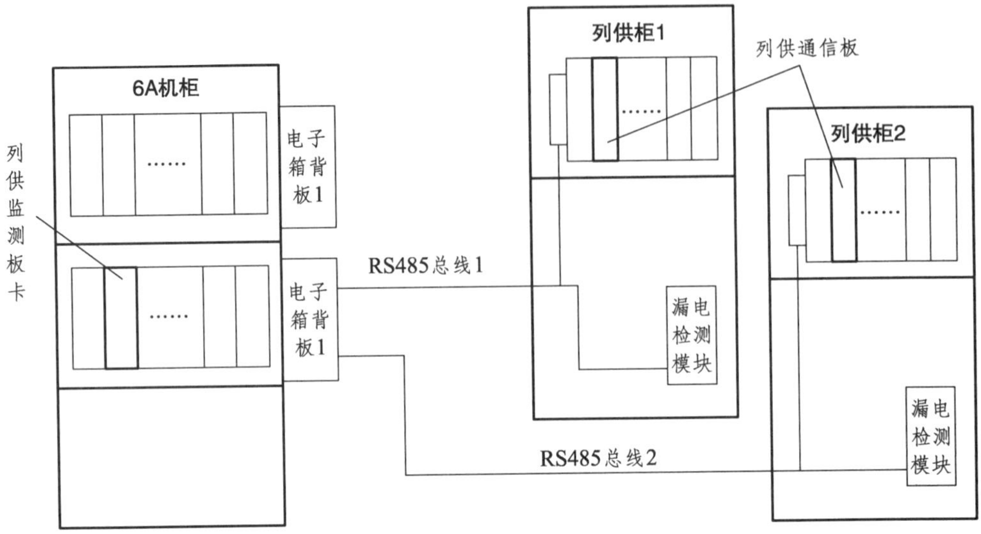

图 1.5.26　机车列车供电监测子系统构成简图

列供检测板卡作为 6A 系统与列供系统之间的通信接口卡，负责通过 RS485 总线收集来自列供的安全监测信息，并通过 6A 机柜内的 CAN 总线局域网向 6A 系统中央处理单元上报此信息（见图 1.5.27）。

漏电流检测装置由漏电流检测装置安装盒和漏电流检测板组成，检测列供柜的漏电流，将漏电流信息送往 6A 系统。

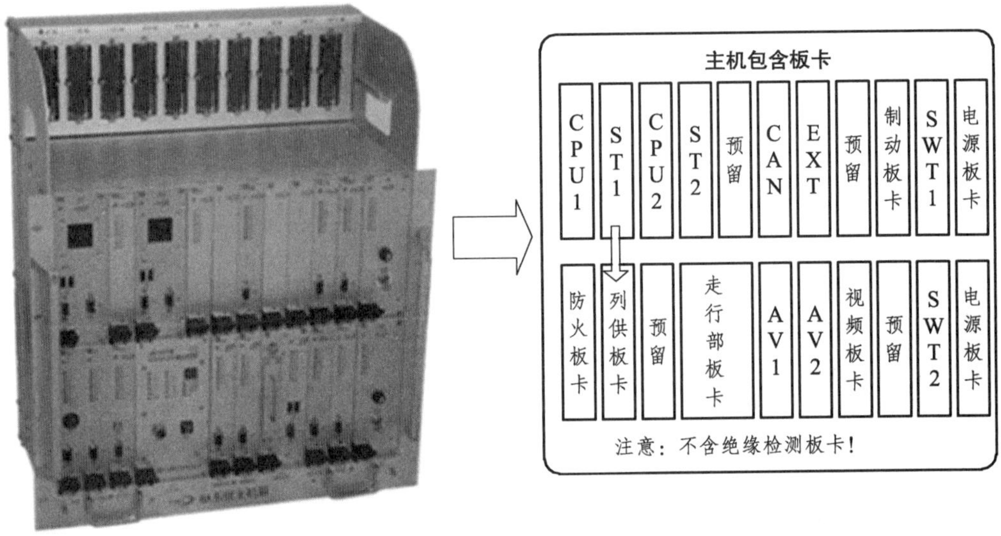

图 1.5.27　主机中的列供板卡

一些新型列车供电监测子系统检测板卡包括电源电路、通信电路、CPU 控制电路。电源电路为通信电路和 CPU 控制电路提供所需电源；通信电路完成列车供电监测子系统检测板卡分别与供电装置、6A 系统、上位机的通信。列车供电监测子系统检测板卡完成数据从供电装置到 6A 系统中央处理平台之间的交换任务，完成列车供电监测子系统对机车供电系统及列车用电系统的绝缘检测、供电统计以及对 DC 600 V 供电装置的运行状态信息、故障、关键状态量监视及记录，对可能产生的故障进行提前预防，达到列车供电安全的目的。

2. 机车列车供电监测子系统功能

1）机车列车供电监测子系统功能（见图 1.5.28）

（1）监测列车供电系统的运行状态和测量供电线路对地漏电流。

（2）定时保存列供柜的运行状态信息。

（3）列供板卡应能向中央处理平台提供 1 路和 2 路的“供电申请”“供电允许”“集控隔离开关闭合”信号，用于中央处理平台判断自动挂车。

（4）列车供电监测子系统须向中央处理平台发送类型代码、厂商代码和软件版本号。

（5）列车供电监测子系统记录数据并有语音提示报警。

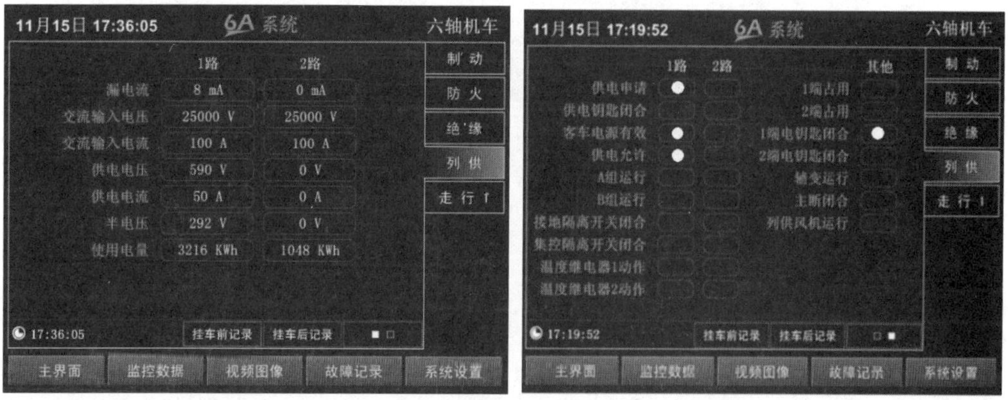

图 1.5.28　机车列车供电监测子系统监测界面

2）列车供电监测子系统主要功能（增加）

（1）地面软件增加开关信号的显示（客车电源信息、客车供电申请、供电允许信号、供电钥匙、集控隔离信息、接地隔离信息）。

（2）增加 720 V 过压提示。

漏电流：增加漏电流大于 50 mA、100 mA 预警提示，增加漏电流大于 150 mA 报警提示。

依据：TB/T 3063—2011《旅客列车 DC 600 V 供电系统技术要求及试验》。

（3）加快漏电流模块的采样频率，1 ms 采样周期的每秒峰值送 AP 板卡，使其能监视交流接地的状况。列供将当时用接地保护的半电压峰值送到 AP 板卡。

三、机车列车供电监测子系统常见故障处理方法

（一）故障一

1. 故障现象

6A 系统通电工作后，出现列供监测子系统（AP 板卡）故障状态（见图 1.5.29）。

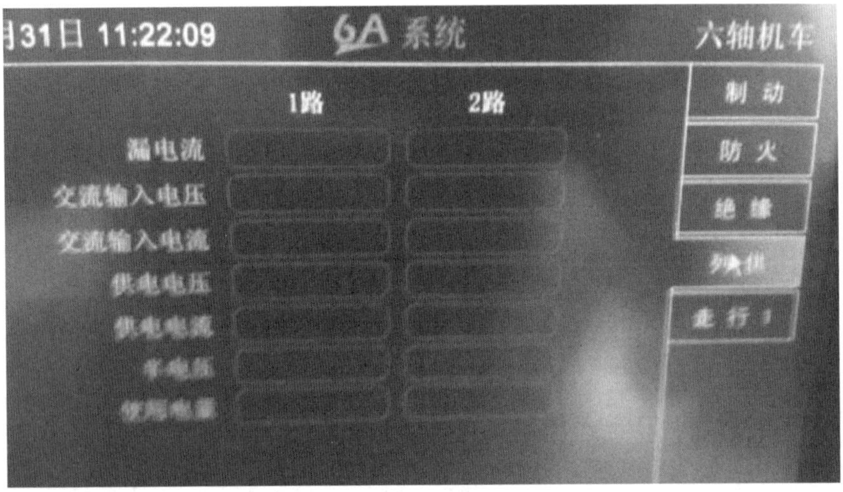

图 1.5.29　机车列车供电监测子系统故障界面

2. 故障原因分析

（1）6A 系统主机下面机箱未得电。

（2）AP 板卡死机（只有 D1 灯常亮，其余指示灯均不工作）。

（3）列供柜是否得电工作或相互之间通信是否正常，通信正常状态，AP 板卡 D2 ~ D5 灯规律闪烁，且列供柜——电源 D4 指示灯秒闪，列供柜二电源 D5 指示灯秒闪，1、2 路使用电量应与列供一、二电度表电量一致。

3. 故障处理方法

（1）检查列供柜、6A 主机箱工作电源。

（2）检查列供通信板通信插头、漏电流检测装置通信插头。

（3）检查 AP 板卡（见图 1.5.30），各指示灯工作状态判定如表 1.5.1 所示。

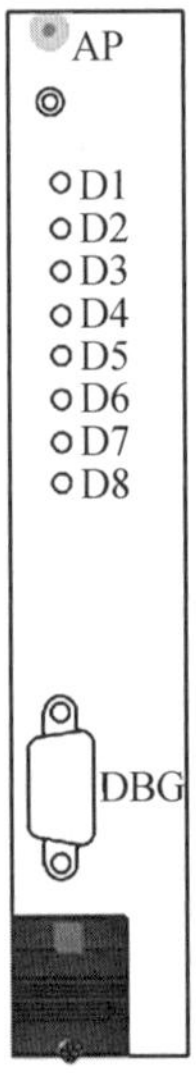

图 1.5.30　机车列车供电监测子系统列供板卡

表 1.5.1　通过指示灯判定工作状态

指示灯	名称	颜色	含义	工作状态
D1	电源	绿色	DC 24 V 供电	常亮
D2	运行	绿色	运行状态	秒闪
D3	通信	绿色	与 CPP 通信状态	收发数据时闪烁
D4	列供柜 1 通信	绿色	与列供柜 1 的通信状态	收发数据时闪烁
D5	列供柜 2 通信	绿色	与列供柜 2 的通信状态	收发数据时闪烁
D6	漏电流模块 1 通信	绿色	与漏电流模块 1 的通信状态	收发数据时闪烁
D7	漏电流模块 2 通信	绿色	与漏电流模块 2 的通信状态	收发数据时闪烁
D8	预留	绿色		

（二）故障二

1. 故障现象

列供接地保护试验时，TCMS 微机能正常报与之相应的保护故障信息，而 6A 系统漏电流没有数据显示（见图 1.5.31）。

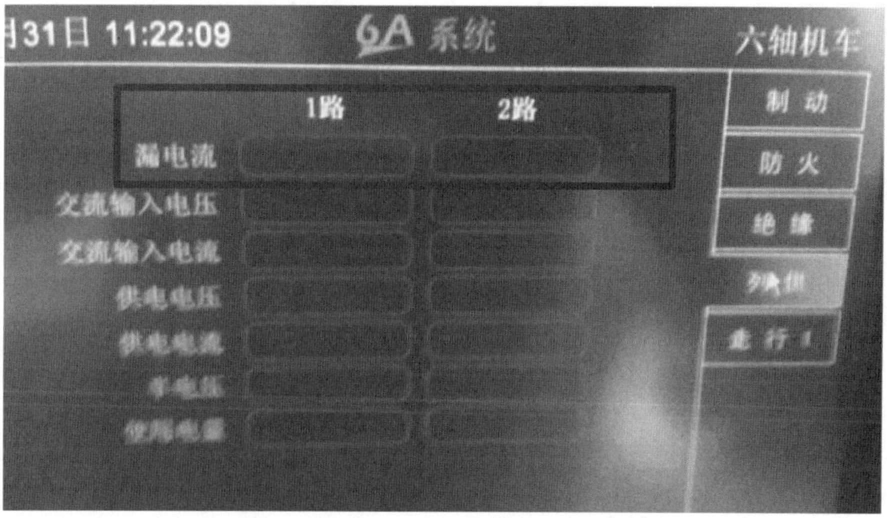

图 1.5.31　机车列车供电监测子系统故障界面

2. 故障原因分析

（1）6A 系统与列供柜内部漏电流检测装置无法通信。通信正常为：AP 板卡 D4、D5 指示灯秒闪，同时漏电流检测装置 D3 指示灯秒闪。

（2）漏电流检测装置故障、AP 板卡故障。

3. 故障处理方法

检查 6A 主机到列供柜的线路。

四、机车列车供电监测子系统案例分析

对列供柜供电异常的分析，可以指导地面列供柜检修（见图 1.5.32）。例如，某型机车在执行客运列车牵引任务时，列供无法给机后车辆供电，更换机车后仍然无法供电，后车辆部门处理了异常车辆后，供电正常。

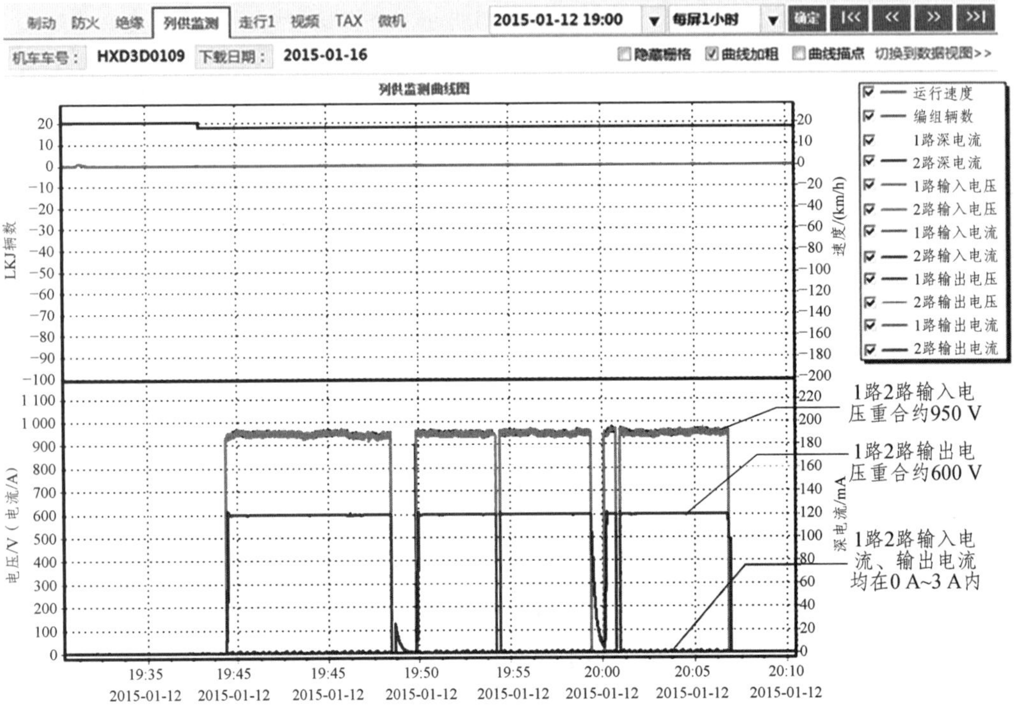

图 1.5.32　列供监测界面

案例分析：

2016 年 5 月 7 日和 8 日，HXD3C0358 机车在运用过程中发生多起漏电流超过 100 mA 的提示和 150 mA 的报警。

根据下载的数据分析如下：机车在 7 日和 8 日这两天共发生了 10 起漏电流超过 100 mA 的提示和 2 起漏电流超过 150 mA 的报警。

对故障发生时刻进行了数据记录截图如图 1.5.33 所示。

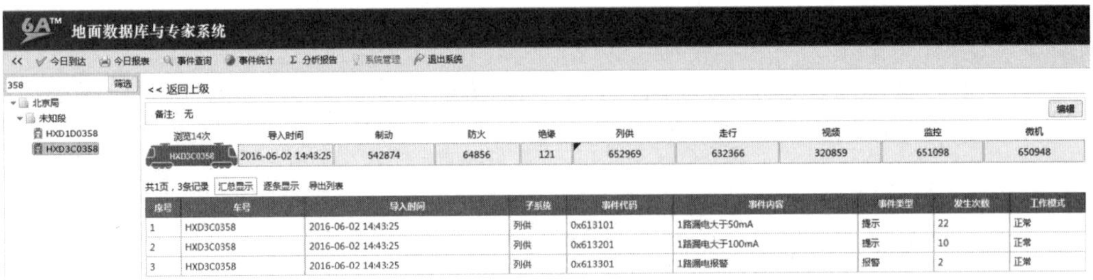

图 1.5.33　数据记录截图

如图 1.5.34 所示，在 17 点 41 分 50 秒到 17 点 42 分 20 秒期间，漏电流达到 60 mA，在列供过分相后启动时，客车上的逆变器启动工作时有可能造成漏电流超标现象。

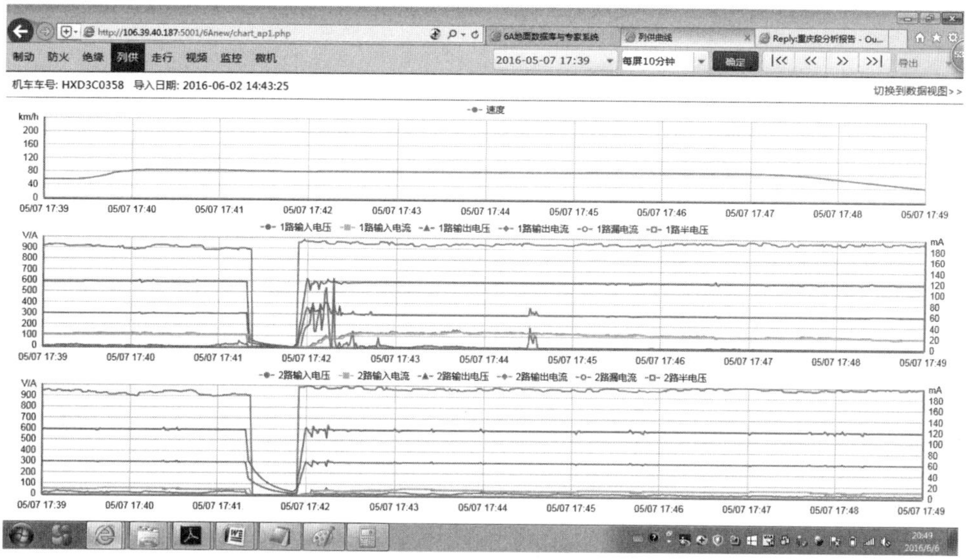

图 1.5.34 漏电流曲线

如图 1.5.35 所示，在 3 s 内漏电流达到 140 mA 左右，引发了列供的漏电保护，后面 4 次过分相 1 路列供柜未能正常启动。

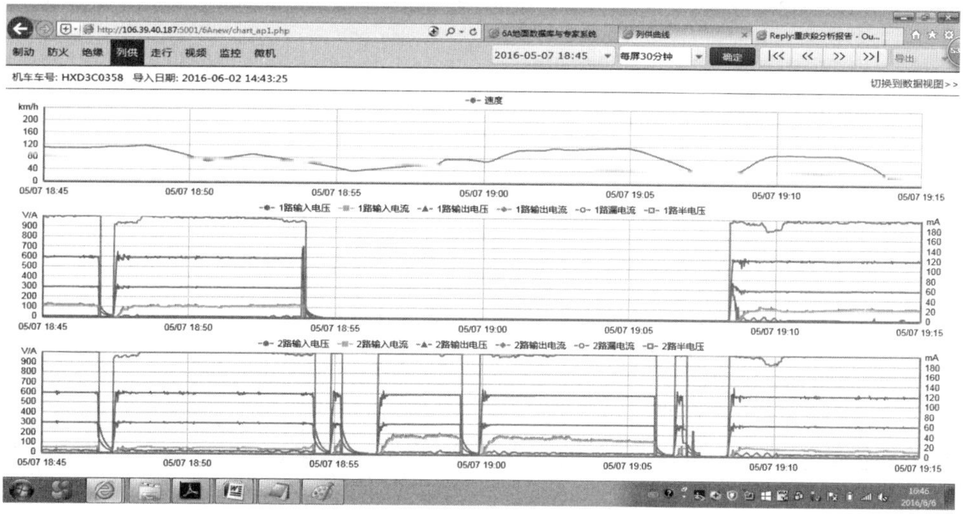

图 1.5.35 漏电流曲线

如图 1.5.36 所示，5 月 8 日 0 点 12 分到 0 点 15 分钟之间，发生了连续 3 min 左右的漏电流超标事件，其中漏电流最大值约 140 mA，这种情况是由客车供电设备引起的。

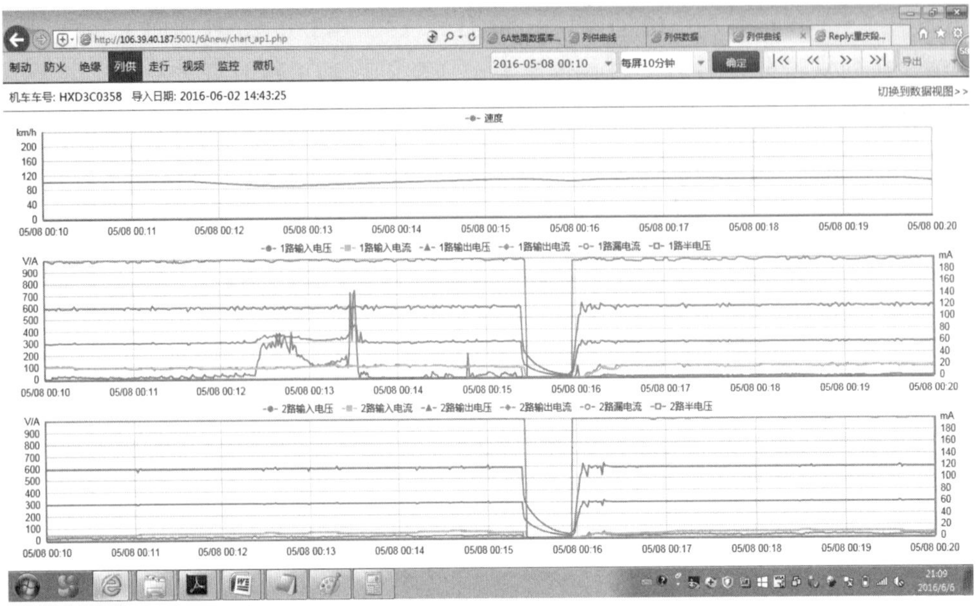

图 1.5.36　漏电流曲线

如图 1.5.37 所示，5 月 8 日 7 点 51 分到 7 点 54 分之间，列供柜在做供电试验，这种情况下要确认当时是否已挂载客车，如果没有挂客车出现这种漏电流超过 50 mA 的情况，应该检测列供柜绝缘是否正常。

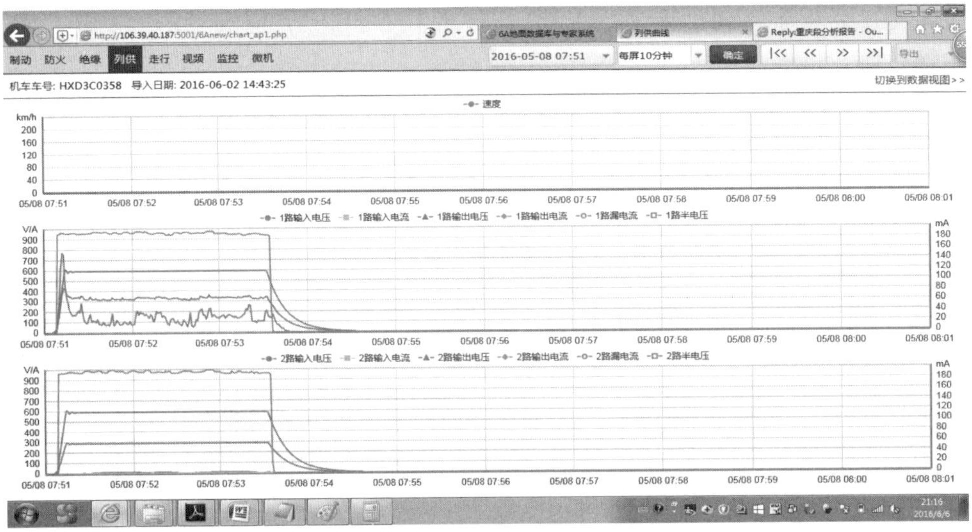

图 1.5.37　漏电流曲线

任务自检

1. 简述机车列车供电监测子系统的概念、组成及功能。
2. 简述机车列车供电监测子系统常见故障的处理方法。

任务六　走行部故障监测子系统

任务描述

（1）掌握机车走行部故障监测子系统的概念、组成及功能。

（2）通过机车走行部故障监测子系统监测界面能够分析零部件可能出现的故障。

视频：ATDR 机车走行部故障监测子系统

PPT：ATDR 机车走行部故障监测子系统

知识储备

一、机车走行部故障监测子系统概述

走行部作为机车关键部件，发生故障后轻则造成机车产生异常冲击、振动和噪声，严重时将造成轮对剥离、轴承破损、机车颠覆等严重后果，影响正常的铁路运输秩序，因此走行部的质量可靠是保证铁路运输安全的重点。走行部严重故障往往是由最初的隐患逐步演变而成，为保证机车走行部安全可靠，在严重故障发生前应该及时进行预报警，提前进行干预。通过正确的处置避免故障扩大或造成次生故障十分必要。6A 系统中的走行部监测子模块对走行部关键部件温度、振动冲击等数据进行采集，按照预设的预报警逻辑进行警示，可起到提高走行部可靠性的作用。

机车走行部故障监测子系统（见图 1.5.38）是对机车走行部的轴箱轴承、牵引电机轴承、抱轴轴承（空心轴轴承）、传动齿轮及轮对踏面等进行动态安全监测的重要行车安全保障装置，通过对温度和振动谱的分析，检测走行部轴箱轴承、电机轴承和踏面的早期故障，以降低走行部事故的发生。

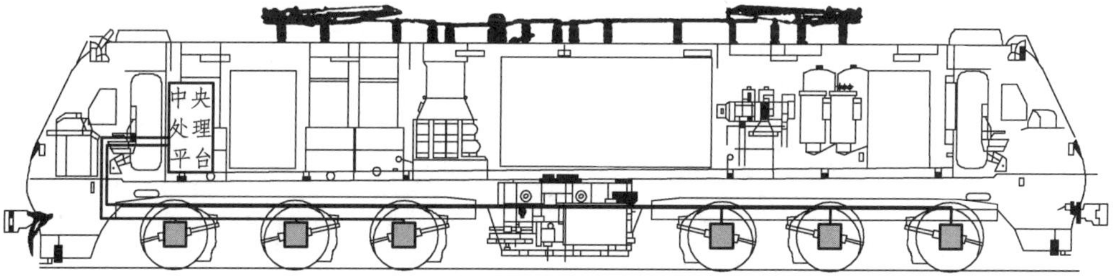

图 1.5.38　机车走行部故障监测子系统

二、机车走行部故障监测子系统组成

走行部故障监测子系统的组成：子系统主机模块（走行部监测板卡 1）、数据前置处理器、复合传感器、数字温度传感器及连接线组成，系统组成示意如图 1.5.39、图 1.5.40 所示（以六轴车为例）。

（a）主机

（b）前置处理器

（c）复合传感器

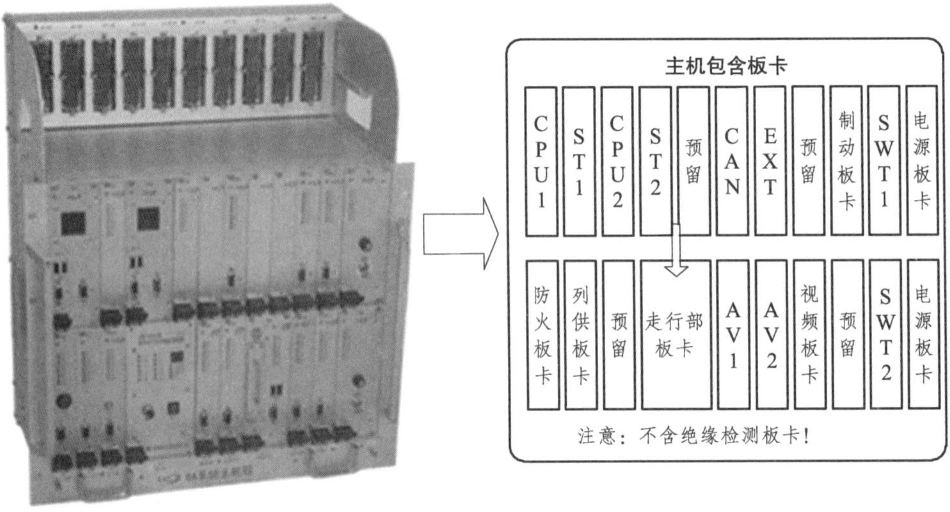

（d）走行部板卡

图 1.5.39　机车走行部故障监测子系统组成部件

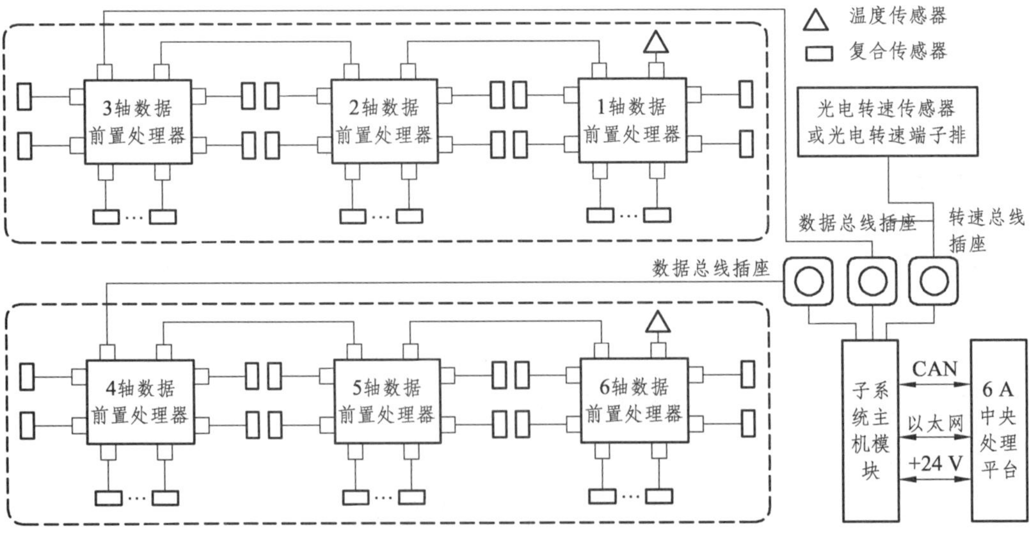

图 1.5.40　机车走行部故障监测子系统连接关系

三、机车走行部故障监测子系统主要功能

轴承监测：对铁路机车（含动车组动力车）走行部的轴箱轴承、牵引电机轴承盒轮对抱轴（或空心轴）轴承（滚动轴承）等部件，进行基于冲击故障监测和温度监测的综合诊断预警和报警，能够诊断出轴承温度过高、轴承噪声等故障[见图 1.5.41（a）]。

齿轮监测：对传动齿轮等部件进行基于冲击故障监测的诊断预警和报警，能够诊断出齿轮磨损、齿面胶合和擦伤、齿面接触疲劳及弯曲疲劳及断齿等故障[见图 1.5.41（b）]。

轮对踏面监测：对轮对踏面故障，如擦伤、剥离、内部缺陷、不圆度等，进行基于冲击故障监测的诊断预警和报警[见图 1.5.41（c）]。

（a）故障轴承　　（b）故障齿轮　　（c）故障踏面

图 1.5.41　机车走行部故障监测子系统监测出的故障部件

机车走行部故障监测子系统监测界面如图 1.5.42 所示。

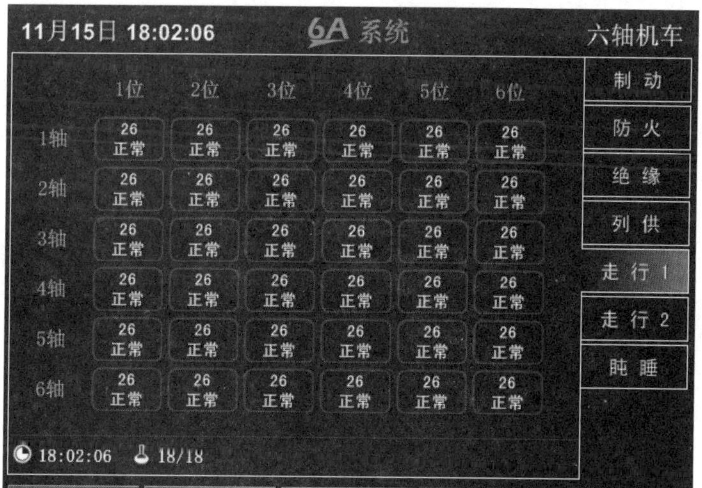

图 1.5.42　机车走行部故障监测子系统监测界面

四、机车走行部故障监测子系统案例分析

2015 年 8 月 4 日，上海机务段 HXD3C-0275 机车担当 K371 次牵引任务回段，采集轴报数据分析发现，12 位轴温报警，最高温度 112 °C。12 位齿轮预警 11 次、一级报警 7 次，轴承一级报警 1 次（见图 1.5.43）。根据轴报装置分析和唐智公司技术人员信息分析后，决定扣车落轮处理。

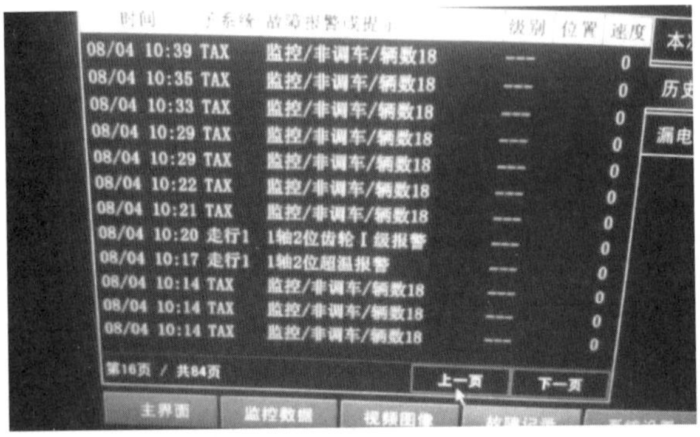

图 1.5.43　子系统故障报警界面

导入地面专家系统显示：8 月 4 日 10:17:47 时，1 轴 2 位超温报警，速度 66 km/h；10:20:21 时，1 轴 2 位齿轮一级报警，速度 26 km/h；13:46:30 时，1 轴 2 位轴承一级报警，速度 32 km/h；报警在 18:29:43 时结束（见图 1.5.44）。

浏览2次	导入时间	制动	防火	绝缘	列供	走行	视频	监控	微机	电能	油量
HXD3C0275	2015-09-18 21:20:07	218102	26657	71	261914	257661	133258	262194	262219	0	0

以下为事件汇总信息：　　[查看在线统计] [导出事件列表]

序号	车号	导入时间	子系统	事件代码	事件内容	事件类型	发生次数	工作模式
1	HXD3C0275	2015-09-18 21:20:07	走行部监测子系统1	0x411212	1轴2位超温报警	报警	1	正常
2	HXD3C0275	2015-09-18 21:20:07	走行部监测子系统1	0x411312	1轴2位轴承Ⅰ级报警	报警	1	正常
3	HXD3C0275	2015-09-18 21:20:07	走行部监测子系统1	0x411512	1轴2位齿轮Ⅰ级报警	报警	1	正常

时间	速度	公里标	车次	车号	轴号	脉冲	测点温度							
							环温1	环温2	1位	2位	3位	4位	5位	6位
2015-08-04 10:17:41	71	1092664	K371	275	1	300	44	42	48	88	54	54	49	47
2015-08-04 10:17:42	70	1092679	K371	275	2	295	44	42	52	62	56	59	49	47
2015-08-04 10:17:43	69	1092699	K371	275	3	293	44	42	48	61	52	56	49	50
2015-08-04 10:17:44	69	1092710	K371	275	4	291	44	42	44	60	49	44	46	42
2015-08-04 10:17:45	68	1092732	K371	275	5	291	44	42	50	61	49	50	47	42
2015-08-04 10:17:46	67	1092756	K371	275	6	283	44	42	43	57	46	44	47	40
2015-08-04 10:17:47	66	1092775	K371	275	1	280	44	42	48	90	54	54	49	47
2015-08-04 10:17:48	65	1092790	K371	275	2	277	44	42	52	62	56	59	49	47
2015-08-04 10:17:49	64	1092813	K371	275	3	273	44	42	48	61	52	56	49	50
2015-08-04 10:17:50	64	1092827	K371	275	4	270	44	42	44	60	49	44	46	42
2015-08-04 10:17:51	63	1092846	K371	275	5	267	44	42	50	61	49	50	47	42
2015-08-04 10:17:52	62	1092864	K371	275	6	264	44	42	43	57	46	44	47	40
2015-08-04 10:17:53	61	1092878	K371	275	1	260	44	42	48	90	54	54	49	47
2015-08-04 10:17:54	61	1092894	K371	275	2	253	44	42	52	62	56	59	49	47
2015-08-04 10:17:55	59	1092914	K371	275	3	253	44	42	48	61	52	56	49	50
2015-08-04 10:17:56	59	1092921	K371	275	4	253	44	42	44	60	49	44	46	42
2015-08-04 10:17:57	58	1092942	K371	275	5	242	44	42	50	61	49	50	47	42

图 1.5.44　地面专家系统显示界面

显示在 10:17:47 时，1 轴 2 位温度达到 90 K，环温是 44 K，达到超温报警条件（见图 1.5.45）。

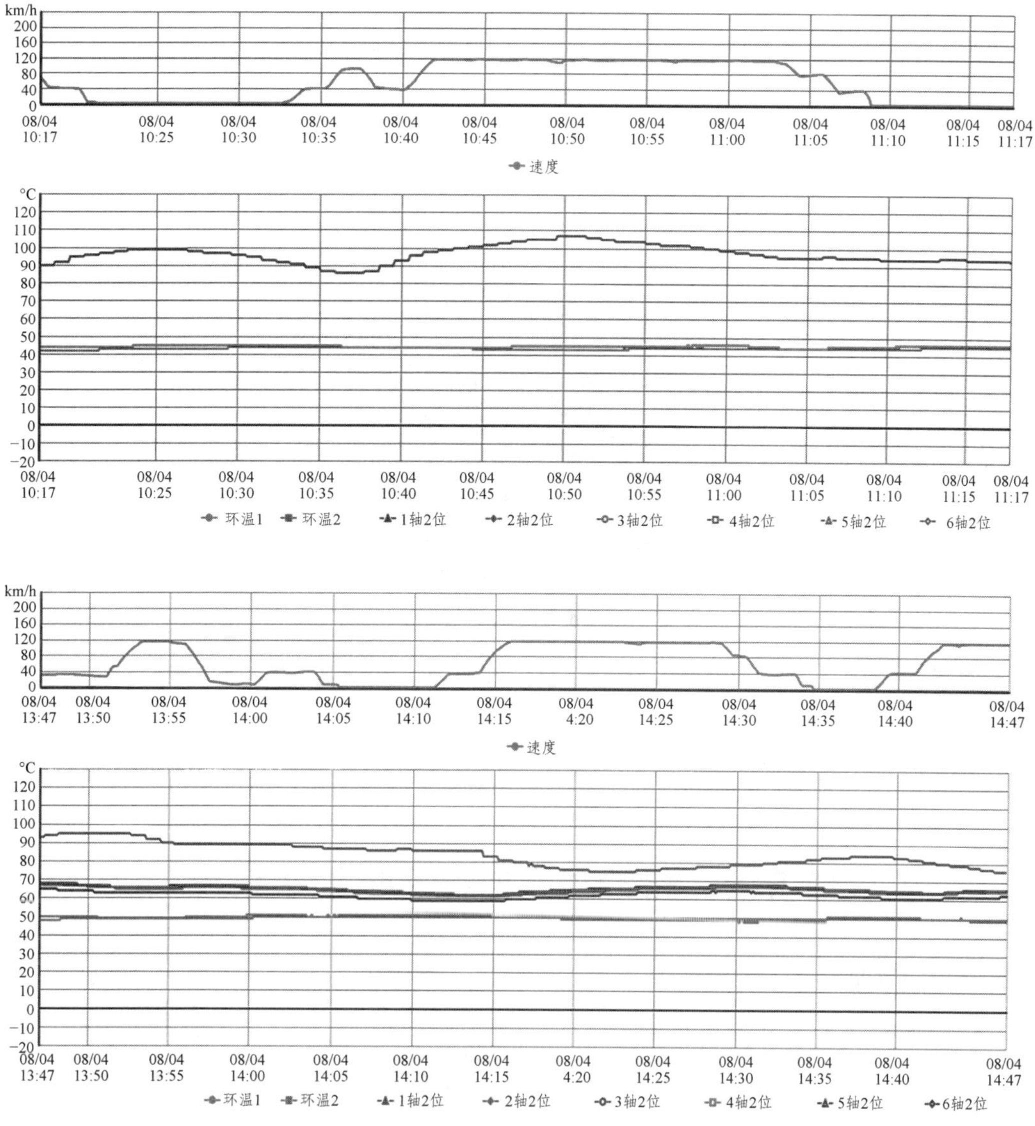

图 1.5.45　1 轴 2 位超温报警曲线

超温报警从 10:17 时持续到 18:29:43 时报警结束，持续时间很长。

12 位存在齿轮预警及温度相比它轴同位偏高现象，已满足“3+1 原则”，建议分解检查轴承。2015 年 9 月 15 日，段方分解检查该位轴承发现 12 位存在保持架断裂故障（见图 1.5.46）。

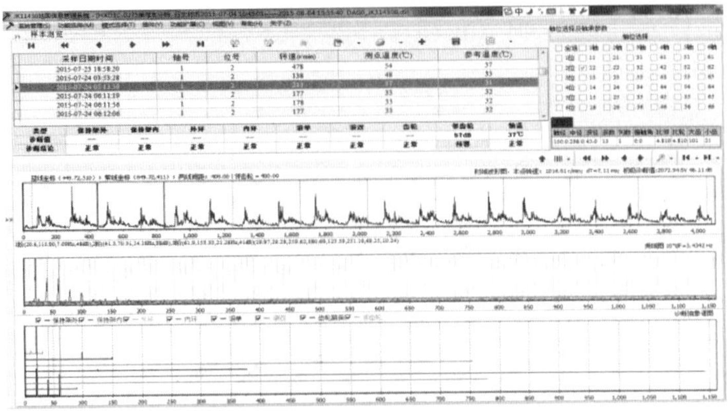

图 1.5.46　12 位轴承保持架断裂

任务自检

1. 简述机车走行部故障监测子系统的概念、组成及功能。
2. 简述机车走行部故障监测子系统预警轮对踏面故障时处理程序。

任务七　自动视频监控及记录子系统

任务描述

（1）掌握机车自动视频监控及记录子系统的概念、组成及功能。

（2）掌握机车自动视频监控及记录子系统主要故障的处理方法。

视频：AVDR 机车自动视频监控及记录子系统

PPT：AVDR 机车自动视频监控及记录子系

知识储备

一、机车自动视频监控及记录子系统概述

6A 系统机车自动视频监控及记录子系统（见图 1.5.47）通过自动对机车各监控区域进行视频图像采集，使乘务员能及时了解机车各监控区域的情况，同时对司

机室监控区域进行音频采集，并对采集的音视频信息进行实时记录。系统实时采集前方路况、司机室、机械间/动力间、车体两侧、车钩、受电弓等机车关键部位的视频图像，具有火灾报警及司机室视频摄像头遮挡报警功能。机车自动视频监控及记录子系统的应用，将大幅度提高机务运输生产的安全性。同时，也能通过记录司机操作、运行路况、机械间图像等辅助事故分析。

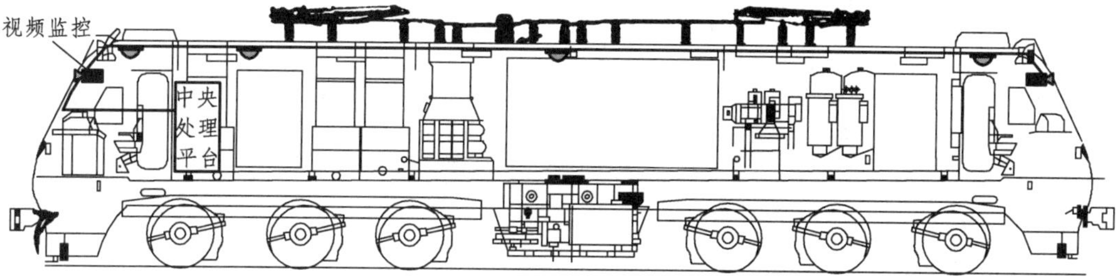

图 1.5.47　机车自动视频监控及记录子系统

1. 机车自动视频监控及记录子系统

其功能为对机车各监控区域进行视频图像采集，使乘务员能及时了解机车各监控区域的情况，同时对司机室监控区域进行音频采集，并对采集的音视频信息进行实时记录。

2. 乘务员状态预警提醒模块

其功能为对机车乘务员面部、眼部特征进行采集，实时监测机车乘务员状态，在机车运行中辅助提醒机车乘务员。

3. 客户端

客户端指可与机车自动视频监控及记录子系统、乘务员状态预警提醒模块进行数据通信的设备、终端、板卡等。

二、机车自动视频监控及记录子系统组成及功能要求

（一）机车自动视频监控及记录子系统组成

机车自动视频监控及记录子系统由摄像头、拾音器（可选）、音视频采集板卡1（AV1）、音视频采集板卡 2（AV2，八轴机车主从方案无此板卡）、音视频处理板卡（AV3）、音视频存储硬盘、连接器和电缆组成。乘务员状态预警提醒模块（可选）由图像采集器、信号处理板卡（AV4）、连接器和电缆组成（见图 1.5.48）。

（1）所有摄像头通过线缆接至音视频采集卡。

（2）音视频采集卡通过以太网与音视频处理卡连接。

（3）音视频采集卡、音视频处理卡安装在 6A 系统的主机箱内。

（4）音视频处理卡通过以太网与中央处理平台通信。

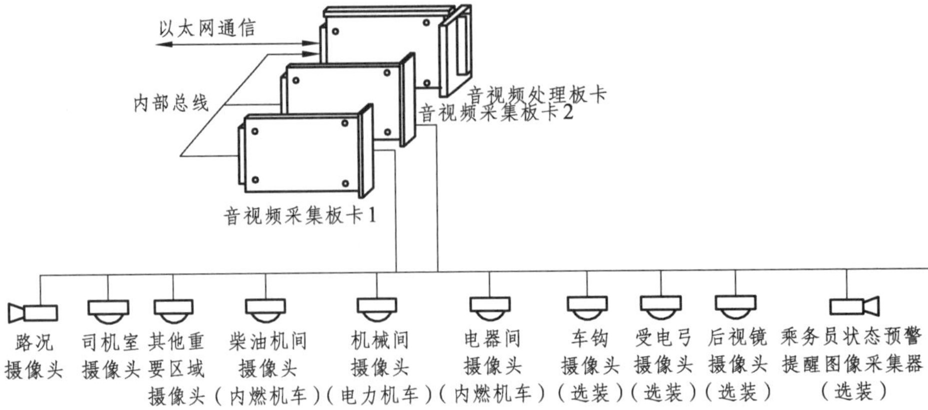

图 1.5.48　机车自动视频监控及记录子系统组成

（二）机车自动视频监控及记录子系统功能要求

（1）实时采集相关监控区域的视频图像，并通过以太网方式传输。

（2）图像可叠加监控区域、车次、机车号、时间、千米标、速度和火灾报警信息。

（3）当接收到火灾报警数据时，视频图像叠加防区名称，并可对相应报警区域的视频图像进行抓图通过以太网发送给中央处理平台。

（4）具备司机室视频摄像头遮挡报警功能。

（5）实时采集司机室监控区域的音频数据（用户可选装），且音频固定叠加于第 2 通道视频上。

（三）视频存储要求

（1）对不同监控区域的视频支持不同的帧率、不同的分辨率进行存储。操纵端的路况监控视频帧率不低于 25 帧/s、分辨率不低于 4CIF 格式存储；操纵端司机室监控视频帧率不低于 8 帧/s、分辨率不低于 CIF 格式存储；其余通道视频监控帧率不低于 4 帧/s、分辨率不低于 CIF 格式存储。

（2）实时存储监控区域音视频数据，存储时间不少于 15 天。

（3）音视频存储应采用滚动方式，当占用的存储介质空间达到上限时，自动覆盖早期的音视频数据。

（4）具备外挂 USB 存储器同步存储功能，插入授权的 USB 存储器后 1 min 内须开始同步存储，采用滚动存储方式。

三、机车自动视频监控及记录子系统音视频显示终端及监控界面

（一）音视频显示终端

6A 系统音视频显示终端位于机车司机操作台上，是 6A 系统的人机交互装置，

可以查询各子系统设备状态、监测数据、提示信息和报警信息（见图 1.5.49）。可见，6A 系统的音视频终端为机车运行最重要的使用部件，所有的故障报警都通过音视频终端进行显示和提示。默认显示当前时间，发生故障或报警会在主界面弹出显示并发出语音。

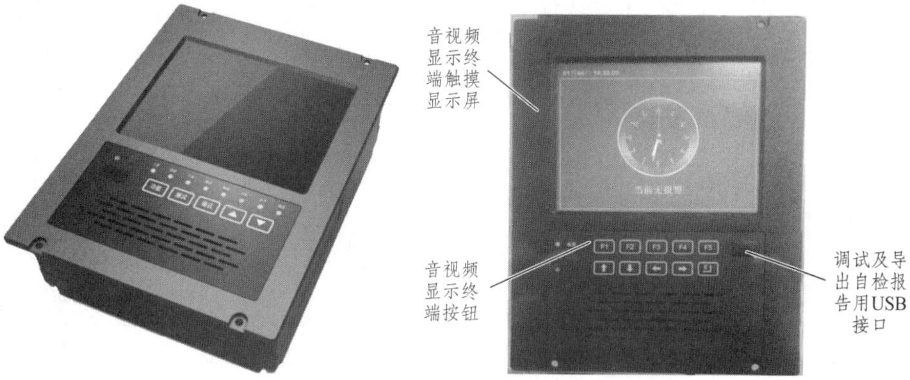

图 1.5.49　6A 系统音视频显示终端

（二）视频监控界面

1. 视频查看界面（见图 1.5.50）

（a）视频查看界面

（b）视频播放软件界面

图 1.5.50　机车自动视频监控及记录子系统监控界面

2. 防火视频联动界面

发生火灾报警后，主界面首先显示报警信息并发出语音提示。随后系统自动切换到火情发生部位的视频图像，便于司机及时观察和确认（见图 1.5.51）。

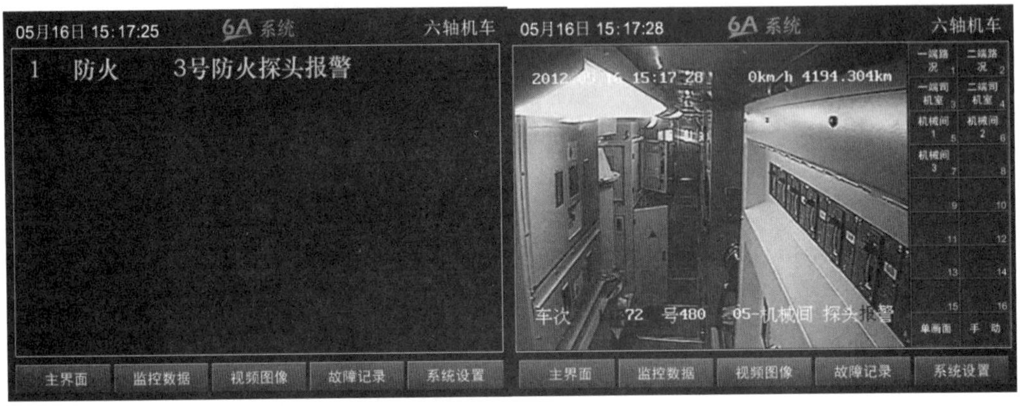

图 1.5.51 防火视频联动界面

四、机车自动视频监控及记录子系统维护

（一）日常维护

1. 外观检查

依次对音视频显示终端、主机箱（见图 1.5.52）、电源箱、机柜、防火探测器、视频摄像头进行外观检查，外观不许有损伤，连接器、线缆不许有松动脱落。

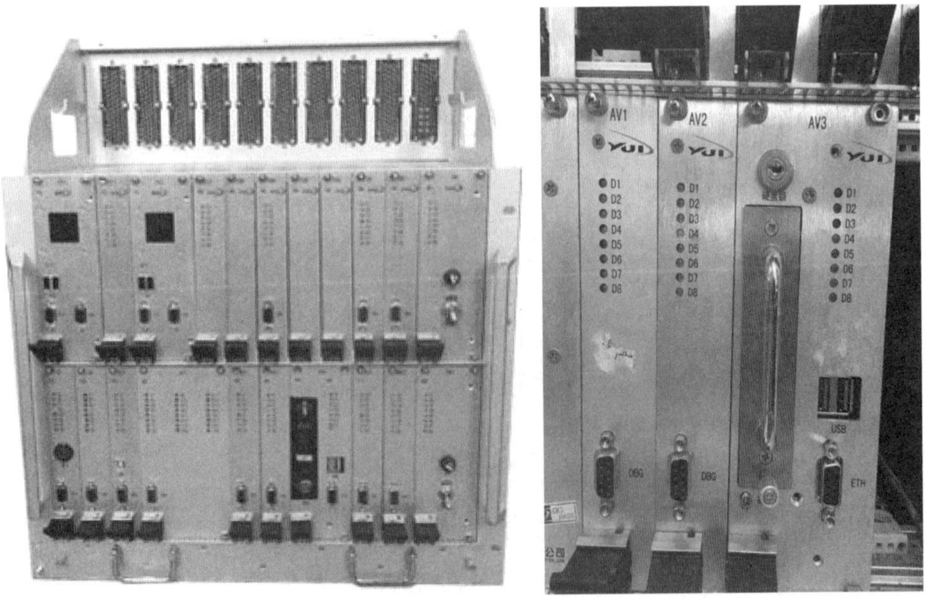

图 1.5.52 车载主机

2. 音视频显示终端通电自检

音视频显示终端显示正常，各子系统数据、机车信息显示正确，不许有故障信息显示。

（二）定期检查

（1）视频监控子系统插件（AV）外观良好，安装紧固；连接器及线缆外观良好，安装紧固；摄像头外部清扫，安装固定良好。

（2）进入工作状态各指示灯显示为：D1 常亮，D2 秒闪，D3 闪烁，D4、D5、D6、D7 常灭，AV1、AV2 的 D8 常灭，AV3 的 D8 常亮。

（3）音视频显示终端不许有故障信息显示；所有摄像头显示画面正常、清晰；音视频显示终端视频字幕时间、速度、公里标、车次、机车号、监控区域等信息显示正确。

（三）定期测试

按图 1.5.53 所示内容进行定期测试。

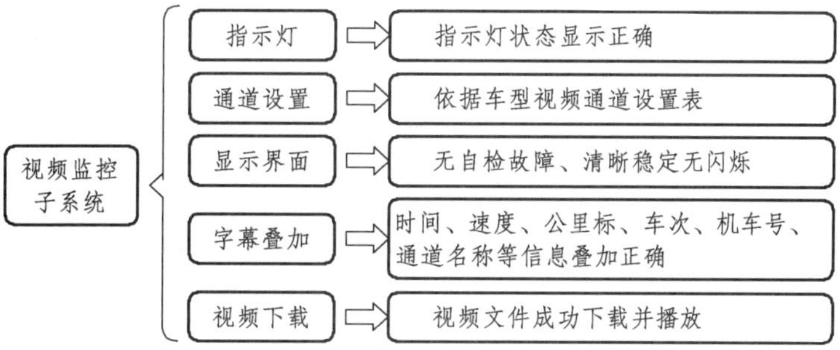

图 1.5.53 视频监控子系统测试内容

五、6A 系统中机车自动视频监控及记录子系统主要故障处理办法

主要故障的处理如表 1.5.2 所示。

表 1.5.2 主要故障的处理

系统名称	序号	故障名称	处理办法
中央处理平台电源	1	电源板卡保护	关闭电源并再次打开。如果故障不能消除，回库后检查维修
中央处理平台音视频显示终端	1	显示错误对话框	回库后检查或更换音视频显示终端
	2	蓝屏/白屏	回库后更换音视频显示终端
	3	无数据显示	回库后检查
	4	触摸屏功能失效	使用按钮操作，回库后更换音视频显示终端

续表

系统名称	序号	故障名称	处理办法
空气制动监测子系统	1	停放制动意外施加模块通信故障	回库后检修
	2	防折关监测模块通信故障	回库后检修
	3	压力传感器、流量传感器故障	回库后检修
防火监控子系统	1	防火探头故障	机车回库后更换
	2	防火板卡通信故障	回库后检修
高压绝缘检测子系统	1	功率模块故障	机车回库后检修功率模块
视频监控子系统（AV）	1	采集卡 1、2 通信故障	机车回库后查验检修
	2	图像异常	机车回库后查验检修
	3	存储盘故障	机车回库后查验检修
	4	摄像头自检故障	机车回库后查验检修
列供监测子系统（AP）	1	列供柜通信故障	回库后检修
	2	漏电流模块通信故障	回库后检修
走行部故障监测子系统（AT1）	1	传感器故障	机车回库后确认传感器是否工作正常，如异常则更换
	2	数据前置处理器通信故障	机车回库后检修数据前置处理器

任务自检

1. 简述机车自动视频监控及记录子系统的概念及其组成。
2. 简述机车自动视频监控及记录子系统维护工作及主要故障的处理方法。

项目六　机车远程监测与诊断系统认知

项目描述

为了对机车的运行状态进行实时监控、远程诊断设备故障，国外的机车上大多配备了机车运行安全和设备质量监测系统，如西门子的 EFLEET 系统、阿尔斯通的 ETRAIN 系统、GE 公司的 RM&D 系统、庞巴迪公司的 CC REMOTE 系统等。这些信息化系统都具备对机车运行数据下载转储、对机车故障及事件记录的离线分析和专家诊断、机车 GPS 定位、部分机车故障的远程报警、部分机车操作数据的远程查看、机车运行状态的远程实时监测、机车运行故障在线专家诊断等基本功能。

综合考虑国家安全因素和国外系统应用车型单一等问题，国外系统不具备全路统一推广条件。为适应中国铁路机务管理实际业务需要，运输局会同科技部充分借鉴国外类似产品技术，于 2009 年立项研制“中国机车远程监测与诊断系统（CMD 系统）”。

知识目标

（1）认识 CMD 系统各组成部分。

（2）掌握 CMD 系统的应用。

能力目标

（1）掌握 CMD 系统的功能。

（2）掌握 CMD 系统各组成部分的功能。

思政目标

（1）培养敬业爱岗、遵章守纪、乐于奉献的职业精神。

（2）牢记安全第一、以质量促安全的职业规范。

任务一　CMD 系统概述

任务描述

（1）认知 CMD 系统。

（2）掌握 CMD 系统的各个组成部分。

视频：CMD 系统概述　　PPT：CMD 系统概述

知识储备

一、CMD 系统概述

CMD 系统的设计遵循工业互联网的理念，牢牢把握住工业互联网的三要素——智能装备、互联网络、大数据应用，打造出一个智能化机车铁路行业应用，通过车载 LDP 设备获取机车各设备信息，并通过多种多样的传输手段将机车数据源源不断地传到地面系统，实现了车地一体化。地面系统通过大数据分析的手段为机车的质量安全保驾护航。

CMD 系统的主要功能是实时记录并转发机车设备数据，作为机车数据传输中枢，肩负着传输 LKJ、TCMS、6A 实时数据、北斗数据和存储数据记录文件的重任；实现机车定位、机车质量状态监测、机车运行安全监测、动态跟踪人车图等功能，是机车车载监测数据的集成、车地无线传输和综合应用平台。截至目前，车载 LDP 设备从各设备所采集数据信息（见表 1.6.1）。

表 1.6.1　CMD 系统采集数据信息

	LKJ 数据	TCMS 数据	6A 数据
故障/事件项点	46 项	3946 项	845 基
数据种类	40 种	130 种	413 种

车载 LDP 以 3G/4G 每 10 s 一包、北斗每 1 min 一包的频率下发数据，目前系统中已注册机车已超过 4 200 台，每日服务器收到的实时数据在 50 GB 以上，每年服务器收到的实时数据在 15 TB 以上。

截至 2017 年，CMD 系统加装 LDP 设备共计装车 4 951 台，覆盖车型 17 种（见表 1.6.2）。

表 1.6.2　CMD 系统装车情况

装车时间	装车数量/台	机车型号
2007	6	SS7E
2008	2	HXD3
2009	2	HXN3、HXN5

续表

装车时间	装车数量/台	机车型号
2010	7	HXD1C、HXD3C
2011	7	HXD1C
2012	8	HXD1（新八轴）、HXD1D、HXD2（新八轴）、HXD3D、HXN5、HXN5B
2014	35	HXD1D、HXD3C、HXN3、HXD3D
2015	761	HXD1C、HXD1D、HXD3C、HXN3、HXD3D
2016	4123	HXD1、HXD1C、HXD1D、HXD1G、HXD2、HXD2C、HXD3、HXD3C、HXD3D、HXD3G、HXN3、HXN3B、HXN5B、HXN6

二、CMD 功能目标

CMD 是铁路机务信息系统的核心子系统，是机务车载数据的集成、车地无线传输平台。CMD 整合机车 LKJ、TCMS、6A、列尾、语音、智能电（油）表等运行记录信息及故障信息，实现车对地、地对车数据的采集处理传输。CMD 为总公司、铁路局、机务段/检修段、机车主机企业提供机车定位、实时状态数据监测、实时故障报警、远程诊断、视频点播、机车车载电子履历管理、统计分析、专家支持系统、信息共享和功能接口等功能。CMD 对来自 LKJ、TCMS、6A 的信息进行综合分析与展示，通过调用各专业分析软件接口实现详细分析。其功能目标包含以下 6 个部分。

1. 远程检测

实时采集车载微机（TCMS）、监控装置（KJ）、安全防护（6A）等设备的数据监测机车的状态信息和故障报警信息，远程跟踪、定位机车位置、周转情况、视频信息、LKJ 状态信息，以及人车图的绑定信息等。

2. 车地数据传输

机车在途运行时，TCMS、LKJ、6A 等机车设备的故障、报警和涉及运行安全的机车运行状态信息通过 GSM/GSM-R、3G、北斗等网络实时传输。大量的机车状态记录数据在机车入库时，通过 WLAN 网络下载储存，减少了对通道资源的占用。

3. 专家诊断

利用机务信息化综合应用平台的故障库、专家支持库及专业分析软件，对下载的数据进行综合分析，构建机车各显示屏实时画面，判断机车各系统的工作状态，为检修提供依据；同时对在途机车发生的故障，利用地对车信息传输功能，为乘务员处理提供远程技术支持。

4. 统计分析

实现机车业务数据的统计分析，包括机车使用率、机车占用、日车千米、机破统计、机车运用时间、故障统计、总走行千米数、配属统计、劳时统计、机车周转信息和检修/整备统计等。

5. 机车车载电子履历

建立随车存储的车载电子履历，实现对机车及部件的全寿命周期管理，包含机车及主要部件检测和试验记录、机车主要技术参数、机车配属动态、主要部件动态、检修动态、技术提升与改进记录、破损记录等。

6. 信息共享

与运用、检修、整备、设备等机务信息各子系统及电务车载设备机构信息系统互联互通，信息共享，实现 CMD 系统在机务信息化中的综合服务功能，同时将各类统计、分析结果提供给运输信息集成平台及相关的专业部门。

三、CMD 系统构成

中国机车远程监测与诊断系统（CMD 系统）的建设符合铁路机务信息化总体方案，由车载子系统、数据传输子系统、地面综合应用子系统三部分构成。

任务自检

1. CMD 系统由哪几部分组成？
2. CMD 系统的功能目标有哪些？

任务二　车载子系统概述

任务描述

（1）认知 CMD 车载子系统。

（2）掌握 CMD 车载子系统的各个组成部分。

视频：CMD 车载子系统　PPT：CMD 车载子系统

知识储备

车载子系统（CMD）为整车信息平台（见图 1.6.1），其功能为采集、汇总机车安全信息、机车监测信息、机车状态信息，完成不同系统之间的信息共享和统一传输。车载系统主要包括数据采集平台（LDP）、北斗通信天线、WLAN/3G/定位天线及配套线缆等。其中，LKJ、TCMS、6A 及其他系统通过网络接口板与车载主机 LDP 连接，北斗通信天线和 WLAN/3G/定位天线实现数据的无线发送。

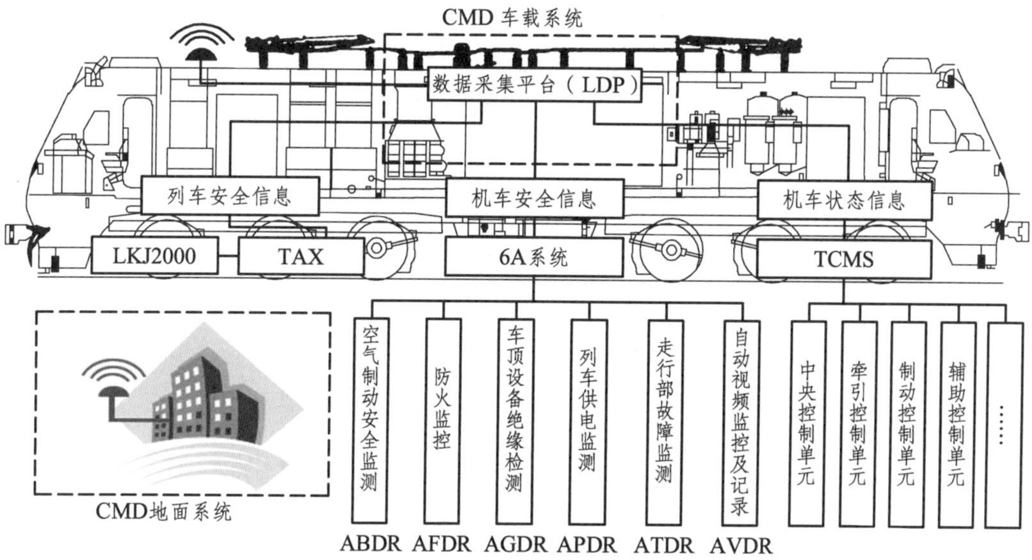

图 1.6.1　CMD 车载子系统

一、车载子系统的组成

车载子系统主要完成对机车状态信息、机车安全信息和机车监测信息的采集、存储、传输。通过机车与地面的双向数据交互，实现对在途机车的远程实时监测与故障诊断，为机车运用、检修和维护提供数据支持。车载子系统应具备重联接口，对于内重联机车，LDP 采用主从机方式，A 节车的 LDP 为主机，B 节车的 LDP 为从机，主从机之间采用以太网通信，非重联机车的车载子系统配置与内重联机车 A 节的配置一致。LDP 主机如图 1.6.2 所示。6A 柜中的 6A 主机下方预留了 CMD 主机的安装位置。主机安装方案如图 1.6.3 所示。

图 1.6.2　LDP 主机

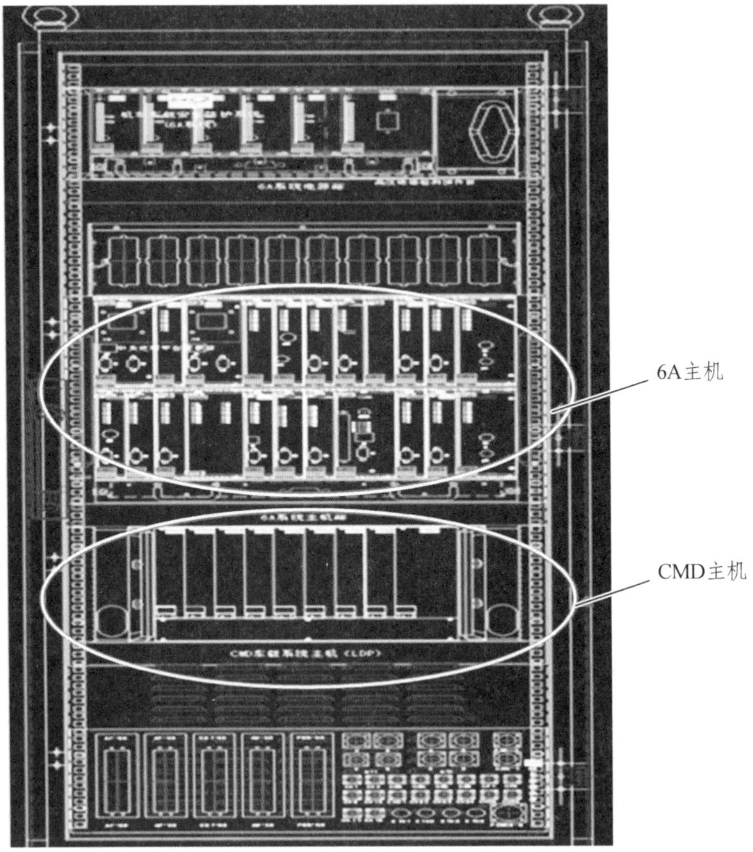

图 1.6.3　主机安装方案

（1）机车状态信息：从 TCMS 采集的机车信息，包括司机操作、机车工况、机车故障、设备工作状态、通信状态、控制等信息。

（2）机车监测信息：从 6A 采集的检测信息，包括机车空气制动安全监测、机车防火监控、机车高压绝缘检测（如配置）、列车供电监测（如配置）、机车走行部故障监测、机车自动视频监控及记录等信息。

（3）机车安全信息：从 LKJ 采集的安全信息，包括司机号、信号机、车站、千米标、列车管压力、进出站等信息。

（4）定位信息：包括经纬度、海拔、速度、时间等信息。

二、LDP 装车要求

LDP 采用插箱式机械结构。LDP 机箱结构不具备防尘、防水性能，需安装在具有一定防尘、防水功能的柜体内，防护等级至少为 IP21。安装时使用 4 个 M6×8 的螺栓固定机箱，底部需有支撑板或支持梁，采用支撑板方式时，支撑板上需开蜂窝状的进风孔，机箱上方的遮挡物应具有风道，有利于机箱内热量的交换。

三、天线安装要求

天线应安装在机车车顶，原则上天线的间距应大于 1.5 m，距天线 1 m 范围内不能有超出天线 2/3 高度的金属障碍物。天线的鳍线应与机车运行方向平行。天线底座的绝缘垫应与天线、安装面无缝紧密接触。因信号衰减值随馈线长度的增加而增大，为确保无线通信质量，选取天线位置时应尽可能保证馈线长度不大于 10 m。

四、北斗天线

北斗通信天线集成了北斗发射天线与北斗接收天线，负责接收北斗系统的定位信号，及北斗短报文的发送。

机车具有两套定位天线，一是北斗，二是 GPS，北斗是首选定位信号。

五、WLAN/3G/定位天线

WLAN/3G/定位天线为多频段集成天线，集成了 WLAN/3G 天线、定位天线。

WLAN/3G/定位天线的功能：一是在设有地面无线局域网的站场内，完成 CMD 系统数据的自动下载；二是链接 3G 通信网，实现 CMD 系统数据的在线播放和数据查询；三是 GPS 定位。

六、数据采集及处理

车载子系统通过 RS485 接口从 TAX 采集机车安全信息，通过以太网接口从 6A 系统采集机车监测信息，通过以太网或 HDLC 接口从 TCMS 采集机车状态信息。其中，时间信号来自 LKJ 主机，整个系统的时间信息与 LKJ 一致（见表 1.6.3）。

车载子系统（见图 1.6.4）根据通信协议，向地面综合应用子系统实时传输重要的机车状态信息，包含机车基本运行信息、司机操作命令信息等。从获取的数据中可识别机车故障，在故障的发生时，提取相应的环境数据，并实时向地面综合应用子系统报警，同时把相应数据传输至地面综合应用子系统。

数据采集平台主机接口接线如图 1.6.5 所示。

表 1.6.3 电气接口及功能

单板名称	接口定义	说明
合路器板	J1	3G 馈线接口
	J2	WLAN 馈线接口
	ANT	3G/WLAN 天线馈线接口

续表

单板名称	接口定义	说明
主处理器板	AA、AB	USB 接口（Type A），数据转储用
	AX1	1 路以太网接口，使用 D 编码标准 M12 连接器
以太网接口板	CX1 ~ CX3	3 路以太网接口，使用 D 编码标准 M12 连接器
网络接口板	JX1	1 路 RS485 总线接口，异步半双工通信方式
	JX3	1 路同步/异步 RS485 总线接口，同步/异步半双工通信方式
	JX4	1 路 RS422/RS485 总线接口，异步全双/半双工通信方式
无线主控	WLAN	WLAN 馈线接口
	3G	3G 馈线接口
BD/GPS 板	BD/GPS	北斗/GPS 定位天线馈线接口
	TX	北斗短报文发送天线馈线接口
	RX	北斗短报文接收天线馈线接口
	OX1	北斗电源输入接口 DC 110 V 或 DC 74 V
防护记录器	DX1、DX2	以太网 1 接口、以太网 2 接口
电源板	DX2	电源输入接口 DC 110 V 或 DC 74 V

任务自检

1. CMD 车载子系统的组成部分有哪些？
2. CMD 车载子系统的功能有哪些？

任务三　数据传输子系统概述

任务描述

（1）认知 CMD 数据传输子系统。

（2）掌握 CMD 数据传输子系统的各个组成部分。

视频：CMD 数据传输子系统

PPT：CMD 数据传输子系统

知识储备

数据传输子系统的网络由无线和有线两部分组成。无线网络目前依托 GSM GPRS/3G、GSM-R GPRS、WLAN、北斗，具备向 LTE 升级的条件，主要完成车地数据传输（在隧道、山区等无线网络信号没有覆盖的地区将不能正常工作）；有线网络利用已有的铁路综合 IT 网络，主要完成中国国家铁路集团有限公司、铁路局、机务段/检修段三级网络范围内的数据传输（见图 1.6.6）。

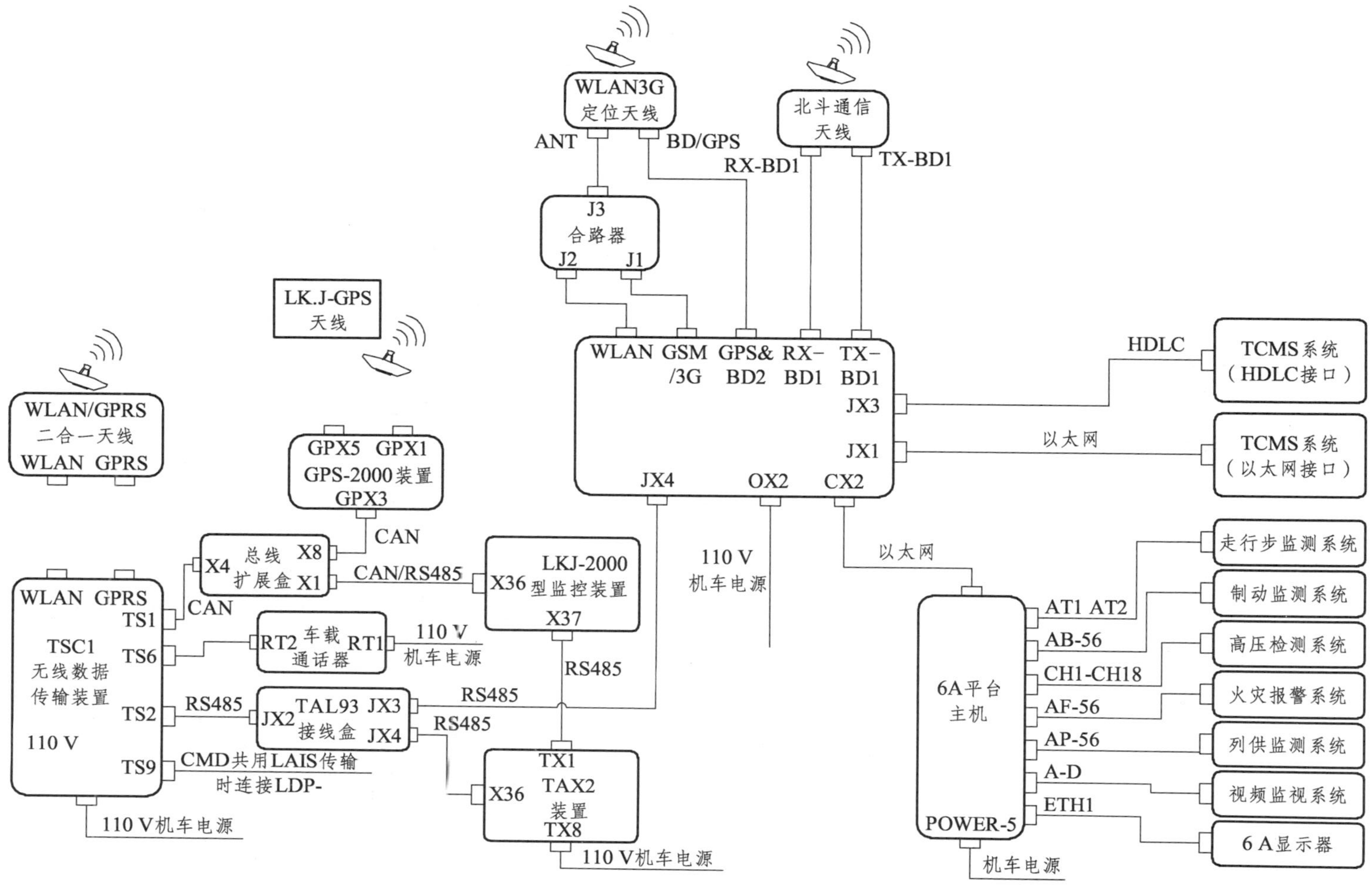

图 1.6.4　CMD 车载子系统

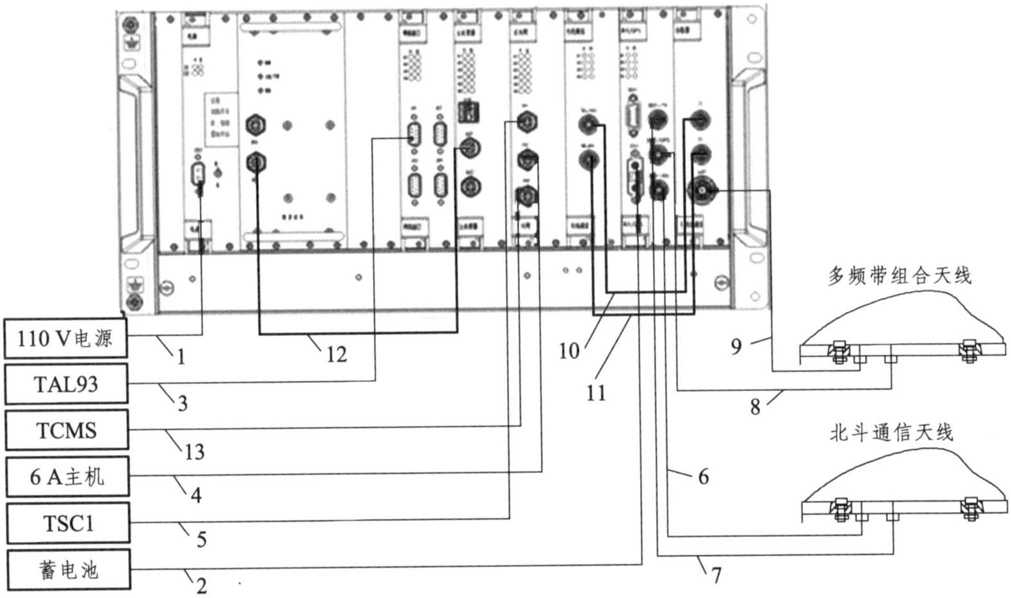

1—110V 电源线；2—北斗电源线；3—LDP—TAL93 通信线缆，另一端接至 6A 的 EXT44 接口；4—LDP—TCMS 通信线缆，另一端接至 6A 的 EXT44 接口；5—LDP—TSC1 以太网通信线缆；6—LDP—6A 以太网通信线缆；7—BD1—RX 接收馈线；8—BD1—TX 发送馈线；9—BD2/GPS 定位馈线；10—ANT 馈线；11—3G 馈线跨接线（机箱自带内部跨接线缆）；12—WLAN 馈线跨接线（机箱自带内部跨接线缆）；13—记录插件-主处理器插件的以太网线（机箱自带内部跨接线缆）。

图 1.6.5　数据采集平台主机接口接线示意图

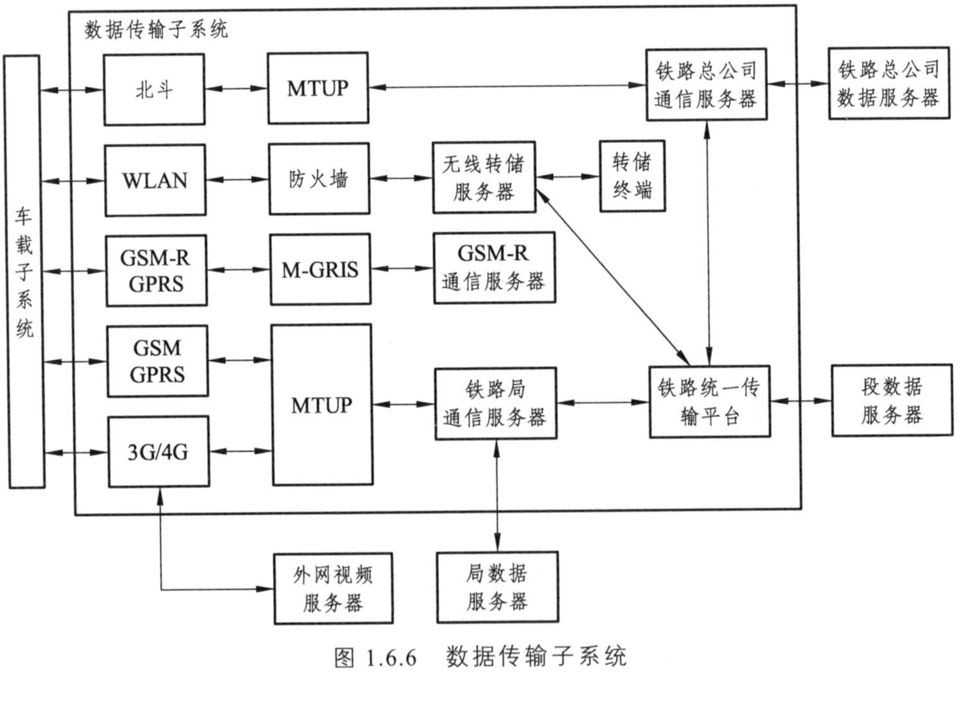

图 1.6.6　数据传输子系统

一、数据传输子系统功能

（1）车地无线实时通信：机车在途运行时，把车载子系统采集的机车状态信息、机车安全信息及机车监测信息等车到地实时信息通过 GSM GPRS/3G、GSM-R GPRS、北斗传输到地面通信服务器；通信服务器把地到车的实时信息通过 GSM GPRS/3G、GSM-R GPRS、北斗发往车载子系统。在机车控制电源关闭时，应能通过北斗短报文通信向地面发送机车位置信息和机车基本信息。机车监测信息中的视频信息通过 3G 网络传输到铁路外网视频服务器上。

（2）数据无线转储：机车入段后，通过 WLAN 实现车地非实时信息双向传输。可以利用 WLAN 将 LDP 等车载设备的记录数据、机车电子履历等大容量信息发送到无线转储服务器，同时把转储结果信息写入段数据服务器。

（3）内外网数据交换：车地实时信息通过部署在铁路局的 MTUP 实现从 GSM GPRS/3G、GSM-R GPRS、北斗到铁路内网的内外网数据交换；车地非实时信息通过部署在机务段/检修段的防火墙实现从 WLAN 到铁路内网的内外网数据交换。

（4）铁路内网数据传输：CMD 系统依托铁路内网，采用铁路统一传输平台实现总公司、铁路局、机务段/检修段间及跨局数据传输。

二、数据传输子系统指标

1. WLAN 无线传输标准

工作频率应能同时支持 ISM 2.4 GHz 和 5.8 GHz WLAN 终端接入，能够同时支持 IEEE802.11a/b/g/n 标准中一种或几种兼容 WLAN 终端接入。

覆盖范围要求 WLAN 网络覆盖范围一般包括从机车入段点到整备区以及从整备区到机车出库点的全部区域。

传输速率要求：在目标覆盖范围内 95%以上位置，单台 WLAN 终端在线时，与 WLAN 服务器之间的数据传输吞吐量应≥1 MB/s。在重点目标覆盖范围（机车有规律停靠时间较长的区域）内 95%以上位置，WLAN 业务终端与 WLAN 服务器之间的数据传输吞吐量应≥4 MB/s。车-地、地-车的平均时延应≤50 ms，丢包率应≤1%。

WLAN 转储服务器要求：字长≥64 bit，CPU 核数≥8，内存≥32 GB，本地硬盘≥1 T，双机冗余，双网卡。

数据服务器要求：字长≥64 bit，CPU 核数≥24，内存≥32 GB，本地硬盘≥300 GB，双机冗余，双网卡。

应用服务器要求：字长≥64 bit，CPU 核数≥24，内存≥32 GB，本地硬盘≥300 GB，双机冗余，双网卡。

MQ 服务器要求：字长≥64 bits，CPU 核数≥8，内存≥32 GB，本地硬盘≥300 GB。

存储设备要求：应能处理和存储管辖范围内的全部机车车地通信数据，需满足存储总容量 5TB 以上、RAID5、双控制器、双通道、双电源等要求。

2. 北斗卫星传输指标

通过北斗卫星传输的每包数据≥80 byte。

地面通信服务器处理能力：中国国家铁路集团有限公司通信服务器能同时处理至少 20 000 台机车的信息；无线转储服务器能同时转储至少 20 台机车的数据，硬盘容量 2 TB 以上（见图 6.5）。

3. 数据传输的时效性

数据传输的时效性要求分为：实时信息传输、非实时信息传输、视频信息传输、铁路内网数据传输。

1）实时信息传输

铁路总公司通信服务器能同时处理至少 20 000 台机车信息；无线转储服务器能同时转储至少 20 台机车数据，硬盘容量 2TB 以上。

2）非实时信息传输

指故障记录文件和事件记录文件等大容量数据。

非实时信息传输方式分为无线自动转储、人工手动转储。

（1）无线自动转储：由命令触发，当车载子系统识别到合法的 WLAN 网络时，与传输子系统建立起网络连接，并从相关的存储单元中获取记录文件，并将记录文件传输给传输子系统，将记录文件自动转储到地面。

（2）人工手动转储：由 U 盘插入触发，通过注册 U 盘进行手动转储。

3）视频信息传输方式

应具备将 6A 视频信息传输到地面视频服务器的功能；视频的传输由远程控制命令点播触发，应至少具备两种传输方式：

（1）视频流传输方式，可连续实时传输视频流信息，适用于无线网络畅通的情况；

（2）图片传输方式，以图片方式传输某通道的某一时刻的画面，适用于无线网络带宽不足的情况。

4）铁路内网数据传输

CMD 系统在铁路总公司、铁路局、机务段/检修段之间存在大量数据交换和信息共享，需要通过铁路统一传输平台进行数据交换。铁路统一传输平台是铁路总公司内部各专业信息系统的公共交换平台，基于 MQ 技术，对铁路综合 IT 网中各专业系统提供统一的传输服务。

CMD 系统依托铁路综合 IT 网，在铁路统一传输平台标准 API 的接口上，开发专用铁路内网数据传输程序，实现铁路总公司、铁路局、机务段/检修段间数据传输，主要采用 MQ 传输方式（见图 1.6.7）。

4. CMD 数据传输策略（见图 1.6.7）

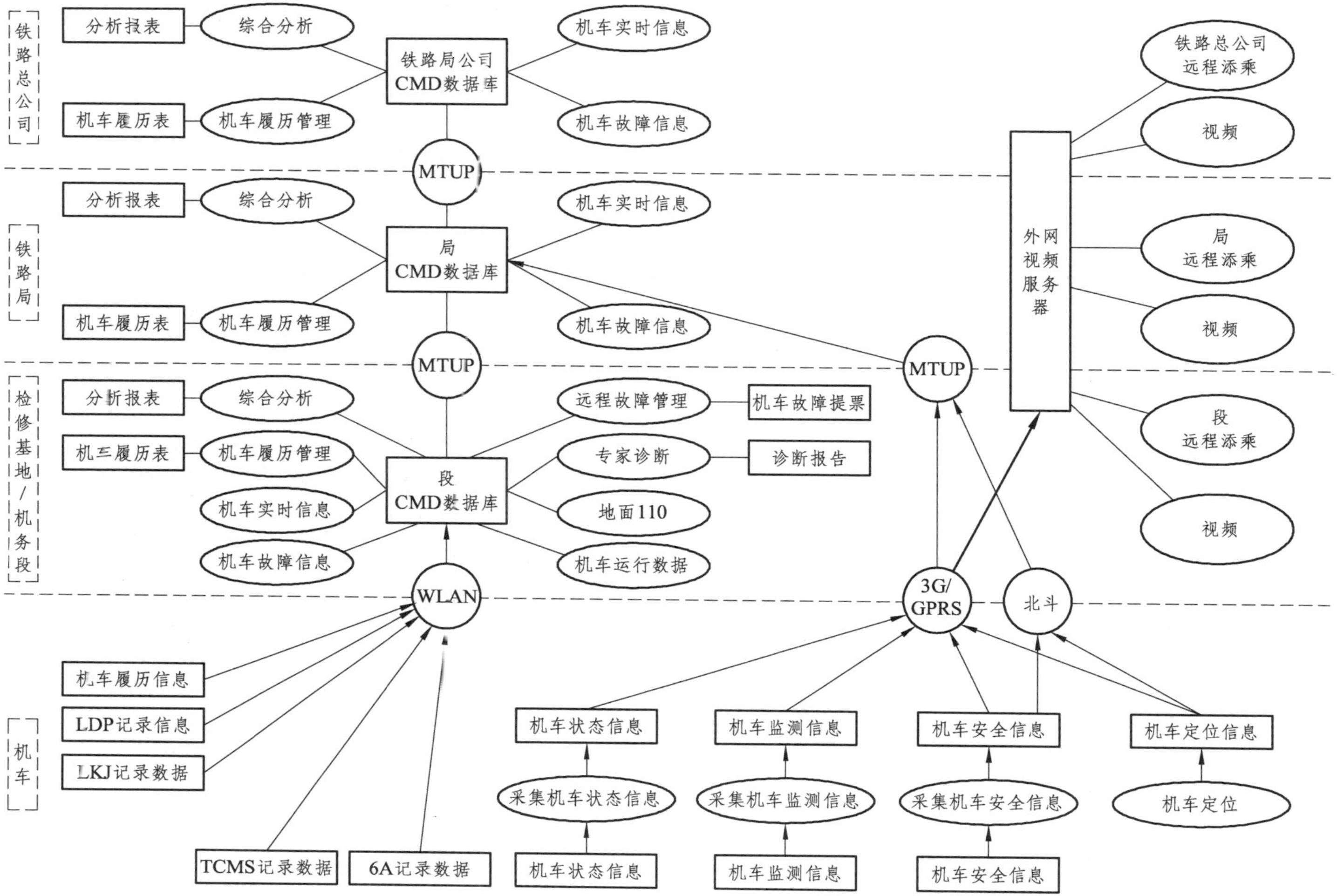

图 1.6.7 CMD 数据传输策略

三、车载子系统的构成与通信协议

通信协议规范了 LDP 与 TCMS、6A 系统、LKJ 系统之间，以及 CMD 车载子系统与地面子系统之间的通信机制、数据格式、内容、含义以及编码方式。数据流数据分类如表 1.6.4 所示。

表 1.6.4　数据流数据分类

信息种类	信息名称	传输网络	来源	传输机制	信息内容
LKJ/TAX 信息	列车状态信息	4G/3G/GPRS	LKJ	定时发送	车次、机车配属段、机车型号、机车编号、值乘司机工号、列车运行速度、当前限制速度、列车所在位置、机车信号显示、信号机编号、机车运行工况、列车制动主管压力、状态发生时间、本补客货、制动输出状态等
	列车安全信息	4G/3G/GPRS	LKJ	事件触发、地面应答	列车超速、紧急制动、列车区间非正常停车等
	过站信息	4G/3G/GPRS	LKJ	事件触发、地面应答	车次、机车型号、机车编号、车站编码、时间等
6A 信息	防火子系统信息	4G/3G/GPRS		定时发送、地面点播	防火探头报警信息
	制动子系统信息	4G/3G/GPRS		定时发送、地面点播	列车管压力、均衡缸压力、总风管压力、制动命令等
	列供子系统信息	4G/3G/GPRS		定时发送、地面点播	漏电流信息、列供直流电压、半电压、交流输入电流、用电量等信息
	走行子系统信息	4G/3G/GPRS		定时发送、地面点播	轴温检测信息
	绝缘子系统信息	4G/3G/GPRS		定时发送、地面点播	隔离电压、报警门限电压、开关状态等信息
	视频子系统信息	4G/3G		定时发送、地面点播	司机室、前方线路、机械间等位置的视频监视画面信息
信息种类	信息名称	传输网络		传输机制	信息内容
TCMS 信息	牵引系统信息	4G/3G/GPRS		定时发送、地面点播	系统级参数、变压器参数、牵引控制单元参数、牵引变流器参数、牵引电机参数和其他参数

续表

信息种类	信息名称	传输网络	来源 传输机制	信息内容
TCMS信息	网络系统信息	4G/3G/GPRS	定时发送、地面点播	辅助变流器参数、辅助供电电源参数、和辅助设备参数
	制动系统信息	4G/3G/GPRS	定时发送、地面点播	制动系统、制动机状态信息
	辅助系统信息	4G/3G/GPRS	定时发送、地面点播	主逆变、辅逆变等信息
	有线重联信息	4G/3G/GPRS	定时发送、地面点播	机车重联信息
	无线重联信息	4G/3G/GPRS	定时发送、地面点播	机车重联信息
	乘务员操作信息	4G/3G/GPRS	定时发送、地面点播	手柄级位、主断合/分等
	故障信息	4G/3G/GPRS	事件触发	TCMS 故障信息

信息种类	信息名称	传输网络	传输机制	信息内容
LDP 信息	北斗信息	4G/3G/GPRS/短报文	定时发送	经纬度、海拔、时间等信息
	自检信息	4G/3G/GPRS	定时发送	LDP 与车载其他系统的通信状态及 LDP 自身运行状态信息
	地面命令信息	4G/3G/GPRS	地面点播	地面点播、发送策略等信息

信息类型	传输机制	最大数据量	最小传输周期	最大流量
实时信息	定时发送	1024 字节	10 s	102.4 B/s
	触发发送	162 字节	200 ms	810 B/s
	点播发送	1024 字节	50 ms	20 KB/s
视频信息	点播发送	128 KB/s	连续	128 KB/s
设备记录文件	触发发送	500 KB/s	连续	500 KB/s

信息类型	最大流量	传输机制	传输通道	备注
实时信息	310 B/s	定时发送 触发发送	LDP（4G/3G）	传输带宽高，能满足 CMD 车地信息传输需求。需要增加车地传输费用，车载不能获得完整的 LKJ 信息

续表

信息种类	信息名称	传输网络	来源	传输机制	信息内容
视频信息	128 KB/s	点播发送	LDP（4G/3G）		视频信息发送到铁路内网，总公司在铁路外网部署一套视频点播服务器
设备记录文件	500 KB/s	触发发送	LDP（WLAN）		地面在需要转储车载设备记录文件的机务段、整备场部署 WLAN 无线网络

LDP 与 TCMS 之间通过以太网通信；LDP 与 6A 系统之间通过以太网通信；LDP 与 LKJ 系统的机车安全信息综合检测装置（简称 TAX）之间通过 RS485 通信，与 LKJ 系统的无线数据传输装置（简称 TSC）之间通过以太网通信（见图 1.6.8）。

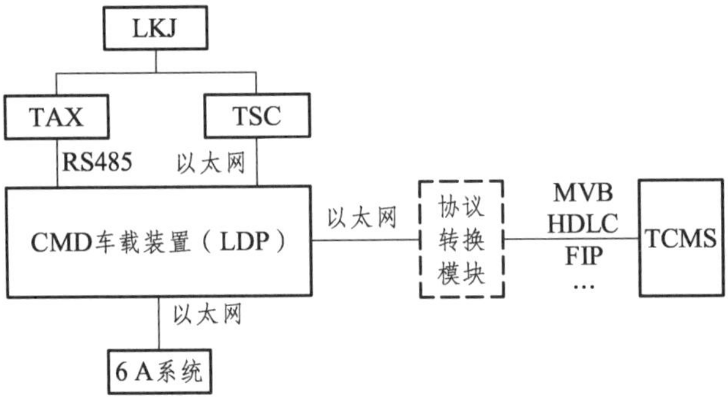

图 1.6.8　LDP 与各系统的通信

两台 LDP 在内重联模式下通过以太网通信（见图 1.6.9）。

LDP 装置主处理器板与记录板间通过以太网通信，采用 TCP/IP 协议，具体使用 UDP 通信方式。

LDP 装置主处理器板与机车履历信息管理软件之间通过 WLAN 以太网通信，采用 TCP/IP 协议，具体使用 UDP 通信方式。

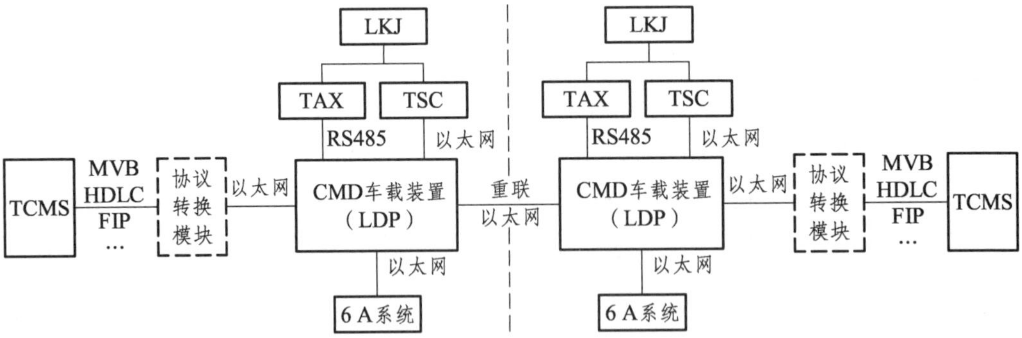

图 1.6.9　两台 LDP 在内重联系统

任务自检

1. CMD 数据传输子系统的组成部分有哪些？
2. CMD 数据传输子系统的功能有哪些？

任务四　地面综合子系统概述

任务描述

（1）认知 CMD 地面综合子系统。

（2）掌握 CMD 地面综合子系统的各个组成部分。

视频：CMD 地面综合应用子系统

PPT：CMD 地面综合应用子系统

知识储备

一、地面综合应用子系统

CMD 地面综合应用子系统采用总公司、机务段两级部署，总公司、铁路局、机务段三级应用。地面综合应用子系统主要由数据处理中心、综合服务平台和运行维护管理三部分组成（见图 1.6.10）。地面综合应用子系统按照总公司、铁路局、机务段/检修段、机车制造及修理厂商分层管理架构，为各级领导、业务主管和业务人员等用户提供机车运用、故障诊断等管理功能，提供基于业务的数据分析与统计，为其他信息系统提供数据接口。

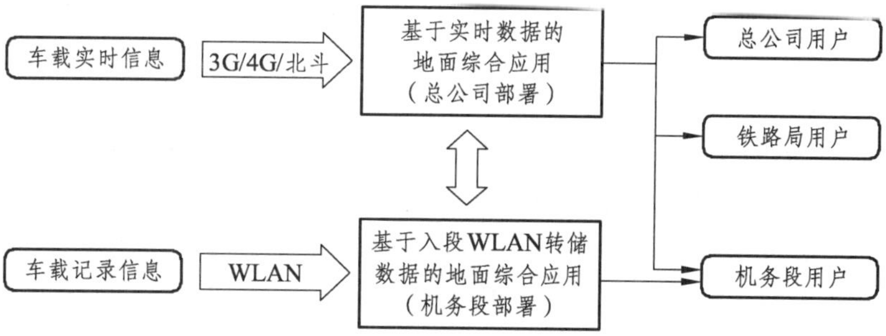

图 1.6.10　地面综合应用子系统

地面综合应用子系统通过铁路统一传输平台、车地无线传输网络、北斗发送过来的数据信息，经过解析处理后存入地面综合应用子系统的数据库服务器中，再经过分析统计后形成界面、报表，向用户展示机车运用、故障诊断等各方面的汇总统计（见图 1.6.11）。

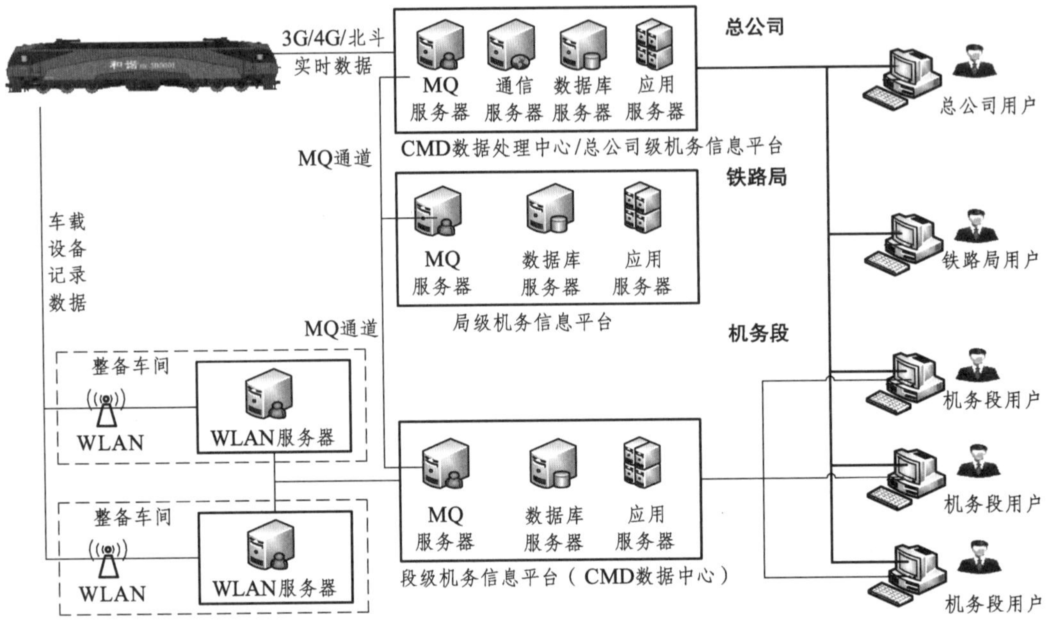

图 1.6.11　地面综合子系统三级应用

同时，CMD 系统对外与质量信息库、车号识别、运安系统、检修系统、整备系统、LKJ 分析软件、TCMS 地面分析软件、6A 系统地面分析软件、机车电子履历系统等各种外部信息系统集成，通过接口收发数据，达到信息互联互通的目的。

数据库服务器要求：总公司数据库服务器要求 4 个主频 2.6 GHz 以上的 CPU，内存不小于 32 GB，硬盘容量不小于 4 TB。铁路局数据库服务器要求 4 个主频 2.6 GHz 以上的 CPU，内存不小于 16 GB，硬盘容量不小于 2 TB。机务段/检修段数据库服务器要求 4 个主频 2.6 GHz 以上的 CPU，内存不小于 16 GB，硬盘容量不小于 2 TB。

应用服务器：总公司应用服务器要求 4 个主频 2.6 GHz 以上的 CPU，内存不小于 32 GB，硬盘容量不小于 1 TB。铁路局应用服务器要求 4 个主频 2.6 GHz 以上的 CPU，内存不小于 16 GB，硬盘容量不小于 1 TB。机务段/检修段应用服务器要求 4 个主频 2.6 GHz 以上的 CPU，内存不小于 16 GB，硬盘容量不小于 1 TB。终端客户端要求 1 个主频 1.5 GHz 以上的 CPU，内存不小于 1 GB。系统支持 7×24 h 不间断运行。具备核心业务数据的自动备份和恢复能力，能屏蔽非法用户登录，业务查询时间小于 10 s，业务统计计算时间小于 15 s。

总公司地面综合应用子系统入库处理程序实时接收各铁路局通过铁路统一传输平台发送过来的车载信息，分析处理后存入总公司地面综合应用子系统的数据库服务器中，供总公司级综合服务平台调用。总公司用户可以查看全路机车状态。

铁路局地面综合应用子系统入库处理程序实时接收来自车地无线传输网络的机车的实时信息，分析处理后存入铁路局地面综合应用子系统的数据库服务器中，供铁路局级综合服务平台调用。铁路局可以查看本局配属/支配机车状态、在本局线路上运行的它局机车状态、本局乘务员所在机车状态。

机务段/检修段地面综合应用子系统入库处理程序实时接收铁路局通信服务器转发的本段配属机车实时信息，分析处理后存入机务段/检修段地面综合应用子系统的数据库服务器中，供机务段/检修段级综合服务平台调用。机务段/检修段可以查看本段配属/支配机车状态、本段乘务员所在机车状态。

地面综合应用子系统与无线转储服务器接口，接收机车非实时信息的转储结果信息，提供查看和统计功能。地面综合应用子系统与机车电子履历系统接口，通过CMD系统的无线传输网络下载更新机车车载电子履历。

机车视频信息由6A系统提供，地面综合应用子系统点播指定机车视频后，接收机车视频信息并实时显示。

地面到机车发送的信息包含点播信息、地面诊断结果信息、远程设置等。地面到机车的信息通过铁路统一传输平台发送到机车所属局的通信服务器上，由数据传输子系统发送到指定机车。

地面综合应用子系统的质量保证要求建立项目组及内部组织机构，明确组织职责和人员角色，建立开发所需的各方面制度，如软件版本制度、发布制度、需求评审/变更制度等，以此确保地面综合应用子系统的开发管理工作正常有序进行。

为确保系统正常有效运行，需要对软件硬件进行定期维护，包括：

（1）定期检查硬件运行状况，评估硬件、机房、网络的使用情况。如有问题需联系机房管理员及时处理。

（2）定期检查软件运行情况，评估操作系统健康情况、应用程序稳定情况、数据库容量和链接情况。制定相关的问题处理制度，当发生问题时按制度流程处理，并及时记录与上报。

二、地面综合应用子系统涉及岗位

地面综合应用子系统所涉及岗位包括应急处理台（见图 1.6.12）、技术科（见图 1.6.13）、TCMS 分析岗（见图 1.6.14）。

三、机务段 WLAN 系统

机务段 WLAN 系统由部署在整备场的 WLAN 网络、部署在整备场机房内的WLAN 无线转储系统和部署在机务段机房内的数据交换中心构成（见图 1.6.15）。

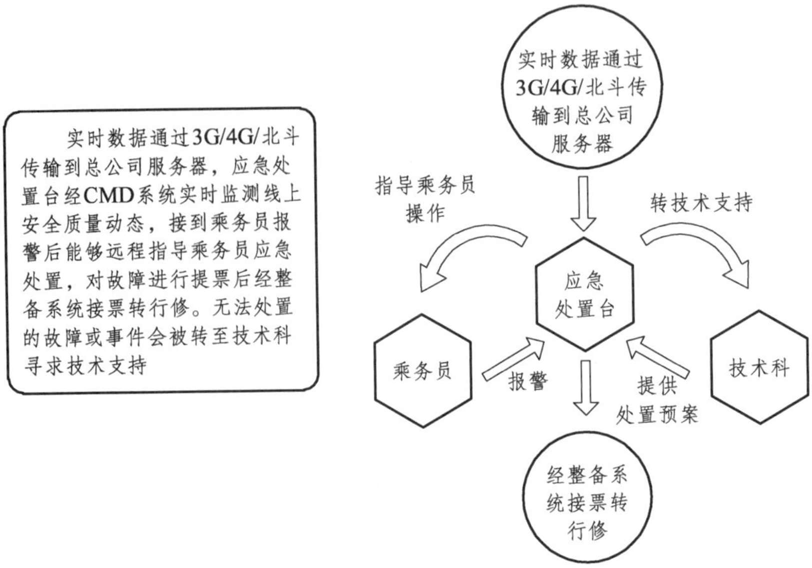

图 1.6.12　应急处置台

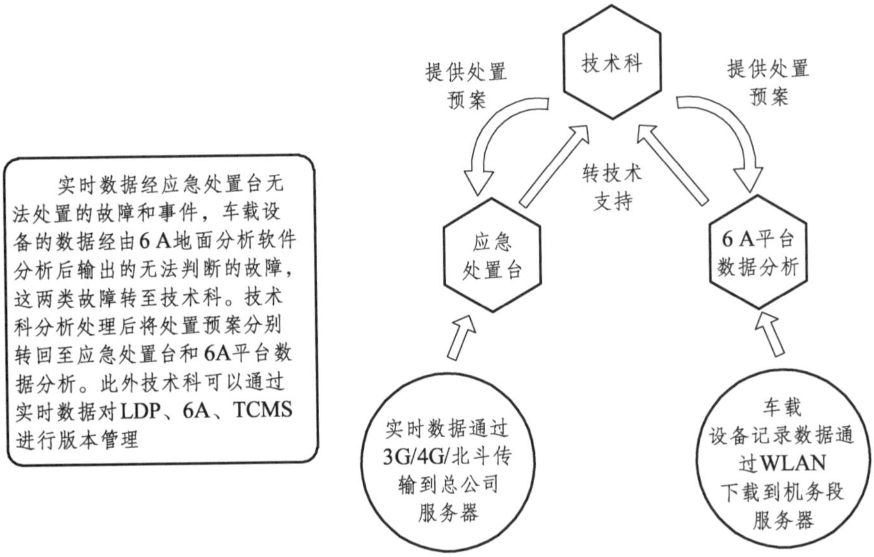

图 1.6.13　技术科

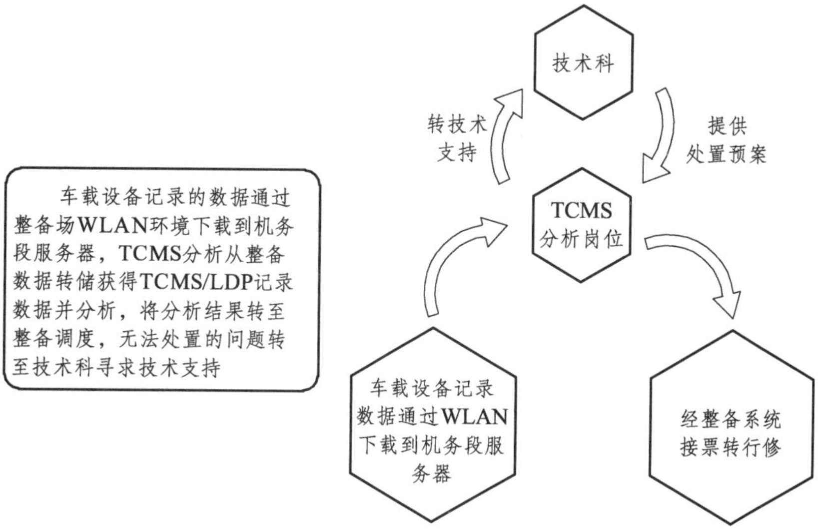

图 1.6.14　TCMS 分析岗

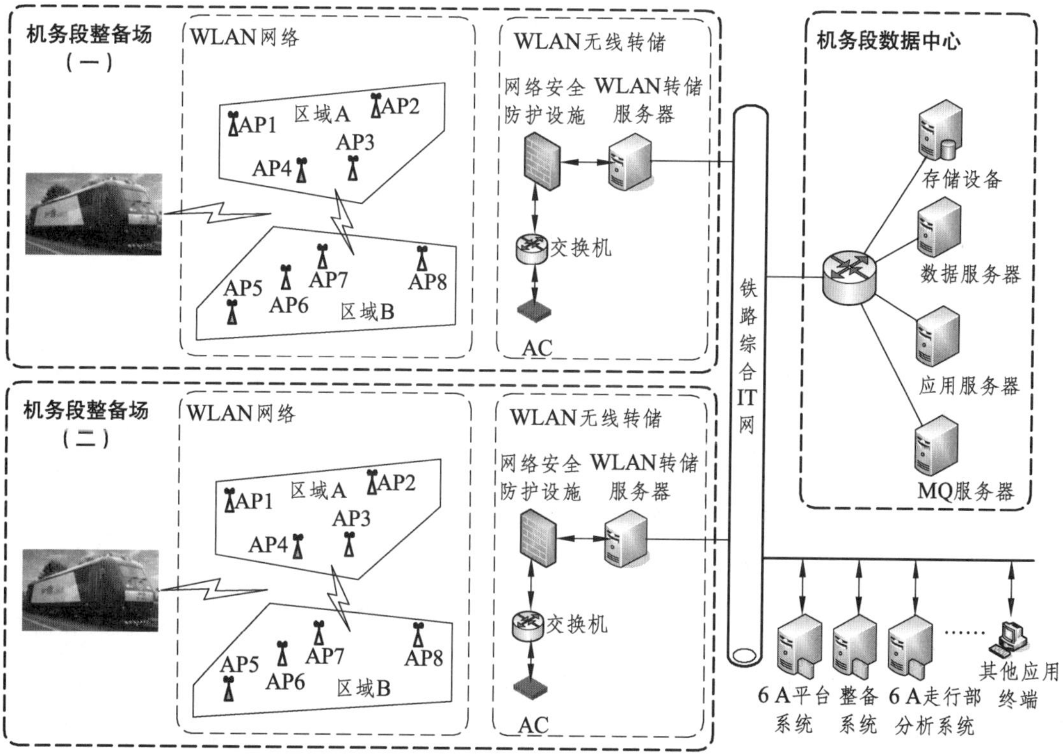

图 1.6.15　机务段 WLAN 系统

任务自检

1. CMD 地面综合应用子系统的组成部分有哪些？
2. CMD 地面综合应用子系统涉及的岗位有哪些？

项目七　列车运行控制系统

项目描述

2022年4月21日，由我国自主研发的复兴号高速综合检测列车在济郑高铁濮阳至郑州段成功实现明线上单列时速435 km、相对交会时速达870 km，创造了高铁动车组列车明线交会速度世界纪录。那么，能驾驶创造世界纪录高铁动车组的究竟是什么样的人呢？担当此次交会试验列车驾驶任务的是来自中国铁路郑州局集团有限公司郑州机务段的司机——35岁的赵洋和34岁的曹乾伟。肩扛重任的背后，是他们超越寻常的付出。入路至今，两位“85后”已分别有10年和8年的机车驾龄安全公里数达到119.8万公里和73.9万公里，两人相加起来相当于已开着火车平安绕行地球赤道48圈。赵洋在岗位上曾有多次处理突发状况的优秀表现，曹乾伟在业务技能方面也一直保持着优异成绩；此次为交会试验甄选驾驶司机，从业务技能、心理素质、工作经验、政治素养等多方考量，赵洋和曹乾伟脱颖而出，成功当选值乘司机，圆满完成交会试验。

高速列车为什么能飞驰而过？除了驾驶人员高超娴熟的驾驶技能之外，还离不开高速列车的大脑——列车控制系统（CTCS）的保驾护航，正是有了高速列车上这颗智能“心”，才保证了高速列车安全、正点、高效、智能地奔驰在广袤的大地之上。

本项目重点介绍了我国列车控制系统的发展历程，列车控制系统的应用等级及常用列车控制系统的组成及原理，学习过程中要求学生树立安全行车和质量意识，培养学生对比分析能力。

通过本项目学习，使学生熟知我国列车运行控制系统的发展过程的基本知识；同时要掌握列车控制系统（CTCS）的分级原则；能够掌握列车超速防护系统（ATP）的作用原理，并熟悉掌握不同的列车控制系统在列车上的应用。

知识目标

（1）了解我国列车运行控制系统的发展。

（2）掌握 CTCS 的分级及组成。

（3）掌握动车组超速防护系统（ATP）组成及原理。

能力目标

（1）能自主学习中国列车控制系统的发展过程。

（2）能描绘 CTCS 系统的等级种类，和 CTCS-2 系统的组成和原理。

（3）能熟知超速防护系统（ATP）组成及防护原理。

思政目标

（1）培养精益求精、严谨细致、操作规范的职业精神。

（2）树立协作意识、责任意识、安全意识。

任务一　我国列车控制系统概述

任务描述

（1）了解我国列车控制系统的发展过程。

（2）掌握列控系统的系统组成与主要功能。

视频：CTCS 认知　　PPT：CTCS 认知

知识储备

列车运行控制系统简称列控，是保证列车安全、快速运行的系统。列车运行控制系统的主要作用是完成列车的间隔控制和速度控制。完整的列车运行控制系统应包括车载设备和地面设备。

机车信号、列车自动停车装置、列车无线调度电话合称为“机车三大件”。自 20 世纪 80 年代开始在我国铁路迅速普及。它们对保证行车安全，提高运输效率起到了显著作用，也是我国列车运行控制系统的起点。

但长期以来，列车运行控制系统在我国铁路并未形成技术规范，未得到系统发展，一直是利用地面联锁和闭塞设备，配合车载机车信号和列车运行监控记录装置，采用司机人工控车为主的列车控制模式。直到 2003 年，铁道部才制订了发展中国列车运行控制系统（Chinese Train Control System，CTCS）的规划。2007 年，在第六次大提速工程中，开始采用 CTCS-2 级列控系统。

伴随我国高速铁路的发展，列车运行控制系统已由以地面信号为主的机车信号、列车运行监控记录装置发展为以车载信号为主的具有超速防护功能的 CTCS-2 级和 CTCS-3 级列控系统。目前，在我国高速铁路上广泛应用了列车运行控制系统。

一、列控系统的构成

我国正在编制中国列车运行控制系统（CTCS）的技术规范，着手全力发展和装备列车运行控制系统。CTCS 技术规范是参照欧洲列车运行控制系统（ETCS）编制的。以下介绍将以 CTCS 为主。

CTCS 有两个子系统，即车载子系统和地面子系统，其系统结构如图 1.7.1 所示。地面子系统可由以下部分组成：应答器、轨道电路、无线通信网络（GSM-R）、列车控制中心（TCC）/无线闭塞中心（RBC）。其中 GSM-R 不属于 CTCS 设备，但是 CTCS 的重要组成部分。

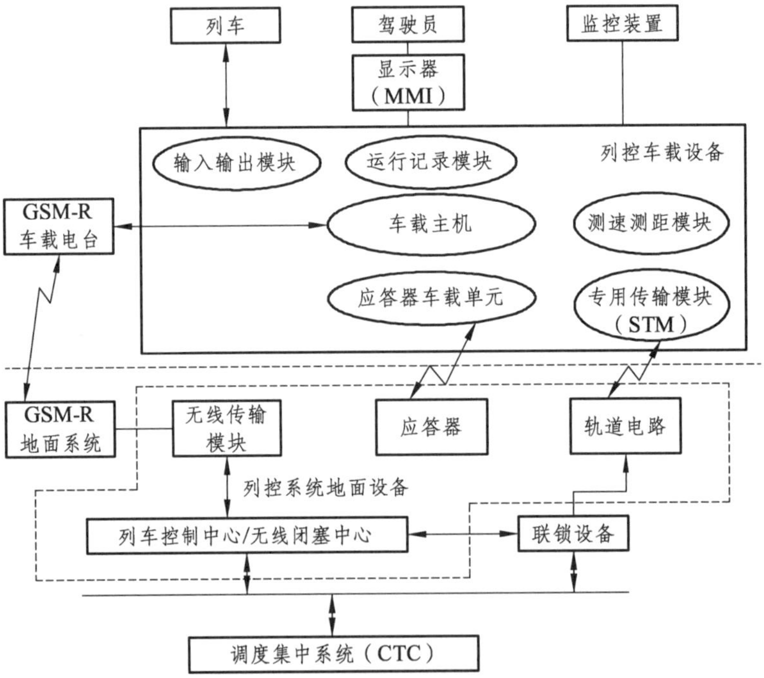

图 1.7.1　CTCS 系统结构示意图

应答器是一种能向车载子系统发送报文信息的传输设备，既可以传送固定信息，也可连接轨旁单元传送可变信息。

轨道电路具有轨道占用检查、沿轨道连续传送地车信息功能，应采用UM系列轨道电路或数字轨道电路。

无线通信网络（GSM-R）是用于车载子系统和列车控制中心进行双向信息传输的车地通信系统。

列车控制中心是基于安全计算机的控制系统，它根据地面子系统或来自外部地面系统的信息（如轨道占用信息、联锁状态等）产生列车行车许可命令，并通过车地信息传输系统传输给车载子系统，保证列车控制中心管辖内列车的运行安全。

车载子系统可由以下两部分组成：CTCS车载设备和无线系统车载模块。

CTCS车载设备是基于安全计算机的控制系统，通过与地面子系统交换信息来控制列车运行。

无线系统车载模块用于车载子系统和列车控制中心进行双向信息交换。

二、列控系统的主要功能

1. 基本功能

（1）列控系统的车载信号是列车运行的凭证。

（2）按列车安全制动距离自动调整列车运行追踪间隔。

（3）防止列车运行速度超过线路允许速度、道岔侧向规定速度以及列车构造速度，保证列车行车安全，超速时由列控设备自动实行减速或制动停车。

（4）防止列车冒进关闭的禁止信号机（或点）。

（5）监督列车以低于30 km/h的速度进行出入库作业。

（6）与机车自身速度控制系统结合，实现对列车减速、缓解、加速的自动控制。

（7）与列车调度系统结合，实现对列车的简单自动驾驶。

（8）由车载测速单元获取列车走行速度和列车的位置。每通过一个轨道区段分界点或应答器时，列车的测距系统将校正1次，以提高目标距离的精度。

（9）根据接收地面中心信息以及车载设备实时处理，车载设备应连续向司机显示下列行车内容：目标速度、目标距离、允许速度、实际速度。

（10）辅助报警显示：超速、制动、缓解、故障。

2. 其他安全功能

为保证高速铁路列车的安全运行，还设有下列检测设备和安全防护措施，并纳入列控系统进行统一管理，构成完整的列车安全运行体系。

（1）环境状况监督。强风、雨、雪检测器及立交处防落物检测器产生的报警信号被传输给车站和区段调度所。列控系统根据这些信息发出限速或停车指令。

（2）列车状态检测。轴温检测器产生的报警信号传到车站和区段调度所。列控系统对这些信息进行处理，通过点式传输，将轴温报警信息传送给列车。

（3）人员和设备防护在施工或发生事故时，通过局部操作或车站/区段调度所控制，使列控系统发出各种防护或限速命令，对设备或人员进行安全防护。

（4）列控系统不仅具有列车速度控制功能，根据需要，其控制中心还应对所辖区间内渡线道岔及中间小站道岔进行控制，实现信号基础安全设备一体化。

（5）设备维护功能。对列控地面设备状态进行监督管理，存储设备故障的信息。设备状态的故障及报警信息传到区段调度所或车站操作员处。

任务自检

1. 简述我国列车运行控制系统的发展。
2. 列控系统的组成有哪些？
3. 列控系统的作用是什么？

任务二 CTCS 列控系统的应用等级

任务描述

（1）掌握我国列车控制系统（CTCS）的应用等级。

（2）掌握列控系统的系统（CTCS）应用等级划分的特点。

知识储备

随着中国客运专线的建设和高速铁路的发展，对铁道信号技术提出了新的挑战。为了建立一套完整的兼顾既有线路和高速铁路的列车运行控制系统，在现有国内技术水平基础上，参照国外列车运行控制系统规范和运用经验，结合我国铁路运输特点，遵循全路统一规划的原则，我国于 2004 年构建了具有自主知识产权的列控系统标准，即《CTCS 技术规范总则（暂行）》。结合我国国情，从实际需求出发，遵循以地面设备为基础、车载与地面设备统一设计的原则，按系统构成和功能将 CTCS 系统划分为 CTCS-0 级、CTCS-1 级、CTCS-2 级、CTCS-3 级和 CTCS-4 级。

CTCS 是中国列车运行控制系统（Chinese Train Control System）的英文字头。它是在保证列车安全运行前提下，以分级形式满足不同线路运输需求的列车运行控制系统。

一、CTCS 应用等级

CTCS 系统采用 4 层结构，分别为：

（1）运输管理层：是行车指挥中心，其通过通信网络实现对列车运行的控制。

（2）网络传输层：以无线和有线的方式实现数据的传输。

（3）地面设备层：包括列控中心、点式设备、轨道电路等。

（4）车载设备层：包括车载安全计算机、连续信息接收模块、点式信息接收模块、无线通信模块等。针对不同的线路、不同的传输信息方式和闭塞技术，CTCS划分为5个等级,依次为CTCS-0～CTCS-4级,同条线路上可以实现多种应用级别，向下兼容，以满足不同线路速度需求。

1. CTCS-0级

CTCS-0级适合既有线的现状，即由目前使用的通用式机车信号和运行监控记录装置构成。

为了规范的一致性，将目前干线铁路应用的地面信号设备和车载设备定义为0级。0级由通用机车信号+列车运行监控装置组成。

0级的控制模式也是目标距离式，它在既有地面信号设备的基础上，采取大贮存的方式把线路数据全部贮存在车载设备中，靠逻辑推断地址调取所需的线路数据，结合列车性能计算给出目标距离式制动曲线。如能在每个进出站口增加点式设备，加强核对地址，就能大大减少逻辑推断地址产生错误的可能性。

日本的数字列车运行控制系统I—ATC就是采取车载信号设备贮存电子电图，通过每一轨道区段的地址编码来调取所需的线路数据，这种方式可以使地车信息传输的信息的需求量减少。在欧洲列车控制系统ETCS规范中也不排斥车载信号设备贮存线路数据的方式。

CTCS-0级适用于列车最高运行速度为160 km/h及以下，一般自动闭塞设计仍按固定闭塞方式进行，采用四显示自动闭塞，信号显示具有分级速度控制的概念，其目标距离式制动曲线可作为参考。应该说这是一个过渡阶段。

2. CTCS-1级

CTCS-1级由主体机车信号+加强型运行监控装置组成，面向速度160 km/h及以下的区段，在既有设备基础上强化改造，达到机车信号主体化要求，增加点式设备，实现列车运行安全监控功能。利用轨道电路完成列车占用检测及完整性检查，连续向列车传送控制信息。

CTCS-1级的控制模式为目标距离式，采取大贮存的方式把线路数据全部贮存在车载设备中，靠逻辑推断地址调取所需的线路数据，结合列车性能计算给出目标距离式制动曲线。目标距离控制模式根据目标距离、目标速度及列车本身的性能确定列车制动曲线，不设定每个闭塞分区速度等级，采用一次制动方式。

1级与0级的差别在于全面提高了系统的安全性，1级是对0级的全面加强，可称为线路数据全部储存在车载设备上的列车运行控制系统。

3. CTCS-2级

CTCS-2级是面向提速干线和高速新线，采用车地一体化设计，基于轨道电路传输信息的列车运行控制系统。适用于各种限速区段，地面可不设通过信号机，机车乘务员凭车载信号行车。可实现行车指挥-联锁-列控一体化、区间-车站一体化、通信-信号一体化和机电一体化。

CTCS-2 级是基于轨道电路和点式信息设备传输信息的列车运行控制系统，面向提速干线和高速新线，适用于各种限速区段，地面可不设通过信号机。

CTCS-2 级原本是 CTCS 技术规范中的一个应用等级，但经过铁道部组织专家研究，已形成一种固定模式，构成一个系统，因为没有为这个系统另命名，就称其为 CTCS-2 级系统，它立足于国产化的地面设备，车载信号设备也已经技术引进，功能比较齐全并设合国情。以后提到 CTCS-2 级的很多地方，实际上应严格称为符合 CTCS-2 级标准的列控系统。

轨道电路完成列车占用检测及完整性检查，连续向列车传送控制信息；点式信息设备传输定位信息、进路参数、线路参数、限速和停车信息。

CTCS-2 级采用目标距离控制模式（又称为连续式一次速度控制）。目标距离控制模式根据目标距离、目标速度及列车本身的性能确定列车制动曲线，不设定每个闭塞分区速度等级，采用一次制动方式。

CTCS-2 级采取的闭塞方式称为准移动闭塞方式，准移动闭塞的追踪目标点是前行列车所占用闭塞分区的始端，留有一定的安全距离，而后行列车从最高速开始一次制动曲线的计算点是根据目标距离、目标速度及列车本身的性能计算决定的。目标点相对固定，在同一闭塞分区内不依前行列车的走行而变化，而制动的起始点是随线路参数和列车本身性能不同而变化的。空间间隔的长度是不固定的，由于要与移动闭塞相区别，所以称为准移动闭塞。显然其追踪运行间隔要比固定闭塞小一些。

4. CTCS-3 级

CTCS-3 级是面向提速干线、高速新线或特殊线路，基于无线传输信息并采用轨道电路等方式检查列车占用的列车运行控制系统。适用于各种限速区段，地面可不设通过信号机，机车乘务员凭车载信号行车。

CTCS-3 级是基于无线通信（如 GSM-R）的列车运行控制系统，它可以叠加在既有干线信号系统上。

轨道电路完成列车占用检测及完整性检查，点式信息设备提供列车用于测距修正的定位基准信息。无线通信系统实现地车间连续、双向的信息传输，行车许可由地面列控中心产生，通过无线通信系统传送到车上。

CTCS-3 级与 2 级一样，采取目标距离控制模式（又称为连续式一次速度控制）和准移动闭塞方式。由于其实现了地车间连续、双向的信息传输，所以功能更丰富些，实时性更强些。

5. CTCS-4 级

面向高速新线或特殊线路，基于无线传输信息的列车运行控制系统。地面不设通过信号机，机车乘务员凭车载信号行车。列车定位和完整性检查由无线闭塞中心和车载验证系统共同完成，实现虚拟闭塞或移动闭塞。

CTCS-4 级是完全基于无线通信（如 GSM-R）的列车运行控制系统。由地面无线闭塞中心（RBC）和车载设备完成列车占用检测及完整性检查，点式信息设备提供列车用于测距修正的定位基准信息。

CTCS-4 级采取目标距离控制模式，列车按移动闭塞或虚拟闭塞方式运行。

虚拟闭塞是准移动闭塞的一种特殊方式，它不设轨道占用检查设备，采取无线定位方式来实现列车定位和占用轨道的检查功能。

二、CTCS 应用等级划分的特点

分析 CTCS 的应用等级划分，可发现以下两个特点。

1. 各应用等级均采用目标距离控制模式，采取连续一次制动方式

这是由于我国的列控系统的应用起步晚，起点高，因此一步就瞄准了比较先进的控制模式。我国也曾应用过阶梯式和曲线式分级速度控制，取得了一定经验，但并未形成规模。CTCS 规范推荐采用目标距离控制模式是适宜的，符合国际列控系统的发展趋势。由于列控系统的控制模式是其主要特征和性能之一，控制模式决定了闭塞方式和列车运行间隔，从而决定了运输能力，所以说除移动闭塞外，各应用等级的主要功能几乎是一样的。

2. 各应用等级是根据设备配置来划分的，其主要差别在于地对车信息传输的方式和线路数据的来源

基于国情，ZPW-2000 系列轨道电路比较成熟，国产化较早，所以将其作为基础设备之一；欧标应答器通用性强，供货厂商多，国内企业已研制成功，也列为基础设备之一；轨道电缆和计轴器不准备推广；数字轨道电路国际上唯有日本用其实现了目标距离控制模式，国内研制尚未成熟，数字轨道电路的生命力将取决于其国产化程度和进度，暂不确定；无线通信（如 GSM-R）已在欧洲得到推广，能实现地车间连续、双向的大信息量传输，有发展趋势，用于高等级列控系统。

线路数据完全储存于车载数据库，靠逻辑推算来提取相应数据的方式，适用于较低等级列控系统；点式信息设备传输线路数据的方式，增加了线路数据的实时性，用于中等级列控系统，至于采用储存电子地图还是点式信息设备提供闭塞区段地址码的方式将在技术发展中比选；无线通信连续、双向信息传输，有大信息量和实时性的优势，用于高等级列控系统。

为便于对照，用表 1.7.1 进行了归纳，其中 L 为一个闭塞分区。

表 1.7.1　列控系统等级比较表

应用等级	L0	L1	L2	L3	L4
控制模式	目标距离	目标距离	目标距离	目标距离	目标距离
制动方式	一次连续	一次连续	一次连续	一次连续	一次连续
闭塞方式	固定闭塞或准移动闭塞	准移动闭塞	准移动闭塞	准移动闭塞	移动闭塞或虚拟闭塞
地对车信息传输	多信息轨道电路+点式设备	多信息轨道电路+点式设备	多信息轨道电路+点式设备；或数字轨道电路	无线通信双向信息传输	无线通信双向信息传输
轨道占用检查	轨道电路	轨道电路	轨道电路	轨道电路等	五限定为应答器校正
列车运行间隔	按固定闭塞运行大于 L	设为对照值 L	L	L	小于 L
线路数据来源	储存于车载数据库	储存于车载数据库	应答器提供或数字轨道电路	无线电通信提供	无线电通信提供
对应 ETCS 级			ETCS1 级	ETCS2 级	ETCS3 级

任务自检

1. 简述我国列车运行控制系统的发展。
2. 列控系统的组成有哪些？
3. 列控系统的作用是什么？

任务三　CTCS-2 级列控系统构成

任务描述

（1）掌握 CTCS-2 级列控系统的总体构成。

（2）掌握 CTCS-2 级列控系统的速度防护模式。

视频：CTCS-2 概述　　PPT：CTCS-2 概述

知识储备

根据《CTCS 技术规范总则》的描述，CTCS-2 级列控系统是基于轨道电路和点式设备传输信息的列车运行控制系统。它面向客运专线、提速干线，适用于各种限速区段，机车乘务员凭车载信号行车。

CTCS-2 级列控技术条件如表 1.7.2 所示。

表 1.7.2　CTCS-2 级列控技术条件

<table>
<tr><td>项目</td><td colspan="2">地面设备</td><td colspan="2">车载设备</td></tr>
<tr><td>闭塞方式</td><td>设备名称</td><td>作用</td><td>设备名称</td><td>作用</td></tr>
<tr><td rowspan="3">CTCS-2
基于轨道电路的固定闭塞</td><td>轨道电路</td><td>列车占用检测和列车完整性查、连续向列车传送控制信息</td><td>连续信息接收模块</td><td>完成轨道电路信息的接收与理</td></tr>
<tr><td rowspan="2">点式信息设备</td><td rowspan="2">用于向车载设备传输定位信息、进路参数、线路参数、限速和停车信等</td><td>点式信息接收模块</td><td>测速模块</td></tr>
<tr><td>完成点式信息的接收与处理</td><td>实时检测列车运行速度并计算走行距离</td></tr>
</table>

（1）CTCS-2 级本身是《CTCS 技术规范总则》中根据系统配置按功能划分的一个等级标准，有相应的技术条件，并不指定具体的设备和细节。

（2）CTCS-2 是结合中国情况构思，具有中国特色的列控系统，有以下特点：

① 符合 CTCS 的 2 级标准，基于轨道电路和应答器进行车地间信息传输。

② 采用目标距离的控制模式，实现一次连续制动方式。

③ 能在既有提速线路上叠加，实现在同一线路上与既有信号系统的兼容。

④ 采用了具有自主知识产权的 ZPW-2000A 型无绝缘轨道电路。采用欧标应答器，欧标应答器国内已有厂家试制成功。这就意味着地面设备已能国产化。车载信号设备已通过引进设备实现技术引进，最终实现国产化。

一、CTCS-2 级列控系统的总体构成

CTCS-2 级列控系统分车载设备和地面设备两部分，地面设备又分轨旁和室内设备两部分，其总体结构如图 1.7.2 所示。

视频：CTCS-2 地面及车载系统

PPT：CTCS-2 地面及车载系统

1. 地面设备

地面设备由车站列控中心、地面电子单元（LEU）、点式应答器、ZPW-2000（UM）系列轨道电路、车站闭环电码化、车站计算机联锁等组成。轨道电路、车站电码化传输连续列控信息，点式应答器、车站列控中心传输点式列控信息。

列控中心的硬件设备结构要求与车站计算机联锁相同，采用联锁列控一体化结构，根据列车占用情况及进路状态，通过对轨道电路及可变应答器信息的控制产生行车许可信息及进路相关的线路静态速度曲线，并传送给列车。

轨道电路采用 ZPW-2000 系列轨道电路，完成列车占用检测及列车完整性检查，连续向列车传送允许移动控制信息。

站内轨道电路：车站正线及股道采用与区间同制式的轨道电路。

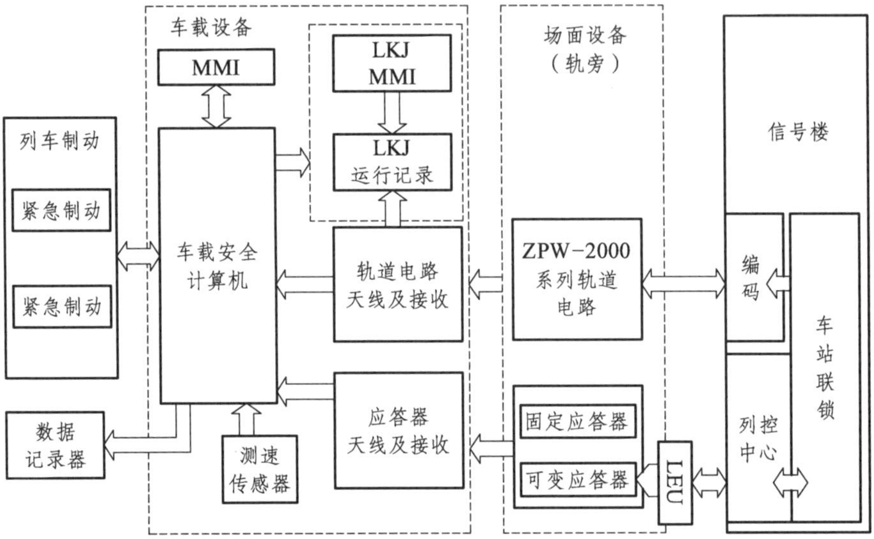

图 1.7.2　CTCS-2 级列控系统构成

点式应答器：采用电气特性与欧洲 ETCS 技术规范相同的大容量应答器。固定应答器设于各闭塞分区入口处，如车站进站信号机、出站信号机及区间信号点，用于向车载设备传输定位信息、进路参数、线路参数、限速和停车信息等；可变点式应答器设于进站口，当列车通过该应答器进站停车时，应答器向列车提供地面应答器编号、至出站点的链接信息、接车进路线路参数，包括目标距离、线路坡度、线路限速、信号机类型和轨道电路载频等信息以及接车进路区域临时限速值等。

2. 车载设备

车载设备由车载安全计算机、轨道信息接收单元（STM）、应答器信息接收单元（BTM）、制动接口单元、记录单元、人机界面（DMI）、速度传感器、BTM 天线、STM 天线等组成。车载设备根据地面设备提供的信号动态信息、线路静态参数、临时限速信息及有关动车组数据，生成控制速度和目标距离模式曲线，控制列车运行。同时，记录单元对列控系统有关数据及操作状态信息实时动态记录。

车载安全计算机：采用高可靠的安全计算机平台，根据地面连续式和点式传输的移动授权及线路数据，生成连续式速度监督曲线，监控列车的安全运行，超速时，通过继电接口对列车的制动系统发出制动控制指令。

轨道电路接收模块：接收 ZPW-2000 系列轨道电路低频信息，并将该连续信息同时提供给车载安全计算机和 LKJ 运行记录器。

应答器接收模块：接收处理应答器信息，并将该信息提供给车载安全计算机。

车载人机界面通过触摸屏显示列车运行速度、允许速度、目标速度和目标距离，并可接收司机输入。

测速测距有两种形式的传感器：轴端速度传感器和雷达，前者更适合低速应用，后者则更适合高速，采用两种传感器的结合，可保证测速测距的更高精度。制动接口采用继电接口方式，紧急制动采用失电制动方式。

数据记录器用于记录与系统运行和状态有关的数据，纪录的数据将在 ATP 系统故障时用于维护目的。采用 LKJ 运行记录器，用于驾驶事件及 ATP 控制事件的记录。

车载设备的信息来源于轨道电路和点式信息设备并在嵌入的运行管理记录单元中设置车载数据库。同时，预留无线通信与列车通信网络的接口。车载设备的基本要求如下：

（1）防止列车冒进禁止信号，应根据系统安全要求设置安全防护距离。

（2）应具有冒进防护措施。

（3）防止列车越过规定的停车点。

（4）防止列车超过允许速度、固定限速和临时限速运行，临时限速命令由调度中心或本地限速给出，限速等级及区域应满足运营需要。

（5）应具有车尾限速保持功能。

（6）防止列车超过规定速度引导进站。

（7）防止机车超过规定速度进行调车作业。

（8）车轮打滑和空转不得影响车载设备正常工作。

二、速度防护模式

视频：CTCS-2 级列车运行控制系统模拟

PPT：CTCS-2 临时限速地面设备传输信息流程

列控系统采用目标距离-速度控制模式，其采取的制动模式为连续式一次制动速度控制的方式，根据目标距离、目标速度及列车本身的性能确定列车制动曲线，如图 1.7.3 所示。

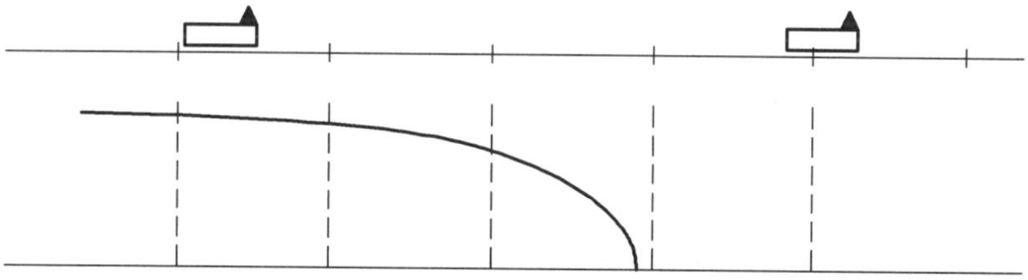

图 1.7.3　目标距离-速度控制模式示意图

制动速度控制曲线是一次连续的，需要一个制动距离内所有的线路参数，通过应答器进行信息传输。

目标距离是由轨道电路连续信息传输的，构成了移动授权凭证。

目标距离控制模式根据目标距离、目标速度及列车本身的性能确定列车制动曲线，不设定每个闭塞分区速度等级，采用一次制动方式。目标距离控制模式追踪目标点是前行列车所占用闭塞分区的始端，而后行列车从最高速开始制动的计算点是根据目标距离、目标速度及列车本身的性能计算决定的。目标点相对固定，在同一闭塞分区内不依前行列车的走行而变化，而制动的起始点是随线路参数和列车本身性能不同而变化的。两列车空间间隔的长度是不固定的，所以称为准移动闭塞。

目标距离速度控制曲线实际上有3条，如图1.7.4所示。

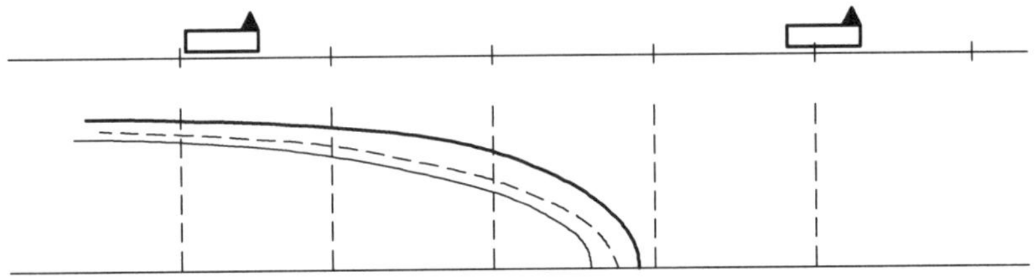

图1.7.4　CTCS-2级速度控制曲线示意

图中粗实线为紧急制动速度控制线，短划虚线为常用制动速度控制线，点虚线为司机实际运行速度控制线。

目标距离-速度控制线，从最高速至零速的列车控制减速线为一条连贯和光滑的曲线，列车实际减速运行线只要在常用制动控制线以下就可以了，列车超速碰撞了常用制动速度控制线，设备报警并自动实施常用制动，如继续超速碰撞了紧急制动速度控制线，则引发紧急制动，因为速度控制是连续的，全程监控的，所以不会超速太多，紧急制动的停车点不会冒出闭塞分区，可以不增加一个闭塞分区作为安全防护区段，当然设计时会在停车点与目标点之间留有一定的安全距离。

列控设备给出的一次连续的制动速度控制曲线是根据目标距离、线路参数和列车自身的性能计算而定的，制动速度控制曲线是一次连续的，需要一个制动距离内所有的线路参数，线路参数通过应答器进行信息传输。目标距离是由轨道电路进行连续信息传输的，构成了移动授权凭证。

目标距离-速度控制的列车制动的起始点是随线路参数和列车本身性能不同而变化的，空间间隔的长度是不固定的，比较适用于各种不同性能和速度列车的混合运行，其追踪运行间隔要比分级速度控制小，减速比较平稳，旅客的适舒度也要好些。

目标距离-速度控制线的目标点为停车点时，目标速度值为零；当目标点为进站道岔侧向时，则道岔侧向限速值即为目标速度值，如图1.7.5所示。

任务自检

1. 什么是CTCS？它如何分级的？
2. 比较各级CTCS的异同。
3. CTCS-2级列控系统的特点是什么？
4. CTCS-2级速度防护模式是什么？

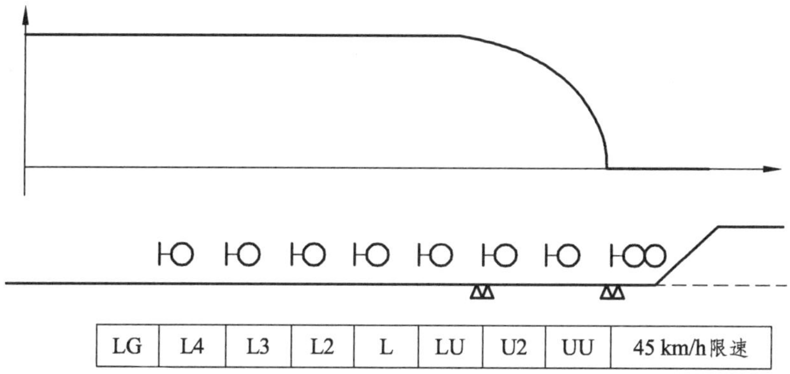

图 1.7.5 侧线接车时的速度控制线

任务四 列车超速防护系统（ATP）

任务描述

（1）了解列车超速防护系统（ATP）的基本概念。

（2）掌握 CTCS 的类别和分级原则。

（3）掌握 CTCS-2 车载 ATP 系统的组成原理。

知识储备

一、ATP 的基本概念

ATP（Automatic Train Protection），即列车运行超速防护。随着列车速度的提高和密度的加大，必须装备列车超速防护系统来保证行车安全。对于高速铁路，ATP 更是保证列车运行安全的最重要的技术支持手段。ATP 不仅可用来保证列车之间的运行安全，还用于受曲线等线路条件、通过道岔、慢行区间等限制而需要限速的区段。因此，限速等级是根据后续列车和先行列车之间的距离、线路条件等决定的。

ATP 可对列车运行速度进行监督。当列车实际速度超过允许速度值时，控制列车进行常用全制动或紧急制动，使列车停车或减速。ATP 通过人-机界面 DMI 向司机显示列车运行速度、列车允许速度、列车目标速度及目标距离等信息，监控列车安全运行，能可靠地保证列车在运行中不超速、不冒进。ATP 使铁路信号速度化，信号信息具备明确的速度含义，并根据这些信息对列车运行速度进行实时连续监控。地面列控信息主要根据进路、线路条件以及前后列车的运行位置产生目标距离、目标速度允许速度等信息。ATP 车载设备依据接收到的信息，根据列车构造速度、制动性能计算出控制曲线，对列车是否遵守信号（速度）指令进行实际运行速度的监控。当列车在允许速度控制曲线以下运行时，ATP 车载设备相当于“机车信号”，只不过信号显示已不仅是灯光颜色，而且允许速度值的量化显示；当列车的实际运行速度接近或超过允许速度曲线规定的允许速度值时，ATP 车载设备就会报警、制动，起到防止“两冒一超”的安全作用。也就是说，只要 ATP 设备正常工作，列车就不会发生“两冒一超”方面的行车事故。

ATP 系统是由地面信号设备（含列车占用检查、运行位置定位、信息传输等）和车载信号设备共同构成的系统。列车占用检查和运行位置定位时一般采用轨道电路、应答器等设备；信息传输时一般采用轨道电路、应答器以及 GSM-R 无线通信设备。车载设备采用以车载安全型计算机为核心的多系冗余系统。从世界各国的国家铁路来看，ATP 系统主要用于提速区段和高速铁路，驾驶操作包括列车加速等仍由司机完成，而防止“两冒一超”的安全性操作则由系统自动完成，这样就大大提高了提速区段和高速列车的安全保证等级。

二、ATP 的基本功能

按照有关的规范和技术条件，对 ATP 的基本功能要求如下：

（1）在不干扰机车乘务员正常驾驶的前提下有效地保证列车运行安全。

（2）在任何情况下防止列车无行车许可运行。

（3）防止列车超速运行，包括：

① 防止列车超过进路允许速度。

② 防止列车超过线路结构规定的速度。

③ 防止列车超过机车车辆构造速度。

④ 防止列车超过临时限速。

⑤ 防止列车超过铁路有关运行设备的限速。

⑥ 防止机车超过规定速度进行调车作业。

⑦ 防止列车超过规定速度引导进站。

（4）防止列车溜逸

（5）应具有车尾限速保持功能

（6）规定范围内的车轮打滑和空转不得影响车载设备正常工作。

（7）人机界面的基本功能是为机车乘务员提供的必需的显示、数据输入及操作，并能够以字符、数字及图形等方式显示列车运行速度、允许速度、目标速度和目标距离。能够实时给出列车超速、制动、允许缓解等表示以及设备故障状态的报警。机车乘务员输入装置应配置必要的开关、按钮和有关数据输入装置。具有标准的列车数据输入界面。

（8）检测和记录功能，包括：

① 具有开机自检和动态检查功能。

② 具有关键数据和关键动作的记录功能及监测接口。

三、CTCS-2 车载 ATP 系统的组成原理

ATP 车载设备是将接收到的地面信息作为基础，由车载设备生成速度挟制曲线，并经常与实际速度相比较，如果实际速度超过了速度控制曲线，车载设备自动实施制动。

ATP 车载设备用于 CTCS-2 区间，实施制动。不过，在 CTCS-0 区间由 LKJ 设备代替 ATP 车载设备实施制动。由哪个制动来控制，是当列车通过区间转换位置的时候由 ATP 车载设备自动进行转换，但发生异常的时候，也可以通过司机操作 DMI 的按键，进行手动转换。

CTCS-2 级为面向提速干线和高速新线，采用车地一体化设计，基于轨道电路传输信息的列车运行控制系统。适用于各种限速区段，地面可不设通过信号机，机车乘务员凭车载信号行车。

按规定，200 km/h 线路区段 CTCS 系统建设要达到 CTCS-2 级。200 km/h 线路分为既有线提速 200 km/h 区段和客运专线 200 km/h 区段，要求 200 km/h 动车组列车能下线运行在 CTCS-1 和 CTCS-0 线路区段。

（一）CTCS-2 级 ATP 车载设备主要技术条件

（1）CTCS 级别：满足 CTCS-2 级，预留 CTCS-3 级。

（2）速度目标值：满足 250 km/h，预留 300 km/h 及以上扩展条件。

（3）控制模式：目标-距离模式。

（4）驾驶模式：司机制动优先和设备制动优先两种模式。

（5）信息传输媒介：控车信息由轨道电路及应答器设备提供。

（6）兼容性：针对不同速度等级线路，满足动车组跨线运行要求。

（7）与列车运行监控记录装置接口：记录信息，切换控车。

（8）机车信号功能：主体机车信号功能，通用式机车信号功能。

（二）CTCS-2 级 200 km/h 动车组车载 ATP 的组成

200 km/h 列车车载列控系统同时装备 ATP 车载设备和列车运行监控装置 LKJ2000。ATP 系统由地面和车载设备构成，其控制中心在地面。它以地面控制中心的信息作为列车运行指令的信息源，通过轨道电路和应答器设备获取前方运行区段的运行线路参数信息，以应答器等设备自动校核列车走行位置，实现对列车运行速度的安全监控和列车运行实际参数的采集、记录，车载 ATP 本身具有主体机车信号、通用式机车信号功能。ATP 地面控制中心可与 CTC 或 TDCS 联网，实现运输指挥中心对列车的直接控制，达到了车地一体化的列车控制能力。因此，ATP 是列控系统的重要组成部分，如图 1.7.6 所示。

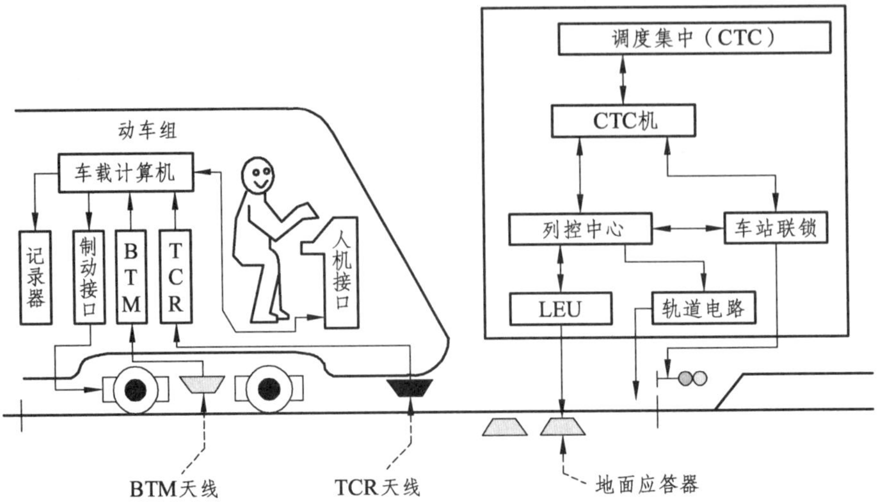

图 1.7.6　CTCS-2 级 ATP 系统结构

地面设备由车站列控中心、地面电子单元（LEU）、点式应答器、ZPW-2000A（UM）系列轨道电路、车站闭环电码化、车站计算机联锁等组成。轨道电路、车站电码化传输连续列控信息，点式应答器、车站列控中心传输点式列控信息。

车载设备由车载安全计算机、轨道信息接收单元（STM）、应答器信息接收单元（BTM）、制动接口单元、记录单元、人机界面（DMI）、速度传感器、BTM 天线、STM 天线等组成（见图 1.7.7）。车载设备根据地面设备提供的信号动态信息、线路静态参数、临时限速信息及有关动车组数据，生成控制速度和目标距离模式曲线，控制列车运行。同时，记录单元对列控系统有关数据及操作状态信息实时动态记录。

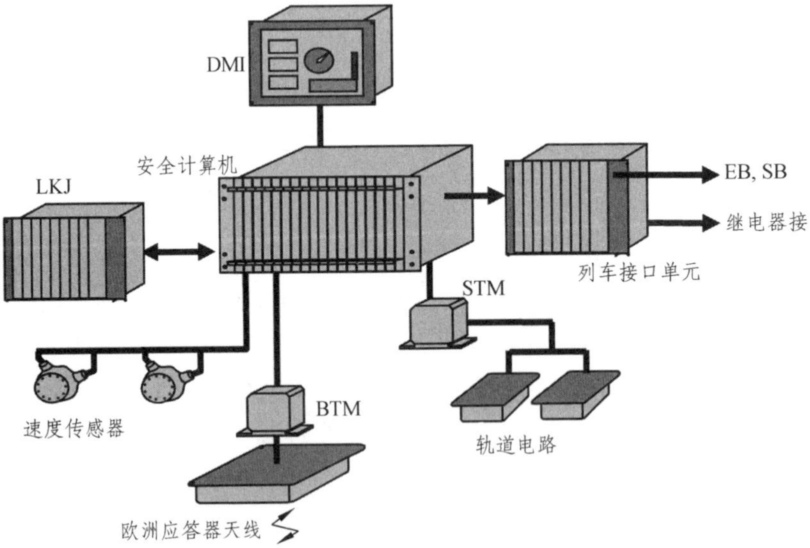

图 1.7.7　ATP 车载设备系统结构

动车组的两端各安装一套独立的 ATP 车载设备。总体结构采用硬件冗余结构，关键设备均采用双套，核心设备采用 3 取 2 或者 2×2 取 2 结构。安全等级达到 SIL4 级。

下面分别对 CTCS-2 级 ATP 系统车载设备进行介绍。

1. ATP 装置

1）安全计算机（VC）

VC 由功能完全相同的 2 个系统（第 1 系统、第 2 系统）构成。各个系统有着功能相同的 2 个 CPU（A 系统、B 系统），每个 CPU 的处理结果与另一 CPU 的处理结果校准，如图 1.7.8 所示。如果 A 系统、B 系统这 2 个 CPU 的处理结果不一致，则会作为故障处理。

特别值得一提的是，VC 基于两个处理器的实时比较达到 SIL4 级。为了提高系统可用性采用了第三个处理器。该原则基于两个不同应用处理器同时执行应用软件，并采用故障安全检测器对这些处理器的输出进行比较。如果输出相同，检测器给出相关输出。若存在任何差异，检测器将输出设置为限制状态。

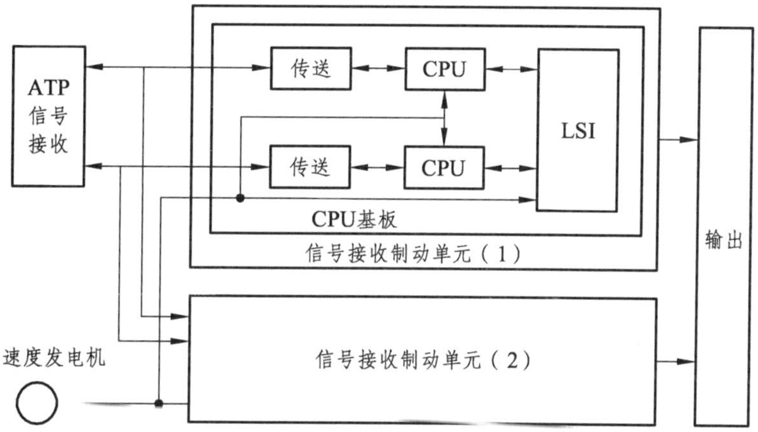

图 1.7.8　安全计算机 VC 系统

2）应答器信息接收模块（BTM）

一个 BTM 模块包含电源板、接收板、传输板和接口板。BTM 是一个采用 2 取 2 技术的故障安全模块，接收应答器信息并提供精确定位

这是通过 BTM 天线，接收、解调符合 ETCS 标准的地面设备的应答器的信息，并在校核后、将正确的信息传输给 VC 的模块。

采用 ETCS 标准时，含有 830 位的用户信息、标题和校验码，共有 1023 位信息，通过车上的 BTM 天线接收。接收后，BTM 进行框架确定，错误核对等，并将正确的信息传输给 VC。另外作为应答器组，从应答器连续发来信息的情况下，能够暂时保留其内容。

另外，为了从应答器得到报文，BTM 还具有从车上向地上的应答器发送电力的功能。

3）连续信息接收模块（STM）

STM 模块是安全模块，可接收 ZPW2000 系列轨道电路及 4 信息、8 信息、18 信息等传统移频轨道电路的信息。STM 及时传输地面轨道电路信息给安全计算机（VC）和 LKJ 监控装置。

通过 STM 天线接收到轨道上的电气信号后，确定载波之后将解调低频信息，并判断信号码。

该 STM 具有同时接收多个载频的功能。而且会选择出电平最高的载频并将该载频中调制的低频（VLF）信号解调，判断信号码。STM 将接收的载频的种类、解调后的低频信息发送给 VC，并且 STM 能够利用司机的驾驶方向选择 SW 以及来自应答器的线路数据锁定载频。

4）DRU（ATP 车载设备的记录器）

ATP 车载设备配备了内部记录器，主要用于设备状态和故障信息以及各种事件的记录，是记录 ATP 车上装置的动作、状态的单元。记录媒体采用了 PC 卡，将 PC 卡取出可利用一般的计算机读出该 PC 卡上的记录内容。

记录事件包括司机对 ATP 设备的操作、轨道电路信息、ATP 与机车的信息交换等。维修人员可通过专用计算机或 IC 卡等进行数据下载。

5）RLU 继电器逻辑单元

这是主要由继电器组成的单元，将来自外部的输入分配给各个系统，并可进行逻辑输出，将来自 2 个系统的输出集中。主要使用了一些可以焊接在印刷板上的小型继电器。

6）ATPCOS 隔离开关

这是有 2 个位置的凸轮式开关，2 个位置是“正常”和“隔离”，有独立的 14 个接点。通常固定在“正常”位置，要将其搬动到“隔离”位置时旋转。该操作内容被记录到记录装置。

2. 外围设备

1）司机操作界面（DMI）

安装在驾驶台上，配备有按钮的液晶显示器，屏幕尺寸为 10 英寸。DMI 的中心配置为液晶 LCD，其周围配置了扬声器和各种按键，作用是通过声音和图像将 ATP 车上装置的状态通知司机。显示单元安装在驾驶室便于设备通风，且避免阳光直射的位置，安全等级为 SIL2 级，各 ATP 车载设备均应采用统一的司机操作界面。

司机可以通过操作这些按键来切换 ATP 装置的模式以及输入信息。详见使用说明书。

2）STM 天线

从头车的第一轴起，在左右轨道的正上方各设一台 STM 天线。利用电磁感应接收流经钢轨的信号电流。两个天线所接收到的信号在连接箱处连接，传送到设置在 ATP 主机柜的 STM，STM 对该信号进行选择和解调。

3）BTM 天线

在头车的第一转向架的后方，车体的左右的中心线上设置一台 BTM 天线。在特定的场所，有应答器放置在轨道的中心，车辆通过该场所时，车辆内设置的本 BTM 天线通过地上的应答器的正上方后，BTM 天线就会接收到地上的应答器所发出的高频无线电信号，并通过专用的电缆将该信号传递给设置在 ATP 本体上的 BTM。

4）速度传感器

这是设置在头车的第 2 轴和第 3 轴上、将各轴的转速转变成电信号加以输出的装置。速度发电机的磁极是与齿轮相对的齿，与直接装在各轴上的检出用齿轮之间有微小的空隙，齿轮的齿通过磁极时，会因磁束的变化而感应出电压。该电压的频率与齿轮的转速同步，该电压会传递到设置在 ATP 本体上的 VC。VC 通过对该频率的计数来了解速度和距离。

任务自检

1. 什么是 ATP？它有什么特点？
2. CTCS-2 级列控系统下的 ATP 有什么技术要求？
3. ATP 由哪些设备组成？

项目八　其他类型行车运行安全装备

项目描述

通过本项目学习，使学生扩展对行车安全装备的认知，熟知TAX2型机车安全信息综合监测装置、机车车次、车号自动识别系统（AEI）、无线调车机车信号和监控系统（STP）本务机车调车作业安全辅助防护系统（LSP）等行车安全装备在列车通信、调车、车次识别等工作场景中的应用，掌握其装置系统的组成、功能及原理。

知识目标

（1）掌握TAX2型装置的原理及组成。
（2）掌握AEI系统的原理及组成。
（3）掌握STP系统的组成及各单元功能。
（4）掌握LSP系统的组成及各单元功能。

能力目标

（1）能自主拓展对我国列车行车安全装备的认知。
（2）能描述本项目讲述的行车安全装备在列车工作场景中的应用。
（3）能理清其他类型行车运行安全装备之间的异同。

思政目标

（1）培养敬业爱岗、遵章守纪、乐于奉献的职业精神。
（2）牢记安全第一、以质量促安全的职业规范。

任务一　TAX2 型机车安全信息综合监测装置

任务描述

（1）掌握 TAX2 型机车安全信息综合监测装置的组成及结构。
（2）掌握机车安全信息综合监测装置的功能。

知识储备

一、TAX2 型机车安全信息综合监测装置

TAX2 型机车安全信息综合监测装置如图 1.8.1 所示，是集各种与机车运行有关的信息检测和数据传输设备于一体的综合性信息监测装置，俗称信息工作平台。它将各种检测设备以标准模块、单元插件的形式置于工作平台（TAX2 主机箱）内，其中包括轨道动态检测设备、弓网检测设备、无线列调语音录音设备及 TMIS、DMIS 列车运行信息传输设备等。工作过程中，由该工作单位中的通信记录单元实时获取监控信息采集到的时间、千米标、速度、车号和车次等统一基准的重要列车运行信息，并将这些信息传送到各工作单位中的各检测功能单元进行记录。记录的数据可以用监控装置转储设备进行数据的转储，并利用其地面处理软件系统进行地面分析处理和数据管理，以便实现对机车的动态跟踪，提高对机车的周转率和利用率。同时，各检测设备通过 TAX2 监测装置中的通信记录板实现与监控装置通信的隔离，从而保证当各检测设备发生故障时，不至于影响到监控装置的正常使用。

图 1.8.1　TAX2 型机车安全信息综合监测装置

（一）装置的组成及结构

本装置采用符合 GB 3047.2 和 GB 3047.4 机械尺寸要求的 4U 标准机箱及插件单元式结构，机箱面板宽 60*R*。它以电源单元、通信记录单元作为基本的单元配置，其他已开发的功能单元有：轨道检测单元、弓网检测单元、TMIS 单元、DMIS 单元、无线列调语音录音单元。另外，预留 4 个单元位置用于备用功能单元的扩展。

机箱各单元布置如图 1.8.2 所示。

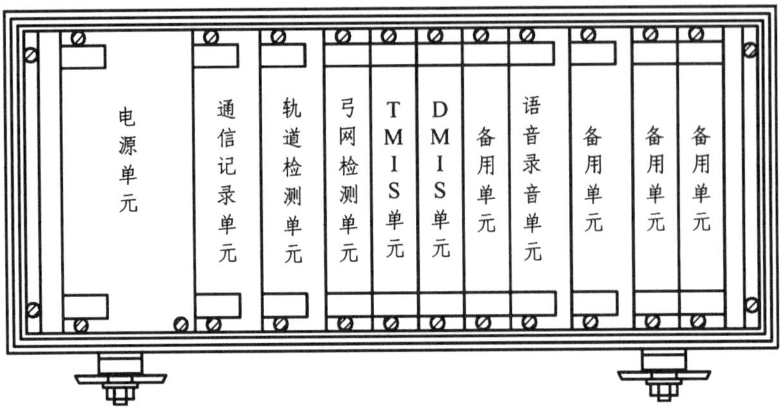

图 1.8.2　机箱各单元布置

（二）主要技术参数

1. 电　源

输入：直流 77 ~ 137.5 V。

输出：①（5±0.05）V，1 A。

②（±12±0.5）V，0.5 A。

③（15±0.5）V，1.5 A。

④（24±2）V，0.2 A。

电源保护功能：

① 输入欠压保护：（75±2）V，可自恢复。

② 输入过压保护：（140±2）V，可自恢复。

③ 5 V 回路过压保护：（6±0.2）V，不可自恢复。

2. 记录容量

装置内通信记录单元记录容量为 1 MB，允许各检测单元占用的记录信息量不超过 16 KB。

3. 通信波特率

与监控装置通信波特率：9 600 b/s。

与转储器通信波特率：28.8 kb/s。

与各检测单元通信波特率：28.8 kb/s。

（三）各单元功能

本装置系统结构框图如图 1.8.3 所示。装置内部采取由电源单元集中供电的方式，由电源单元提供+5 V、±12 V、+15 V、+24 V、+110 V 电源给各单元的电路及其相关外部设备（如传感器、机车标签等）供电。各单元选用任何一种电源均必须采取 DC-DC 变换器等方式与系统电源隔离，以提高系统电源工作的可靠性。通信记录单元为装置的核心，通过它获取监控装置的运行信息，完成对各功能单元反馈信息的记录及对外数据转储功能。装置中除电源单元外，其余各单元均带有单片微机和通信接口。因此，本装置是一个带有多级串行通信的多计算机系统。

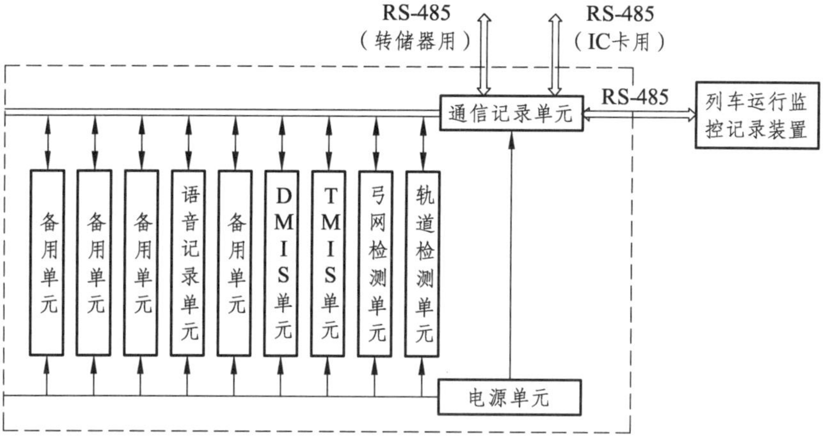

图 1.8.3　TAX2 型机车安全信息综合监测装置系统框图

TAX2 型机车安全信息综合监测装置以电源单元和通信记录单元作为基本配置，其他单元可根据不同功能进行选配。下面介绍各选配单元功能。

1. 轨道检测单元

本单元用于机车运行时动态检测轨道的技术状况。其基本原理是通过安装在机车上的振动传感器检测机车运行时的横向和垂向加速度值，在对其进行分析处理后得出机车在运行轨道上的晃动等级，从而判定相关地点的轨道状况。本单元还将横向超限和垂向超限的时间、地点、加速度值等数据实时反馈给通信记录单元进行记录，以便地面进一步分析和及时对轨道设备进行维护。

2. 弓网检测单元

本单元用于电力机车运行时动态检测弓网的技术状况。该单元对由拉出值和硬点冲击超限检测传感器检测到的拉出值超限、硬点冲击超限等信号进行处理，能及时检测到电力机车在运行线路上的弓网状态，并将确定的拉出值和硬点冲击超限点的时间、线路千米标、速度等信息实时反馈给通信记录单元进行记录，以便地面进一步分析和及时对弓网设备进行维护。

3. TMIS 单元

本单元是机车标签写入单元，它的主要功能是从监控装置获取车次、车号、本/补、客/货、时间、千米标等列车运行信息，实时传送给车号识别系统中的机车标签设备，再由车号自动识别系统的地面识别设备和管理设备传送给 TMIS 系统，完成 TMIS 系统对机车的动态跟踪管理。

4. DMIS 单元

DMIS 单元（采集处理装置，含 TDCS 数据采集单元）是铁路 GSM-R 通信系统和运输调度指挥管理系统（TDCS）的重要组成部分，其主要功能是配合 GSM-R 机车综合无线通信设备使用，可安装在各类机车上，用于定点发送机车运行状况信息，为调度指挥行车提供准确可靠的数据。

5. 语音录音单元

语音录音单元是无线列调语音录音装置的车载设备。该单元将机车乘务员通过列车无线电调度电话收、发语音信号，按数字形式压缩，并以从监控装置获取的时间、千米标作为基准坐标进行存储记录，再通过地面语音回放器来转储以及还原回放语音信号，以加强对“车机联控”的规范化管理。

6. 备用单元

备用单元预留给尚待开发的功能。

HX_D3 型电力机车选装 TMIS 单元、DMIS 单元、语音录音单元和机车信号通信单元。

任务自检

1. TAX2 型机车安全信息综合监测装置的作用是什么？
2. TAX2 型装置由哪些设备组成？
3. TAX2 的组成单元各自发挥什么样的作用？

任务二　机车车次、车号自动识别系统（AEI）

任务描述

（1）掌握机车车次、车号自动识别系统（AEI）的组成及结构。

（2）掌握机车车次、车号自动识别系统（AEI）的功能。

知识储备

机车车次、车号自动识别系统可实时、准确地采集机车、车辆在运行状态时的数据，如机车车次、车号、状态、位置、去向和到发时间等信息，实时追踪机车车辆，能为机务折返段内部的运输调度管理和部门的管理自动提供连贯性的基础数据信息。

一、系统组成

机车车次、车号自动识别系统采用了微波射频技术、计算机技术和网络技术，能够将采集到的车号数据进行处理后通过计算机网络传送到运输管理信息中心。它主要由电子标签、读出装置（AEI 主机）、车载编程器、车站控制与车号处理系统（CPS，机务应用为机务复示系统）和列检复示系统 5 部分组成。本节主要介绍该系统的车载设备（电子标签、车载编程器）。车载设备连接框图如图 1.8.4 所示。

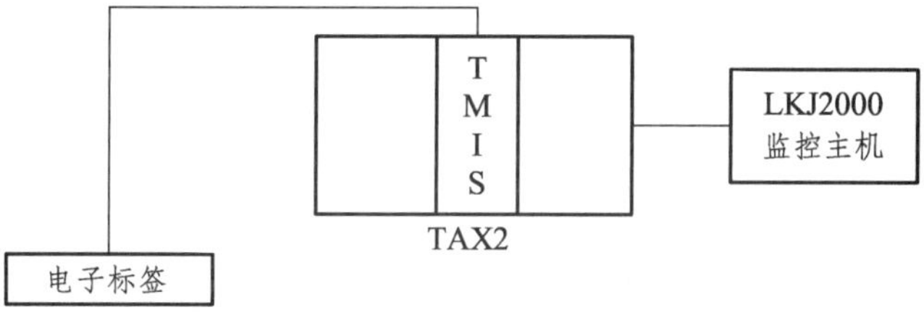

图 1.8.4　机车车次、车号自动识别系统车载设备连接框图

二、主要设备

1. 电子标签

电子标签有单向和双向两种，本车采用单向电子标签。机车电子标签安装在机车底部，用于向地面的接收设备传送机车信息。

电子标签外形如图 1.8.5 所示。

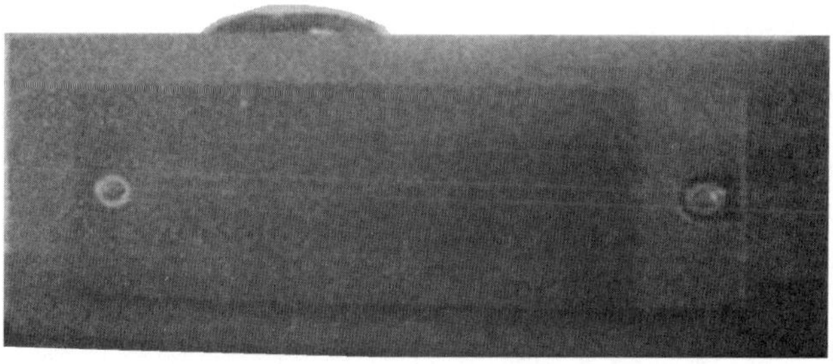

图 1.8.5　电子标签外形

2. 车载编程器（TMIS 板）

TMIS 板安装在机车 TAX2 箱中，用于接收机车监控装置发送来的机车运行动态数据信息，如车次、客/货、本/补、端码（主/辅机）等，还可以把这些信息实时地写入机车标签并对机车标签进行校验。车载编程器外形如图 1.8.6 所示。

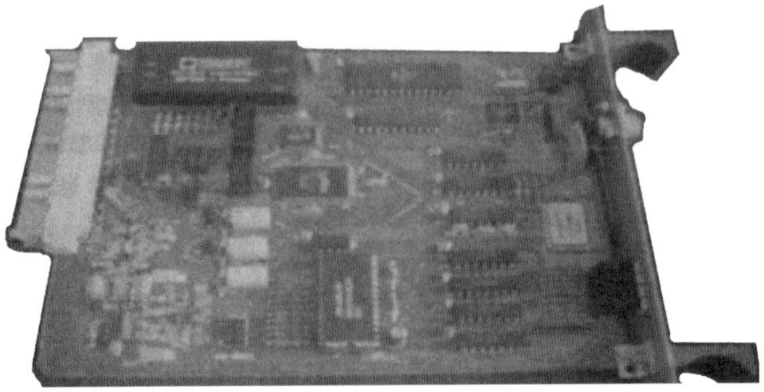

图 1.8.6　车载编程器外形

三、系统工作原理

1. AAR 编码

机车电子标签的信息采用 AAR 编码。AAR 编码的形式如图 1.8.7 所示。

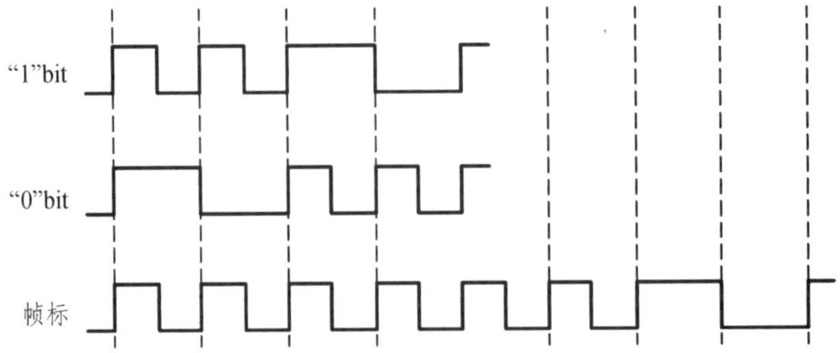

图 1.8.7　AAR 编码图

其编码特征如下：

（1）每个逻辑位"1"或"0"占用 8 个 80 kHz 的物理信号位。

（2）逻辑"1"的物理编码为"10101100"；逻辑"0"的物理编码为"11001010"。

（3）信息速率为 10 kb/s。

（4）每个标签的内容及信息头总共占用 128 个信息位，因此传输一帧标签的内容至少需要 12.8 ms 的时间。

2. 数据的传输

当运行中的机车或车辆压过 AEI 地面读出设备的开机磁钢时，AEI 打开射频装置，输出载波信号，其输出信号经过上传数据微波加载器送往天线进行传输。运动中的机车或货车电子标签通过 AEI 天线的 RF 覆盖区时，电子标签反射天线发出的载波信号，同时将标签内存储的信息调制到 AEI 的工作载频上。天线接收到反射回来的已调信号，由射频装置将信号进行放大、解调。解调后的信息送往读出卡，由读出卡完成信息的解码，恢复出标签数据信息，并对数据信息进行校验，把正确信息发送给 AEI 的主机板。

3. 机车标签的数据格式

机车标签存储器中存有车号信息及有关机车的技术参数信息，存储容量为128 bit（20 位 6 bit 的信息码，4 bit 校验位，4 bit 帧标志）。有用信息为 20 位（1 位为 6 bit），格式如图 1.8.8 所示。

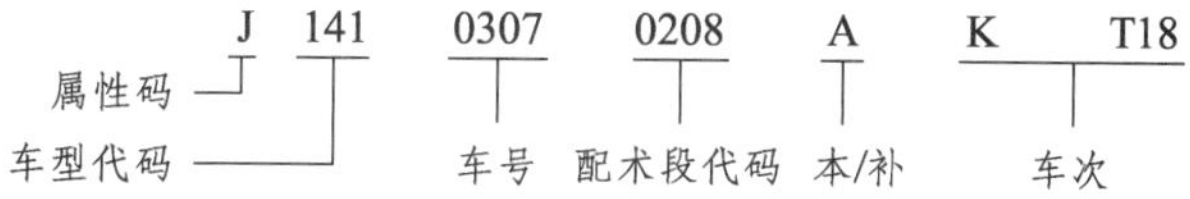

图 1.8.8 机车标签数据格式

（1）属性码：机车的属性用固定的字母“J”表示。

（2）机车车型：用 3 位数字表示。

（3）配属段：用 4 位数字表示。

（4）机车状态码：采用 1 位字母表示，分本务（A）和其他（B）两种情况。机车处于本务状态有车次信息，处于其他状态仅有机车型号信息。

（5）车次码：采用 6 位数字或字母缩写。

① 车次代码第 1 位用字母区分货车（H）和客车（K）。

② 第 2 ~ 6 位表示车次（不足 5 位高位补空格）。

例 1：J10523540101AK-0018

例 2：J20504090311BH-66660

机车标签的具体含义如表 1.8.1 所示。

表 1.8.1 数据格式实例

标签信息格式	例 1		例 2	
属性码	J	机车	J	机车
机车型号	105	DF_4（客）	205	SS_1
	2354	车号	0409	车号
配属段	0101	哈尔滨	0311	丰润
机车状态码	A	本务机	B	补机
车次	K	客车	H	货车
	0018	T18 次	66660	66660 次
预留	—	空	—	空

任务自检

1. 机车车次、车号自动识别系统（AEI）的作用是什么？
2. 简述 AEI 系统的主要组成部分。
3. AEI 系统的主要设备包括哪些？

任务三　无线调车机车信号和监控系统（STP）

任务描述

（1）掌握无线调车机车信号和监控系统（STP）的组成。

（2）掌握无线调车机车信号和监控系统（STP）的主要功能。

知识储备

一、系统概述

无线调车机车信号和监控系统（STP）是一种保证车站调车作业安全的重要行车安全设备。它将先进的车列控制技术、卫星定位技术、信息处理技术等应用到调车作业中，改善了以往调车作业存在的信息不透明、完全依靠人员保证安全的现状。系统实现了机车和地面间站场信息、调车机车状态、调车作业计划等信息的实时传输和显示，同时能够有效防止调车作业中由于车列越过阻挡信号、冲撞土挡、超速等造成的“挤”“冲”“脱”等事故，既保证了站内调车作业的安全，又满足了铁路发展安全高效的要求。其地面设备、车载设备实物如图 1.8.9 所示。

图 1.8.9　地面设备、车载设备实物

二、系统构成

STP 系统包括地面和车载两部分。原则上一个联锁站场配置一套地面设备，一台机车配置一套车载设备。每套地面设备包括地面主机、车务终端、电务维护终端、站调终端、无线通信设备、地面无源应答器和 GPS 定位设备（可选）等。每套车载设备包括车载主机、无线通信设备、应答器查询主机及查询天线、车载打印机等。站场各个出入口处安装无源应答器，STP 系统结构如图 1.8.10 所示。

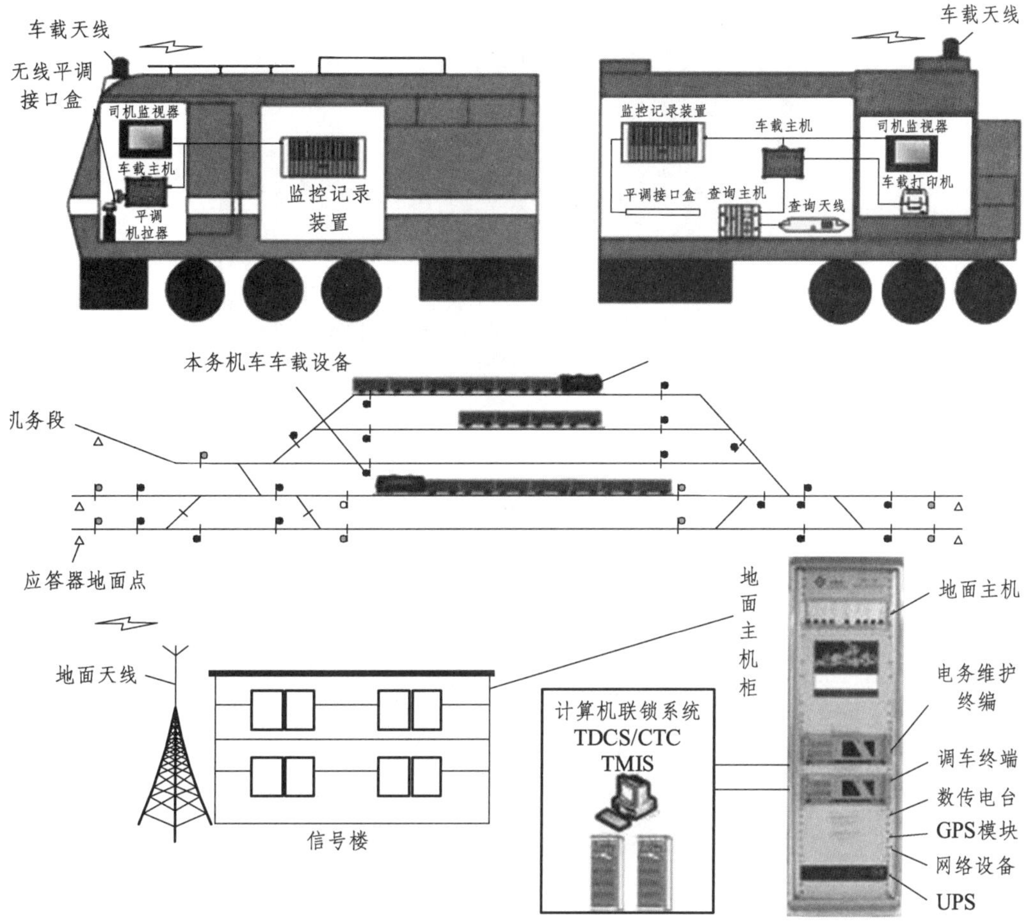

图 1.8.10　STP 系统结构示意图

系统通过联锁设备获取站场表示信息，实时计算并跟踪车列位置。通过 LKJ 监控记录装置显示站场信息，并在必要时进行制动控制保证调车作业安全。系统为地面人员配置车务终端、站调终端用于传输调车作业计划，了解调车作业状态。

三、界面展示

STP 系统将站场信号、区段状态、进路信息、调车作业单等信息通过无线方式传输到调车机车上，实现了站场信号、调车作业单等的实时显示。调车司机能看到车站站场的实际情况，对车站股道空闲及进路开放情况一目了然，使调车作业更加透明，如图 1.8.11、图 1.8.12 所示。同时，系统实时向地面反馈调车机车位置、速度、作业进度等信息，使地面人员可实时动态掌握调车机车状态。

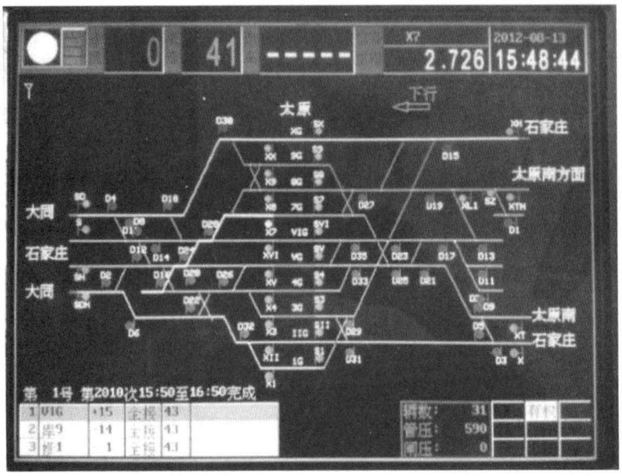

图 1.8.11　车载显示界面

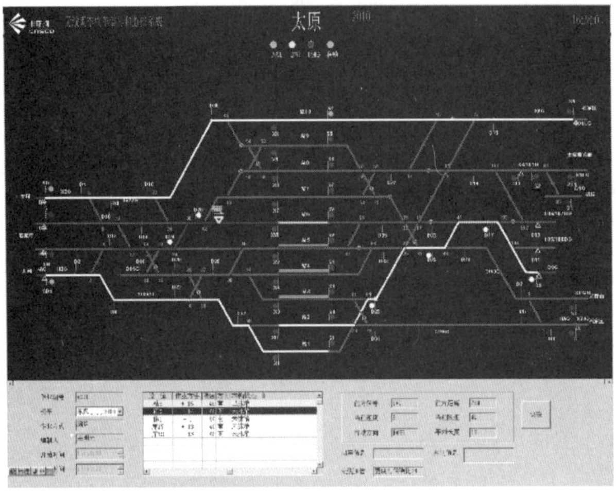

图 1.8.12　地面终端显示界面

四、STP 系统主要功能

1. 防止车列冒进阻挡信号

在取送车辆作业时，系统自动识别前方信号状态，控制车列在“蓝灯”“一度停车点”前停车，防止调车作业因冒进阻挡信号造成“挤”“脱”“撞”等事故，如图 1.8.13 所示。

2. 尽头线作业时的安全防护

在尽头线作业时，系统自动识别车列前方距土挡的距离，控制车列在土挡前安全距离内停车，防止撞土挡事故的发生，如图 1.8.14 所示。

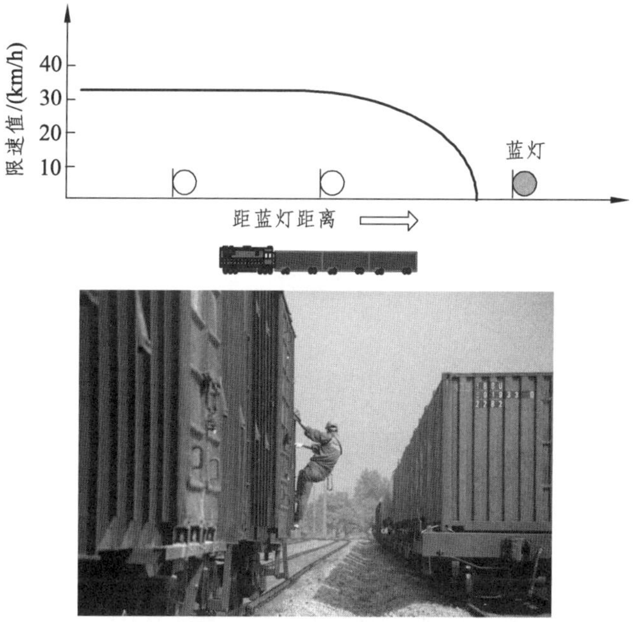

图 1.8.13　终端显示状态

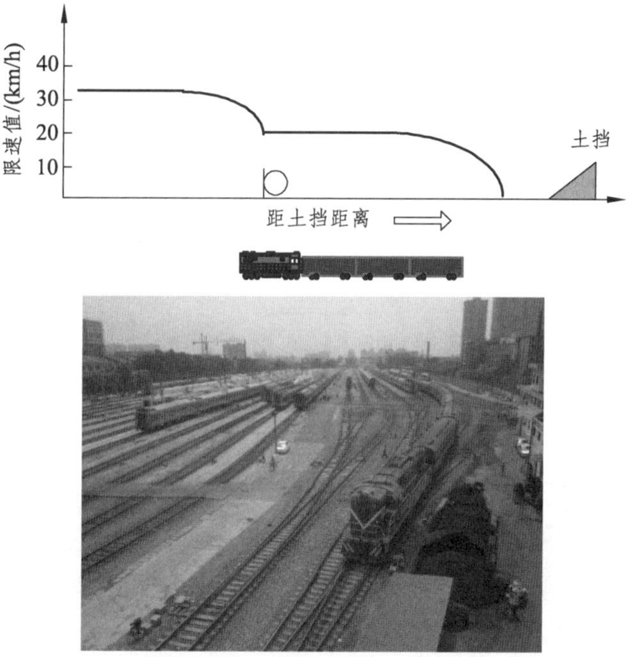

图 1.8.14　安全防护状态

3. 防止调车作业中超速

在车列经过限速区段、限速道岔、进入有车线等需要控制车列运行速度的区段作业时，系统自动计算限速并防护调车作业超速，如图 1.8.15 所示。

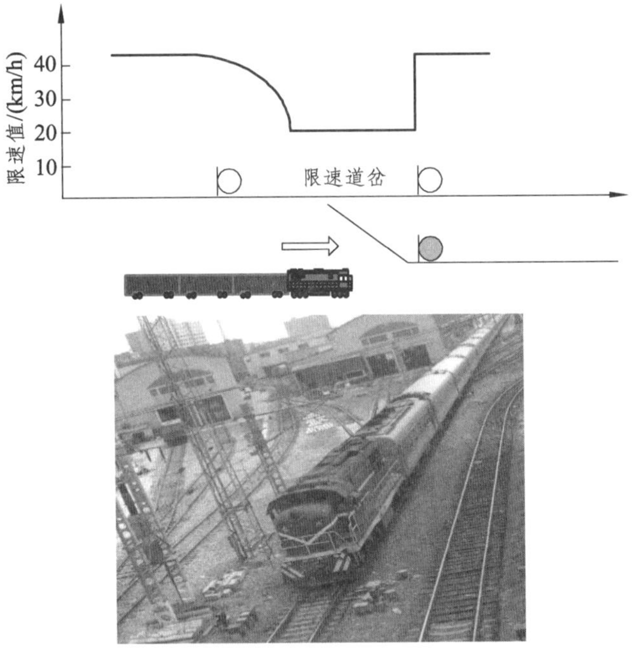

图 1.8.15　调车作业状态

4. 存车线连挂作业时的安全防护

连挂作业中，当存车位置已知时，系统实时计算车列前方距存车距离并自动给出“十”“五”“三”车限速，防止人为疏忽造成的连挂作业事故，如图 1.8.16 所示。

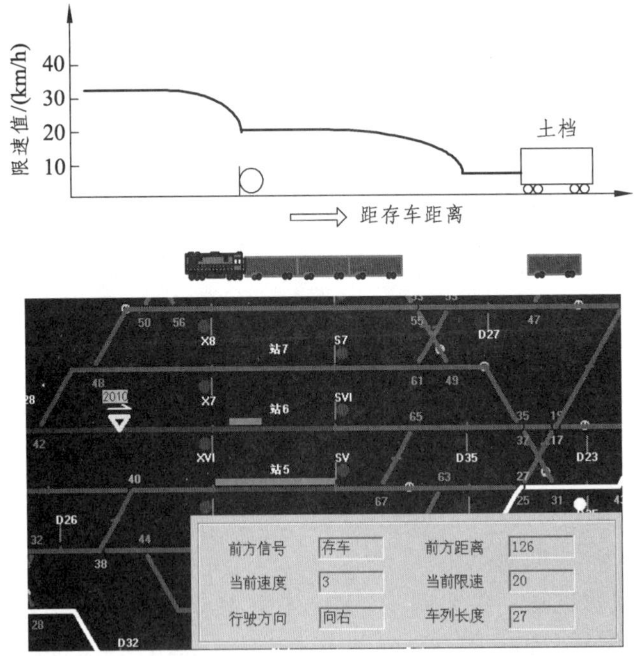

图 1.8.16　连挂作业状态

5. 压信号调车作业进行安全防护

系统自动识别压信号（原进路返回）作业并进行防护。只有当地面人员确认道岔位置正确并在车务终端确认后，系统才允许司机动车，防止司机或调车组误动作引起挤岔等事故的发生，如图 1.8.17 所示。

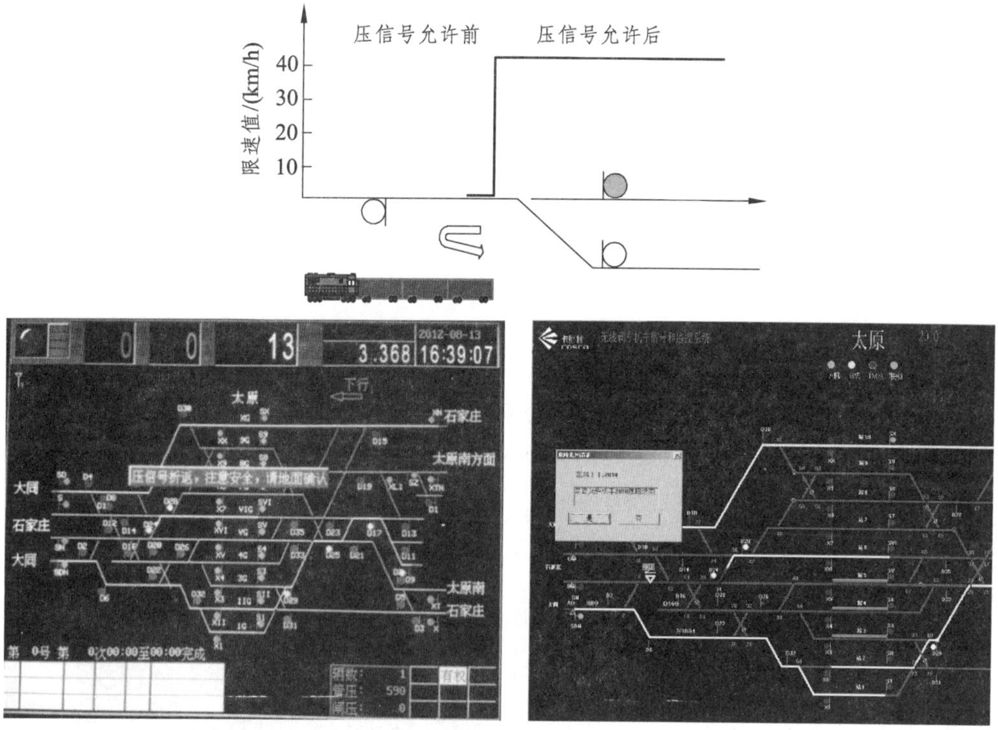

图 1.8.17　压信号调车作业状态

6. 越出站界调车作业的安全防护

禁止出站调车作业的车站，系统控制车列在站界前停车，防止冒进站界。允许出站调车作业的车站，按技规要求，当检测第一闭塞分区空闲并且经地面人员在车务终端确认后，才允许越出站界调车作业，如图 1.8.18 所示。

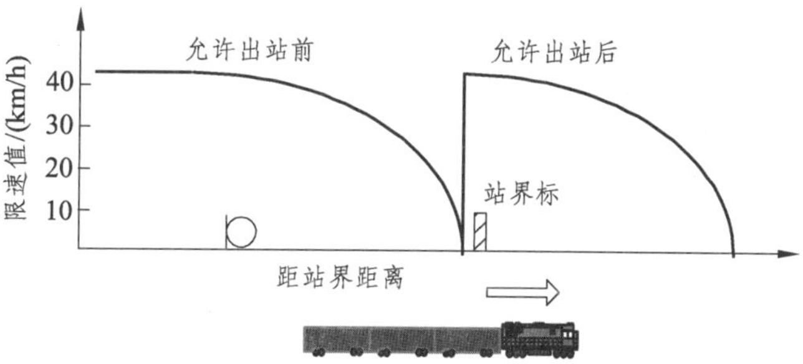

图 1.8.18　越出站界调车作业状态

7. 调车作业计划单的传输功能

STP 系统可从 TMIS、SMIS 等系统获取作业计划单。当调车区长下达作业计划或变更作业计划时，STP 系统可将更新的作业计划实时发送到车务终端和车载 LKJ 显示器上，帮助司机了解掌握作业计划，如图 1.8.19 所示。同时 STP 系统对调车作业进度进行跟踪并自动抹消完成的钩计划，实现了调车作业计划的信息化，如图 1.8.20 所示。

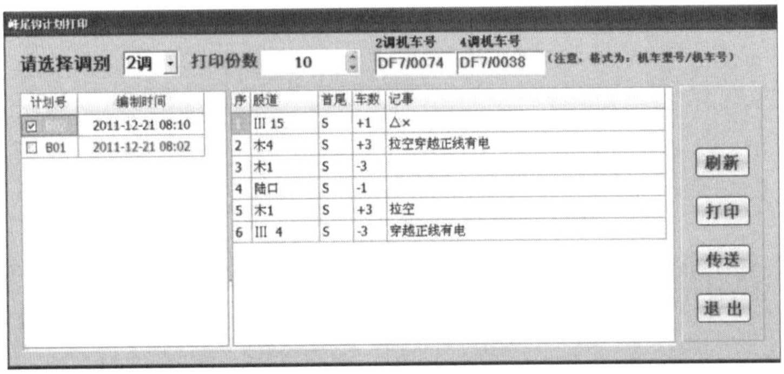

图 1.8.19　SMIS 向 STP 传送计划单

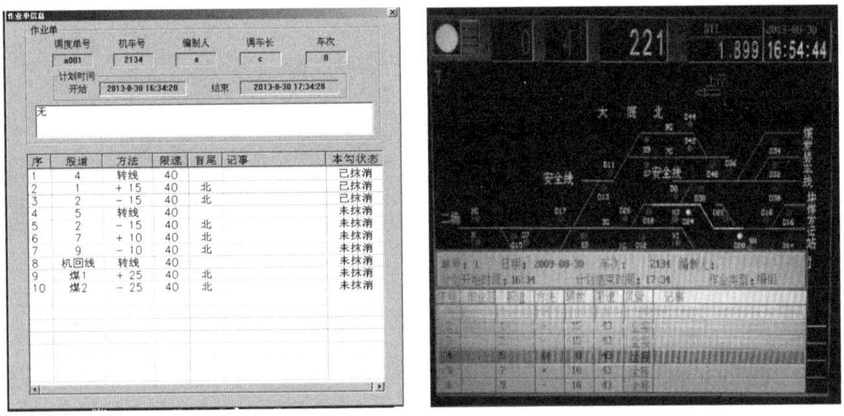

图 1.8.20　STP 地面终端显示的作业单 STP 车载显示的作业单

8. 记录处理及系统管理功能

系统实时记录并保存调车作业过程中的重要数据，可通过列车运行监控记录装置转储监控运行数据进行地面分析，也可通过电务维护终端放回调车作业的历史记录，为故障分析提供可靠手段。

任务自检

1. 无线调车机车信号和监控系统（STP）的作用是什么？
2. STP 系统由哪几部分组成？
3. STP 系统有什么样的功能？

任务四　本务机车调车作业安全辅助防护系统（LSP）

任务描述

（1）掌握本务机车调车作业安全辅助防护系统（LSP）的组成。

（2）掌握本务机车调车作业安全辅助防护系统（LSP）的主要功能。

知识储备

一、系统概述

多年来，调车作业情况复杂、完全依靠人控，调车作业中闯蓝灯、挤道岔、越出站界、破坏列车进路等事故时有发生，尤以本务机车最为突出。随着专调机车陆续加装无线调车机车信号和监控系统（STP），专调机车作业安全得到极大保证。相对而言，本务机车调车作业无任何技防手段，调车作业事故多发的现状没有得到根本性改善，急需加装先进实用的技防设备，提高本务机车段内走行、站内转线、中间站调车等调车作业安全系数，防止惯性事故、恶性事故的发生。

本务机车调车作业安全辅助防护系统（简称 LSP）通过获取站场信号、地面防控点（站界、土挡等）和机车的精确位置，综合处理形成本务机车调车作业所需的安全防护控制信息，并结合 LKJ 实现本务机车调车防冒、防超和防撞的功能，解决目前本务机车调车作业缺乏有效技防手段的问题，降低调车作业安全风险。

二、本务机车调车作业场景

调车作业是除列车运行以外，机车车辆在站线或其他线路上进行一切有目的的移动，是车站特别是技术站的重要生产活动，包括列车编组、解体、摘挂、转线，车辆取送、转场、调移，以及机车出入段、中间站转线等。

1. 出入段作业

本务机车出入段作业是担任列车牵引任务的本务机车在机务段内整备作业完毕后，根据机车交路出段担任牵引任务，或完成牵引任务到达机车交路的终点站后，本务机车需入段进行整备技术作业，包括段内、站内单机走行和转线，也会临时执行本列车辆的甩挂作业。

2. 中间站调车作业

担任客货列车牵引任务的本务机车，尤其是小运转列车、摘挂列车等在中间站有时需利用本务机车进行调车作业。中间站调车作业为平面牵出作业，需甩挂车辆、对货位、专用线取送等。调车场景包括：

（1）调车到牵出线、尽头线作业时接近土挡。

（2）调车接近站界、越出站界、跟踪出站。

（3）调车进出专用线，经过电气集中与非电气集中转换区。

（4）调车经过道岔特殊限速地点。

（5）调车接近接触网终点标。

（6）调车经过一些安全关键信号机与安全关键地点等。

3. 其他调车作业

本务机车除担任牵引客货列车任务外，还需承担一些临时性任务，如担当列车救援任务进入区间、牵引施工路用列车等，担当救援任务时从自动闭塞区段反方向进入区间需将 LKJ 转入调车模式，路用列车在施工地段也会根据需要将 LKJ 转入调车模式进行控制。

三、系统构成

本务机车调车作业安全辅助防护系统（简称系统）架构如图 1.8.21 所示。系统由 3 部分构成：地面中心设备、站段地面设备和车载设备。

1. 地面中心设备

地面中心设备主要包括地面中心服务器和相关监控终端，由中国国家铁路集团有限公司（简称国铁集团）、铁路局集团公司两级地面设备组成。设在国铁集团的设备包括远程监控服务器和终端设备，设在各铁路局集团公司的设备包括站场信息接口服务器、地面服务器组和监控终端等设备。

2. 站段地面设备

站段地面设备主要由车站设置的卫星地基参考站、非 TDCS 系统车站和机务段设置的站场信息接口服务器等接口设备组成。

（1）卫星地基参考站：用于提供一定区域（半径 30 km 左右）的卫星差分定位数据。

（2）站场信息接口服务器：非 TDCS 系统车站的站场信息接口服务器用于与车站联锁系统设备接口，获取车站联锁信息；机务段站场信息接口服务器用于与机务段的联锁系统或股道自动化系统接口，获取机务段内的联锁信息。对于无股道自动化系统的机务段，不设置站场接口服务器，系统仅实现除信号防护外的安全防护控制。

3. 车载设备

车载设备与地面中心设备优先采用 GSM-R 网络通信，移动公网虚拟专网通信为补充，并预留数传电台通信方式。车载设备实时接收地面系统发送的站场联锁信息和调车进路信息，并将车载北斗定位模块的位置信息与地面中心设备交互，获取地面中心设备计算的机车精确位置信息（定位精度误差不大于 30 cm）。车载设备将调车进路信息及机车精确位置信息通过 LKJ 接口插件发送至 LKJ，由 LKJ 进行控车防护。车载设备由组合天线、调车防护主机组成。

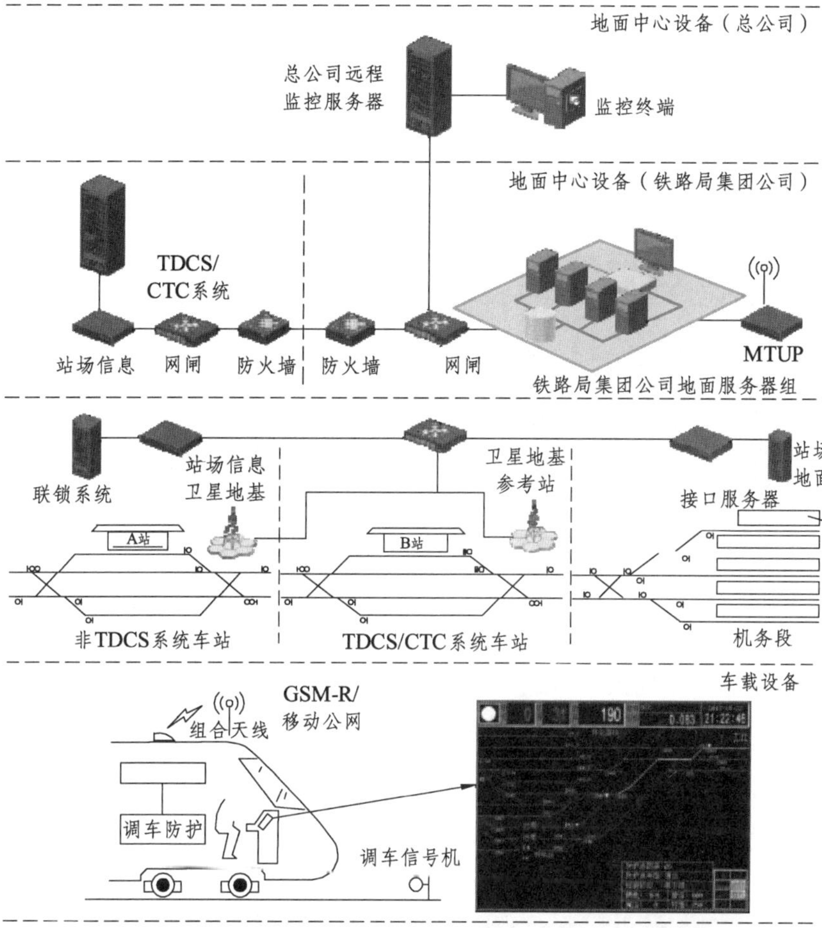

图 1.8.21　本务机车调车作业安全辅助防护系统架构

（1）组合天线。车载天线使用四合一组合天线，由卫星定位天线、GSM-R 天线、公网移动通信天线及数传电台通信天线组成，用于收发 GPS/BDS 信号及 GSM-R、3G/4G 和数传电台的通信信号。

（2）调车防护主机。调车防护主机具备 GPS/BDS 定位、GSM-R 通信、3G/4G 通信及数传电台通信功能，通过 GPS/BDS 定位模块获取机车卫星定位信息，通过 GSM-R、移动公网虚拟专网或数传电台通信模块获取调车进路信息、站场图数据、机车精确定位信息等。

调车防护主机配置 LKJ 接口插件，专用于与 LKJ 系统通信，实现与 LKJ 系统的物理隔离。调车防护主机将获取的调车进路信息、站场图数据、机车精确定位信息等通过该 LKJ 接口插件发送至 LKJ 系统。

四、界面展示

（1）停车状态显示（见图 1.8.22）。机车停车状态下，以站场信号平面图为显示主体，能够实时显示站场各股道和轨道区段列车出清和占用情况、站场各调车信号机的开放和关闭状态、各道岔的开通方向状态。该显示方式主要便于机车乘务员了解站场运行环境和站场信号状态。

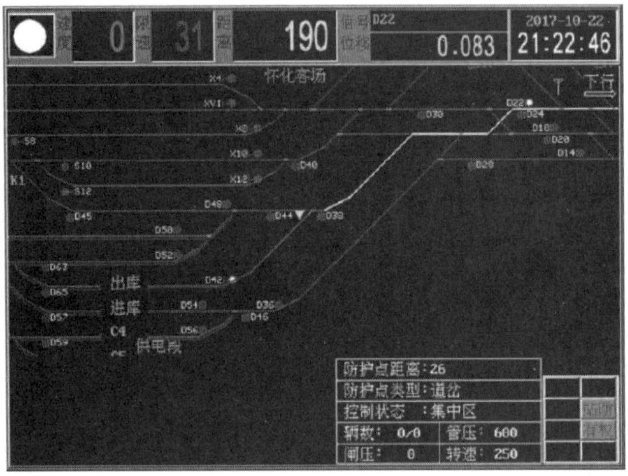

图 1.8.22　停车状态显示界面

（2）运行状态显示（见图 1.8.23）。机车运行状态下，以当前调车进路的调车防护控制模式曲线为显示主体，控制模式曲线显示内容与 LKJ 通常模式下的显示风格保持一致。速度标尺以上区域用于显示可控信号设备的位置和设备状态，如信号机、道岔、电控脱轨器；速度标尺以下区域用于显示固定控制点信息，如区段限速、固定脱轨器、禁停区、一度停车点、无接触网起点等。

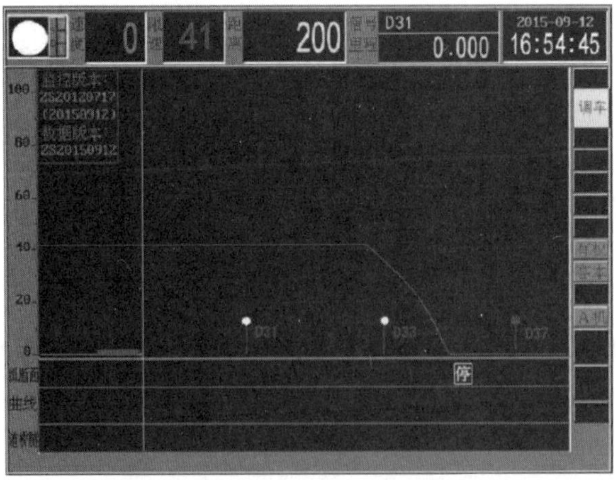

图 1.8.23　运行状态显示界面

五、主要功能

1. 防止司机误认调车信号

地面调车信号显示状态在本务机车车载复示的需求。本务机车调车作业受站场环境复杂、机车乘务员对站场不熟悉、瞭望条件有限等因素影响，机车乘务员容易误认地面调车信号造成作业事故。LSP 系统可结合进路信息，向司机提供前方调车信号机的灯显和距离，补充咽喉区、调车进路等情况，防止司机误认调车信号。

2. 防止机车撞土挡

获取站界、土挡、接触网终点标等关键点位置。实现对调车信号、站界、土挡、接触网终点标等关键点进行防护，获取这些点的精准位置信息，实时结合机车位置实现距离防护功能，控制机车在安全地点停车。

3. 防止调车作业越出站界标

结合进路信息，在调车作业时，若进路方向为区间线路时，系统提示司机站界信息。

4. 防止电力机车进入无网区段

结合接触网设置情况和进路信息，防止电力机车进入无网区。

5. 提示进入有车股道（区段）

当机车运行前方为存放有机车的股道时，系统语音提示司机注意运行。

6. 提示脱轨器位置

调车作业防冒、防撞、防超的安全防护需求。调车作业过程中，主要有越过关闭调车信号、越出站界、越过接触网终点标等冒进风险，侧面冲突、轧脱轨器、撞土挡等冲突风险，超过规定速度通过限速区段、特殊道岔等超速风险，通过 LKJ 设备的解除牵引力、常用或紧急制动控制功能，实现调车作业防冒、防撞、防超的安全防护。当机车进路中存在脱轨器时，向司机提示脱轨器信息。

任务自检

1. 本务机车调车作业安全辅助防护系统（LSP）的作用是什么？
2. 机车 LSP 的作业场景有哪些？
3. LSP 系统由哪几部分构成？
4. LSP 系统的主要功能有哪些？

下篇

实训篇

项目一　机车综合无线通信设备（CIR）、列尾装置操作

项目描述

机车综合无线通信设备（CIR）的基本操作包括工作模式选择、主副屏切换、车次号注册、通话、接收调度命令等内容，通过实操训练，形成对车综合无线通信设备（CIR）的初步体验，熟悉各功能按键。

列尾装置和机车综合无线通信设备（CIR）共用操作面板和显示屏，操作包括列尾连接、列尾风压查询、列尾辅助排风、列尾消号等内容。

教学目标

1. 能力目标

（1）熟练掌握机车综合无线通信设备（CIR）的各项操作。

（2）熟练掌握列尾装置各项基本操作。

（2）熟练掌握列车安全防护报警装置（LBJ）的操作。

2. 知识目标

（1）掌握机车综合无线通信设备（CIR）各基本操作相关知识。

（2）掌握列尾装置各基本操作相关知识。

（3）掌握列车安全防护报警装置（LBJ）操作相关知识。

3. 素质目标

（1）培养敬业爱岗、遵章守纪、乐于奉献的职业精神。

（2）牢记安全第一、以质量促安全的职业规范。

任务一　CIR 的操作

任务目标

1. 知识目标

掌握 CIR 操作显示终端 MMI 界面显示。

2. 能力目标

掌握列车运行过程中 CIR 设备常规操作。

任务准备

1. 任务地点

列车监控运行装置应用实训室。

2. 任务设备

行车安全设备综合演练模块。

3. 知识准备

理论篇 项目三 任务一。

任务描述

学生代入机车乘务员角色按照一次乘务作业标准独立完成列车运行过程中机车综合无线通信设备（CIR）的所有常规操作。

任务实施

一、步骤一：完成 CIR 基本操作

1. 开机

机车加电时 CIR 设备应自动加电运行。加电后，MMI 根据上次关机时的状态进入 450 MHz 模式或 GSM-R 模式主界面（见图 2.1.1）。若机车加电后 CIR 设备没有自动加电运行，检查 CIR 供电电源开关是否打开。

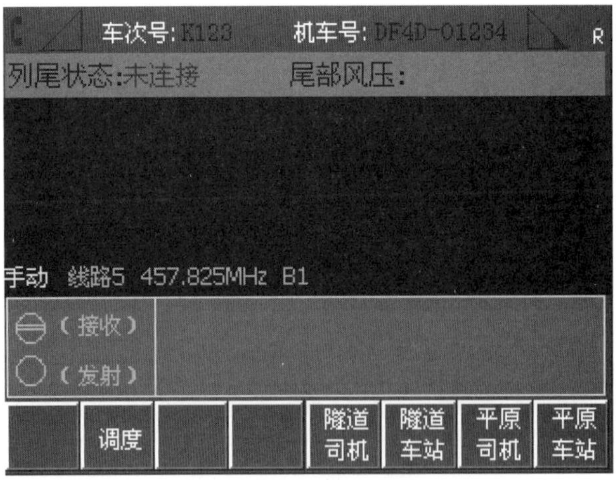

（a）450 MHz 主界面

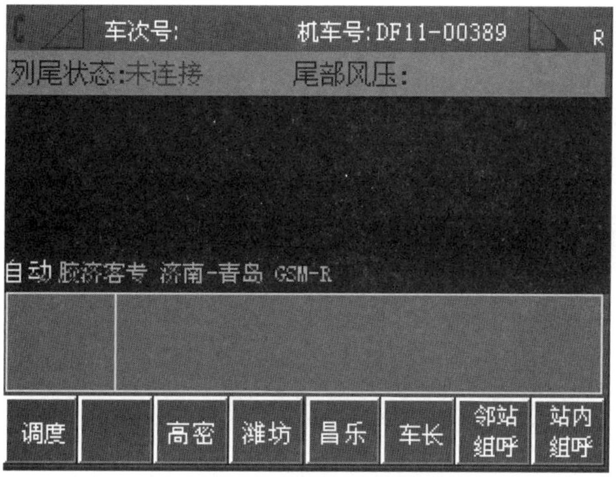

（b）GSM-R 模式主界面

图 2.1.1　450 MHz 模式主界面和 GSM-R 模式主界面

2. 主控切换

开机后 MMI 处于副控状态，此时可配置按键区无显示，司机需按下“主控”键 3 s 以上，手动将 MMI 切换至主控状态（见图 2.1.2）。

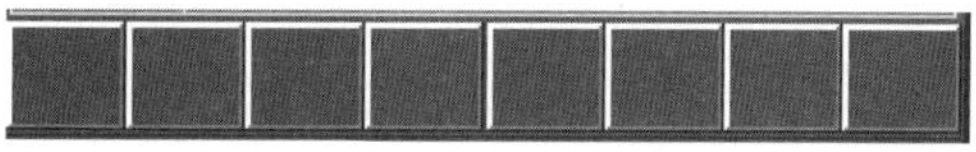

副控状态的功能按键区

450 MHz 模式下主控状态的功能按键区

GSM-R 模式下主控状态的功能按键区

图 2.1.2　不同模式下的功能按键

3. 界面介绍

MMI 在守候状态下的主界面，从上到下依次为：基本信息显示区、列尾状态显示区、安全预警显示区、工作模式及运行线路显示区、调度通信状态显示区和功能按键显示区，共 6 个区域（见图 2.1.3）。

（1）基本信息显示区：此区域显示内容包括扬声器、听筒的音量、车次号和机车号、场强信息等。左侧图标显示的是扬声器或听筒的音量，在挂机状态下显示扬声器音量，在摘机状态下显示听筒音量。在 GSM-R 工作模式下，右侧的场强信息图标显示设备接收到的 GSM-R 话音单元网络信号强度。车次号和机车号内容显示为白色时表示功能号已注册，显示为黑色时表示功能号未注册。

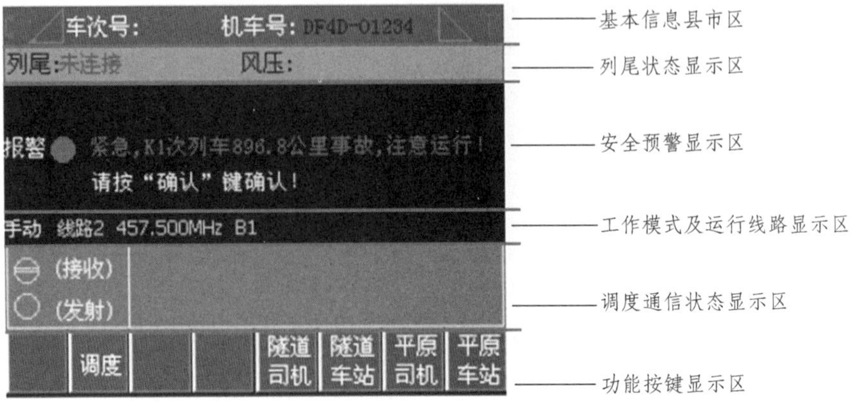

图 2.1.3　MMI 主界面

（2）列尾状态显示区：此区域显示与列尾相关的各种信息，主要包括列尾的连接状态、风压数值等。在与不同制式的列尾配合使用时，显示的内容不同。

（3）安全预警显示区：此区域显示列车安全预警信息。在 CIR 设备装备有 LBJ 单元时，此区域显示列车防护报警的各种状态提示信息。

（4）工作模式及运行线路显示区：此区域显示工作方式、线路名称、运行区段、工作模式等信息。

（5）调度通信状态显示区：此区域显示调度通信的呼出、呼入、通话等状态信息，在 450 MHz 工作模式下，还显示 450 MHz 机车电台的收发状态，红色图标亮表示发射机发射，绿色图标上半圆亮表示接收到异频信号，下半圆亮表示接收到同频信号。

（6）功能按键显示区：此区域用于显示司机可单键发起呼叫的按键名称，在 450 MHz 模式下显示“调度”“隧道司机”“隧道车站”“平原司机”“平原车站”，在 GSM-R 模式下显示“调度”“车长”“邻站组呼”“站内组呼”，以及根据列车运行位置显示的车站名称。

4. 工作模式选择

1）自动选择线路

在 MMI 主界面下按“设置”键，进入设置界面，根据屏幕提示按方向键将光标移动到“2、运行区段”，也可以按数字键“2”快速定位至选项（见图 2.1.4）。按“确认”键进入“线路选择”界面，移动光标到“1、自动”，再次按“确认”键，此时 CIR 设置为线路自动切换模式（见图 2.1.5）。

CIR 将根据位置信息自动在 450 MHz 和 GSM-R 两种工作模式间切换，在 450 MHz 模式下可自动转换工作制式和频点；在 GSM-R 模式下可自动变换功能按键显示区的车站名称。

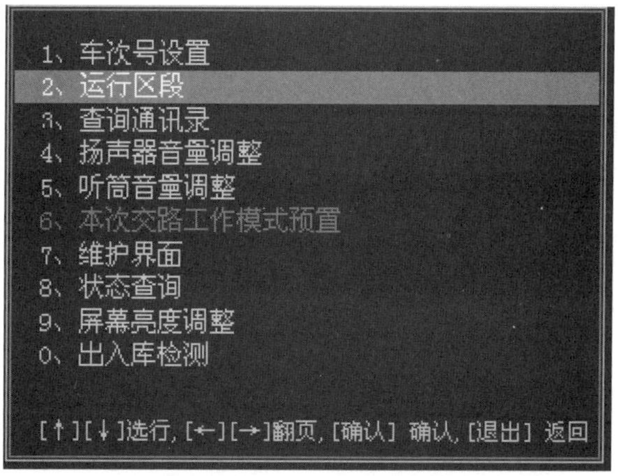

图 2.1.4　设置界面

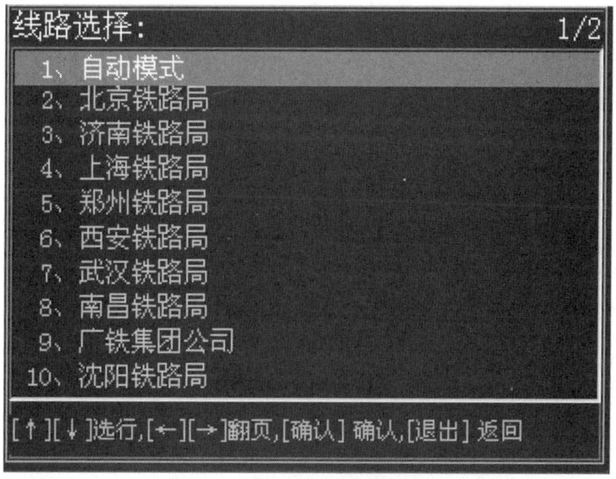

图 2.1.5　自动线路选择界面

2）手动选择线路

在 MMI 主界面下按“设置”键，进入设置界面，选择“2、运行区段”，按“确认”键进入“线路选择”界面，此时屏幕上会列出所有的路局。选择路局后按“确认”键，此时屏幕上列出该路局主要的运行线路。选中线路后，再次按下“确认”键，即可转到相应运行线路的工作模式。手动选择线路后，即使卫星定位信息有效，工作模式、车站名称也不随位置信息自动变化（见图 2.1.6）。

3）运行线路选择

除以上所述自动、手动选择线路的方式外，还有在指定运行线路下的选择方式，即：当 MMI 发出语音提示“通信转换，请选择线路”时，司机可按“切换”键调出线路选择界面，选择运行线路（见图 2.1.7）。

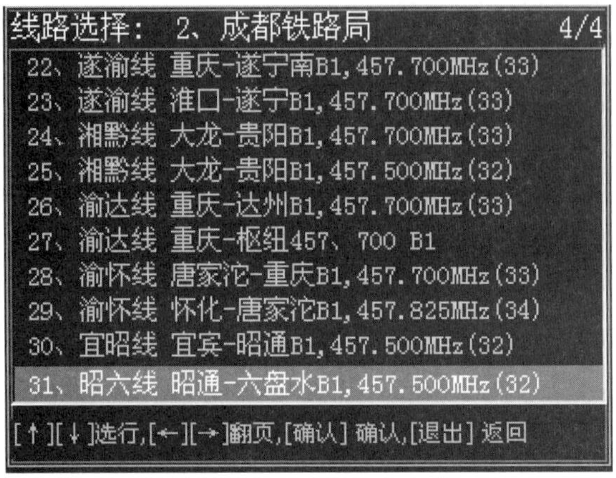

图 2.1.6　手动线路选择界面

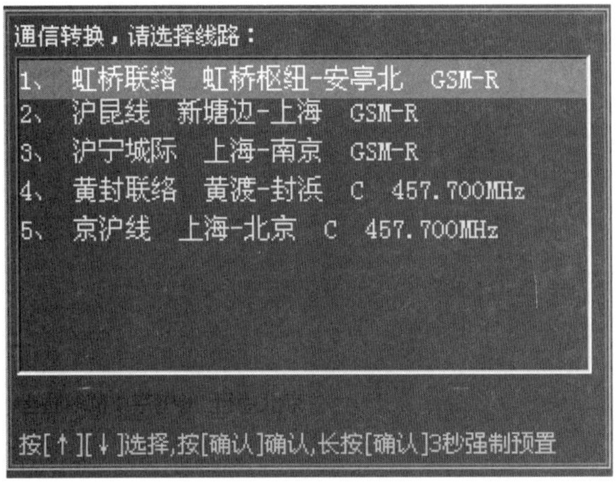

图 2.1.7　运行线路选择界面

5. 车次号注册

CIR 在 GSM-R 工作模式下必须进行车次号注册。

车次号注册过程如下：

GSM-R 模式下，在主界面下按“设置”键，进入设置界面。将光标移动至“1、车次功能号注册”并按“确认”键。根据 MMI 屏幕下方的提示，手动输入车次号后按“确认”键（见图 2.1.8），从随后弹出的选择机车牵引任务状态界面上选择“本务机”或“补机”（见图 2.1.9），再次按下“确认”键后 CIR 即向 GSM-R 网络注册车次功能号（见图 2.1.10）。

450 MHz 模式下，设置车次号的操作过程与 GSM-R 模式下的注册过程一样，但“确认”后不进行功能号注册（见图 2.1.11）。

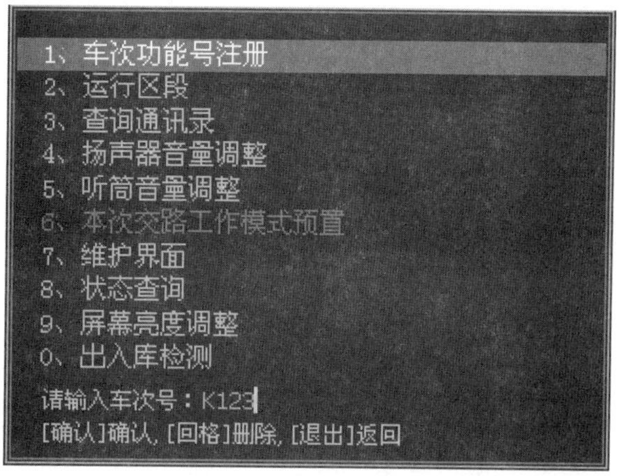

图 2.1.8　输入车次号

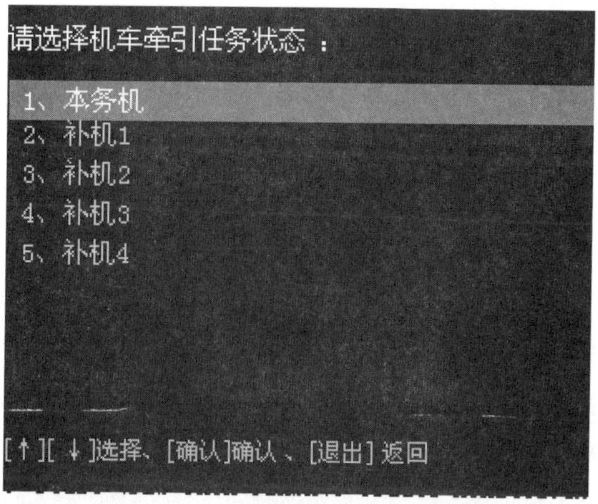

图 2.1.9　选择机车牵引任务状态

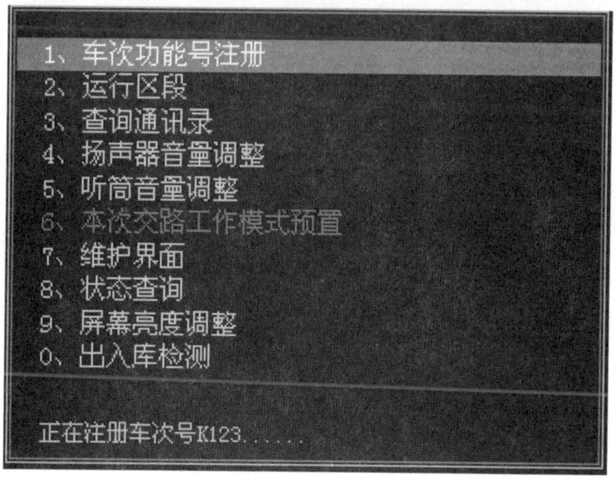

图 2.1.10　注册车次号

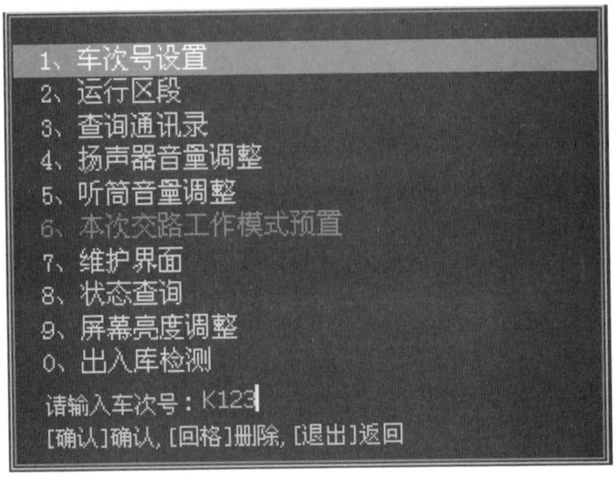

图 2.1.11 输入车次号

二、步骤二：通话操作

1. GSM-R 通话

GSM-R 通话分为 CIR 与调度员通话，与车站值班员通话，与运转车长通话，邻站组呼，站内组呼，紧急呼叫和广播。

1）与调度员通话

在主界面下按“调度”键呼叫该区段列车调度员，通话过程中需要按 PTT 讲话（见图 2.1.12）。

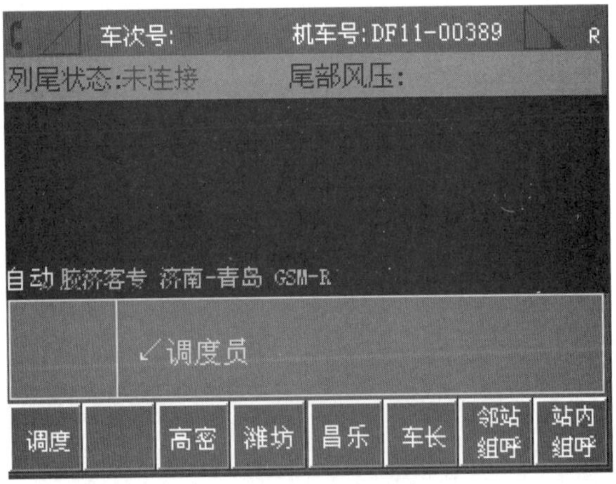

图 2.1.12 与调度员通话

有调度员呼入时，在 MMI 上显示呼叫方信息并伴有振铃提示（振铃声），此时司机摘机即可进行通话。

2）与车站值班员通话

司机根据功能按键显示区显示的站名按下相应的按键，可以呼叫车站值班员，通话过程中需要按 PTT 讲话（见图 2.1.13）。

有车站值班员呼入时，在 MMI 上显示呼叫方信息并伴有振铃提示（振铃声）。

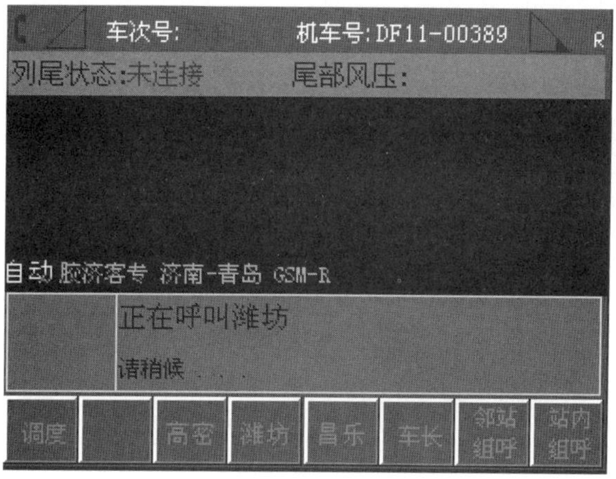

图 2.1.13　CIR 呼叫车站值班员

3）与运转车长通话

在主界面下按“车长”键，可以呼叫运转车长，通话过程中需要按 PTT 讲话（见图 2.1.14）。

有运转车长呼入时，在 MMI 上显示呼叫方信息并伴有振铃提示（振铃声）。

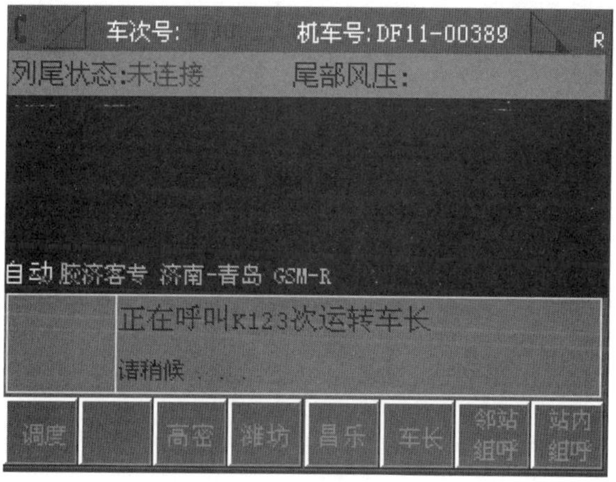

图 2.1.14　CIR 呼叫运转车长

4）邻站组呼

在主界面下按“邻站组呼”键可以发起邻站组呼，呼叫列车所在位置的相邻三个车站及站间区间的相关用户，在通话过程中，需要讲话时按 PTT，当看到屏幕显示送受话器图标时即可讲话，送受话器图标显示不可用时不能讲话（见图 2.1.15）。

有邻站组呼呼入时，CIR 自动加入通话，此时屏幕显示组呼呼入信息，扬声器播放话音。

不能讲话

可以按 PTT 讲话

图 2.1.15　邻站组呼

5）站内组呼

主界面下按“站内组呼”键，发起站内组呼，呼叫列车所在的车站基站区内相关用户，通话过程与邻站组呼一样（见图 2.1.16）。

有站内组呼呼入时，CIR 自动加入通话，此时屏幕显示组呼呼入信息，扬声器播放话音。

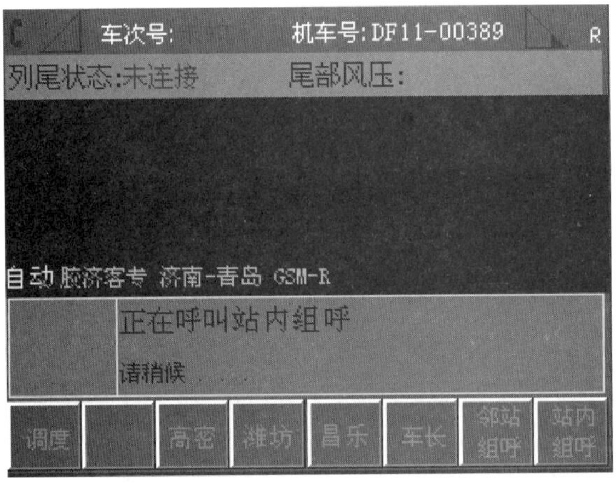

图 2.1.16　CIR 发起站内组呼

6）铁路紧急呼叫

司机按下“紧急呼叫”键，发起铁路紧急呼叫。此时 CIR 若处于其他通话状态，退出正在进行的通话并优先发起铁路紧急呼叫。

有紧急呼叫进入时，CIR 自动加入通话，此时屏幕显示呼入信息，扬声器播放话音。在通话过程中的操作与组呼相同。

结束紧急呼叫时，发起方司机按下“挂断”键或直接挂机。

铁路紧急呼叫为最高优先级的组呼，接收方不能自己退出，除非呼叫发起方主动结束呼叫或由调度员人工拆除。

注意：司机必须慎用铁路紧急呼叫功能。

7）接收广播呼叫

有广播呼入时，CIR 自动接听，此时屏幕显示广播呼入信息，扬声器播放话音。广播过程中，只能收听不能讲话。

8）拨号呼叫

除以上单键发起呼叫外，司机还可以直接输入被叫方的功能号或电话号码，按“呼叫”键发起呼叫（见图 2.1.17）。

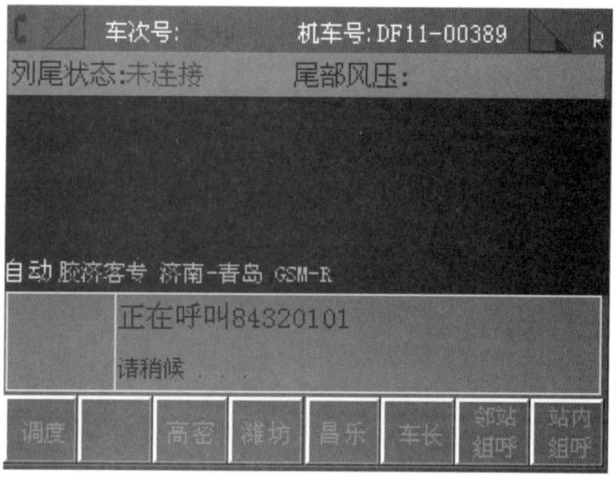

图 2.1.17　拨号呼叫

9）重拨

主界面下按“呼叫”键，屏幕上显示司机上一次拨打过的号码，按“回格”键可修改或重新输入号码，再次按“呼叫”键能够方便地进行重拨。

2. 450 MHz 通话

1）450 MHz 主呼

在守候状态下摘机，根据需要呼叫的对象按下屏幕下方相应的按键即可以发起呼叫。通话过程中需要按 PTT 讲话（见图 2.1.18）。

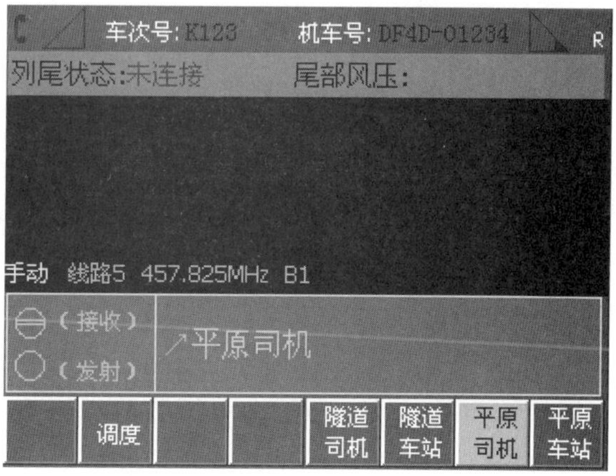

图 2.1.18　与平原车站通话中（CIR 发起）

2）450 MHz 被呼

450 MHz 状态下被呼时，通过扬声器可听到对方的话音，此时摘机即可与对方通话，若未摘机，则通话将在 10 s 左右后自动挂断。通话过程中需要按 PTT 讲话（见图 2.1.19）。

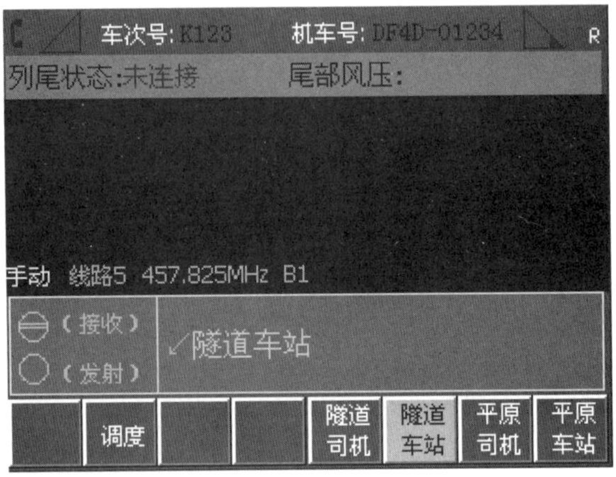

图 2.1.19　与隧道车站通话中（CIR 接收）

三、步骤三：其他操作

1. 运行中线路转换及相关操作

CIR 的工作方式为自动时，由卫星定位单元根据当前运行位置来确定 CIR 的工作模式。

当列车运行过程中 CIR 无法区分两条及以上的运行线路，需要进行线路选择时，MMI 发出语音提示“通信转换，请选择线路”，司机按“切换”键调出线路选择界面，选择运行线路。

在运行过程中，如果 CIR 判断列车的实际运行线路与司机选择的运行线路不符，MMI 自动弹出运行线路确认界面并提示“请确认线路”，司机重新选择运行线路。

2. 调度命令信息

1）显示界面

调度命令信息包含调度命令、行车凭证、列车进路预告等信息。其中，列车进路预告是应用最多的一种调度命令信息，该信息由 CTC 设备自动向辖区内的运行列车发送。调度命令显示界面如图 2.1.20 所示。

MMI 调度命令显示界面分为调度命令信息显示区和调度命令正文内容显示区。

（1）调度命令信息显示区：此区域显示凭证名称、调度命令编号、发令处所、调度命令发布时间、车次号和机车号、调度命令签收状态等信息。

（2）正文内容显示区：此区域显示调度命令正文内容、签收时间、签收地点等信息。CIR 未连接 LKJ 时，签收地点信息显示“无”。

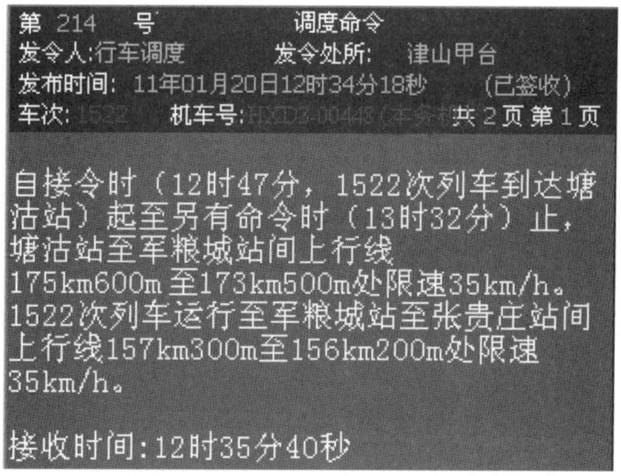

图 2.1.20　调度命令显示界面示例

2）阅读和签收

CIR 接收到调度命令信息后，MMI 显示接收到的调度命令信息，MMI 发出提示“调度命令，请签收”。司机阅读完调度命令信息后按“签收”键进行签收，MMI 在 10 s 后自动返回主界面。较长的调度命令会分页显示，司机应阅读完后再签收（见图 2.1.21）。如果未阅读至最后一页按“签收”键会提示“请阅读完再签收”。

未签收的调度命令信息每间隔 15 s 重复显示，提醒司机签收。

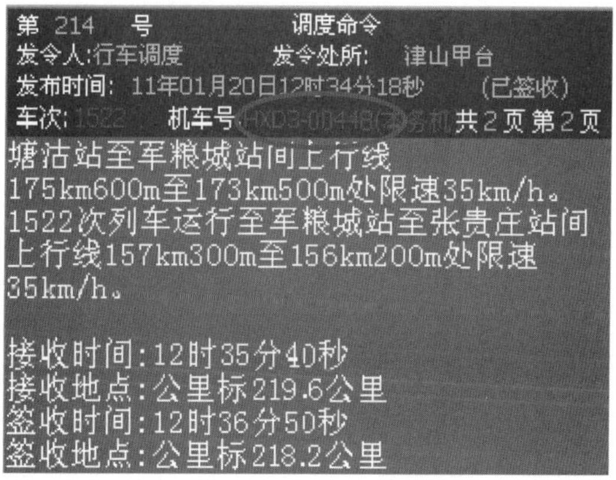

图 2.1.21　多页调度命令（最后一页）

3）打印

在调度命令界面下，按“打印”键，打印终端即打印当前显示的调度命令信息。

4）查询

在主界面下按“查询”键，进入查询界面。移动光标选择要查询的调度命令信息类型，然后按“确认”键，屏幕上显示查询到的调度命令信息索引列表，将光标移动到要查看的条目上按“确认”键，即可查看该条调度命令信息的全部内容（见图 2.1.22）。

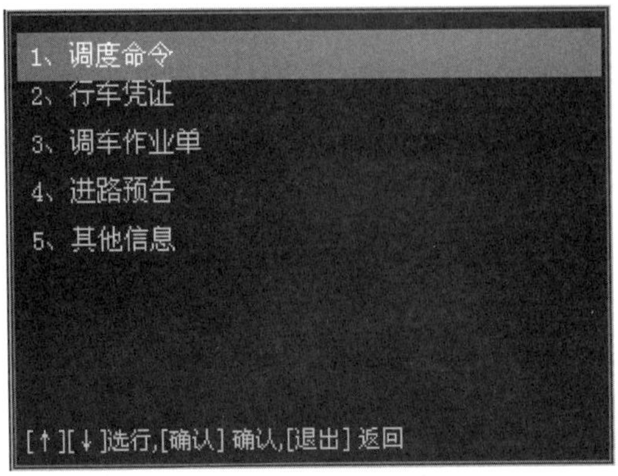

图 2.1.22　调度命令查询界面

任务评价

任务评价采取教师评价、小组自评、小组互评相结合的方式。其中，教师评价占总成绩的 60%，小组自评、小组互评各占总成绩的 20%（见表 2.1.1）。

表 2.1.1　任务实施评价表

任务名称	CIR 操作			
被评者		评价者		时间
评价方式	自评　　互评　　师评			
项目	分值	评分标准	分值	得分
工作态度 纪律素养	20	态度积极	5	
		遵守纪律	5	
		环境卫生	5	
		安全操作	5	
团队合作	10	分工明确	5	
		团队合作	5	
任务实施	60	步骤一： 根据教师指令完成操作，动作标准、顺序正确、无缺项漏项	20	
		步骤二： 根据教师指令完成操作，动作标准、顺序正确、无缺项漏项	20	
		步骤三： 根据教师指令完成操作，顺序正确、无缺项漏项	20	
操作规范性	10	操作动作标准、规范	5	
		操作结束设备恢复初始状态	5	
合计				

总结拓展

根据任务实施和评价情况填写任务实施总结和拓展学习计划（见表 2.1.2）。

表 2.1.2　任务实施总结和拓展学习计划表

任务实施总结
1. 知识目标掌握情况   2. 能力目标掌握情况
拓展学习计划

任务二　列尾操作

任务目标

1. 知识目标

掌握 CIR 操作显示终端列尾信息显示。

动画：列尾报警操作　动画：列尾辅助排风操作　动画：列尾故障时操作办法

2. 能力目标

（1）掌握列车运行过程中列尾装置各项操作。

（2）掌握列车运行过程中列尾装置各项报警处置操作。

任务准备

1. 任务地点

列车监控运行装置应用实训室。

2. 任务设备

行车安全设备综合演练模块。

3. 知识准备

理论篇　项目三　任务二。

任务描述

学生代入机车乘务员角色按照一次乘务作业标准独立完成列车运行过程中列尾装置所有常规操作，完成列尾装置各项报警处置操作。

任务实施

一、步骤一：450 MHz 列尾操作

1. 频率选择

确认 MMI 上列尾状态显示区的频率与当前列尾装置主机的工作频率是否一致，若不一致，进入“运行区段”界面选择正确的频率。

2. 输号

当听到 MMI 发出提示音“××××列尾装置等待确认”，司机判断该列尾装置主机 ID 与本机一致时按下“列尾确认”键，听到“××××机车，确认完毕”表示输号成功。

3. 手动查询列尾风压

按下“风压查询”键，可以主动查询当前列尾风压数据。查询后 MMI 提示“××××机车，风压×××”。

4. 风压自动报警

当 CIR 收到列尾装置主机发送的风压报警信号时，MMI 显示区的风压值变成红色字样并提示“××××机车注意，风压×××”。当风压值恢复正常或司机按下“列尾确认”键后，屏幕字样变回黑色（见图 2.1.23）。

5. 电池欠压报警

当 CIR 收到列尾装置主机发送的电池欠压报警信号时，MMI 发出提示音“××××机车，电量不足”。司机按下“列尾确认”键后停止提示。

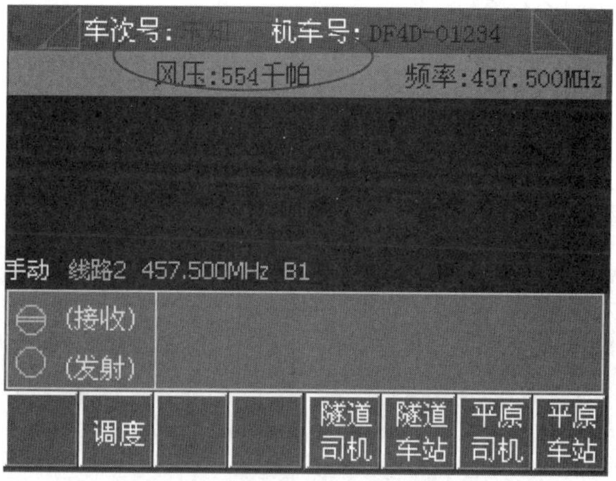

风压显示界面

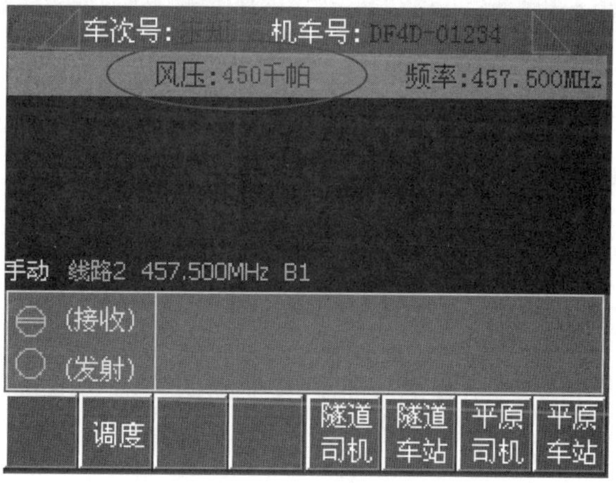

风压报警界面

图 2.1.23　风压界面

6. 辅助排风制动

CIR 进行辅助排风制动动作可通过以下两种方法：

（1）持续按下“列尾排风”键 3 s 以上。

（2）按下“列尾排风”键后 3 s 内再按下“列尾确认”键。

按以上操作后 CIR 即向列尾装置主机发送排风命令并提示“××××机车，排风”。列尾主机排风结束后，CIR 会收到一条风压数据，MMI 提示“××××机车，注意风压×××”。

7. 消号

按下“列尾消号”键，消号成功时播放语音“××××机车，消号成功”。

二、步骤二：客列尾操作

1. 建立连接关系

列尾主界面如图 2.1.24 所示。

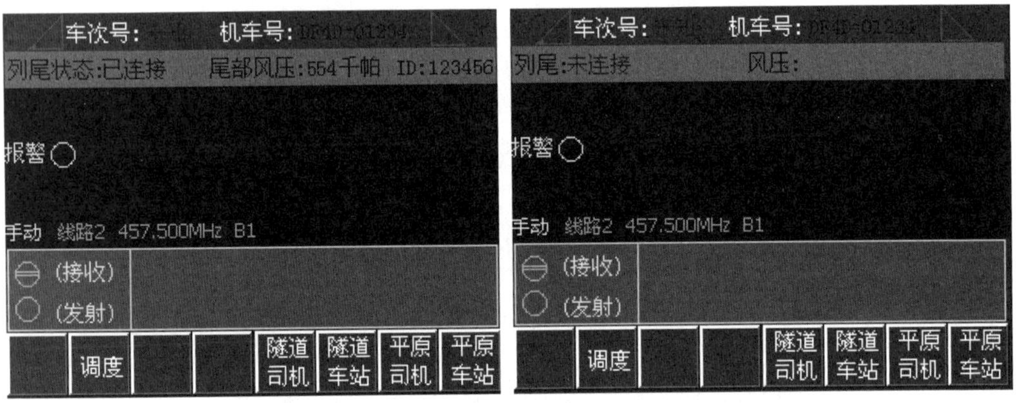

图 2.1.24　列尾主界面

CIR 处于列尾未连接状态时，司机进入设置界面输入需要连接的列尾装置 ID 并按“确认”键发起连接。连接成功后 MMI 主界面显示客列尾 ID 并提示“××××××列尾装置，连接成功”；如果连接不成功，MMI 会发出提示音“列尾装置连接失败”。

2. 手动查询列尾风压

司机在主界面下按“风压查询”键，查询到的当前列尾风压数值显示在 MMI 上并提示“××××机车，风压×××”。

3. 列尾风压动态显示

CIR 每隔一段时间（随机 120 ~ 130 s）自动轮询列尾风压 1 次，并在 MMI 上动态更新风压数据。当 CIR 与列尾连接失效时，CIR 会进入列尾连接故障告警状态，每隔 5 s 发出一次提示音“列尾装置通信失效”。按下“列尾确认”键可以停止提示；如果 CIR 重新接收到风压信息，即恢复与列尾装置主机的连接。

4. 辅助排风制动

持续按下“列尾排风”键 3 s 以上，或按下“列尾排风”键后 3 s 内再按下“列尾确认”键，CIR 向客列尾发送列尾排风制动命令并提示“××××机车，排风”。

5. 风压自动提示

列车主风管风压不正常时，MMI 显示区的风压值变成红色字样“××××机车注意，风压×××”。司机可以按下“列尾确认”键停止 MMI 的声光提示。

6. 供电电压欠压自动提示

当 MMI 发出提示音“××××机车，列尾装置电压不足”时，司机可以解除列尾连接关系。

解除列尾连接关系的方式有两种：

（1）进入列尾 ID 输入界面，输入 6 个 0 并按下“确认”键。

（2）按下“列尾消号”键并持续 3 s 以上。列尾连接关系解除后，MMI 提示“××××列尾装置，消号成功”。

任务评价

任务评价采取教师评价、小组自评、小组互评相结合的方式。其中，教师评价占总成绩的 60%，小组自评、小组互评各占总成绩的 20%（见表 2.1.3）。

表 2.1.3　任务实施评价表

任务名称	列尾装置操作				
被评者		评价者		时间	
评价方式	自评　互评　师评				
项目	分值	评分标准		分值	得分
工作态度纪律素养	20	态度积极		5	
		遵守纪律		5	
		环境卫生		5	
		安全操作		5	
团队合作	10	分工明确		5	
		团队合作		5	

续表

任务实施	60	步骤一： 根据教师指令完成操作，动作标准、顺序正确、无缺项漏项	30	
		步骤二： 根据教师指令完成操作，动作标准、顺序正确、无缺项漏项	30	
操作规范性	10	操作动作标准、规范	5	
		操作结束设备恢复初始状态	5	
合计				

总结拓展

根据任务实施和评价情况填写任务实施总结和拓展学习计划（见表 2.1.4）。

表 2.1.4　任务实施总结和拓展学习计划表

任务实施总结
1. 知识目标掌握情况   2. 能力目标掌握情况
拓展学习计划

任务三　列车安全报警防护装置的操作

任务目标

视频：LBJ 使用方法

1. 知识目标

掌握 CIR 操作显示终端列车安全防护报警区域信息显示。

2. 能力目标

（1）掌握列车运行过程中发送列车安全报警信息操作方法。
（2）掌握列车运行过程中接收列车安全报警信息操作方法。

任务准备

1. 任务地点

列车监控运行装置应用实训室。

2. 任务设备

行车安全设备综合演练模块。

3. 知识准备

理论篇 项目三 任务三。

任务描述

学生代入机车乘务员角色按照一次乘务作业标准独立完成列车运行过程中发送及接收列车安全防护报警信息操作。

任务实施

一、步骤一：出入库操作

（1）机车出库前，维修人员应检查报警设备控制盒、电源箱接线有无松脱，发射键防护罩有无破损，并按压自检按钮，对设备进行自检，最后由司机在“设备出库记录”单上签字。CIR 自检时向 LBJ 发送自检命令，LBJ 进行自检并返回自检结果，自检结果内容包括 TAX 箱连接状态、记录单元状态、信道机状态和电池电压。CIR 收到后显示自检结果并以 GPRS 方式把自检结果发送至 CIR 出入库检测设备。

LBJ 接收到出入库检测命令后，进入出入库检测状态并向 MMI 发送当前状态信息，MMI 显示按键提示信息并每隔 5 s 发出一次语音提示。按下报警按键、列尾排风按键、风压查询按键和确认按键时，MMI 向 LBJ 发送按键信息；LBJ 收到 4 个按键信息后，以无线方式发送报警试验信息并向 MMI 发送当前状态信息，MMI 停止出入库检测声光提示。出入库检测显示界面如图 2.1.25 所示。

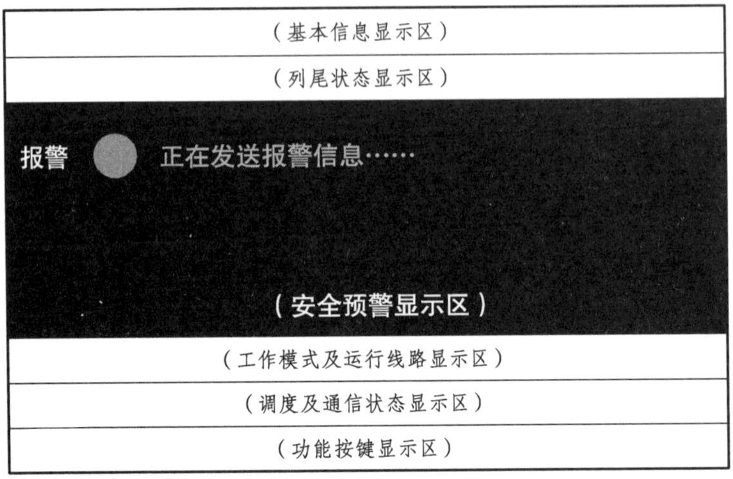

图 2.1.25　出入库检测显示界面

（2）机车入库时，由维修人员检查报警设备是否完好，并与司机办理交接手续。如有情况应由司机提出书面报告。

二、步骤二：列车安全报警防护装置途中运行操作

1. 发送列车防护报警

列车运行中遇到危及本列或其他列车安全的紧急情况时，司机应立即紧急停车，同时使用报警设备发出报警信号，并用列车无线调度电话向调度员或车站值班员报告情况（车站值班员收到报警司机的报告后，应立即向调度员报告），同时按有关规定做好列车防护工作。

操作方法：持续按下 MMI 的报警按键 3 s 以上（或按下报警按键后 3 s 内松开，随后 5 s 内按下确认按键），MMI 向 LBJ 发送启动报警命令，LBJ 随机间隔 5 ~ 10 s 以无线方式发送列车防护报警信息并向 MMI 发送当前状态信息，MMI 状态指示灯每 1 s 闪亮一次并发出提示音（见图 2.1.26）。

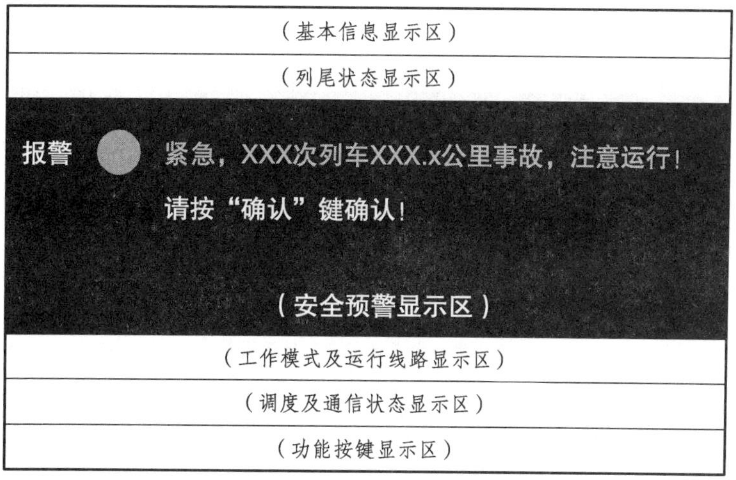

图 2.1.26　发送列车防护报警信息显示界面

2. 解除列车防护报警

当危及列车运行安全的情况消除后，发出报警信号的机车司机方可解除报警信号，并按调度员的命令行车。

操作方法：再次按下 MMI 的报警按键后，MMI 向 LBJ 发送报警解除命令，LBJ 以无线方式发送列车防护报警解除信息并向 MMI 发送当前状态信息，MMI 持续发出 5 s 提示音，状态指示灯也继续闪亮 5 s 后，转为红色长亮并停止发出提示音。

三、步骤三：接收报警信息

收到报警信号的机车司机必须立即采取急停车措施，并按规定做好列车防护工作；此时一般不得使用列车无线调度电话联系，以防影响发出报警信号的司机向调度员或车站值班员报告情况，原地等候调度员下达的命令。

LBJ 接收到列车防护报警信息、施工防护报警信息、道口报警信息时向 MMI 转发，MMI 显示报警内容和按键确认提示，每隔 5 s 发出一次语音提示，报警信息的显示内容和语音提示应一致。如图 2.1.27 所示，在报警状态下，按下 MMI 的确认按键，MMI 立即停止当前语音提示（语音提示第一次播放必须完整），不再显示按键确认提示并向 LBJ 发送确认信息，随后 MMI 接收到相同的报警信息时不再发出语音提示，LBJ 接收到确认信息后进行记录。处于报警状态时，如果 MMI 连续 30 s 未收到 LBJ 转发的报警信息，应停止声光提示。

LBJ 接收到报警解除信息时向 MMI 转发，MMI 停止报警信息的声光提示，显示报警解除信息内容并连续发出两次语音提示，语音提示结束后不再显示报警解除信息。

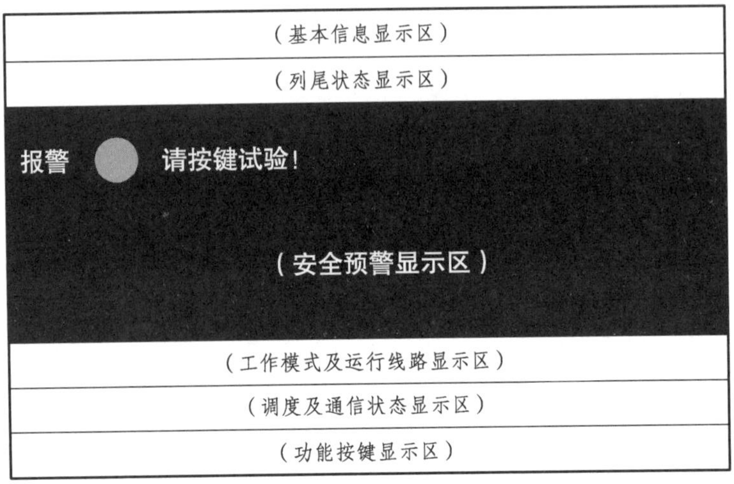

图 2.1.27　接收报警信息显示界面

任务评价

任务评价采取教师评价、小组自评、小组互评相结合的方式。其中，教师评价占总成绩的 60%，小组自评、小组互评各占总成绩的 20%（见表 2.1.5）。

表 2.1.5　任务实施评价表

任务名称	列车安全报警防护装置的操作			
被评者		评价者		时间
评价方式	自评	互评	师评	
项目	分值	评分标准	分值	得分
工作态度纪律素养	20	态度积极	5	
		遵守纪律	5	
		环境卫生	5	
		安全操作	5	
团队合作	10	分工明确	5	
		团队合作	5	
任务实施	60	步骤一：根据教师指令完成操作，动作标准、顺序正确、无缺项漏项	20	
		步骤二：根据教师指令完成操作，动作标准、顺序正确、无缺项漏项	20	
		步骤三：根据教师指令完成操作，顺序正确、无缺项漏项	20	
操作规范性	10	操作动作标准、规范	5	
		操作结束设备恢复初始状态	5	
合计				

总结拓展

根据任务实施和评价情况填写任务实施总结和拓展学习计划（见表 2.1.6）。

表 2.1.6　任务实施总结和拓展学习计划表

任务实施总结
1. 知识目标掌握情况   2. 能力目标掌握情况
拓展学习计划

项目二　LKJ2000型列车运行监控记录装置基本操作

项目描述

LKJ2000型监控装置系统的操作可分为乘务人员的操作和地面人员的操作，而乘务人员的操作主要包括基本操作、途中运行操作及特殊情况下的操作。

LKJ2000型监控装置的基本操作包括开机、换室、屏幕亮度调整参数设定等内容，通过实操训练，形成对监控装置操作的初步体验，熟悉各功能按键。

教学目标

1. 能力目标

（1）熟练掌握LKJ2000型监控装置各按键操作。

（2）熟练掌握LKJ2000型监控装置各项基本操作。

2. 知识目标

（1）掌握LKJ监控装置各基本操作相关的知识。

（2）理解各项操作的原因和目标。

3. 思政目标

（1）培养敬业爱岗、遵章守纪、乐于奉献的职业精神。

（2）牢记安全第一、以质量促安全的职业规范。

任务一　乘务员出勤

任务目标

1. 知识目标

掌握乘务员出勤时LKJ2000列车运行监控装置的操作注意事项和相关规定。

2. 能力目标

掌握机车乘务员出勤时 LKJ2000 列车运行监控装置操作方法。

（1）掌握派班室核验 IC 卡操作流程。

（2）掌握监控装置的开机操作，并会判断显示屏界面显示状态是否正常。

（3）能进行显示屏亮度的调整。

（4）会进行换室操作。

任务准备

1. 任务地点

列车监控运行装置应用实训室。

2. 任务设备

LKJ2000 模拟仿真训练系统。

3. 知识准备

理论篇 项目四 任务一、任务二、任务三、任务四、任务五、任务六。

相关规定

《列车运行监控装置（LKJ）运用维护规则》（铁总运〔2014〕107 号）

第 18 条 机务段是 LKJ 使用管理工作的主体，负责贯彻落实铁路总公司、铁路局 LKJ 使用各项规章制度，执行铁路局 LKJ 操作使用作业标准，充分发挥 LKJ 保障行车安全的作用。

3. 机务段机务派班室负责办理机车司机出、退勤时 LKJ 临时数据的录入、退勤分析等工作，主要工作职责是：

（1）接收运行揭示台发布的运行揭示、LKJ 临时数据文件，办理 LKJ 临时数据文件的录入。

（2）了解退勤机班途中 LKJ 使用情况，按检索要求分析退勤机班 LKJ 运行记录数据。

任务描述

学生模拟机车乘务员，按照一次乘务作业标准独立完成乘务员出勤过程中 LKJ 相关操作，熟练掌握操作要领及注意事项。

任务实施

一、步骤一：出勤

机车乘务员到机务段派班室按照一次乘务作业标准流程完成出勤和退勤作业。机车乘务员“出勤”时，应将 IC 卡交给出勤调度员，出勤调度员需将执乘交路的

IC 卡数据文件录入其携带的 IC 卡然后由机车乘务员在模拟运行测试设备上核对，确认 IC 卡内数据文件正确后，双方在登记簿上签字，核对时如果发现错误，要求出勤调度员重新录入，并重新核对；如果确认 IC 卡故障，由调度员换卡后重复上述过程。

遇所担当交路有信联闭停用、列车运行径路改变的运行揭示，机车司机出勤时须在模拟运行测试设备上进行模拟操作。

二、步骤二：开机操作

1. 操作步骤

打开主机电源开关（在主机后背板上），主机进行自检、显示器启动（显示器没有电源开关，它的开关状态受主机控制）。自检完毕后显示器进入降级显示状态，显示状态如图 2.2.1 所示。

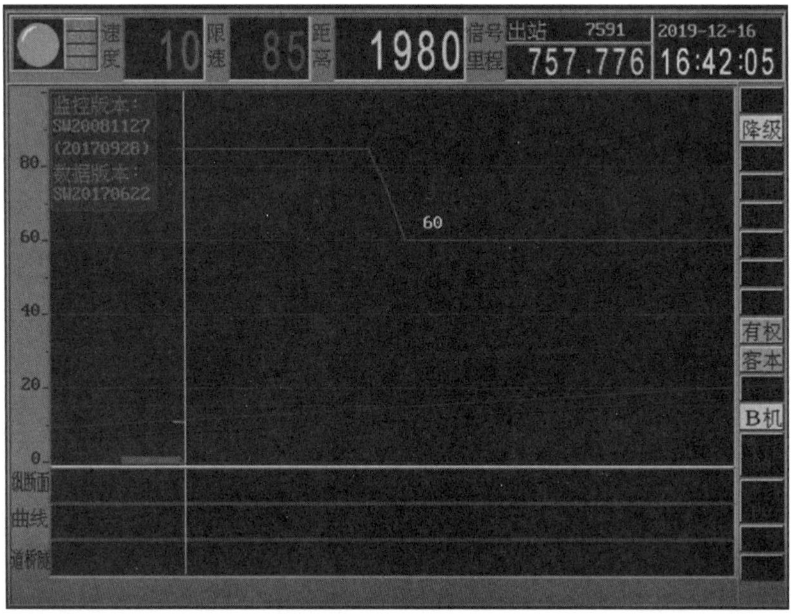

图 2.2.1　显示屏开机界面

- 信号灯状态窗口：显示机车当前的信号。
- 运行速度窗口：显示机车当前的运行速度值。
- 限制速度窗口：显示机车当前的限速值。
- 日期和时间窗口：显示当前的系统日期及时间。
- 系统状态：【降级】或【调车】亮，【A 机】或【B 机】亮。

开机后，确认 LKJ 显示的日期、时间、监控版本、数据版本是否正确，确认 LKJ 灯显是否与机车信号一致。若数据版本不符合应立即报告段调度室，其他设备异常情况，应立即报告地勤人员，地勤人员立即通知电务检测人员处理。开机后装置进入原始降级状态，当机车信号为停车信号时，速度超过 5 km/h 报警，若 7 s 内未按【警惕】键，则实施制动控制。

2. 按键操作说明

（1）按压 LKJ2000 型屏幕显示器面板上的按键，可进行相应参数设定操作及各种查询操作（见图 2.2.2）。

（2）在输入数据等操作中，可以使用【↑】【↓】【→】【←】4 个方向键将光标移动到所需位置，然后用 0 ~ 9 数字键输入数据，如果输入错误，用向左键【←】删除前一个字符，最后按压【确认】键确认输入。

（3）在输入“客货车”等有下拉菜单的项目时，按压【↓】向下键展开该项目的项菜单，然后用【↑】【↓】键上下移动光标到所要输入的类型，按压【确认】键确认选项。

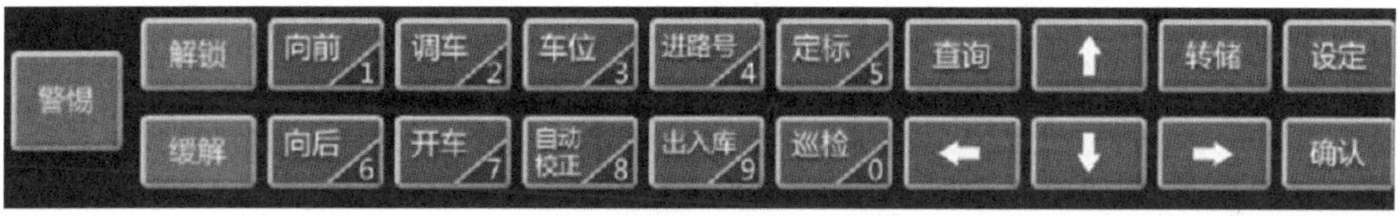

图 2.2.2　LKJ2000 按键

三、步骤三：开机后基本操作

1. 选择/确认操作权

装置开机后，显示器进入主界面显示状态，在此状态下两端显示器操作均有效。哪端先进入“通常监控”状态，则哪端拥有操作权。其标志为显示器操作权显示窗口显示【有权】。

在操作端可进行正常按键操作，而在非操作端只能进行类似“查询”功能的操作。

2. 换　室

监控状态下，需要到另一端操纵时，要执行“换室”操作，切换显示器的操作权。

操作方法：停车后，在有权端按压【调车】键使装置进入“调车”状态，然后在需要有操纵权的显示器上按压【调车】键退出“调车”状态。

3. 屏幕亮度调整

在正常监控状态下，可以用【↑】【↓】方向键调整屏幕亮度。按压【↑】键增加亮度，按压【↓】键减小亮度，共有 5 级亮度调整。

4. 语音提示音量调整

装置音量调整分为 5 级，在显示屏不显示对话窗口的情况下，【←】【→】键作为语音提示音量调整用。按压【←】键减小音量，按压【→】键增大音量。

任务评价

任务评价采取教师评价、小组自评、小组互评相结合的方式。其中，教师评价占总成绩的 60%，小组自评、小组互评各占总成绩的 20%（见表 2.2.1）。

表 2.2.1　任务实施评价表

任务名称	乘务员出勤操作				
被评者		评价者		时间	
评价方式	自评　　互评　　师评				
项目	分值	评分标准		分值	得分
工作态度 纪律素养	20	态度积极		5	
		遵守纪律		5	
		环境卫生		5	
		安全操作		5	
团队合作	10	分工明确		5	
		团队合作		5	
任务实施	60	步骤一： 根据教师指令完成操作，动作标准、顺序正确、无缺项漏项		20	
		步骤二： 根据教师指令完成操作，动作标准、顺序正确、无缺项漏项		20	
		步骤三： 根据教师指令完成操作，顺序正确、无缺项漏项		20	
操作规范性	10	操作动作标准、规范		5	
		操作结束设备恢复初始状态		5	
合计					

总结拓展

根据任务实施和评价情况填写任务实施总结和拓展学习计划（见表 2.2.2）。

表 2.2.2 任务实施总结和拓展学习计划表

任务实施总结
1. 知识目标掌握情况   2. 能力目标掌握情况
拓展学习计划

任务二　LKJ2000型监控装置参数设定

任务目标

1. 知识目标

掌握LKJ2000型监控装置参数设定的时机和注意事项。

2. 能力目标

（1）掌握手动设定LKJ2000型监控装置参数操作方法。

（2）掌握使用IC设定LKJ2000型监控装置参数操作方法。

任务准备

1. 任务地点

列车监控运行装置应用实训室。

2. 任务设备

LKJ2000模拟仿真训练系统。

3. 知识准备

理论篇 项目四 任务一、任务二、任务三、任务四、任务五、任务六、任务七。

任务描述

案例引入：某年某月某日，DF4BXXX机车1234次机班，在广州东站站接后，错将广州东站代码输成龙川站代码，运行至石牌站进站前重新设定，构成行车事故严重苗头。该案例表明，正确完成LKJ2000型监控装置的各参数设定是保证行车安全的前提，参数设置不正确会引发安全事故。

学生模拟机车乘务员，按照一次乘务作业标准分别使用手动设定和IC卡设定独立完成LKJ2000型监控装置的各参数设定，并且会对设定错误的参数进行修改，熟练掌握操作要领及注意事项。

任务实施

参数设定目的

由于LKJ系统采用车载数据预存储、运用时顺序调用的工作方式，所以机车担当列车牵引前，必须正确设置司机号（副司机号）、监控交路、区段号（交路号）、客货车次，以及牵引总重、牵引辆数、换长等列车编组数据。有计划停用基本闭塞、使用绿色许可证/发车进路通知书、特定引导、临时施工限速时，必须将相应的LKJ临时数据通过IC卡读入LKJ设备。行邮特快专列、客车单机（最高限制速度105 km/h）以客车设定参数执行；行包快运专列、货车单机（最高限制速度 80 km/h）按货车设定参数执行。因单机转场的特殊性，可将给定的客车单机车次加“1000”，对应变化为货车单机车次操作。设定操作分为手动按键输入和 IC 卡输入两种。

一、步骤一：手动按键输入

（1）按压【设定】键，进入参数设定窗口。通过方向键（【→】【←】【↑】【↓】），移动光标到相应输入框，然后通过按数字键【0】~【9】输入数据。如果输入错误，可用【←】键取消光标前一个字符。修改完任一项设置，要按压一次【确认】键使光标移到下一项，也可用方向键移动光标。在输入列车类型、车次种类、车速等级等有下拉菜单的项目时，按压【↓】键展开该项目的选项，然后用【↑】【↓】键移动光标到所要选择的项目。所有参数修改完毕，使光标移到“确定”按钮，按压【确认】键或直接按压【设定】键，确认修改有效并退出参数设置状态。否则，将光标移到“取消”按钮，按压【确认】键放弃修改并退出参数设置状态。

（2）车次种类选择：在参数设定窗口，将光标移动到“车次种类”选择框，按压【↓】键，显示选择下拉框，下拉框内显示可选择的车次种类。按压方向（【←】【→】【↑】【↓】）键将光标移动到对应的列车类型位置，再按压【确认】键进行选择。（对于下拉式选择框，下拉框右侧滚动条显示当前选择行在整个列表中的位置。如列表选择项不大于下拉框最大显示行数，则无滚动条；如选择项多于下拉框显示行数，可用【←】或【→】键向上或向下滚动一页下拉框的显示内容，按压【↑】或【↓】键一次向上或向下移动一行选择光标的位置，下同。）列车类型选择下拉框如图 2.2.3 所示。

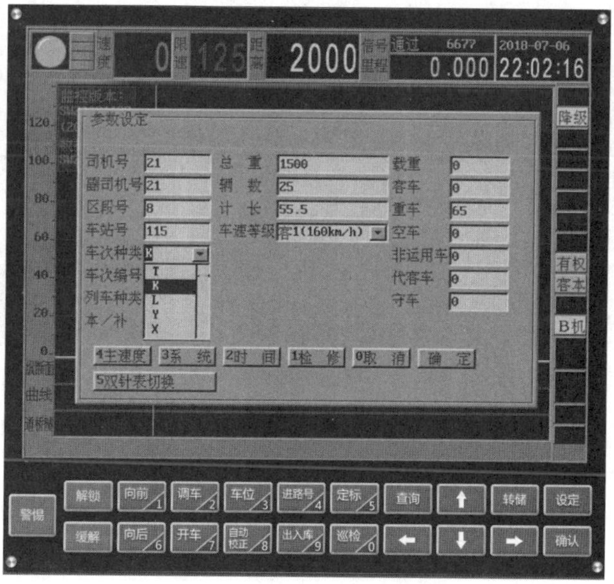

图 2.2.3　车次类型设定

（3）车速等级选择：在参数设定窗口，将光标移到“车速等级”选择框，默认显示“客 5（80 km/h）”。按压【↓】键显示选择下拉框。下拉框列表内容为“客 1（160 km/h）”“客 2（140 km/h）”“客 3（120 km/h）”“客 4（100 km/h）”“客 5（80 km/h）”“其他”，如图 2.2.4 所示。按压【↑】或【↓】键将光标移动到对应的车速等级位置再按压【确认】键进行选择。选择“其他”时，调出车速等级输入框，可输入 1～160 的数值。当输入的数值为 0 或大于 160 时，弹出“输入范围为 1～160 km/h”的提示框，按压【确认】键后，需重新输入车速等级值。

注意：

① 列车未明确车速等级要求时，货物列车按 80 km/h、旅客列车按 100 km/h 设定。在输入“计长”时，只需连续输入数字即可，装置自动将最后一位数定为小数位。如输入“435”，装置默认为“43.5”。

② 对于动车组列车，车次种类和车速等级均无需选择。

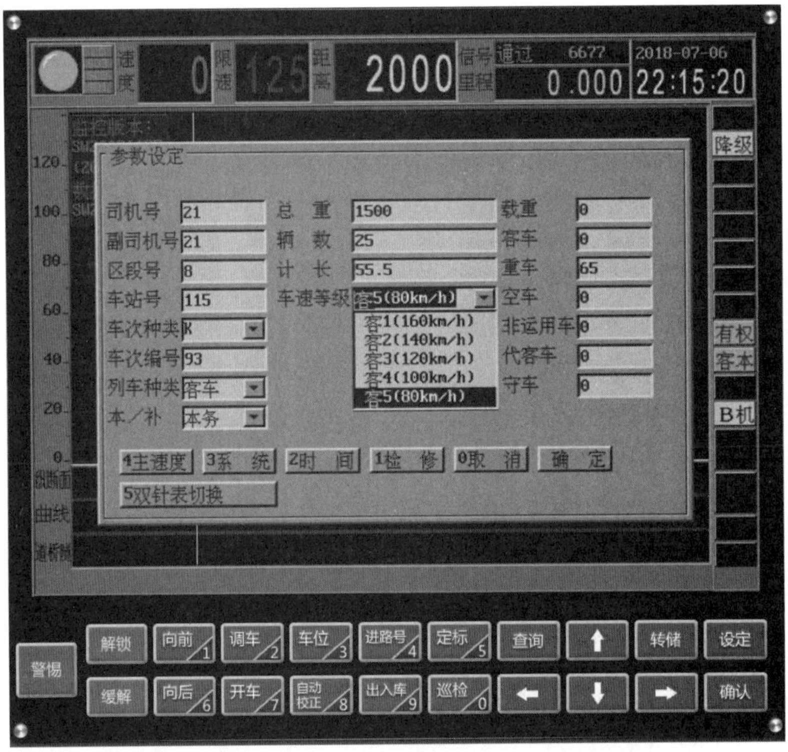

图 2.2.4　车速等级设定

（4）所有参数修改完毕，使光标移到“确定”按钮，按压【确认】键或直接按压【设定】键退出参数设置状态。

（5）有效输入完成后，【开车】指示亮，并在屏幕的左上角显示始发站的名称（见图 2.2.5）。

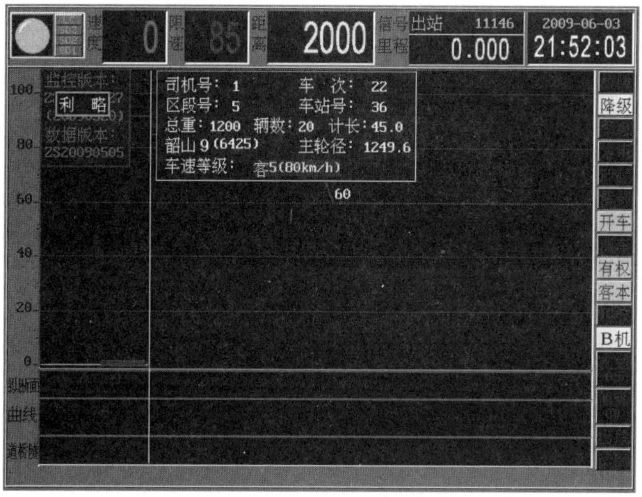

图 2.2.5 设定完成窗口显示

参数输入条件

（1）LKJ 处于随时停车模式、输出控制指令（解除牵引力、常用制动、紧急制动）时，以及处于防溜报警状态，都禁止输入或修改任何参数。

（2）输入“列车类型”“车速等级”必须停车。

（3）当机车信号为停车信号或按停车信号控制时，输入区段号、车站号、车次种类、车次编号必须停车。

（4）当机车信号为双黄灯时，监控交路、车站号、车种标识、车次号码必须在速度低于 45 km/h 时输入。

（5）当机车信号为其他允许运行的信号，监控交路、车站号、车种标识、车次号码必须在速度低于 60 km/h 时输入。

（6）司机号、编组信息输入无其他要求。

注意：

① 为防止查询时误设车速等级等参数，查询参数时必须使用【查询】+【6】进行查询操作，禁止使用【设定】键进行查询。因使用【设定】键查询参数造成误设时，必须重新设定“车速等级”并检查无误后方可退出。

② 中间站调车作业后列车编组须重新输入。

二、步骤二：IC 卡输入

装置开机后，将写有司机号、副司机号、区段号、车站号、车次以及运行揭示等信息的 IC 卡正确插入显示屏 IC 卡插槽内，显示屏右边 IC 卡指示灯点亮。如果 IC 卡指示灯不亮，需检查 IC 卡是否正确插入，IC 卡是否良好。

IC 卡指示灯已点亮且机车速度为“0”时，按压【设定】键，装置将卡内的各项信息读出，显示屏弹出参数设定对话框，其显示的参数为 IC 卡信息内容。确认相关信息无误后，再次按压【设定】键，退出参数设定窗口，显示屏显示“发送揭示成功”，按压【确认】键退出。装置将 IC 卡出勤写入的司机临时参数及 IC 卡数据输入监控装置，作为各项控制的基本参数条件。

若 IC 卡输入的司机临时参数与实际信息不符，可按照手动输入方法修改，修改后按压【设定】键，退出参数设定状态。

注意：

① 使用 IC 卡输入后，装置将刷新存储的揭示信息，因此，必须确认所使用的 IC 卡存储的揭示内容是最新和有效的，不得使用空白 IC 卡进行输入操作。

② 运行中，连续按压两次【设定】键，可能会造成设定参数修改，应特别注意。

三、步骤三：参数校对

不论使用手动输入，还是 IC 卡输入，设定成功后，在屏幕上方以蓝底白字显示始发站名、车次号码、监控交路、司机号、列车编组等信息，供乘务员核对，如图 2.2.6 所示。

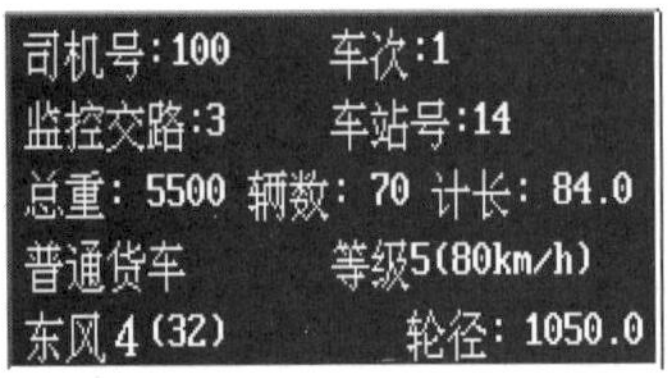

普通列车

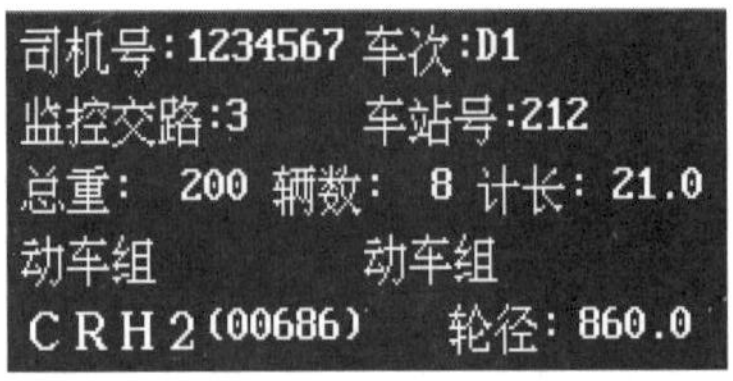

动车组列车

图 2.2.6 参数校对显示

所有信息输入完成后将光标移到“确认”按钮上，再按【确认】键完成输入信息设定。LKJ 以输入车速等级的限速值自动加 5 km/h 作为本次列车的最高常用固定模式限速值。必须选择车速等级，否则不允许退出设定界面。参数设定完成退出参数设定界面时，屏幕显示器检测监控主机发送的车速等级与列车种类是否矛盾，因其他原因造成输入矛盾时（例如：列车种类固定为客车的监控交路，输入列车种类时误选择为货车，且车速等级选择的范围非客车的 5 种车速等级时）在屏幕中间显示红底黄字的“车速等级与列车种类矛盾!”提示，且不允许开车对标操作，必须重新选择车速等级。

LKJ 在揭示输入、系统上电、主备机切换等过程，会对因传输中断、上电后揭示数据内容异常等原因引起揭示内容异常变化的，情况弹出揭示异常提示信息，提示界面如图 2.2.7 所示。这时应重新进行输入揭示操作。

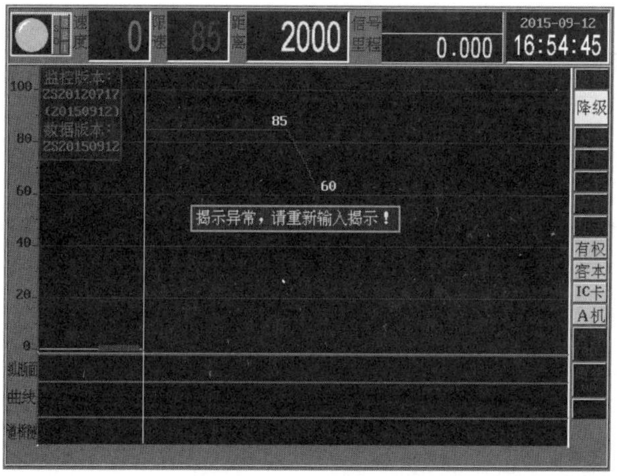

图 2.2.7　揭示异常提示

所有信息输入完成后将光标移到“确认”按钮上，再按【确认】键完成输入信息设定。LKJ 以输入车速等级的限制值自动加 5 km/h 作为本次列车的最高常用固定模式限速值，并弹出“参数校核提示窗口”，参数校核提示窗口中以红底黄字显示当前选定的车速等级，机车乘务员需对“参数校核提示窗口”显示的设定参数进行确认。

临时数据文件输入条件

（1）LKJ 处于随时停车模式、输出控制指令（解除牵引力、常用制动、紧急制动）时，以及处于防溜报警状态，都禁止 IC 卡输入。

（2）当机车信号为停车信号或按停车信号控制时，必须在停车时进行 IC 卡输入。

（3）当机车信号为双黄灯时，必须在速度低于 45 km/h 时进行 IC 卡输入。

（4）当机车信号为其他允许运行的信号，必须在速度低于 60 km/h 时进行 IC 卡输入。

注意：

使用 IC 卡输入后，装置将刷新存储的 LKJ 临时数据。因此，必须确认所使用的 IC 卡内的 LKJ 临时数据是最新的、有效的。不得使用内容空白的卡（按照规定清除过期的 LKJ 临时数据除外）。无论有无 LKJ 临时数据，都必须进行 IC 卡读卡操作。

任务评价

任务评价采取教师评价、小组自评、小组互评相结合的方式。其中，教师评价占总成绩的 60%，小组自评、小组互评各占总成绩的 20%（见表 2.2.3）。

总结拓展

根据任务实施和评价情况填写任务实施总结和拓展学习计划（见表 2.2.4）。

表 2.2.3　任务实施评价表

任务名称	LKJ2000 型监控装置参数设定				
被评者		评价者		时间	
评价方式	自评　　互评　　师评				
项目	分值	评分标准		分值	得分
工作态度 纪律素养	20	态度积极		5	
		遵守纪律		5	
		环境卫生		5	
		安全操作		5	
团队合作	10	分工明确		5	
		团队合作		5	
任务实施	60	步骤一： 根据教师指令完成操作，动作标准、顺序正确、无缺项漏项		20	
		步骤二： 根据教师指令完成操作，动作标准、顺序正确、无缺项漏项		20	
		步骤三： 根据教师指令完成操作，顺序正确、无缺项漏项		20	
操作规范性	10	操作动作标准、规范		5	
		操作结束设备恢复初始状态		5	
合计					

表 2.2.4　任务实施总结和拓展学习计划表

任务实施总结
1. 知识目标掌握情况   2. 能力目标掌握情况
拓展学习计划

任务三　LKJ2000型监控装置出入段及进入和退出调车操作

任务目标

1. 知识目标

掌握出入库操作时的注意事项。

2. 能力目标

（1）掌握出入库运行时LKJ2000型监控装置操作方法。

（2）掌握进行进入/退出普通调车操作。

（3）掌握进入/退出专用调车状态。

任务准备

1. 任务地点

列车监控运行装置应用实训室。

2. 任务设备

LKJ2000模拟仿真训练系统。

3. 知识准备

理论篇 项目四 任务十一。

任务描述

学生模拟机车乘务员，按照一次乘务作业标准完成出入库操作，熟练掌握监控装置各状态转换操作要领及注意事项。

任务实施

一、步骤一：LKJ2000型监控装置出入库操作

在机车出入段，对【出入库】键的操作必须在停车状态下进行，方法如下：

（1）司机在段内出勤，登乘机车后，对装置进行下列操作：

① 开机→读卡→查询司机和副司机号→查询交路号、车站号和车次→逐条查询核对运行揭示。

② 需要时输入出入段车次，按压【出入库】键，使【入段】和【调车】灯点亮。

③ 机车运行至站段分界点停车，按压【出入库】键，确认【入段】灯灭，装置记录出段时分，进入调车状态。

出段显示界面如图2.2.8所示。

（2）列车到达终点站停妥后，进行下列操作：

① 需要时输入出入段车次，或按压【调车】键，点亮【调车】灯。

② 机车运行至站段分界点停车，按压【出入库】键，点亮【入段】灯，装置记录入段时分。

③ 机车入段停车后，及时转储装置记录的列车运行数据文件。

（3）按压一次【出入库】键，【入段】或【出段】灯亮，再按一次【出入库】键，【入段】或【出段】灯灭。当装置为通常监控状态、调车状态或降级状态，按压【出入库】键，点亮【入段】或【出段】灯时，装置进入出入段限速监控状态，最高限速为 16 km/h。

入段显示界面如图 2.2.9 所示。

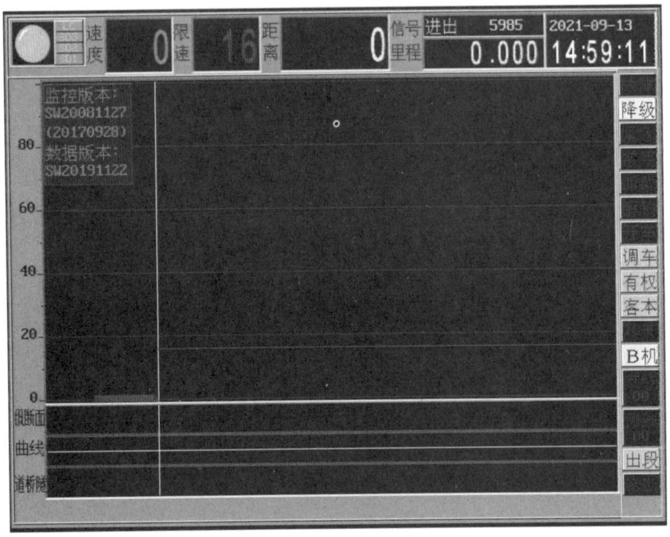

图 2.2.8　出段显示界面

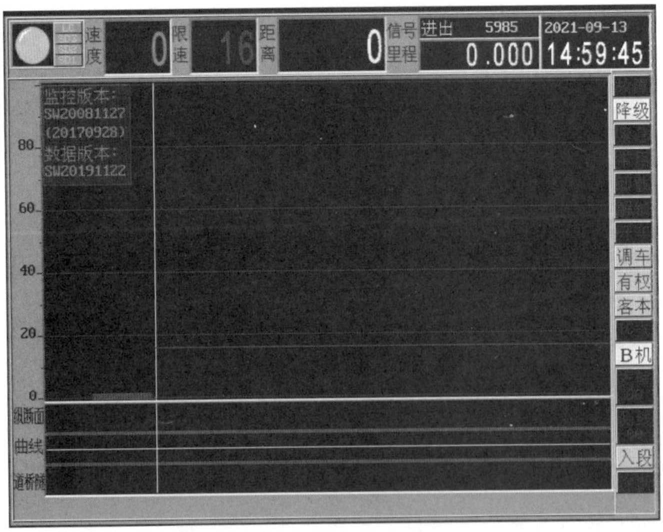

图 2.2.9　入段显示界面

二、步骤二：LKJ2000 型监控装置进入/退出专用调车状态操作

（1）进入：非调车模式下，速度为 0 时，按压【调车】键，进入调车模式，模式栏显示“调车”。限制速度窗口显示“41”，距离窗口显示“0”。动车后，语音提示“注意调车信号”，如图 2.2.10 所示。

（2）退出：在调车模式下，按一次【调车】键，返回进入“调车”状态之前的状态（通常监控或降级状态）。先退出调车状态的一端有操作权。

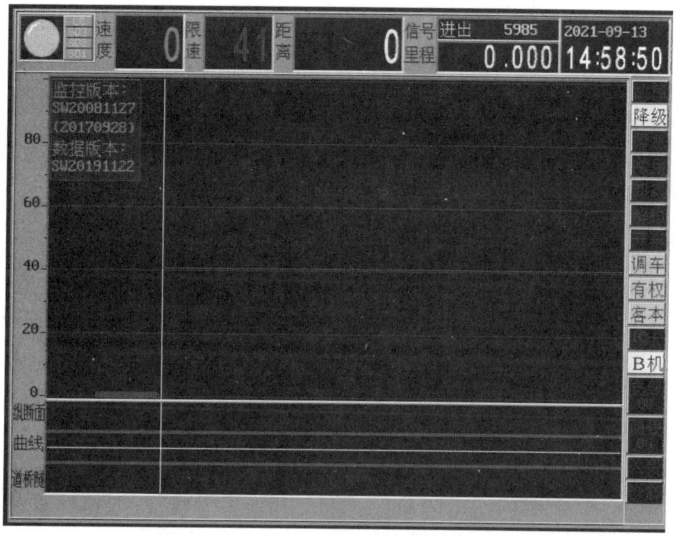

图 2.2.10　调车模式显示界面

任务评价

任务评价采取教师评价、小组自评、小组互评相结合的方式。其中，教师评价占总成绩的 60%，小组自评、小组互评各占总成绩 20%（见表 2.2.5）。

表 2.2.5　任务实施评价表

任务名称	LKJ2000 型监控装置出入段及进入和退出调车操作				
被评者		评价者		时间	
评价方式	自评　　互评　　师评				
项目	分值	评分标准		分值	得分
工作态度 纪律素养	20	态度积极		5	
		遵守纪律		5	
		环境卫生		5	
		安全操作		5	
团队合作	10	分工明确		5	
		团队合作		5	

续表

任务实施	60	步骤一： 根据教师指令完成操作，动作标准、顺序正确、无缺项漏项	30	
		步骤二： 根据教师指令完成操作，动作标准、顺序正确、无缺项漏项	30	
操作规范性	10	操作动作标准、规范	5	
		操作结束设备恢复初始状态	5	
合计				

总结拓展

根据任务实施和评价情况填写任务实施总结和拓展学习计划（见表 2.2.6）。

表 2.2.6　任务实施总结和拓展学习计划表

任务实施总结
1. 知识目标掌握情况   2. 能力目标掌握情况
拓展学习计划

任务四　LKJ2000 型监控装置 IC 卡转储数据操作

任务目标

1. 知识目标

掌握使用 IC 卡转储操作时的注意事项。

2. 能力目标

掌握退勤时 LKJ2000 型监控装置 IC 卡转储操作方法。

任务准备

1. 任务地点

列车监控运行装置应用实训室。

2. 任务设备

LKJ2000 模拟仿真训练系统。

3. 知识准备

理论篇　项目四　任务二、任务三。

任务描述

学生模拟机车乘务员，按照一次乘务作业标准独立完成 IC 卡转储操作。熟练掌握操作要领及注意事项。

任务实施

LKJ2000 型监控装置 IC 卡转储数据操作

利用 IC 卡转储装置记录的运行数据文件时，根据转储的范围或多少可以分为选择转储、全部转储、转储所有未转文件三种情况。

一、步骤一："选择转储"操作方法

（1）在速度为 0 的情况下按压【转储】键后屏幕弹出"文件转储"窗口，光标默认为"选择文件"状态，如图 2.2.11 所示。

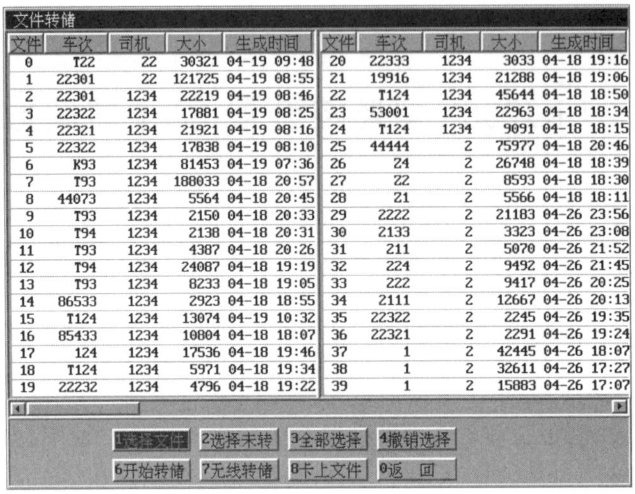

图 2.2.11　文件转储

（2）按压【确认】键后，用【↑】【↓】方向键移动光标到欲转储文件，按压【确认】键选中这个文件。选中后光标条自动移到下一个文件，同时选中的文件变成蓝色。如果想取消已经选中的文件，只需将光标条移到所选文件，再次按压【确认】键即可取消对这个文件的选择。

（3）文件选择完毕，按压【←】方向键，光标自动移至“开始转储”按钮，按压【确认】键，进行文件转储操作。此时会弹出“正在转储”对话窗，如图 2.2.12 所示。

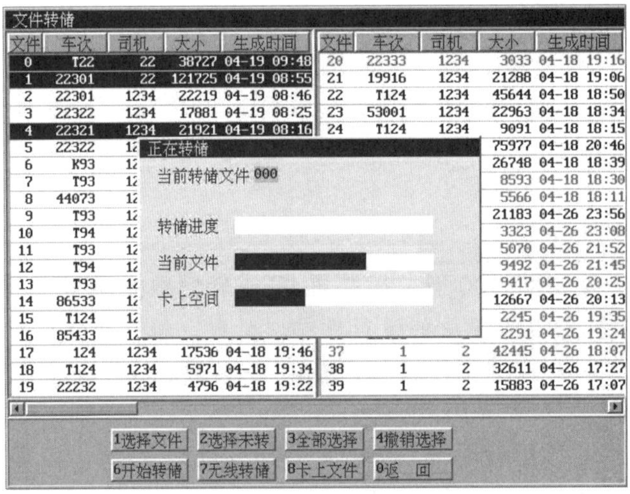

图 2.2.12　转储示意图

界面中将显示文件转储进度，转储完毕后弹出“注意”提示窗口提示“转储成功”（见图 2.2.13）。按压【确认】键，光标自动移至“卡上文件”，再次按压【确认】键显示卡上已转储的列表文件信息，内容包括文件序号、车次、司机、大小、生成日期，移动光标至“返回”按钮，按压【确认】键退出“文件转储”窗口。

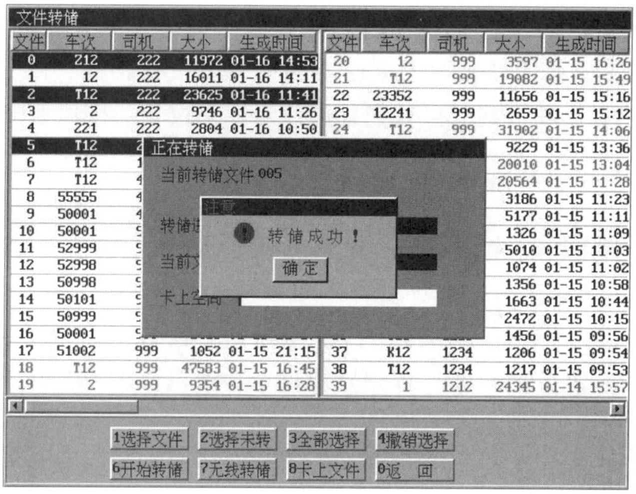

图 2.2.13　转储成功示意图

二、步骤二：“全部转储”操作方法

（1）在速度为 0 的情况下按压【转储】键，屏幕弹出“文件转储”窗口，光标默认为“选择文件”状态。

（2）用【↑】【↓】方向键移动光标到“选择全部”按钮，按压【确认】键，所有文件目录变成蓝色。

（3）文件选择完毕，光标自动移至“开始转储”按钮，按压【确认】键，进行文件转储操作。此时会弹出“正在转储”对话窗，显示文件转储进度，转储完毕后弹出“注意”提示窗口提示“转储成功”，按压【确认】键，光标自动移至“卡上文件”，再次按压【确认】键显示卡上已转储的列表文件信息，内容包括文件序号、车次、司机、大小、生成日期，移动光标至“返回”按钮，按压【确认】键退出“文件转储”窗口。

三、步骤三：转储未转文件操作方法

进入转储界面后，再次按压【转储】键，将直接转储没有被转储过的文件，也可以按照下面的方法分步转储。

（1）在速度为 0 的情况下按压【转储】键后屏幕弹出“文件转储”窗口，光标默认为“选择文件”状态。

（2）光标移至“选择未转”按钮，按压【确认】键，所有未转文件被选中并显示为蓝色。

（3）文件选择完毕，光标自动移至“开始转储”按钮，按压【确认】键，进行文件转储操作。此时会弹出“正在转储”对话窗，显示文件转储进度，转储完毕后弹出“注意”提示窗口提示“转储成功”。按压【确认】键，光标自动移至“卡上文件”，再次按压【确认】键显示卡上已转储的列表文件信息，内容包括文件序号、车次、司机、大小、生成日期，移动光标至“返回”按钮，按压【确认】键退出“文件转储”窗口。

注意：

① 文件选中后可以将光标移至“撤消选择”，按压【确认】键，所有已选中的文件被撤销，可将光标移至“选择文件”重新选择。

② 转储结束后，如果转储不成功，自动弹出一窗口，提示“写卡失败”，按压【确认】键后可重新选择文件进行转储。若提示“卡已满”，可以换卡重新进行转储操作。

③ 在停车且监控状态下运行揭示正在控制时，不可进行转储操作。

任务评价

任务评价采取教师评价、小组自评、小组互评相结合的方式。其中，教师评价占总成绩的60%，小组自评、小组互评各占总成绩的20%（见表2.2.7）。

表2.2.7　任务实施评价表

<table>
<tr><td>任务名称</td><td colspan="5">LKJ2000型监控装置IC卡转储数据操作</td></tr>
<tr><td>被评者</td><td></td><td>评价者</td><td></td><td>时间</td><td></td></tr>
<tr><td>评价方式</td><td colspan="5">自评　　互评　　师评</td></tr>
<tr><td>项目</td><td>分值</td><td colspan="2">评分标准</td><td>分值</td><td>得分</td></tr>
<tr><td rowspan="4">工作态度
纪律素养</td><td rowspan="4">20</td><td colspan="2">态度积极</td><td>5</td><td></td></tr>
<tr><td colspan="2">遵守纪律</td><td>5</td><td></td></tr>
<tr><td colspan="2">环境卫生</td><td>5</td><td></td></tr>
<tr><td colspan="2">安全操作</td><td>5</td><td></td></tr>
<tr><td rowspan="2">团队合作</td><td rowspan="2">10</td><td colspan="2">分工明确</td><td>5</td><td></td></tr>
<tr><td colspan="2">团队合作</td><td>5</td><td></td></tr>
<tr><td rowspan="3">任务实施</td><td rowspan="3">60</td><td colspan="2">步骤一：
根据教师指令完成操作，动作标准、顺序正确、无缺项漏项</td><td>20</td><td></td></tr>
<tr><td colspan="2">步骤二：
根据教师指令完成操作，动作标准、顺序正确、无缺项漏项</td><td>20</td><td></td></tr>
<tr><td colspan="2">步骤三：
根据教师指令完成操作，顺序正确、无缺项漏项</td><td>20</td><td></td></tr>
<tr><td rowspan="2">操作规范性</td><td rowspan="2">10</td><td colspan="2">操作动作标准、规范</td><td>5</td><td></td></tr>
<tr><td colspan="2">操作结束设备恢复初始状态</td><td>5</td><td></td></tr>
<tr><td>合计</td><td colspan="5"></td></tr>
</table>

总结拓展

根据任务实施和评价情况填写任务实施总结和拓展学习计划（见表 2.2.8）。

表 2.2.8　任务实施总结和拓展学习计划表

任务实施总结
1. 知识目标掌握情况   2. 能力目标掌握情况
拓展学习计划

项目三　LKJ2000型列车运行监控记录装置运行途中操作

项目描述

LKJ2000型监控装置系统的操作可分为乘务人员的操作和地面人员的操作，而乘务人员的操作主要包括基本操作、途中运行操作及特殊情况下的操作。

LKJ2000型监控装置的基本操作包括开机、换室、屏幕亮度调整参数设定等内容，通过实操训练，形成对监控装置操作的初步体验，熟悉各功能按键。

教学目标

1. 能力目标

（1）熟练掌握LKJ2000型监控装置各按键操作。

（2）熟练掌握LKJ2000型监控装置各项基本操作。

2. 知识目标

（1）掌握LKJ监控装置各基本操作相关的知识。

（2）理解各项操作的原因和目标。

3. 素质目标

（1）培养敬业爱岗、遵章守纪、乐于奉献的职业精神。

（2）牢记安全第一、以质量促安全的职业规范。

相关规定

《列车运行监控装置（LKJ）运用维护规则》（铁总运〔2014〕107号）

第18条　机务段是LKJ使用管理工作的主体，负责贯彻落实铁路总公司、铁路局LKJ使用各项规章制度，执行铁路局LKJ操作使用作业标准，充分发挥LKJ保障行车安全的作用。

任务一　LKJ2000 型列车运行监控记录装置开车操作

任务目标

1. 知识目标

掌握开车操作的有关注意事项。

2. 能力目标

掌握开车对标的操作方法。

任务准备

1. 任务地点

列车监控运行装置应用实训室。

2. 任务设备

LKJ2000 模拟仿真训练系统。

3. 知识准备

理论篇　项目四。

任务描述

学生模拟机车乘务员，按照一次乘务作业标准独立完成开车对标操作，熟练掌握操作要领及注意事项。

任务实施

监控装置参数设定完成后，“降级”指示灯亮，“开车”指示灯亮如图 2.3.1 所示。当机车经过规定的对标开车基准点时，按【开车】键完成“开车”操作，装置调出前方信号机数据，进入“监控”状态，装置语音提示“监控运行”。此时显示屏上方数据窗口将会显示实际速度、限制速度、前方信号机种类、距离等相应的数据，显示器中央显示机车当前位置前方 4 km 的线路数据（见图 2.3.2）。

注意：

（1）当处于降级报警状态时，应首先按【警惕】键暂停降级报警，然后再按【开车】键完成“开车”操作。

（2）按【开车】键时必须是降级状态，调车状态下无效。

（3）机车信号为双黄灯、双黄灯转白灯、黄灯转白灯、白灯开车固定按侧线控制。

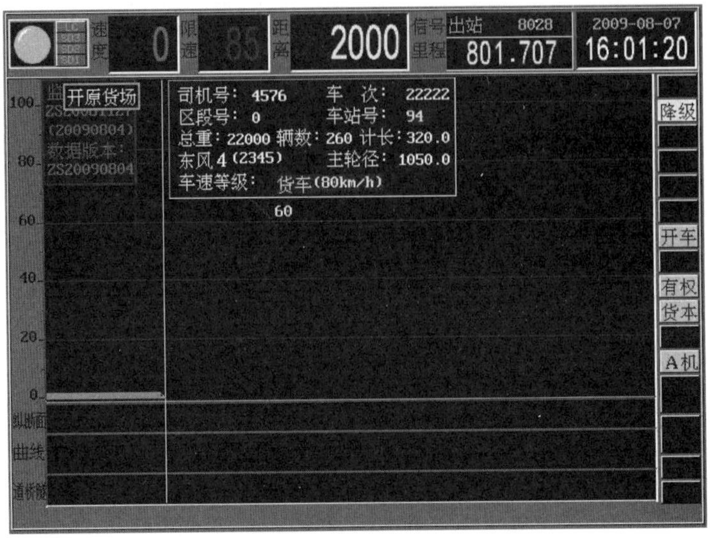

图 2.3.1　监控装置降级开车状态

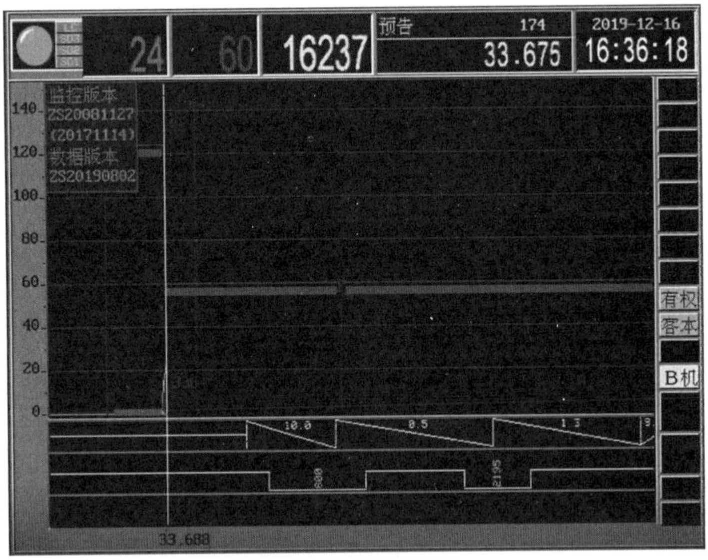

图 2.3.2　开车操作后监控运行状态

任务自检

1. LKJ2000 型监控装置如何进行开车对标操作？
2. 使用 LKJ2000 模拟仿真训练系统完成开车对标操作。

任务评价

任务评价采取教师评价、小组自评、小组互评相结合的方式。其中，教师评价占总成绩的 60%，小组自评、小组互评各占总成绩的 20%（见表 2.3.1）。

表 2.3.1　任务实施评价表

<table>
<tr><td>任务名称</td><td colspan="5">开车操作</td></tr>
<tr><td>被评者</td><td></td><td>评价者</td><td></td><td>时间</td><td></td></tr>
<tr><td>评价方式</td><td colspan="5">自评　　　互评　　　师评</td></tr>
<tr><td>项目</td><td>分值</td><td colspan="2">评分标准</td><td>分值</td><td>得分</td></tr>
<tr><td rowspan="4">工作态度
纪律素养</td><td rowspan="4">20</td><td colspan="2">态度积极</td><td>5</td><td></td></tr>
<tr><td colspan="2">遵守纪律</td><td>5</td><td></td></tr>
<tr><td colspan="2">环境卫生</td><td>5</td><td></td></tr>
<tr><td colspan="2">安全操作</td><td>5</td><td></td></tr>
<tr><td rowspan="2">团队合作</td><td rowspan="2">10</td><td colspan="2">分工明确</td><td>5</td><td></td></tr>
<tr><td colspan="2">团队合作</td><td>5</td><td></td></tr>
<tr><td>任务实施</td><td>60</td><td colspan="2">步骤一：
根据教师指令完成操作，动作标准、顺序正确、无缺项漏项</td><td>60</td><td></td></tr>
<tr><td rowspan="2">操作规范性</td><td rowspan="2">10</td><td colspan="2">操作动作标准、规范</td><td>5</td><td></td></tr>
<tr><td colspan="2">操作结束设备恢复初始状态</td><td>5</td><td></td></tr>
<tr><td>合计</td><td colspan="5"></td></tr>
</table>

总结拓展

根据任务实施和评价情况填写任务实施总结和拓展学习计划（见表 2.3.2）。

表 2.3.2　任务实施总结和拓展学习计划表

任务实施总结
1. 知识目标掌握情况   2. 能力目标掌握情况
拓展学习计划

任务二　LKJ2000 型监控装置查询操作

任务目标

1. 知识目标

掌握开车操作的有关注意事项。

2. 能力目标

掌握开车对标的操作方法。

任务准备

1. 任务地点

列车监控运行装置应用实训室。

2. 任务设备

LKJ2000 模拟仿真训练系统。

3. 知识准备

理论篇 项目四。

任务描述

学生模拟机车乘务员，按照一次乘务作业标准独立完成列车运行途中 LKJ2000 型监控装置各项查询操作，熟练掌握操作要领及注意事项。

任务实施

一、步骤一：LKJ2000 型监控装置查询操作

按压显示器【查询】键，显示器弹出“查询选择”窗口。将光标移到相应查询项目上按压【确认】键，或直接按压查询项序号对应的数字键，显示相关信息数据。查询相关信息数据后，按【确认】键可关闭查询窗口（见图 2.3.3）。

1. 当前揭示查询

操作目的：列车运行时查询距前方客车 3000 m、货车 2000 m 以内的揭示。

操作方法：在“查询选择”窗口，利用光标键移动光标到“当前揭示”按钮，然后按压【确认】键，或者直接按压数字键【1】，进入揭示查询界面。当没有揭示信息时，提示“禁止查询！”。屏幕上的揭示显示分 3 种：底色为白色的是正常的揭示，绿色的是已经越过的揭示，红色的是已经解除的揭示（见图 2.3.4）。

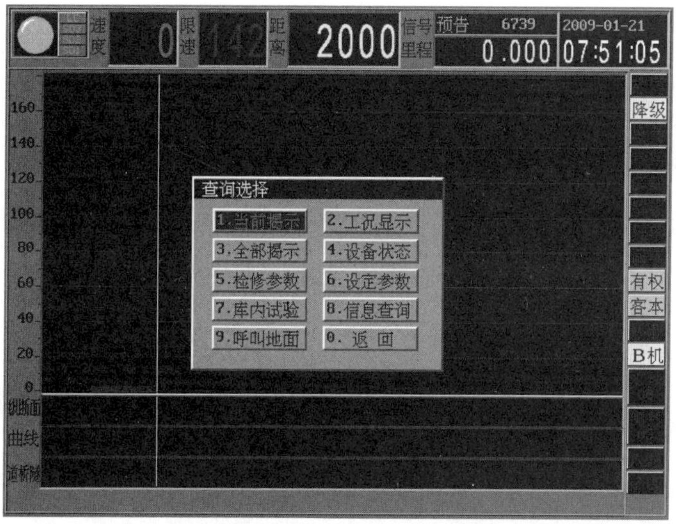

图 2.3.3　查询选择窗口示意图

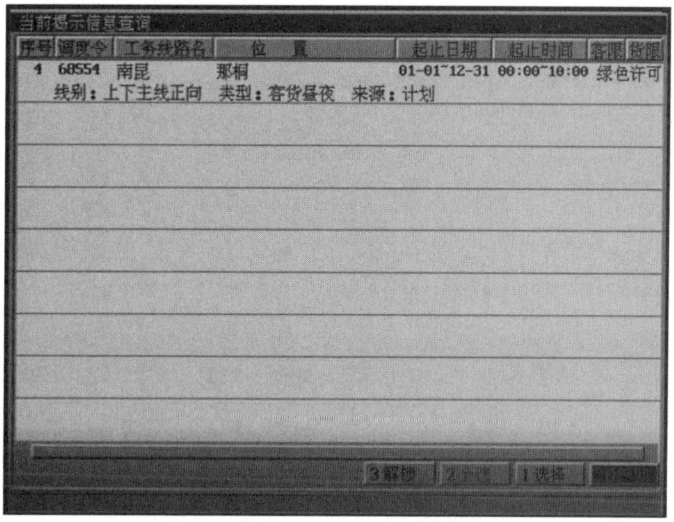

图 2.3.4　当前揭示查询窗口示意图

2. 工况信息查询

操作目的：查询手柄位置、千米标等数据。

操作方法：在“查询选择”窗口，利用光标移动键将光标移到“工况显示”按钮，然后按压【确认】键，或直接按压数字键【2】。此时在屏幕右上角弹出“工况信息”窗口。这个显示窗口将一直存在，直到再次按压【确认】键才消失，如图 2.3.5 所示。

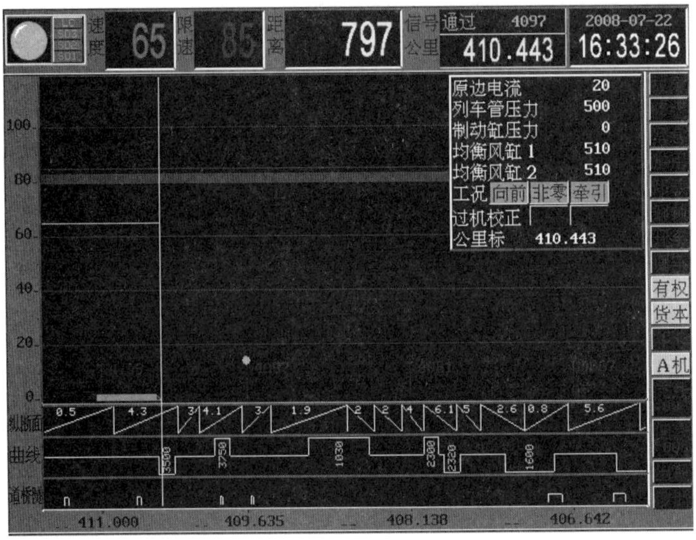

图 2.3.5 机车工况显示界面示意图

3. 全部揭示查询

操作目的：停车时查询装置内的所有揭示信息。

操作方法：在“查询选择”窗口，利用光标键移动光标到“全部揭示”按钮，然后按压【确认】键，或者直接按压数字键【3】，进入揭示查询界面，如图 2.3.6 所示。当没有揭示信息时，提示“禁止查询!”。屏幕上的揭示显示分 3 种：底色为白色的是正常的揭示，绿色的是已经越过的揭示，红色的是已经解除的揭示。如果揭示较多，可以用上下方向键翻页显示。

全部揭示查询　　共有揭示【 15 】条

序号	工务线路名	行别	位置	起止日期	起止时间	客限	货限
0	京广线	上下	谢庄	01-19~12-27	08:00~08:00	特定	引导
1	京广线	上下	小李庄	01-19~12-27	08:00~08:00	绿色	许可
2	京广线	上下	谢庄	01-19~12-27	08:00~08:00	电话	闭塞
3	京广线	上下	682.000~683.000	01-19~12-27	08:00~11:30	45	45
4	京广线	上下	682.500~682.700	01-19~12-27	08:00~11:30	35	35
5	京广线	上下	809.526~809.726	06-26~06-26	08:00~11:31	45	45
6	京广线	上下	809.726~809.926	06-26~06-26	08:00~11:31	45	45
7	京广线	上下	809.926~810.126	06-26~06-26	08:00~11:31	45	45
8	京广线	上下	810.126~810.326	06-26~06-26	08:00~11:31	45	45
9	京广线	上下	810.326~810.526	06-26~06-26	08:00~11:31	45	45
10	京广线	上下	810.526~810.726	06-26~06-26	08:00~11:31	45	45
11	京广线	上下	810.726~810.926	06-26~06-26	08:00~11:31	45	45
12	京广线	上下	810.926~811.126	06-26~06-26	08:00~11:31	45	45
13	郑州北环线	上下	0.050~0.150	06-26~12-31	08:00~08:00	45	45
14	京广线	上下	811.126~813.541	06-26~06-26	08:00~11:31	45	45

6 下页　5 上页　4 筛选　3 解锁　2 切换　1 选择　0 返回

正常揭示　已解锁揭示　已通过揭示

图 2.3.6 全部揭示显示

4. 揭示的筛选

操作目的：查询输入的全部揭示中与某条工务线路相关的揭示，如图 2.3.6 所示，输入的全部揭示中有京广线和郑州北环线的揭示，但此时若只想查询郑州北环线的揭示，可使用揭示的筛选功能。

操作方法：机车速度为“0”，按压【查询】键进入“全部揭示”查询状态，将光标移至“全部揭示”位置，按压【确认】键，或直接按压数字键【3】，显示屏显示装置存储的全部运行揭示信息。将光标移动到“4 筛选”上，按【确认】键，进入揭示筛选界面，如图 2.3.7 所示。

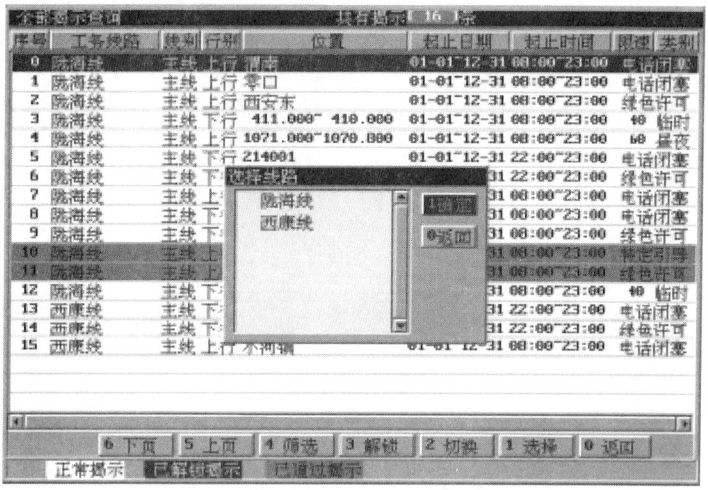

图 2.3.7　揭示筛选界面

通过按压【→】【←】【↑】【↓】键，将光标移至所列的工务线路上，按【确认】键选中所要查询的线路，如图 2.3.8 所示（筛选有关郑州北环线的揭示）。

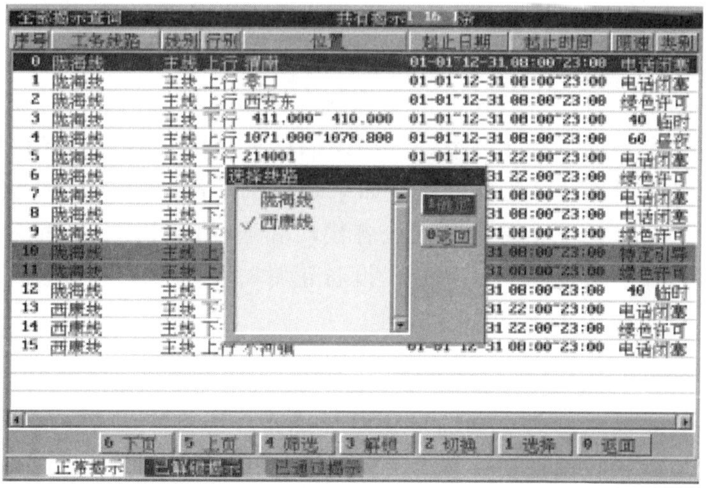

图 2.3.8　选中查询工务线路揭示界面

将光标移至“确认”按钮上，按压【确认】键，即可查询选中的工务线路的有关揭示。

5. 设备状态查询

操作目的：查看设备的工作状况。

操作方法：在“查询选择”窗口，利用光标移动键将光标移到“设备状态”按钮，然后按压【确认】键，或直接按压数字键【4】，屏幕弹出系统当前各模块工作状态和故障状态指示，如图 2.3.9 所示。

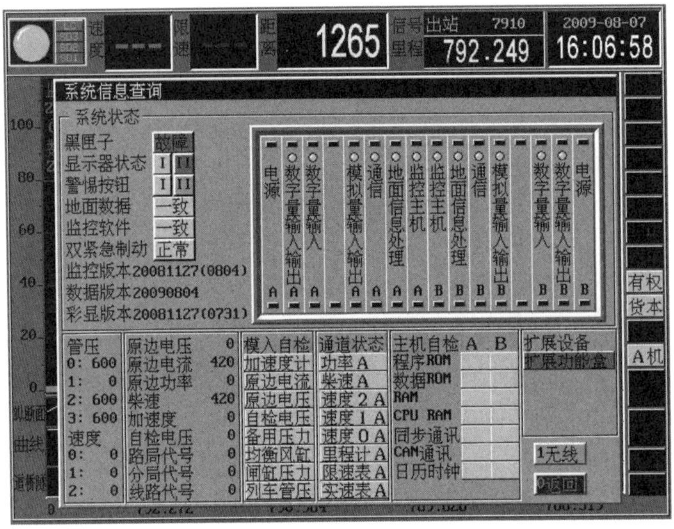

图 2.3.9　设备状态查询界面示意图

设备状态显示窗口的上半部分是系统模块状态和软件、数据版本号，左侧从上到下分别为事故状态记录器（黑匣子）、Ⅰ端和Ⅱ端显示器状态、Ⅰ端和Ⅱ端警惕按钮状态、地面数据和监控软件（两个主机内部的）是否一致、双紧急制动通道是否正常，下面是主机和显示屏的软件版本号。

右边显示的是主机箱中各插件的工作状态，与主机箱内插件的实际排列一致，可以很直观地看到各插件的工作状态。如果插件板上的指示灯是绿色，说明该插件工作正常；红色说明该插件工作异常。如果是单机工作，则另一主机各插件上的指示灯都是灰色。窗口的下半部分是系统各模块和通道的自检状态和采集数据显示。

除Ⅱ端显示器、黑匣子为红色外，设备正常时不应出现其他红色显示。

查询结束后，按压【确认】键返回。

6. 检修参数查询

操作目的：查看机车号、柴油机脉冲、双针表量程等是否正确。

操作方法：在“查询选择”窗口，利用光标移动键将光标移到“检修参数”按钮，然后按压【确认】键，或直接按压数字键【5】，屏幕弹出系统当前检修参数。

内容包括装置号、机车型号、柴油机脉冲、轮径、制动机、最大总重、最大量数、最大计长、双针表量程等（见图 2.3.10）。查询结束后，按压【确认】键返回。

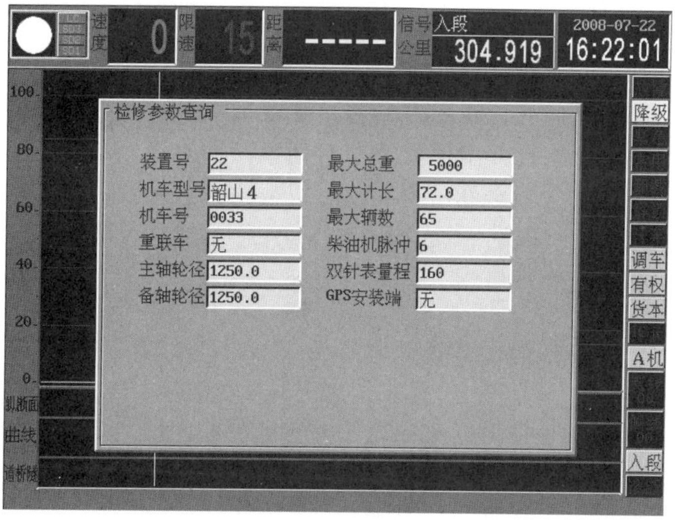

图 2.3.10　检修参数查询界面示意图

7. 设定参数查询

操作目的：查看设定参数。

操作方法：在“查询选择”窗口，利用光标移动键将光标移到“设定参数”按钮，然后按压【确认】键，或直接按压数字键【6】，屏幕弹出系统当前设定参数。内容包括司机号、副司机号、区段号、车站号、车次、总重、计长、辆数及编组信息等（见图 2.3.11）。

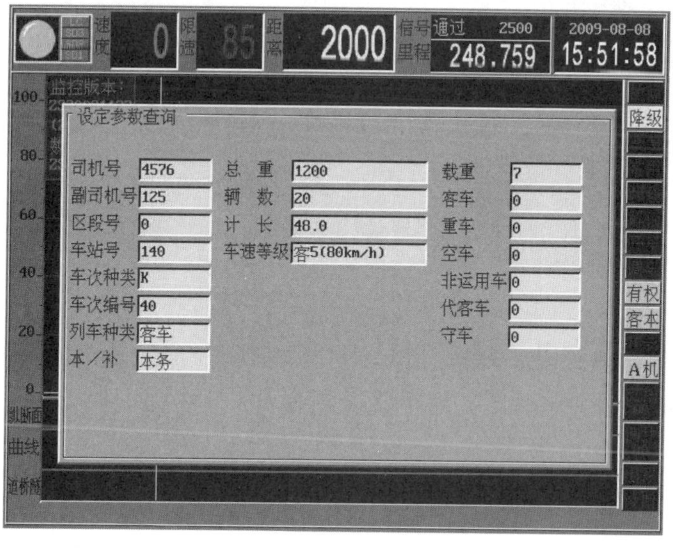

图 2.3.11　设定参数查询界面示意图

二、步骤二：库内试验

操作目的：机车出库前或入库后，地面检测人员执行此操作检查制动设备状况。此操作包括对 A 机和 B 机常用制动和紧急制动试验。

操作方法：调车状态下，速度为 0 时，按压一次【查询】键，进入“查询选择”对话框。按压数字键【7】，弹出“检查”对话框，同时屏幕右上角自动弹出“工况显示”窗口，以便监视压力变化。

此时，直接按压相应的数字键进行制动试验，试验结束后，按压【0】键退出。

1. 制动试验

操作目的：检查装置工作状态和制动输出状况。包括对 A 机和 B 机常用制动和紧急制动的试验。

操作方法：速度为 0 时，按压一次【查询】键，进入“查询选择”对话框。将光标移到“制动试验”上按压【确认】键弹出制动试验窗口（见图 2.3.12），直接按压相应的数字键进行制动试验，试验结束后，按压【0】键退出。按钮上的 A 和 B 表示 A 机和 B 机。

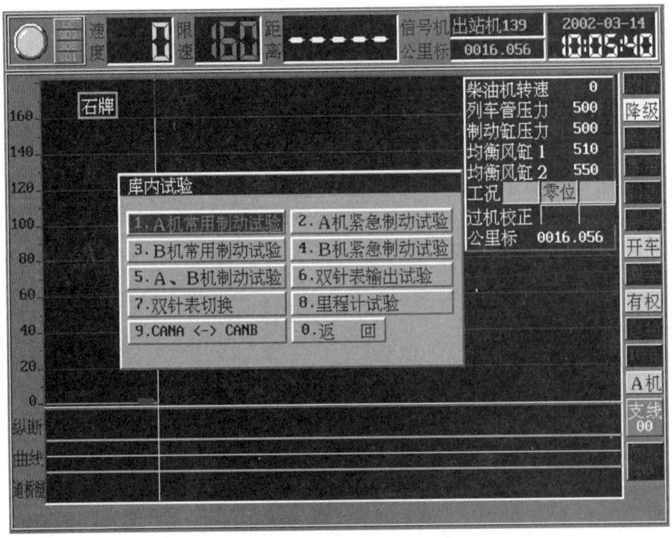

图 2.3.12　制动试验显示界面示意图

进行常用制动试验时，列车管减压量为 110 kPa（误差不超过 10 kPa）（见图 2.3.13）。进行紧急制动试验时，列车管减压为 0 kPa（见图 2.3.14）。按钮上的 A 和 B 表示 A 机和 B 机。

注意：常用制动试验、紧急制动试验结束后装置自动缓解，制动试验过程中不允许人工结束。

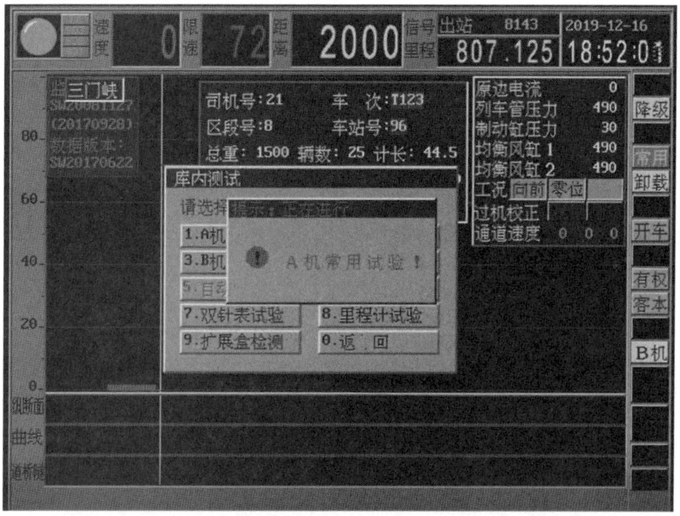

图 2.3.13 常用制动试验显示界面示意图

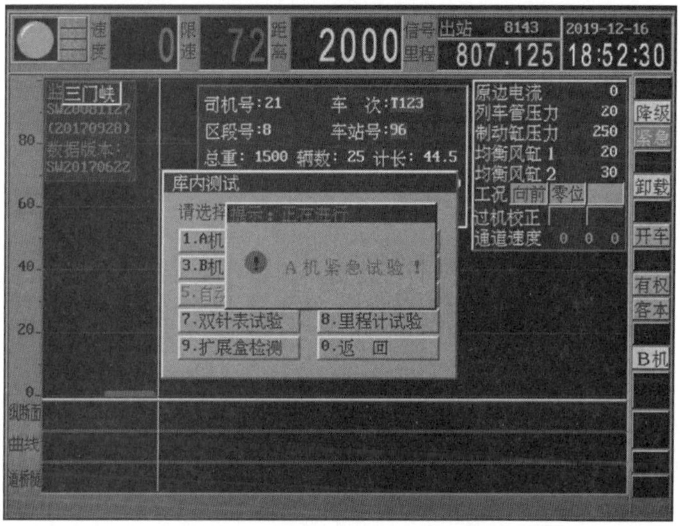

图 2.3.14 紧急制动试验显示界面示意图

2. 键盘检测

操作目的：检查显示面板上各按键及副司机解锁按钮、信号确认按钮作用是否良好。

操作方法：在“查询选择”窗口，利用光标移动键将光标移到“键盘检测”按钮，然后按压【确认】键，或直接按压数字键【8】，屏幕下方弹出各按键及副司机解锁按钮、信号确认按钮的图形（见图 2.3.15）。按压相应的按键或按钮，显示屏幕对应按键的颜色由浅变深，表示该按键或按钮作用正常。若按键颜色不变，则说明该按键或按钮作用不良。查询结束后，再次按压【确认】键，将光标移至“确定”按钮后，再次按压【确认】键。

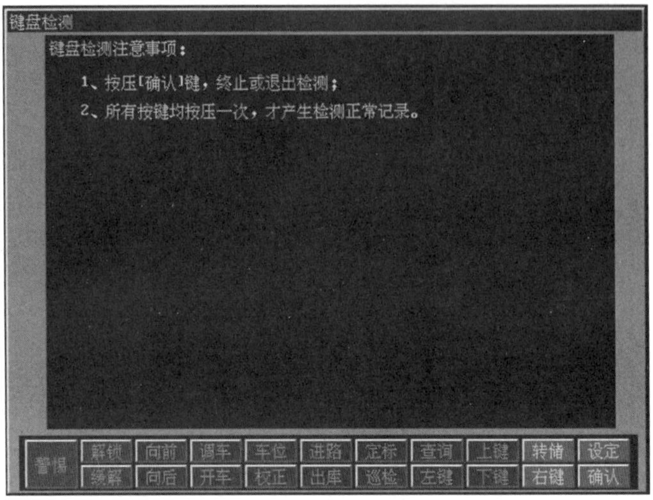

图 2.3.15　键盘检测界面示意图

任务评价

任务评价采取教师评价、小组自评、小组互评相结合的方式。其中，教师评价占总成绩的 60%，小组自评、小组互评各占总成绩的 20%（见表 2.3.3）。

表 2.3.3　任务实施评价表

<table>
<tr><td>任务名称</td><td colspan="4">LKJ2000 型监控装置查询操作</td></tr>
<tr><td>被评者</td><td></td><td>评价者</td><td></td><td>时间</td><td></td></tr>
<tr><td>评价方式</td><td colspan="4">自评　　　　互评　　　　师评</td></tr>
<tr><td>项目</td><td>分值</td><td>评分标准</td><td>分值</td><td>得分</td></tr>
<tr><td rowspan="4">工作态度
纪律素养</td><td rowspan="4">20</td><td>态度积极</td><td>5</td><td></td></tr>
<tr><td>遵守纪律</td><td>5</td><td></td></tr>
<tr><td>环境卫生</td><td>5</td><td></td></tr>
<tr><td>安全操作</td><td>5</td><td></td></tr>
<tr><td rowspan="2">团队合作</td><td rowspan="2">10</td><td>分工明确</td><td>5</td><td></td></tr>
<tr><td>团队合作</td><td>5</td><td></td></tr>
<tr><td rowspan="2">任务实施</td><td rowspan="2">60</td><td>步骤一：
根据教师指令完成操作，动作标准、顺序正确、无缺项漏项</td><td>30</td><td></td></tr>
<tr><td>步骤二：
根据教师指令完成操作，动作标准、顺序正确、无缺项漏项</td><td>30</td><td></td></tr>
<tr><td rowspan="2">操作规范性</td><td rowspan="2">10</td><td>操作动作标准、规范</td><td>5</td><td></td></tr>
<tr><td>操作结束设备恢复初始状态</td><td>5</td><td></td></tr>
<tr><td>合计</td><td colspan="4"></td></tr>
</table>

总结拓展

根据任务实施和评价情况填写任务实施总结和拓展学习计划（见表 2.3.4）。

表 2.3.4　任务实施总结和拓展学习计划表

任务实施总结
1. 知识目标掌握情况   2. 能力目标掌握情况
拓展学习计划

任务三　防溜控制及解除

任务目标

1. 知识目标

掌握防溜控制的启动时机和操作的注意事项。

2. 能力目标

掌握防溜控制的解除操作方法。

任务准备

1. 任务地点

列车监控运行装置应用实训室。

2. 任务设备

LKJ2000 模拟仿真训练系统。

3. 知识准备

理论篇　项目四　任务十。

任务描述

学生模拟机车乘务员，按照一次乘务作业标准独立完成列车运行途中 LKJ2000 型监控装置各项防溜控制解除操作，熟练掌握操作要领及注意事项。

任务实施

防溜控制及解除装置的防溜控制分为管压、手柄、相位三种方式，在 LKJ 的通常状态、降级状态、调车状态、20 km/h 限速状态下同时开通使用。

一、步骤一：管压防溜控制

(1)满足下列条件之一时，装置启动管压防溜控制，语音提示“注意管压防溜”，10 s 后实施紧急制动：

① 客货列车在通常状态下停车后，5 s 内列车管减压量未达到 80 kPa。

② 单机车次在通常状态下停车或其他车次在调车状态下机车停车后 5 s 内列车管减压未达到 80 kPa 或制动缸压力未达到 80 kPa。

防溜控制启动后显示屏显示如图 2.3.16 所示。

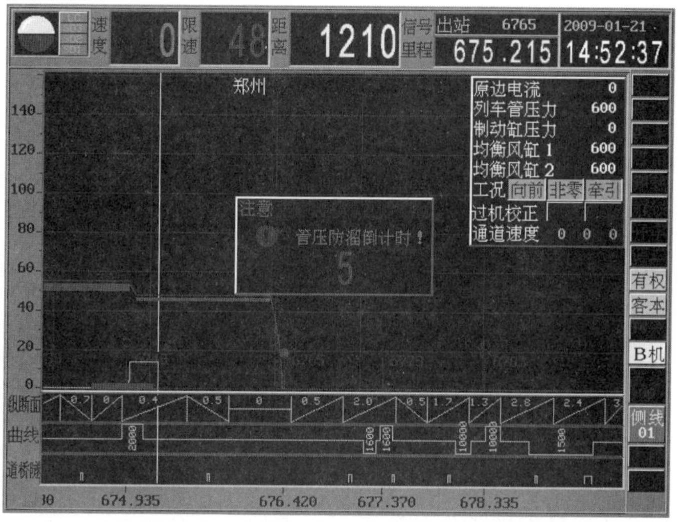

图 2.3.16　防溜控制启动后显示界面

（2）装置启动管压防溜控制，语音提示“注意管压防溜”后，采用下列方法之一，可解除管压防溜控制（见图 2.3.17）：

① 追加减压，使列车管累计减压量达到 80 kPa 以上。

② 语音提示时间内按压一次【警惕】键。

③ 单机车次或调车状态，可使用单阀，使制动缸压力大于 80 kPa。

（3）若列车缓解后 60 s 不开车，装置将再次启动防溜控制功能，且持续语音提示 90 s 后实施紧急制动。

（4）装置防溜控制紧急制动停车后，需按压一次【警惕】键方可缓解。

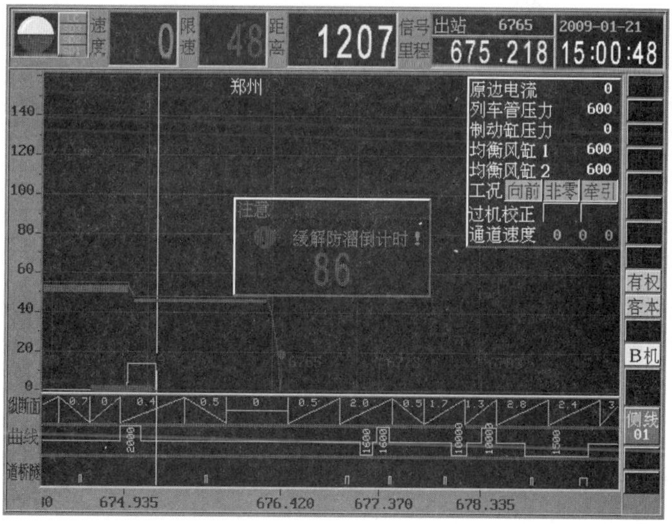

图 2.3.17　缓解不开车防溜控制启动后显示界面

二、步骤二：手柄防溜控制

（1）在通常、降级、调车和 20 km/h 限速状态下，当机车手柄未发生变化而机车由停车状态动车，速度≥3 km/h 或走行距离≥10 m 时，装置启动手柄防溜控制功能，语音提示“注意手柄防溜”10 s 后实施紧急制动控制。手柄防溜启动后显示界面如图 2.3.18 所示。

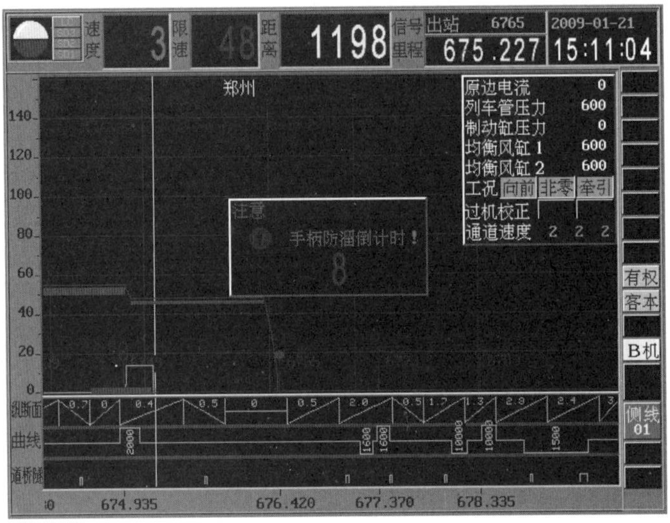

图 2.3.18　手柄防溜控制启动后显示界面

（2）装置启动手柄防溜控制，语音提示“注意手柄防溜”后，采用下列方法之一，可解除手柄防溜控制：

①“注意手柄防溜”语音提示后，立即提手柄，使机车加载。

② 语音提示时间内按压一次【警惕】键。

（3）手柄防溜是根据停车时手柄和动车时手柄状态来判断机车是否发生了溜逸，目前监控软件根据停车时手柄状态，可分为零位防溜、非零位防溜、工况全零防溜。

零位防溜：动车时手柄处于零位，当速度超过 3 km/h 或者运行距离超过 10 m 时，将启动手柄防溜。

非零防溜：手柄在非零位停车后，停车期间手柄一直未发生变化，再次动车手柄仍处于非零位，当速度超过 3 km/h 或者运行距离超过 10 m 时，将启动手柄防溜。

工况全零防溜：当机车在库内电钥匙取出时，监控装置接收的机车工况信号全零。当速度超过 3 km/h 或者运行距离超过 10 m 时，将启动手柄防溜。

在防溜语音提示的过程中，当机车乘务员按键应答或加载时，解除语音提示。否则，语音提示 10 s 后，监控装置实施紧急制动控制。防溜紧急停车后必须按【警惕】键应答才能解除语音提示和紧急制动。

三、步骤三：相位防溜控制

（1）在通常、降级、调车和 20 km/h 限速状态下，机车由停车状态动车，且机车移动方向与机车换向手柄的位置相反，速度≥3 km/h 或者移动距离≥10 m 时，装置启动相位防溜控制功能。连续语音提示“注意相位防溜”，当机车乘务员按【警惕】键应答，暂停语音提示，4 s 后继续语音提示“注意相位防溜”；当机车走行速度≥10 km/h 时，继续语音提示“注意相位防溜”。语音提示 10 s 后，若机车乘务员未按【警惕】键应答，装置实施紧急制动控制。相位防溜启动后的显示界面如图 2.3.19 所示。

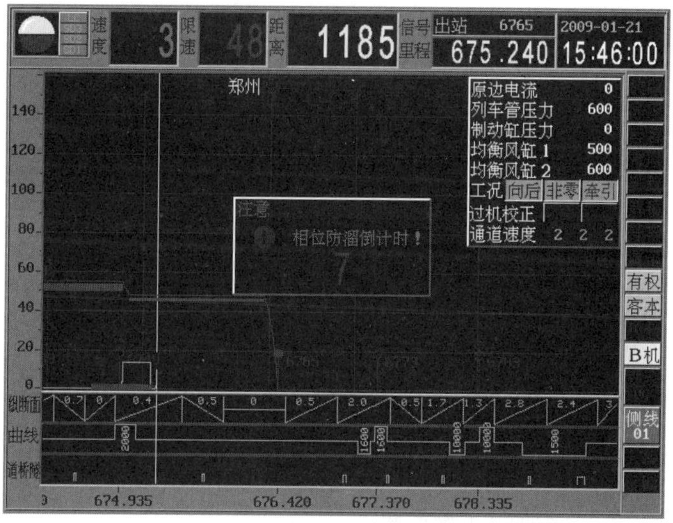

图 2.3.19 相位防溜控制启动后显示界面

（2）装置启动防倒溜控制，语音提示“注意相位防溜”后，采用下列方法之一，可解除防倒溜控制：

①“注意相位防溜”语音提示后，操纵机车使运行方向和机车换向手柄的方向一致。

② 速度≥10 km/h 时，在语音提示时间内按压一次【警惕】键。

（3）装置防溜控制制动后，需按压一次【警惕】键方可缓解。

运行方向确定：关机超过 30 s 开机，首次动车运行速度大于 1 km/h 5 s 后的方向为正方向。

相位方向确定：关机超过 30 s 开机，首次动车超过 5 s 的相位当前相位正方向。

当运行方向与相位方向不一致，机车运行速度≥3 km/h 或者移动距离≥10 m 时，启动相位防溜控制。

防溜紧急停车后必须按键应答才解除语音提示和紧急制动。

任务评价

任务评价采取教师评价、小组自评、小组互评相结合的方式。其中，教师评价占总成绩的 60%，小组自评、小组互评各占总成绩的 20%（见表 2.3.5）。

表 2.3.5　任务实施评价表

<table>
<tr><td>任务名称</td><td colspan="5">防溜控制及解除操作</td></tr>
<tr><td>被评者</td><td></td><td>评价者</td><td></td><td>时间</td><td></td></tr>
<tr><td>评价方式</td><td colspan="5">自评　　互评　　师评</td></tr>
<tr><td>项目</td><td>分值</td><td colspan="2">评分标准</td><td>分值</td><td>得分</td></tr>
<tr><td rowspan="4">工作态度
纪律素养</td><td rowspan="4">20</td><td colspan="2">态度积极</td><td>5</td><td></td></tr>
<tr><td colspan="2">遵守纪律</td><td>5</td><td></td></tr>
<tr><td colspan="2">环境卫生</td><td>5</td><td></td></tr>
<tr><td colspan="2">安全操作</td><td>5</td><td></td></tr>
<tr><td rowspan="2">团队合作</td><td rowspan="2">10</td><td colspan="2">分工明确</td><td>5</td><td></td></tr>
<tr><td colspan="2">团队合作</td><td>5</td><td></td></tr>
<tr><td rowspan="3">任务实施</td><td rowspan="3">60</td><td colspan="2">步骤一：
根据教师指令完成操作，动作标准、顺序正确、无缺项漏项</td><td>20</td><td></td></tr>
<tr><td colspan="2">步骤二：
根据教师指令完成操作，动作标准、顺序正确、无缺项漏项</td><td>20</td><td></td></tr>
<tr><td colspan="2">步骤三：
根据教师指令完成操作，顺序正确、无缺项漏项</td><td>20</td><td></td></tr>
<tr><td rowspan="2">操作规范性</td><td rowspan="2">10</td><td colspan="2">操作动作标准、规范</td><td>5</td><td></td></tr>
<tr><td colspan="2">操作结束设备恢复初始状态</td><td>5</td><td></td></tr>
<tr><td>合计</td><td colspan="5"></td></tr>
</table>

总结拓展

根据任务实施和评价情况填写任务实施总结和拓展学习计划（见表 2.3.6）。

表 2.3.6　任务实施总结和拓展学习计划表

任务实施总结
1. 知识目标掌握情况   2. 能力目标掌握情况
拓展学习计划

任务四　运行中的侧线及支线操作

任务目标

1. 知识目标

掌握 LKJ2000 型监控装置侧线参数及支线输入的时机和注意事项。

2. 能力目标

掌握 LKJ2000 型监控装置侧线及支线参数输入操作方法。

任务准备

1. 任务地点

列车监控运行装置应用实训室。

2. 任务设备

LKJ2000 模拟仿真训练系统。

3. 知识准备

理论篇 项目四 任务一～任务八。

任务描述

案例引入：某年某月某日，DF4B8888 机车 8888 次机班列车运行至石牌站联控车站 15（755 m）侧线停车，操纵司机错误听为 5（879 m）道侧线停车，监控侧线输入 5 道，站内停车后机车信号接收到双黄码后将 5 道改为 15 道，以长代短。

某年某月某日，DF4B8888 机车，8888 次机班，×时×分运行至畲江站外，监控操作漏输支线 5，导致错误调用畲江（联）至上鹅峰数据，畲江站站内发现监控数据不正确，停车重新设定，构成一般事故苗头。

上述案例表明，LKJ2000 型监控装置的侧线参数输入关系到列车运行安全，侧线参数设置不正确会引发安全事故。

学生模拟机车乘务员，按照一次乘务作业标准独立完成 LKJ2000 型监控装置运行过程侧线及支线的参数输入，并且会及时对设定错误的参数进行修改。熟练掌握操作要领及注意事项。

任务实施

一、步骤一：侧线输入操作

由于车站股道长度和平面布局的影响，列车在站内停车，随走行经路的不同，走行距离差别较大，为保证列车在出站信号机前停车，同时要求列车一次停妥，监控装置在列车进站信号机前向司机提供输入侧线股道号的条件，若输入的股道号无效或不输入，则监控装置按该站停车的最短走行经路进行控制。另外，线路设有线路分支时，监控装置向司机提供输入列车走行线路的条件，列车需进入支线运行前，须进行输入支线号的操作。

侧线股道号输入操作：

（1）列车进站停车，要求输入侧线股道号时，语音提示“输入侧线号”，显示屏“侧线”灯点亮，并弹出输入侧线号窗口，提供 15 s 的输入侧线股道号时间。输入侧线股道号，如图 2.3.20 所示。

（2）根据车机联控车站值班员指明的站内停车或通过股道，输入股道号，并按压【确认】键。

（3）输入侧线号窗口消失后，可按压【进路号】键重新弹出输入侧线号窗口，输入侧线股道号并按压【确认】键，若输入数字错误，在未按压【确认】键前，使用【←】键可删除数字，重新输入。

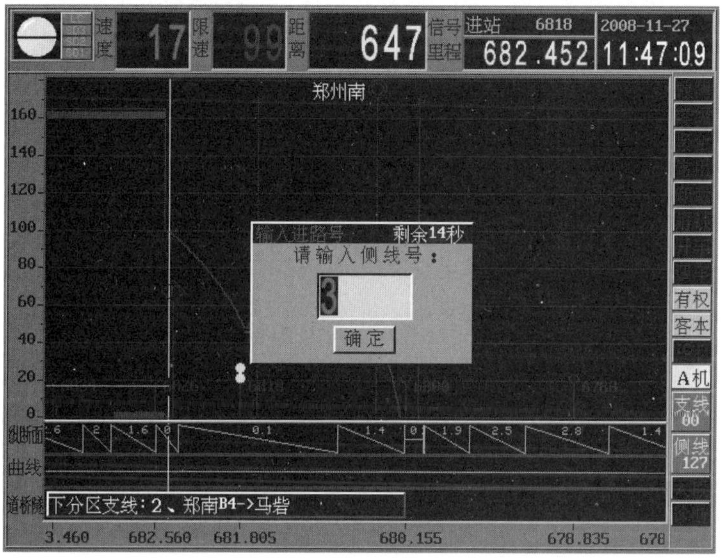

图 2.3.20 输入侧线股道号界面

（4）对于一站多场的车站连续两个场均需要输入侧线数据时，距前方信号机距离大于 200 m 时修改侧线号，仅对本场的股道号有效；距前方信号机距离小于 200 m 时修改侧线号，仅对下一场的股道号有效。

（5）在接车发车进路信号机（监控装置显示类型为进出站）前，监控装置设定完毕按【开车】键，可输入前方分区的侧线股道号。

（6）交流计数区段进站前，机车信号显示黄色灯光，应按规定输入侧线股道号，若输入正线股道，监控装置按列车进正线的速度控制。

（7）当不满足输入或修改侧线股道条件时，侧线提示灯显示为黑色底面黄色字体的股道信息。

二、步骤二：支线选择操作

（1）需要输入支线时，语音提示“输入支线号”，显示屏“支线”灯点亮，显示屏弹出“请输入支线号”输入窗口，提供 15 s 的输入支线号时间；输入支线号的界面如图 2.3.21 所示。

（2）根据列车走行经路，在窗口中输入支线号，并按压【确认】键。

（3）输入支线号窗口消失后，可按压【进路号】键重新弹出输入支线号窗口。

（4）若输入数字错误，在未按压【确认】键前，使用【←】键删除数字，重新输入。

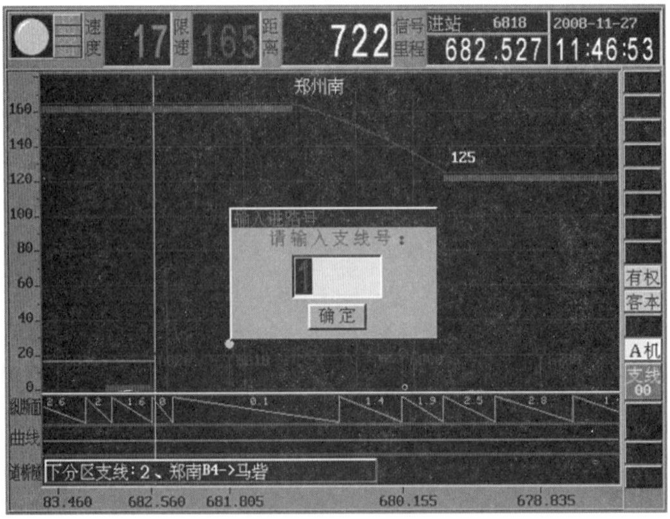

图 2.3.21　输入支线号界面

三、步骤三：支线、侧线同时存在时的操作

在同一分区，要求支线、侧线号分别输入时，语音提示“输入支线号”或“输入侧线号”，显示屏“侧线”和“支线”指示灯同时点亮，弹出“输入侧线号”“输入支线号”窗口，侧线输入在上，支线输入在下，提供 15 s 的输入时间；输入支线、股道号的界面如图 2.3.22 所示。

输入侧线股道号或选择支线时注意：

（1）支线号可以提前一个分区输入，但装置不自动弹出输入窗口，应手动调出支线输入提示窗口。

（2）分区内一旦手动输入过支线号，即使本分区存在自动转移的支线，也不再进行自动转移。

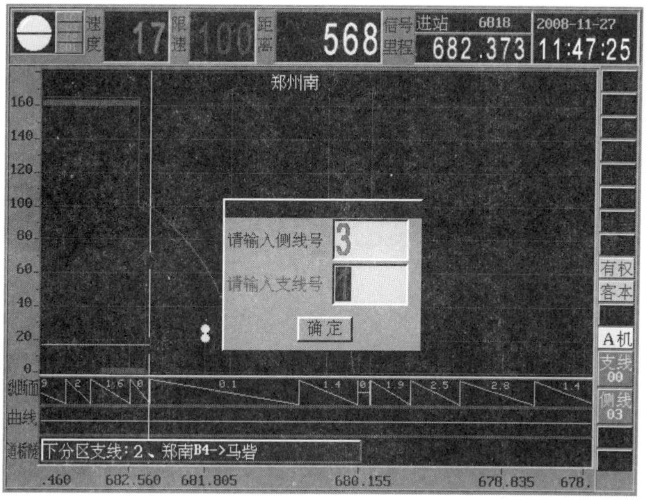

图 2.3.22　输入支线、股道号界面

任务评价

任务评价采取教师评价、小组自评、小组互评相结合的方式。其中，教师评价占总成绩的 60%，小组自评、小组互评各占总成绩的 20%（见表 2.3.7）。

表 2.3.7　任务实施评价表

<table>
<tr><td>任务名称</td><td colspan="5">运行中的侧线及支线操作</td></tr>
<tr><td>被评者</td><td></td><td>评价者</td><td></td><td>时间</td><td></td></tr>
<tr><td>评价方式</td><td colspan="5">自评　　互评　　师评</td></tr>
<tr><td>项目</td><td>分值</td><td colspan="2">评分标准</td><td>分值</td><td>得分</td></tr>
<tr><td rowspan="4">工作态度
纪律素养</td><td rowspan="4">20</td><td colspan="2">态度积极</td><td>5</td><td></td></tr>
<tr><td colspan="2">遵守纪律</td><td>5</td><td></td></tr>
<tr><td colspan="2">环境卫生</td><td>5</td><td></td></tr>
<tr><td colspan="2">安全操作</td><td>5</td><td></td></tr>
<tr><td rowspan="2">团队合作</td><td rowspan="2">10</td><td colspan="2">分工明确</td><td>5</td><td></td></tr>
<tr><td colspan="2">团队合作</td><td>5</td><td></td></tr>
<tr><td rowspan="3">任务实施</td><td rowspan="3">60</td><td colspan="2">步骤一：
根据教师指令完成操作，动作标准、顺序正确、无缺项漏项</td><td>20</td><td></td></tr>
<tr><td colspan="2">步骤二：
根据教师指令完成操作，动作标准、顺序正确、无缺项漏项</td><td>20</td><td></td></tr>
<tr><td colspan="2">步骤三：
根据教师指令完成操作，顺序正确、无缺项漏项</td><td>20</td><td></td></tr>
<tr><td rowspan="2">操作规范性</td><td rowspan="2">10</td><td colspan="2">操作动作标准、规范</td><td>5</td><td></td></tr>
<tr><td colspan="2">操作结束设备恢复初始状态</td><td>5</td><td></td></tr>
<tr><td>合计</td><td colspan="5"></td></tr>
</table>

总结拓展

根据任务实施和评价情况填写任务实施总结和拓展学习计划（见表 2.3.8）。

表 2.3.8　任务实施总结和拓展学习计划表

任务实施总结
1. 知识目标掌握情况   2. 能力目标掌握情况
拓展学习计划

任务五　运行中的距离误差修正

任务目标

1. 知识目标

（1）掌握过机误差的定义和分类。

（2）了解过机误差形成的原因。

（3）了解减少距离误差的措施。

2. 能力目标

掌握 LKJ2000 型监控装置距离误差校正的操作方法。

任务准备

1. 任务地点

列车监控运行装置应用实训室。

2. 任务设备

LKJ2000 模拟仿真训练系统。

3. 知识准备

理论篇　项目四　任务一～任务八。

任务描述

案例引入：某年某月某日，DF4B8888 机车，8888 次机班，×时×分运行至 A 站出站信号机处机班发现监控距离滞后 101 m，学操司机错误使用【车位】+【向前】，造成 A 出站至北斗预告区间 9701 m 距离全被消除，继续运行 2131 m 后使用非常制动区间停车，重新设定开车，构成一般苗头。该案例表明，距离误差危害行车安全，误差校正不正确会造成更大的事故隐患。

学生模拟机车乘务员，按照一次乘务作业标准独立完成 LKJ2000 型监控装置运行过程距离误差种类判定并正确完成误差校正操作，熟练掌握操作要领及注意事项。

任务实施

一、步骤一：过机误差的定义和分类

信号机间的距离数据存储在监控装置中，列车运行时，监控装置依次调用存储的信号机距离数据与列车实际位置相比较，以递减的方式计算列车距前方信号机的距离。由于各种原因，列车实际走行距离与监控装置存储的信号机距离会有误差，列车通过信号机时，监控装置瞬间计算的两距离误差称过机误差。过机误差对监控

装置准确控制列车的安全运行危害很大，应及时进行修正。

按列车实际走行距离与监控装置存储距离的比较，过机误差分为滞后误差和超前误差。

（1）滞后误差：列车通过信号机时，监控装置计算列车距前方信号机仍有余量，过信号机一段距离后才递减到“0”。这种递减显示到“0”的时机出现在信号机实际位置之后的误差称为过机滞后误差（见图 2.3.23）。

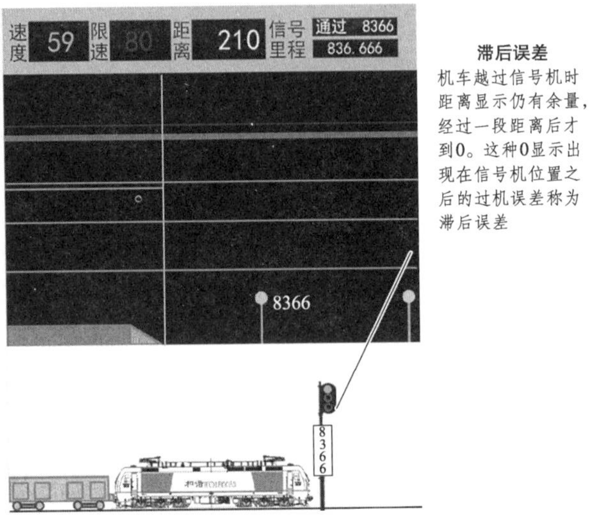

图 2.3.23　滞后误差示意图

（2）超前误差：机车实际位置距信号机还有一段距离，但监控装置计算距前方信号机距离已为“0”。这种递减显示到“0”的时机出现在信号机实际位置之前的误差称为过机超前误差（见图 2.3.24）。

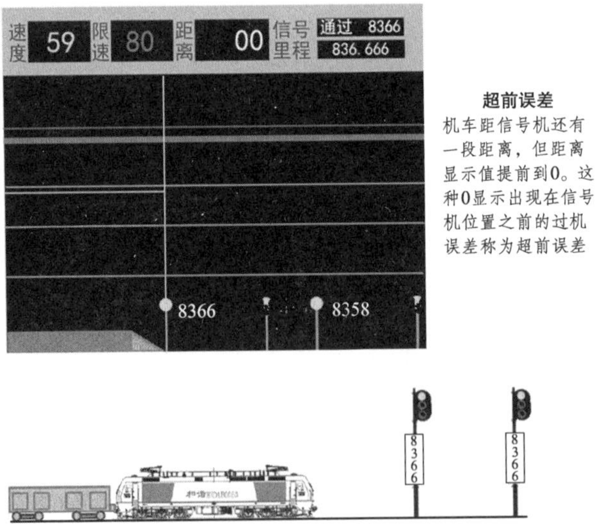

图 2.3.24　超前误差示意图

二、步骤二：学习过机误差形成的原因

1. 轮对空转和轮对滑行

轮对空转是指机车在运行中因牵引力超过了轮对与钢轨的摩擦力，使轮对产生了悬空转动的现象；机车轮对相对于钢轨表面转动滞后，与钢轨表面发生滑动时称为轮对滑行。轮对空转的形成原因：

（1）在雨雪天气下，钢轨表面因出现雨水、结冰等情况，造成钢轨与轮对的摩擦系数降低而发生空转。

（2）当列车停靠在长大上坡道或者牵引重载货物列车开车启动时，输出牵引力过大过快，易发生空转。

（3）钢轨表面经常出现的油污也能引起空转的发生。

轮对滑行多发生在列车制动过程中，轮对闸瓦与轮缘摩擦力过大造成轮对抱闸过紧，使轮对转速急剧下降或不能转动。

2. 侧线停车和调车作业

侧线距离的设置以侧线出站信号机位置与正线出站信号机位置之间的千米标距离差值作为标准进行计算。理论上，侧线与正线应当在同一方向的平行线上，但在实际运行过程中走行的线路却是曲线。当机车途经侧线走行的距离大于正线距离，因此产生了超前误差。机车在站场调车作业时，重复在侧线上行走，使得距离误差的累积越来越大，会导致调车机车侧线出站，经过无码区时，触发紧急停车模式，使机车停在出站口咽喉位置，易发生安全事故。

3. LKJ 设备自身技术条件

1）模式问题

（1）机车运行的真实加速度超过了 LKJ 模式设定的空转加速度值，当机车加速过快时，LKJ 启动模式抑制机车 LKJ 计算速度的上升，LKJ 计算的区间运行距离比机车实际运行距离短，导致滞后距离误差产生。

（2）进站侧线停车时，司机进行车机联控时无法确认侧线股道号码，影响侧线股道的输入，LKJ 为了防止列车冒出车站，调用该车站距离最短侧线数据进行停车控制，导致超前误差产生，造成列车无法正常进站。

2）LKJ 设备自身问题

LKJ 实际运行的区间距离是通过对机车运行速度的实时计算来获取的。机车轮径每转动一周，光电速度传感器的光栅圆盘同步转动一周，光电传感器的圆盘上刻有 200 个光栅孔，LKJ 通过单位时间内读取的光栅数量来计算机车的速度。当机车轮径值不正确、速度传感器及其配合工作电路故障时，造成速度值及实际运行距离

值不准确。

地面信号设备问题：地面信号设备轨道绝缘电路不良时容易发生过绝缘节信号提前或滞后上码的现象，造成 LKJ 因校正点位置错误而修正出距离误差，易引起 LKJ 错误控制。

三、步骤三：运行中的距离误差修正

在自动闭塞区段，当监控装置计算列车距前方信号机距离≤50 m 时，机车信号由黄灯变为红黄灯、白灯，或由双黄灯变为红黄灯、白灯时，监控装置自动解除对当前信号机的停车控制功能，并将计算的剩余距离消除，按次一架信号机的距离作为监控列车运行的条件。

无论在自动闭塞还是半自动闭塞区间，当过机误差值较大时，须采用人工校正的方法解决。

（1）出现滞后误差时，机车接近信号机时按一次【车位】键，在通过信号机的瞬间再按一次【向前】键，装置清除剩余距离，调出前方分区距离。

（2）出现超前误差时，机车接近信号机时按一次【车位】键，在通过信号机的瞬间再按一次【向后】键，装置将重新调用当前分区的距离。

（3）当超前误差或滞后误差距离小于 300 m 时，在机车通过信号机的瞬间，按压【自动校正】键，不论是滞后还是超前误差，装置进行自动校正。

进行人工校正过机误差时，两次按键间隔时间不得超过 5 s，最大调整距离为 300 m。停车信号前、站内侧线停车、显示屏出现临时限速窗口等情况时，人工校正无效。

四、步骤四：了解减少距离误差的措施

（1）针对轮对空转和轮对滑行导致的距离误差，应组织机车乘务人员熟悉易发生空转的环境条件，采用撒砂、起车压钩等措施，提高钢轨与轮沿的摩擦系数；在启动列车时操纵平稳，杜绝机车加速过快。

（2）针对侧线停车和调车作业导致的距离误差，可以使用车位向前、车位向后、人工绝缘节校正等消除数据距离误差功能。针对站场侧线数据问题，在数据设置功能结构上提供侧线距离误差修补的预留功能，减少误差形成的条件。

（3）针对设备自身技术条件限制形成的距离误差，需加强机车出入库时对 LKJ 设备的检测、分析和检修。

任务评价

任务评价采取教师评价、小组自评、小组互评相结合的方式。其中，教师评价占总成绩的 60%，小组自评、小组互评各占总成绩的 20%（见表 2.3.9）。

表 2.3.9　任务实施评价表

<table>
<tr><td>任务名称</td><td colspan="5">运行中的距离误差修正</td></tr>
<tr><td>被评者</td><td></td><td>评价者</td><td></td><td>时间</td><td></td></tr>
<tr><td>评价方式</td><td colspan="5">自评　　　互评　　　师评</td></tr>
<tr><td>项目</td><td>分值</td><td colspan="2">评分标准</td><td>分值</td><td>得分</td></tr>
<tr><td rowspan="4">工作态度
纪律素养</td><td rowspan="4">20</td><td colspan="2">态度积极</td><td>5</td><td></td></tr>
<tr><td colspan="2">遵守纪律</td><td>5</td><td></td></tr>
<tr><td colspan="2">环境卫生</td><td>5</td><td></td></tr>
<tr><td colspan="2">安全操作</td><td>5</td><td></td></tr>
<tr><td rowspan="2">团队合作</td><td rowspan="2">10</td><td colspan="2">分工明确</td><td>5</td><td></td></tr>
<tr><td colspan="2">团队合作</td><td>5</td><td></td></tr>
<tr><td rowspan="3">任务实施</td><td rowspan="3">60</td><td colspan="2">步骤一：
根据教师指令完成操作，动作标准、顺序正确、无缺项漏项</td><td>20</td><td></td></tr>
<tr><td colspan="2">步骤二：
根据教师指令完成操作，动作标准、顺序正确、无缺项漏项</td><td>20</td><td></td></tr>
<tr><td colspan="2">步骤三：
根据教师指令完成操作，顺序正确、无缺项漏项</td><td>20</td><td></td></tr>
<tr><td rowspan="2">操作规范性</td><td rowspan="2">10</td><td colspan="2">操作动作标准、规范</td><td>5</td><td></td></tr>
<tr><td colspan="2">操作结束设备恢复初始状态</td><td>5</td><td></td></tr>
<tr><td>合计</td><td colspan="5"></td></tr>
</table>

总结拓展

根据任务实施和评价情况填写任务实施总结和拓展学习计划（见表 2.3.10）。

表 2.3.10　任务实施总结和拓展学习计划表

任务实施总结
1. 知识目标掌握情况   2. 能力目标掌握情况
拓展学习计划

任务六　列车抱闸运行控制、巡检、定标、防止机车动轮弛缓、本补切换

任务目标

1. 知识目标

掌握列车抱闸运行控制。

2. 能力目标

掌握 LKJ2000 型监控装置运行途中巡检、定标、本补切换操作。

任务准备

1. 任务地点

列车监控运行装置应用实训室。

2. 任务设备

LKJ2000 模拟仿真训练系统。

3. 知识准备

理论篇　项目四　任务一～任务八。

任务描述

学生模拟机车乘务员，按照一次乘务作业标准独立完成 LKJ2000 型监控装置运行过程中抱闸运行控制、巡检、定标、防止机车动轮弛缓、本补状态转换操作，熟练掌握操作要领及注意事项。

任务实施

一、步骤一：列车抱闸运行控制

功能：监控状态下，列车运行过程中，列车管压力下降小于 40 kPa（未减压），且机车闸缸压力超过 50 kPa（机车上闸），若持续时间超过 2 min 则装置语音提示"抱闸"，连续提示 3 min 实施制动控制；在报警过程中闸缸压力下降或按【警惕】键，则中止本次控制。

处理方法：运行途中若监控装置语音提示"抱闸"，则必须立即检查闸缸压力是否正常。若闸缸压力正常，则按【警惕】键中止报警。

二、步骤二：运行途中的巡检

运行途中，学习司机或值乘司机执行动力室巡检时，在操纵端按压【巡检】键1次，巡检到非操纵端后，在非操纵端按压【巡检】键1次，待返回操纵端后，再按压1次【巡检】键，完成巡检操作（见图2.3.25）。

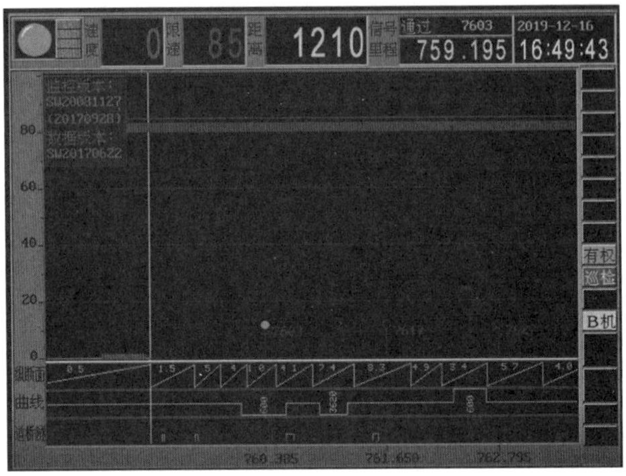

图2.3.25　按压【巡检】键显示界面

巡检操作必须在出站信号机之后，进站信号机之前完成。当按压【巡检】键有效时，【巡检】指示灯点亮，4 s后自动熄灭。

三、步骤三：定标操作

在机车运行中按压【定标】键，装置记录此刻的千米标及时间，作为运行数据处理时查找的标记。

操作方法：机车运行中，在需要打点的地点，一次按压【定标】键（见图2.3.26）。

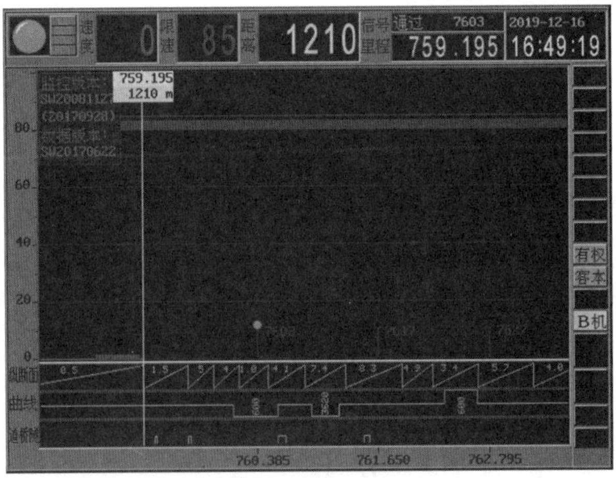

图2.3.26　定标显示界面

四、步骤四：防止机车动轮弛缓

列车运行中，监控装置在正常监控状态，列车管未实施减压，机车制动缸压力达到 50 kPa，且持续时间超过 2 min 时，监控装置语音提示“注意迟缓”。

监控装置语音提示“注意迟缓”时，司机应立即检查制动缸压力是否正常，消除制动缸压力，监控装置语音提示停止，若制动缸压力正常，按压【警惕】键停止监控装置的语音提示。

五、步骤五：重联机车及列车后部补机

机车担当补机任务，应将“本补切换装置”置于补机位，装置保留记录功能，取消对列车的控制功能。未安装“本补切换装置”的机车，应关闭补机和非操纵端的监控装置。重联机车及列车后部补机转为本务牵引时，应将“本补切换装置”置于本务位，恢复监控装置的正常监控功能。补机运行时的显示界面如图 2.3.27 所示。

操作“本补切换装置”，须在机车停车时进行。

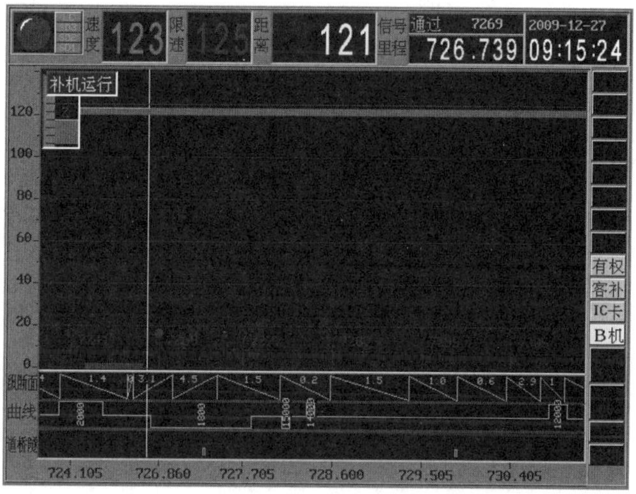

图 2.3.27　补机运行的显示界面

任务评价

任务评价采取教师评价、小组自评、小组互评相结合的方式。其中教师评价占总成绩的 60%，小组自评、小组互评各占总成绩的 20%（见表 2.3.11）。

表 2.3.11　任务实施评价表

任务名称	列车抱闸运行控制、巡检、定标、防止机车动轮弛缓、本补切换			
被评者		评价者		时间
评价方式	自评	互评	师评	
项目	分值	评分标准	分值	得分
工作态度 纪律素养	20	态度积极	5	
		遵守纪律	5	
		环境卫生	5	
		安全操作	5	
团队合作	10	分工明确	5	
		团队合作	5	
任务实施	60	步骤一： 根据教师指令完成操作，动作标准、顺序正确、无缺项漏项	12	
		步骤二： 根据教师指令完成操作，动作标准、顺序正确、无缺项漏项	12	
		步骤三： 根据教师指令完成操作，顺序正确、无缺项漏项	12	
		步骤四： 根据教师指令完成操作，顺序正确、无缺项漏项	12	
		步骤五： 根据教师指令完成操作，顺序正确、无缺项漏项	12	
操作规范性	10	操作动作标准、规范	5	
		操作结束设备恢复初始状态	5	
合计				

总结拓展

表 2.3.12　任务实施总结和拓展学习计划表

任务实施总结
1. 知识目标掌握情况   2. 能力目标掌握情况
拓展学习计划

项目四　LKJ2000型列车运行监控记录装置特殊情况操作

项目描述

通过几种特殊情况下的LKJ2000型监控装置的操作实训，增加学生处理特殊情况行车的能力，从而保证列车运行安全。

教学目标

1. 能力目标

（1）熟练掌握机车运行特殊情况的类型。

（2）熟练掌握机车运行过程中特殊情况下LKJ2000型监控装置的各项操作。

2. 知识目标

（1）掌握各特殊情况的概念。

（2）理解特殊情况操作的原因和目标。

3. 思政目标

（1）培养敬业爱岗、遵章守纪、乐于奉献的职业精神。

（2）牢记安全第一、以质量促安全的职业规范。

任务一　改变基本闭塞法使用电话闭塞法行车

任务目标

1. 知识目标

（1）掌握电话闭塞法行车特点。

（2）掌握电话闭塞法行车使用时机。

（3）掌握电话闭塞法行车凭证。

2. 能力目标

（1）掌握 LKJ2000 型监控装置有计划改电话闭塞法行车操作。

（2）掌握 LKJ2000 型监控装置临时电话闭塞法行车操作。

任务准备

1. 任务地点

列车监控运行装置应用实训室.

2. 任务设备

LKJ2000 模拟仿真训练系统。

3. 知识准备

理论篇 项目四 任务一～任务八。

任务描述

学生模拟机车乘务员，按照一次乘务作业标准独立完成 LKJ2000 型监控装置运行过程中有计划改电话闭塞法行车和临时改电话闭塞法行车操作，熟练掌握操作要领及注意事项。

任务实施

一、步骤一：学习电话闭塞法行车相关知识

1. 电话闭塞法特点

《技规》第 310 条 当基本闭塞法不能使用时，应根据列车调度员的命令采用电话闭塞法行车。遇列车调度电话不通时，闭塞法的变更或恢复，应由该区间两端站的车站值班员确认区间空闲后，直接以电话记录办理。列车调度电话恢复正常时，两端站车站值班员应及时向列车调度员报告。

2. 电话闭塞法使用时机

《技规》第 311 条 遇下列情况，应停止使用基本闭塞法，改用电话闭塞法行车：

（1）基本闭塞设备发生故障导致基本闭塞法不能使用、自动闭塞区间内两架及以上通过信号机故障或灯光熄灭时。

（2）无双向闭塞设备的双线区间反方向发车或改按单线行车时。

（3）发出由区间返回的列车，或发出挂有由区间返回后部补机的列车时。

（4）自动站间闭塞、半自动闭塞区间，由未设出站信号机的线路上发车，或超长列车头部越过出站信号机并压上出站方面轨道电路发车时。

（5）在夜间或遇降雾、暴风雨雪，为消除线路故障或执行特殊任务，开行轻型车辆时。

3. 电话闭塞法行车凭证

《技规》第 321 条　使用电话闭塞法行车时，列车占用区间的行车凭证为路票（见图 2.4.1）。当挂有由区间返回的后部补机时，另发给补机司机路票副页。

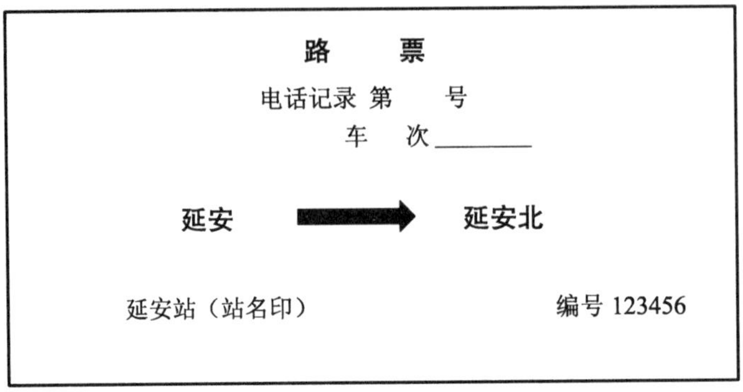
路　　票

电话记录 第　　号

车　次________

延安 ➡ **延安北**

延安站（站名印）　　　　编号 123456

图 2.4.1　路票

单线或双线反方向发车（正方向首列发车）时，根据《行车日志》查明区间已空闲，并取得接车站承认的电话记录号码，在发车进路准备妥当后，方可填发路票。双线正方向发车（首列除外）时，根据收到的前次发出的列车到达的电话记录号码，在发车进路准备妥当后，即可填发路票。

二、步骤二：电话闭塞法行车 LKJ2000 列车运行监控装置操作

1. 有计划改用电话闭塞

乘务员出乘时接到改用电话闭塞法的调度命令，并将改用电话闭塞法行车的调度命令写入 IC 卡，输入监控装置，称为有计划改用电话闭塞法行车。列车运行至改用电话闭塞法行车起始车站的出站信号机或发车进路信号机前，运行速度低于 60 km/h 时，监控装置显示屏自动弹出“路票输入”窗口，输入路票电话记录号后，将光标移至“确定”位置，按压【解锁】+【确认】键（凡两个及以上键的组合操作均须在 5 s 内完成，下同），监控装置解除对出站信号机或发车进路信号机和下一站间所有分区通过信号机的停车控制功能。列车运行至下一接车站进站信号机前，装置按其对应的机车信号显示要求监控列车运行。有计划路票输入窗口如图 2.4.2 所示，输入完成后如图 2.4.3 所示。

路票输入窗口显示 15 s，若 15 s 内未做任何操作，则窗口消失。窗口消失后，可手动持续按压【↑】键 2 s，进入非正常行车确认窗口，再重新进入路票输入窗口。

2. 临时改用电话闭塞法行车

乘务员出乘时未接到改用电话闭塞法行车的调度命令，或监控装置中未存储改用电话闭塞法行车的记录，列车运行中接到停用基本闭塞法，改用电话闭塞法行车的调度命令，称为临时改用电话闭塞法行车。在临时改用电话闭塞法行车的起始车

站出站信号机或发车进路信号机前停车后，司机持续按压【↑】键 2 s，监控装置显示屏弹出“非正常行车确认”窗口（见图 2.4.4），司机将光标移至“路票”位置，按压【确认】键后，显示屏弹出“路票输入”窗口（见图 2.4.5），输入调度命令和路票电话记录号，将光标移至“确定”位置，按压【解锁】+【确认】键，装置解除对出站信号机或发车进路信号机和下一站间所有分区通过信号机的停车控制功能。列车运行至下一接车站进站信号机前，监控装置按其对应的机车信号显示要求监控列车运行。路票解锁前及解锁后的显示界面如图 2.4.6 和图 2.4.7 所示。

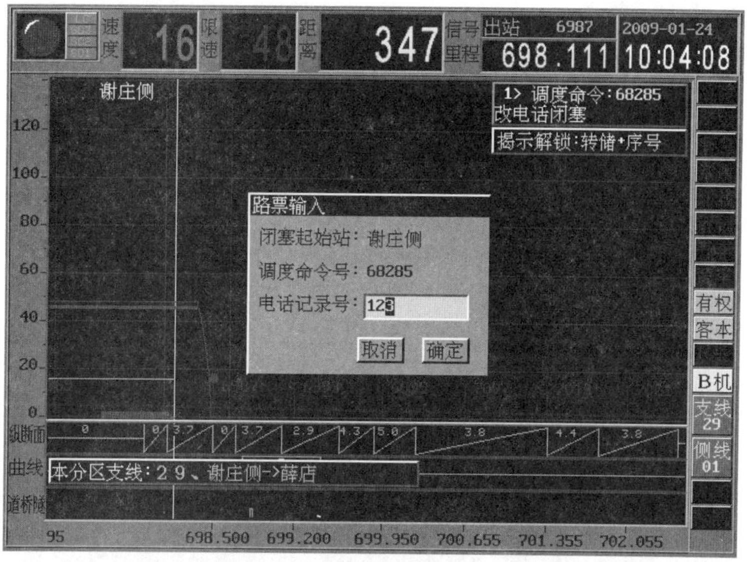

图 2.4.2　有计划路票输入界面

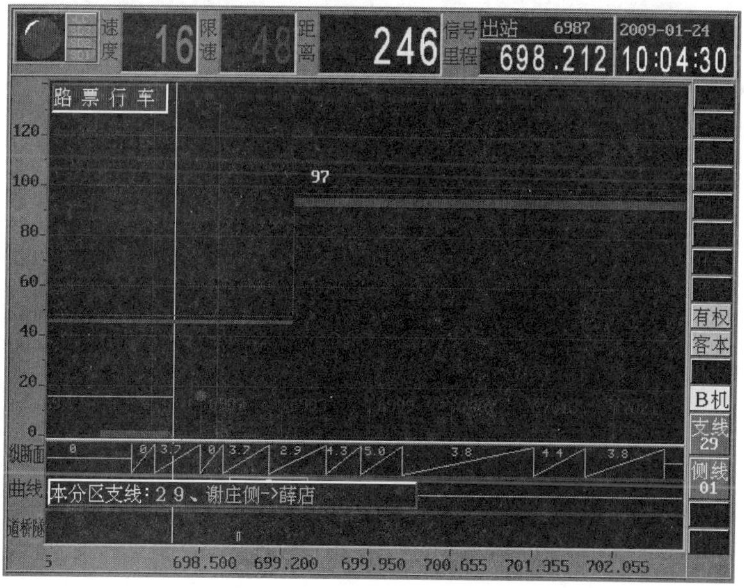

图 2.4.3　路票输入完成界面

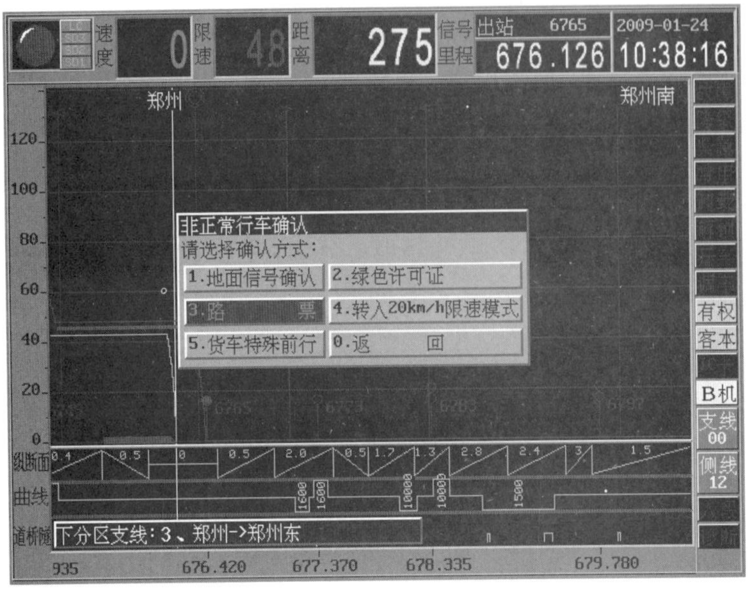

图 2.4.4　非正常行车确认界面

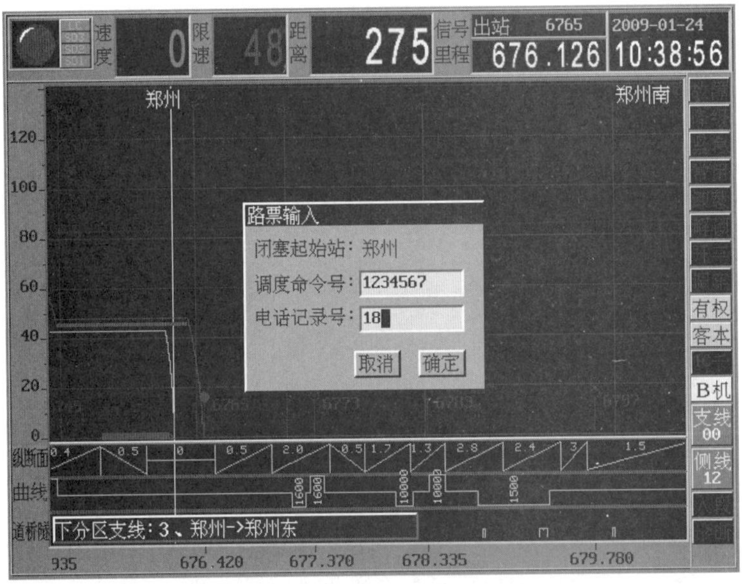

图 2.4.5　临时路票输入界面

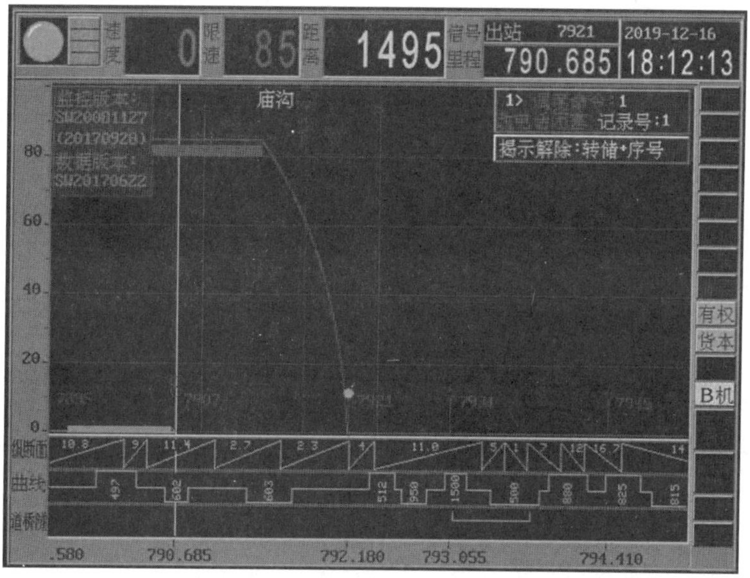

图 2.4.6　路票解锁前显示界面

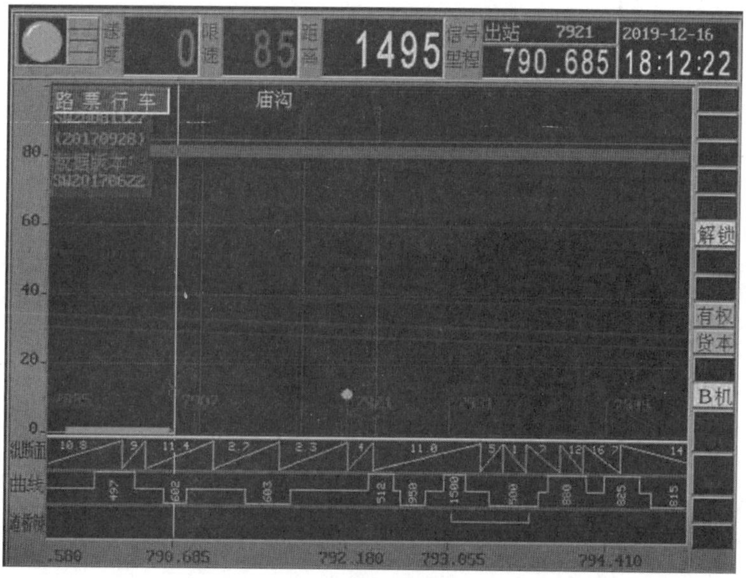

图 2.4.7　路票解锁后显示界面

列车在停用基本闭塞法改用电话闭塞法行车的区间，对客运列车，监控装置按该次列车在对应区间最高允许速度的80%自动调整固定模式限速值监控列车运行，该区间限速值低于上述取值的按低值控制。对货运列车，按规定速度监控列车运行。出站时必须注意控制列车速度，防止列车侧向通过出站道岔超速；列车运行至接车站进站信号机前，必须按进站信号显示要求执行。

任务评价

任务评价采取教师评价、小组自评、小组互评相结合的方式。其中，教师评价占总成绩的60%，小组自评、小组互评各占总成绩的20%（见表2.4.1）。

表2.4.1 任务实施评价表

<table>
<tr><td>任务名称</td><td colspan="5">改变基本闭塞法使用电话闭塞法行车</td></tr>
<tr><td>被评者</td><td></td><td>评价者</td><td></td><td>时间</td><td></td></tr>
<tr><td>评价方式</td><td colspan="5">自评　　　互评　　　师评</td></tr>
<tr><td>项目</td><td>分值</td><td colspan="2">评分标准</td><td>分值</td><td>得分</td></tr>
<tr><td rowspan="4">工作态度
纪律素养</td><td rowspan="4">20</td><td colspan="2">态度积极</td><td>5</td><td></td></tr>
<tr><td colspan="2">遵守纪律</td><td>5</td><td></td></tr>
<tr><td colspan="2">环境卫生</td><td>5</td><td></td></tr>
<tr><td colspan="2">安全操作</td><td>5</td><td></td></tr>
<tr><td rowspan="2">团队合作</td><td rowspan="2">10</td><td colspan="2">分工明确</td><td>5</td><td></td></tr>
<tr><td colspan="2">团队合作</td><td>5</td><td></td></tr>
<tr><td rowspan="2">任务实施</td><td rowspan="2">60</td><td colspan="2">步骤一：
根据教师指令完成操作，动作标准、顺序正确、无缺项漏项</td><td>30</td><td></td></tr>
<tr><td colspan="2">步骤二：
根据教师指令完成操作，动作标准、顺序正确、无缺项漏项</td><td>30</td><td></td></tr>
<tr><td rowspan="2">操作规范性</td><td rowspan="2">10</td><td colspan="2">操作动作标准、规范</td><td>5</td><td></td></tr>
<tr><td colspan="2">操作结束设备恢复初始状态</td><td>5</td><td></td></tr>
<tr><td>合计</td><td colspan="5"></td></tr>
</table>

总结拓展

根据任务实施和评价情况填写任务实施总结和拓展学习计划（见表 2.4.2）。

表 2.4.2　任务实施总结和拓展学习计划表

任务实施总结
1. 知识目标掌握情况   2. 能力目标掌握情况
拓展学习计划

任务二　使用绿色许可证

任务目标

1. 知识目标

掌握电绿色许可证使用条件。

2. 能力目标

（1）掌握 LKJ2000 型监控装置有计划使用绿色许可证发车操作。

（2）掌握 LKJ2000 型监控装置临时使用绿色许可证发车操作。

任务准备

1. 任务地点

列车监控运行装置应用实训室。

2. 任务设备

LKJ2000 模拟仿真训练系统。

3. 知识准备

理论篇　项目四　任务一～任务八。

任务描述

学生模拟机车乘务员，按照一次乘务作业标准独立完成 LKJ2000 型监控装置运行过程中有计划使用绿色许可证发车和临时临时使用绿色许可证发车操作，熟练掌握操作要领及注意事项。

任务实施

一、步骤一：学习绿色许可证使用条件

绿色许可证是按自动闭塞法行车时特有的书面凭证，是列车进入第一闭塞分区的许可（见图 2.4.8）。自动闭塞区段的车站，遇下列情况应使用绿色许可证发车：

（1）出站信号机不能显示绿色灯光，仅能显示黄色灯光时，发出客运列车。

（2）出站信号机故障时发出列车。

（3）由未设出站信号机的线路上发出。

（4）列车头部越过出站信号机的超长列车。

（5）发车进路信号机发生故障时发出列车。

附件二　绿色许可证

许　　可　　证

第________号

1.在出站（进路）信号机故障、未设出站信号机、列车头部越过出站（进路）信号机的情况下，准许第_____次列车由____线上发布。

2. 在出站信号机显示黄色灯光的状态下，准许第_____次列车由_____线上发车。

站（站名印）车站值班员（签名）

年　　月　　日填发

注：1.绿色纸，复写一式两份，司机一份，存根一份（规格 90 mm×130 mm）
　　2. 不用的字句抹消。

图 2.4.8　绿色许可证

二、步骤二：绿色许可证发车监控装置操作

1. 有计划使用绿色许可证发车

乘务员出乘时接到使用绿色许可证发车的调度命令，并将使用绿色许可证发车的调度命令写入 IC 卡，输入监控装置，称为有计划改用绿色许可证发车。列车运行至使用绿色许可证发车的出站信号机或发车进路信号机前，速度低于 45 km/h 时，监控装置显示屏弹出“绿色许可证输入”窗口（见图 2.4.9），并显示调度命令号。司机输入绿色许可证编号后，按压【解锁】+【确认】键，监控装置解除对该出站信号机或发车进路信号机前的停车控制功能，监控列车以不超过 45 km/h 的速度通过出站道岔。绿色许可证发车输入完成界面如图 2.4.10 所示。

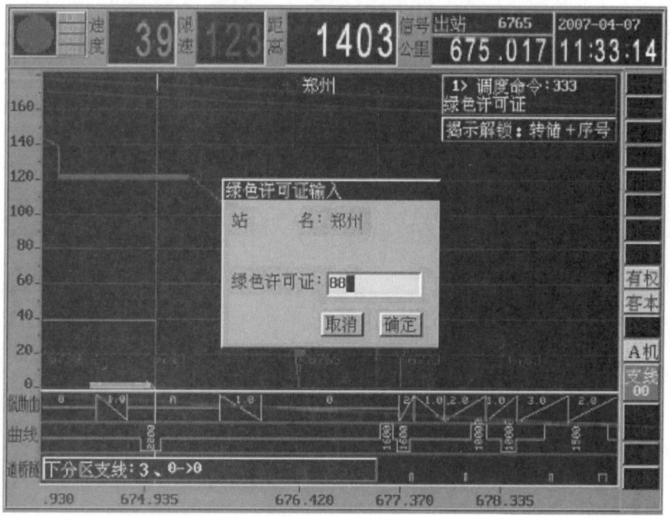

图 2.4.9　绿色许可证发车输入界面

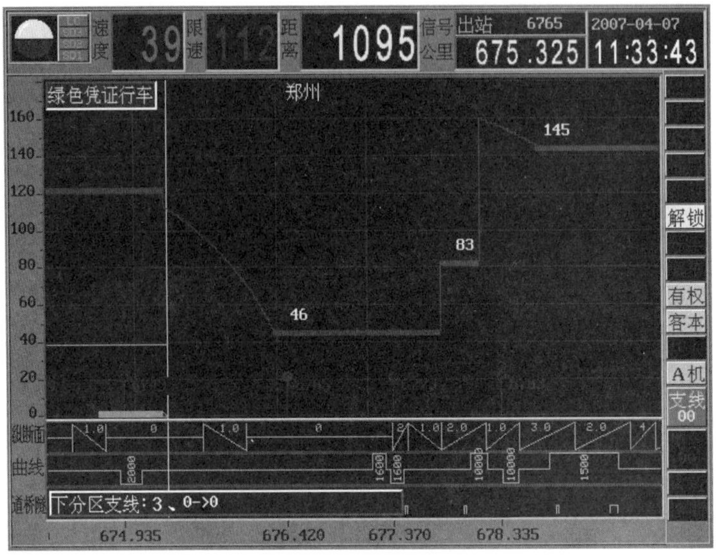

图 2.4.10 绿色许可证输入完成界面

2. 临时使用绿色许可证发车

乘务员出乘时未接到使用绿色许可证发车的调度命令，或监控装置中未存储使用绿色许可证发车的记录，列车运行中接到使用绿色许可证发车的调度命令或通知，称为临时使用绿色许可证发车。列车运行至临时使用绿色许可证发车的出站信号机或发车进路信号机前停车后，司机持续按压【↑】键 2 s，监控装置显示屏弹出“非正常行车确认”窗口（见图 2.4.11）。司机将光标移至“绿色许可证”位置，按压【确认】

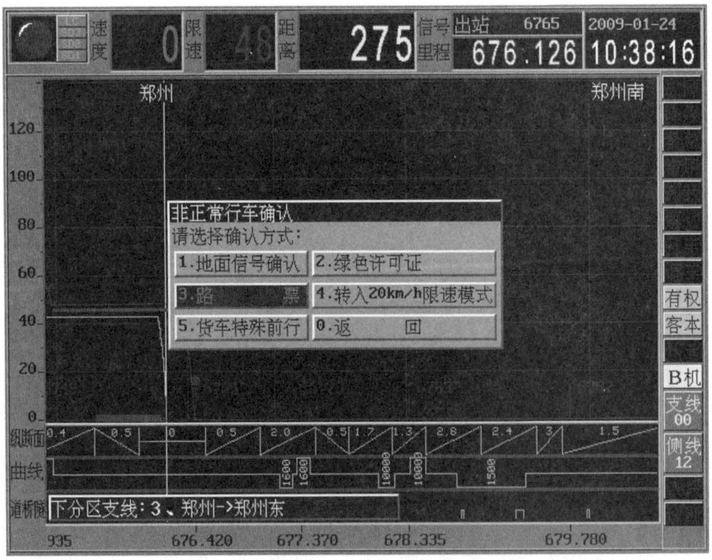

图 2.4.11 非正常行车确认窗口

键，显示屏弹出“绿色许可证输入”窗口（见图 2.4.12），输入绿色许可证编号，按压【确认】键，显示屏右上角显示刚输入的绿色许可证编号（见图 2.4.13），按压【解锁】+【确认】键后，监控装置解除在该信号机前的停车控制功能，监控列车以不超过 45 km/h 的速度通过出站道岔。使用绿色许可证后行车界面如图 2.4.14 所示。

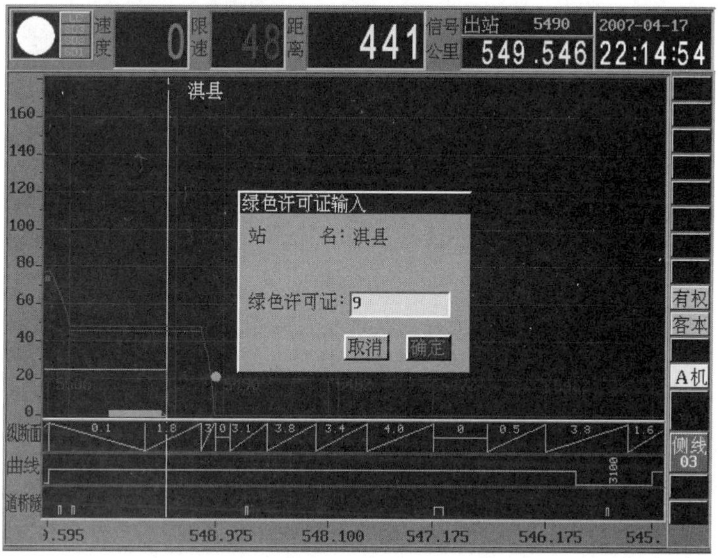

图 2.4.12　绿色许可证输入界面

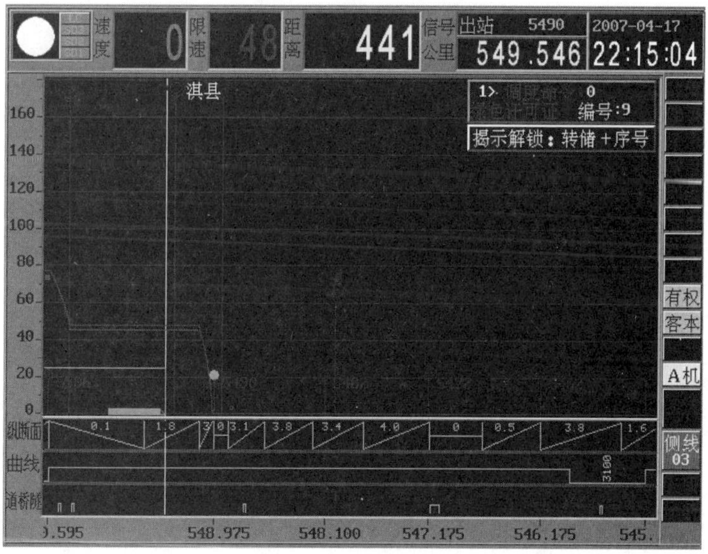

图 2.4.13　绿色许可证输入完成界面

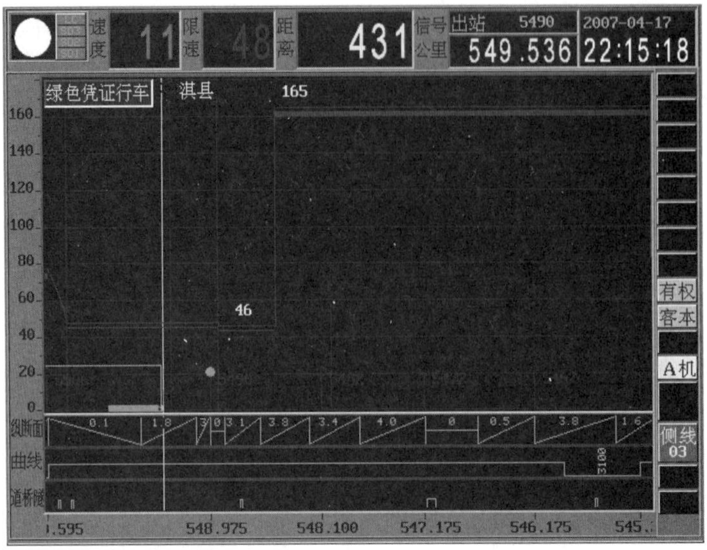

图 2.4.14　绿色许可证运行界面

任务评价

任务评价采取教师评价、小组自评、小组互评相结合的方式。其中教师评价占总成绩的 60%，小组自评、小组互评各占总成绩的 20%（见表 2.4.3）。

表 2.4.3　任务实施评价表

<table>
<tr><td>任务名称</td><td colspan="5">使用绿色许可证操作</td></tr>
<tr><td>被评者</td><td></td><td>评价者</td><td></td><td>时间</td><td></td></tr>
<tr><td>评价方式</td><td colspan="5">自评　　　　互评　　　　师评</td></tr>
<tr><td>项目</td><td>分值</td><td colspan="2">评分标准</td><td>分值</td><td>得分</td></tr>
<tr><td rowspan="4">工作态度
纪律素养</td><td rowspan="4">20</td><td colspan="2">态度积极</td><td>5</td><td></td></tr>
<tr><td colspan="2">遵守纪律</td><td>5</td><td></td></tr>
<tr><td colspan="2">环境卫生</td><td>5</td><td></td></tr>
<tr><td colspan="2">安全操作</td><td>5</td><td></td></tr>
<tr><td rowspan="2">团队合作</td><td rowspan="2">10</td><td colspan="2">分工明确</td><td>5</td><td></td></tr>
<tr><td colspan="2">团队合作</td><td>5</td><td></td></tr>
<tr><td rowspan="2">任务实施</td><td rowspan="2">60</td><td colspan="2">步骤一：
根据教师指令完成操作，动作标准、顺序正确、无缺项漏项</td><td>30</td><td></td></tr>
<tr><td colspan="2">步骤二：
根据教师指令完成操作，动作标准、顺序正确、无缺项漏项</td><td>30</td><td></td></tr>
<tr><td rowspan="2">操作规范性</td><td rowspan="2">10</td><td colspan="2">操作动作标准、规范</td><td>5</td><td></td></tr>
<tr><td colspan="2">操作结束设备恢复初始状态</td><td>5</td><td></td></tr>
<tr><td>合计</td><td colspan="5"></td></tr>
</table>

总结拓展

根据任务实施和评价情况填写任务实施总结和拓展学习计划（见表 2.4.4）。

表 2.4.4　任务实施总结和拓展学习计划表

任务实施总结
1. 知识目标掌握情况   2. 能力目标掌握情况
拓展学习计划

任务三　引导进站

任务目标

1. 知识目标

掌握引导进站的时机。

2. 能力目标

掌握 LKJ2000 型监控装置引导进站操作。

任务准备

1. 任务地点

列车监控运行装置应用实训室。

2. 任务设备

LKJ2000 模拟仿真训练系统。

3. 知识准备

理论篇 项目四 任务一～任务八。

任务描述

学生模拟机车乘务员，按照一次乘务作业标准独立完成 LKJ2000 型监控装置运行过程中不同情况下的引导进站操作，熟练掌握操作要领及注意事项。

任务实施

一、步骤一：引导进站的时机

1. 引导信号进站

《技规》第 83 条　进站及接车进路色灯信号机，均应设引导信号。

引导信号是准许列车在信号关闭条件下，按照规定的速度通过该信号机的信号。

在进站及接车进路（包括接发车进路，下同）色灯信号机上，均应装设引导信号。当信号机发生故障、道岔失去表示、轨道电路故障时，色灯信号机不能正常开放；向进站、接车进路信号机联锁范围以外的线路上接车，可利用引导信号引导接车，在进行引导接车时，当列车头部越过引导信号后，即可关闭引导信号。

2. 引导人员手信号接车

《技规》第 359 条　进站、接车进路信号机不能使用时，应开放引导信号。引导信号不能开放或无进站信号机时，应派引导人员接车。

引导接车时，列车以不超过 20 km/h 速度进站，并做好随时停车的准备。由引导人员接车时，应在引导员接车地点标处（未设的，引导人员应在进站信号机、进路信号机或站界标外方），显示引导手信号接车。列车头部越过引导信号，即可关闭信号或收回引导手信号。

3. 特定引导接车

《技规》第 381 条　遇有施工又必须接发列车的特殊情况时，可按以下施工特定行车办法办理：

引导接车并正线通过时，准许列车司机凭特定引导手信号的显示，以不超过 60 km/h 速度进站。

二、步骤二：引导进站操作

1. 引导信号进站

四显示自动闭塞区段，在进站信号机前，若机车信号机显示半红半黄闪信号，地面引导信号开放，监控装置监控列车以不超过 20 km/h 的速度通过该进站信号机；并做好随时停车的准备（18 km/h 报警、19 km/h 卸载、常用制动动作值为 21 km/h）。列车进站后，按出站信号机的显示要求监控列车运行。若机车信号接收不到半红半黄闪信号时，按手信号引导操作方法操作（见图 2.4.15）。

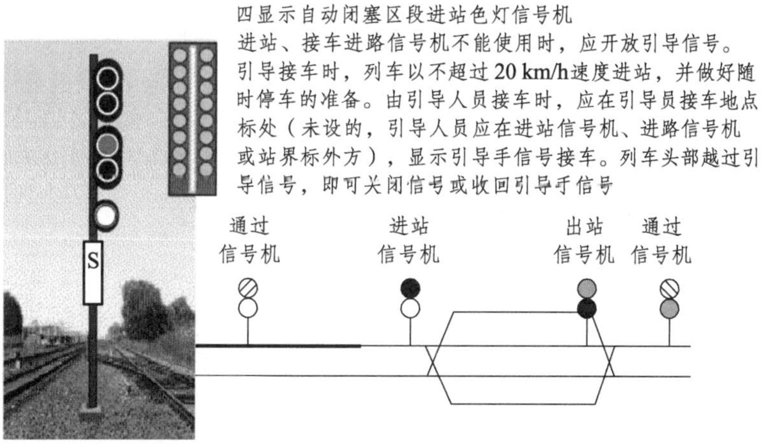

图 2.4.15　信号机引导进站

2. 引导人员手信号接车

在进站信号机前，机车信号机显示半红半黄色灯光或一个白色灯光，当列车运行速度低于 20 km/h 时，确认地面接车人员引导手信号显示正确（接车人员手持黄旗头顶左右摆动）如图 2.4.16 所示，允许司机按压【解锁】键解除停车控制模式；

监控装置监控列车以不超过 20 km/h 的速度越过进站信号机。列车进站后，按出站信号机的显示要求监控列车运行。停车控制模式；监控装置监控列车以不超过 20 km/h 的速度越过该信号机。当地面信号显示进行信号，而机车信号显示停车信号（包括红黄灯、红灯 白灯 灭灯、多灯）时，也按手信号引导方式进站。在反向运行时，司机确认地面信号，在进站信号机前如果机车信号能接收到地面信号，监控装置按机车信号控制行车；如果接收不到地面信号，按手信号引导方式操作。

图 2.4.16　引导手信号显示

3. 特定引导接车

机车出段前司机将引导进站的调度命令内容（含车站编号）及编号载入监控装置（用 IC 卡输入），列车运行至引导站进站信号机前，运行速度低于 60 km/h 时，确认地面接车人员引导手信号显示正确（接车人员手持绿旗头顶左右摆动）如图 2.4.17 所示，司机按压【开车】键+【解锁】键解除对该信号机的停车控制功能；监控装置监控列车以不超过 60 km/h 的速度越过该进站信号机。列车进站后，按出站信号机的显示要求监控列车运行。接车进路信号机或四显示区段的分割信号机前，当列车运行速度低于 60 km/h 时，允许司机按压【开车】键+【解锁】键解除停车控制模式；监控装置监控列车以不超过 60 km/h 的速度越过该信号机。出勤时 IC 卡内没有输入特定手信号引导的调度命令，运行中临时改用特定手信号引导进站时，按手信号引导的操作方法执行。

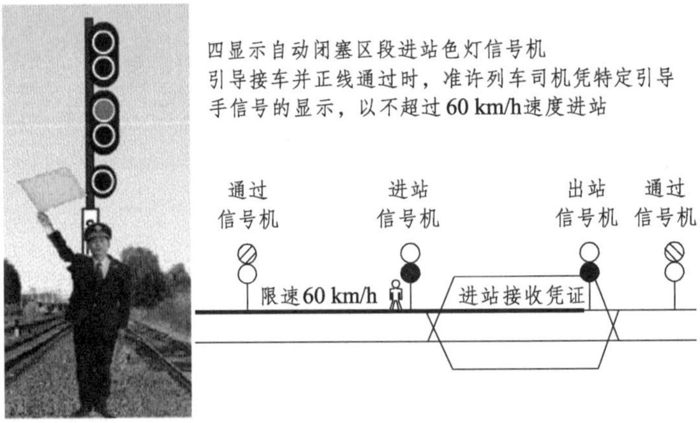

图 2.4.17　特定手信号

特定手信号引导接车确认界面如图 2.4.18 所示，特定手信号引导接车确认完成界面如图 2.4.19 所示。

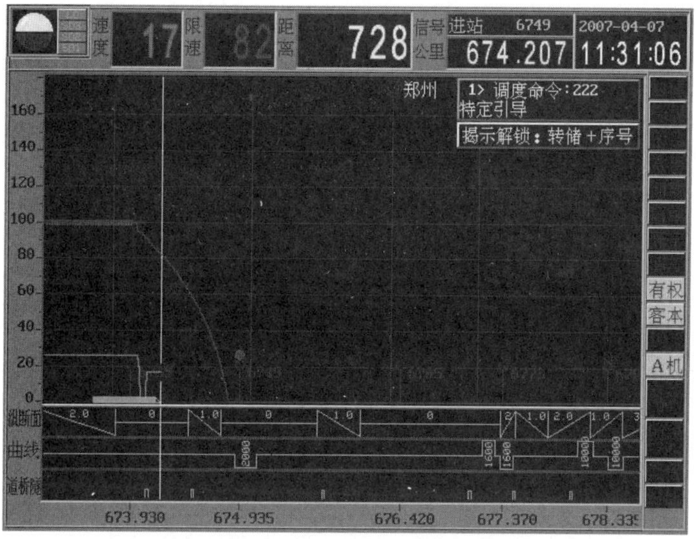

图 2.4.18　特定手信号引导接车确认界面

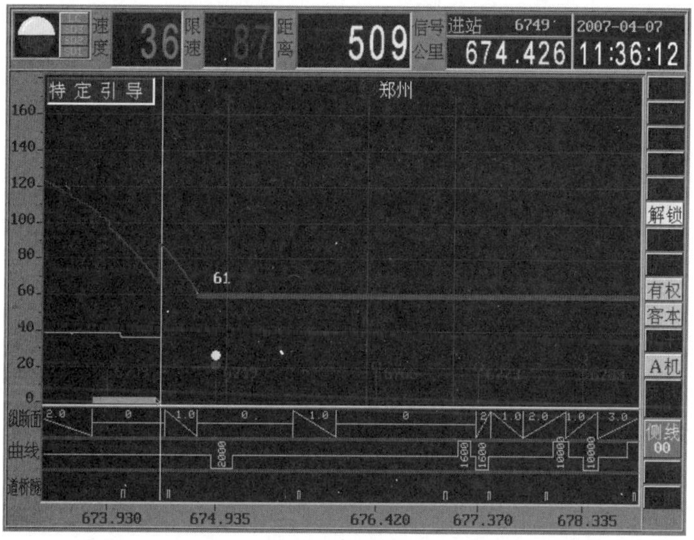

图 2.4.19　特定手信号引导接车确认完成界面

任务评价

任务评价采取教师评价、小组自评、小组互评相结合的方式。其中教师评价占总成绩的 60%，小组自评、小组互评各占总成绩的 20%（见表 2.4.5）。

总结拓展

根据任务实施和评价情况填写任务实施总结和拓展学习计划（见表 2.4.6）。

表 2.4.5　任务实施评价表

<table>
<tr><td>任务名称</td><td colspan="5">引导进站操作</td></tr>
<tr><td>被评者</td><td></td><td>评价者</td><td></td><td>时间</td><td></td></tr>
<tr><td>评价方式</td><td colspan="5">自评　　互评　　师评</td></tr>
<tr><td>项目</td><td>分值</td><td colspan="2">评分标准</td><td>分值</td><td>得分</td></tr>
<tr><td rowspan="4">工作态度
纪律素养</td><td rowspan="4">20</td><td colspan="2">态度积极</td><td>5</td><td></td></tr>
<tr><td colspan="2">遵守纪律</td><td>5</td><td></td></tr>
<tr><td colspan="2">环境卫生</td><td>5</td><td></td></tr>
<tr><td colspan="2">安全操作</td><td>5</td><td></td></tr>
<tr><td rowspan="2">团队合作</td><td rowspan="2">10</td><td colspan="2">分工明确</td><td>5</td><td></td></tr>
<tr><td colspan="2">团队合作</td><td>5</td><td></td></tr>
<tr><td rowspan="2">任务实施</td><td rowspan="2">60</td><td colspan="2">步骤一：
根据教师指令完成操作，动作标准、顺序正确、无缺项漏项</td><td>30</td><td></td></tr>
<tr><td colspan="2">步骤二：
根据教师指令完成操作，动作标准、顺序正确、无缺项漏项</td><td>30</td><td></td></tr>
<tr><td rowspan="2">操作规范性</td><td rowspan="2">10</td><td colspan="2">操作动作标准、规范</td><td>5</td><td></td></tr>
<tr><td colspan="2">操作结束设备恢复初始状态</td><td>5</td><td></td></tr>
<tr><td>合计</td><td colspan="5"></td></tr>
</table>

表 2.4.6　任务实施总结和拓展学习计划表

任务实施总结
1. 知识目标掌握情况   2. 能力目标掌握情况
拓展学习计划

任务四　货车特殊前行

任务目标

1. 知识目标

掌握货运列车站内停车特殊前行的使用条件。

2. 能力目标

掌握 LKJ2000 型监控装置特殊前行的操作方法。

任务准备

1. 任务地点

列车监控运行装置应用实训室。

2. 任务设备

LKJ2000 模拟仿真训练系统。

3. 知识准备

理论篇 项目四 任务一～任务八。

任务描述

学生模拟机车乘务员，按照一次乘务作业标准独立完成货运列车特殊前行操作，熟练掌握操作要领及注意事项。

任务实施

一、步骤一：货运列车站内停车特殊前行的控制

货物列车站内停车后，列车头部需要越过控制曲线关闭点时，LKJ 提供特殊前行的操作条件，按规定操作后，控制列车越过控制曲线关闭点到达预定停车位置。特殊前行的使用条件如下：

（1）LKJ 输入的列车种类必须是货车状态。

（2）列车必须处于停车状态。

（3）LKJ 显示的信号机必须为出站、进出站信号机（不含线路所）。

（4）列车所停车的股道 LKJ 基础线路数据中未设置为“货车靠标停车困难特殊站”。

（5）LKJ 显示的距离小于 70 m。

（6）机车信号显示为停车信号（单红灯或低频信息为“H”码除外）或机车显示进行信号但 LKJ 输入有该站有效的“停基改电”“绿色许可证”运行揭示，该揭示未进行人工办理操作时。

（7）LKJ 不处于“20 km/h 限速模式”。

二、步骤二

1. 特殊前行操作

（1）满足以上条件，持续按压 LKJ 显示器【↑】键 2 s，弹出非正常行车确认窗口，如图 2.4.20 所示。若不满足，弹出禁止操作窗口，如图 2.4.21 所示。

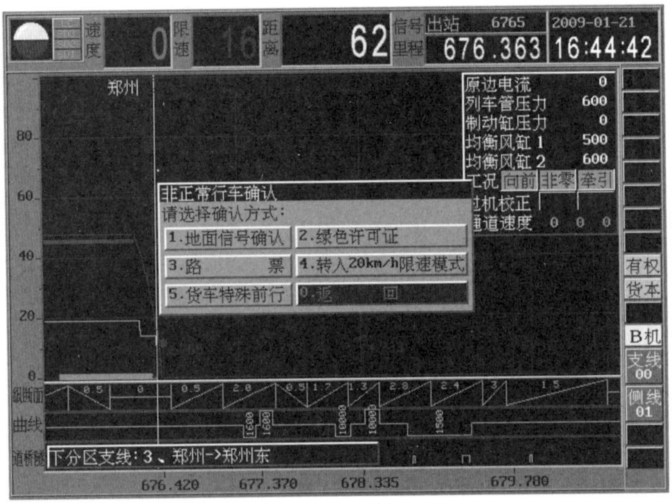

图 2.4.20　非正常行车确认窗口

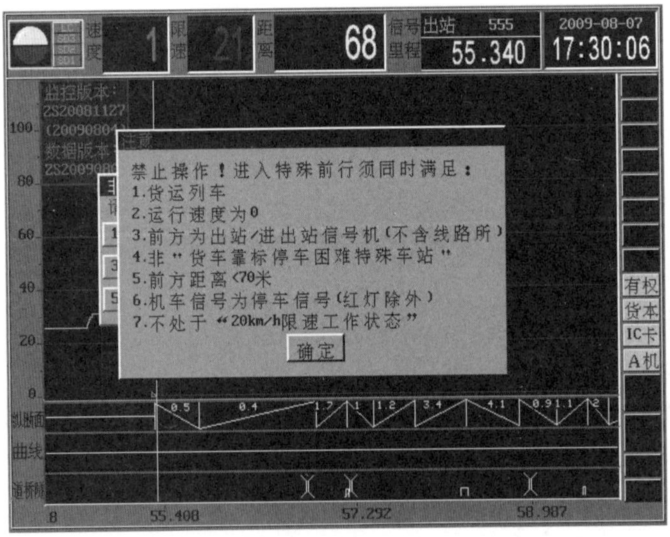

图 2.4.21　“禁止操作”提示窗口

（2）条件满足后，光标移至“5.货车特殊前行”，按确认键，进入特殊前行输入窗口，如图 2.4.22 所示。

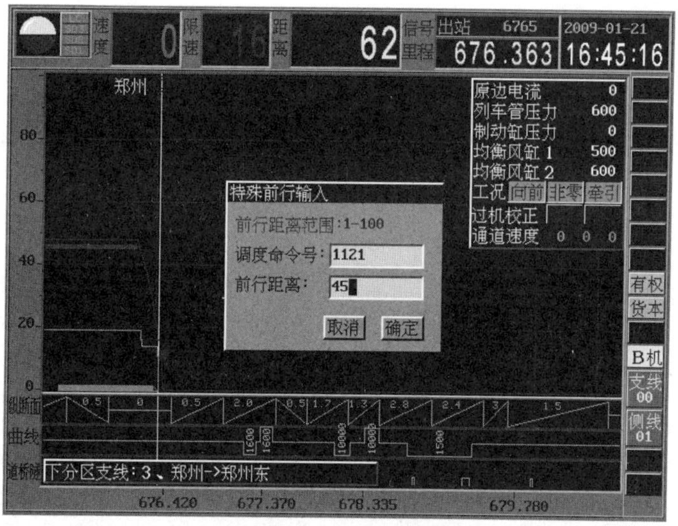

图 2.4.22 特殊前行输入窗口

（3）输入有效的调度命令号和允许前行的距离后（调度命令号输入 0 ~ 9999999 的非 0 数字，前行距离输入 1 ~ 100 的数值，超出此范围的值 LKJ 提示输入无效），按压确认键，进入特殊前行控制显示界面，限速为 16 km/h，模式曲线从停车点开始至允许前行距离处突降为 0，如图 2.4.23 所示。

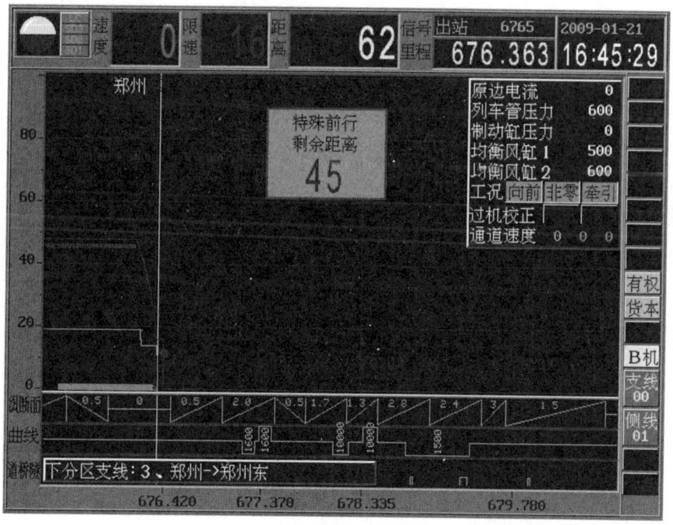

图 2.4.23 特殊前行控制显示界面

（4）操纵列车以低于 15 km/h 的速度，运行至规定的地点前停车。

（5）一次特殊前行过程不能满足停车的要求时，重复上述操作，启动新一次特殊前行控制。

2. 特殊前行控制的制动条件

（1）运行速度等于常用、紧急模式值时。

（2）特殊前行剩余距离为 0 时，如图 2.4.24 所示。

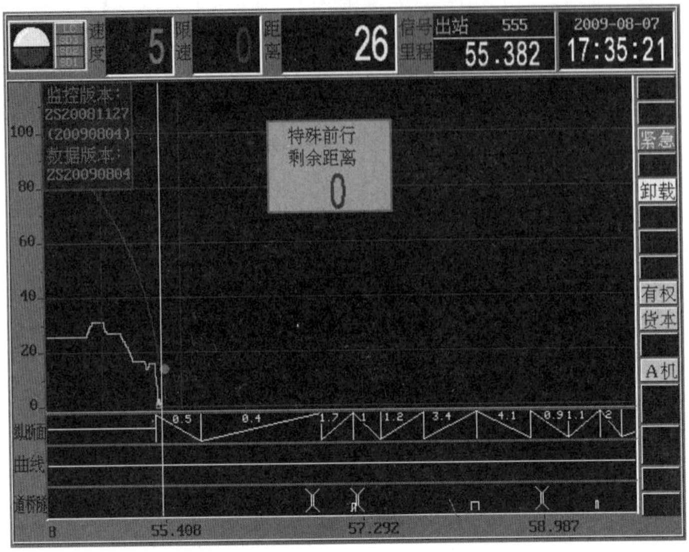

图 2.4.24　距离为 0 紧急制动

（3）特殊前行列车运行过程中机车信号由红黄灯变为单红灯。

（4）进入了特殊前行模式，停车状态下机车信号变为单红灯，开车后列车走行距离≥10 m 时。

3. 特殊前行模式的退出

（1）进入特殊前行模式超过 5 min 未进行特殊前行过程时，自动退出特殊前行模式。

（2）在特殊前行过程中，机车信号转为进行信号时，自动退出特殊前行模式。

（3）进入特殊前行模式后按【调车】键进入调车状态，再由调车状态进入通常状态后，自动退出特殊前行模式。

（4）特殊前行模式下，重新设定司机输入参数，进入降级状态，自动退出特殊前行模式。

（5）在机车显示进行信号但 LKJ 输入有该站有效的“停基改电”“绿色许可证”运行揭示的情况下进入的特殊前行模式，该揭示进行人工解锁后，自动退出特殊前行模式。

4. 预设“靠标停车困难特殊车站”的情况

在监控装置线路数据文件中已预先设置为“靠标停车困难特殊车站”的，列车在站内停车采用以下控制方式：

（1）客运列车运行速度低于 20 km/h 且距出站信号机距离小于 200 m 时，监控装置提供一次性解除停车控制条件，按压【解锁】键成功后，监控列车以不超过 20 km/h 的速度运行。

（2）货运列车运行速度低于 15 km/h 且距出站信号机距离小于 200 m 时，监控装置提供一次性解除停车控制条件，按压【解锁】键后，监控列车以不超过 15 km/h 的速度运行。

当按压【解锁】键成功后，监控装置已失去对出站信号机的停车监控功能，乘务员应严格控制列车运行速度，确保在出站信号机前停车。

任务评价

任务评价采取教师评价、小组自评、小组互评相结合的方式。其中，教师评价占总成绩的 60%，小组自评、小组互评各占总成绩的 20%（见表 2.4.7）。

表 2.4.7　任务实施评价表

<table>
<tr><td>任务名称</td><td colspan="5">货车特殊前行操作</td></tr>
<tr><td>被评者</td><td></td><td>评价者</td><td></td><td>时间</td><td></td></tr>
<tr><td>评价方式</td><td colspan="5">自评　　互评　　师评</td></tr>
<tr><td>项目</td><td>分值</td><td colspan="2">评分标准</td><td>分值</td><td>得分</td></tr>
<tr><td rowspan="4">工作态度
纪律素养</td><td rowspan="4">20</td><td colspan="2">态度积极</td><td>5</td><td></td></tr>
<tr><td colspan="2">遵守纪律</td><td>5</td><td></td></tr>
<tr><td colspan="2">环境卫生</td><td>5</td><td></td></tr>
<tr><td colspan="2">安全操作</td><td>5</td><td></td></tr>
<tr><td rowspan="2">团队合作</td><td rowspan="2">10</td><td colspan="2">分工明确</td><td>5</td><td></td></tr>
<tr><td colspan="2">团队合作</td><td>5</td><td></td></tr>
<tr><td rowspan="2">任务实施</td><td rowspan="2">60</td><td colspan="2">步骤一：
根据教师指令完成操作，动作标准、顺序正确、无缺项漏项</td><td>30</td><td></td></tr>
<tr><td colspan="2">步骤二：
根据教师指令完成操作，动作标准、顺序正确、无缺项漏项</td><td>30</td><td></td></tr>
<tr><td rowspan="2">操作规范性</td><td rowspan="2">10</td><td colspan="2">操作动作标准、规范</td><td>5</td><td></td></tr>
<tr><td colspan="2">操作结束设备恢复初始状态</td><td>5</td><td></td></tr>
<tr><td>合计</td><td colspan="5"></td></tr>
</table>

总结拓展

根据任务实施和评价情况填写任务实施总结和拓展学习计划（见表 2.4.8）。

表 2.4.8　任务实施总结和拓展学习计划表

任务实施总结
1. 知识目标掌握情况   2. 能力目标掌握情况
拓展学习计划

任务五　出站运行

任务目标

1. 知识目标

掌握 LKJ2000 型监控装置出站时地面信号确认监控装置的操作注意事项。

2. 能力目标

掌握 LKJ2000 型监控装置出站时地面信号确认监控装置的操作方法。

任务准备

1. 任务地点

列车监控运行装置应用实训室。

2. 任务设备

LKJ2000 模拟仿真训练系统。

3. 知识准备

理论篇　项目四　任务一 ~ 任务八。

任务描述

学生模拟机车乘务员，按照一次乘务作业标准独立完成出站运行时地面信号确认及解锁操作，熟练掌握操作要领及注意事项。

任务实施

由于车站采用叠加式发码设备，致使侧线接车和发车时，轨道电码化不连续，列车越过进站或出站信号机后，机车信号收不到码，监控装置不能复示前方信号机显示，即使地面信号开放，装置也按信号关闭处理。另外，一些车站侧线股道无码，机车信号不能复示出站信号显示，监控装置按信号关闭处理。为维持列车正常运行，装置按以下方式设定：

（1）列车由股道无码车站侧线通过。列车进站前，机车信号显示双半黄色灯光（或交流计数区段的黄色灯光），进站后转白灯，对监控装置线路数据文件中已设置为固定无码的侧线股道，列车运行距出站信号机<400 m 时，司机确认出站信号机开放后，按压【解锁】+【确认】键，监控装置解除站内停车控制功能，监控列车以不超过道岔侧向规定速度越过出站信号机。

（2）在自动闭塞区段的出站（或发车进路）信号机前，机车信号为一个双半黄色灯光（或始发站机车信号为双半黄色闪光灯光），当列车运行距出站（或发车进路）信号机小于 400 m 时，监控装置语音提示“请确认信号”。司机确认地面信号机为绿灯或绿黄灯后，按压【↑】键 2 s，弹出“非正常行车确认”界面，选择“1. 地面信号确认”，弹出“当前地面信号确认”界面，将光标移至“确定”位置，按压【确认】键，监控装置按出站道岔侧向规定速度监控列车运行，并自动解除列车出站后机车信号由双黄色灯光转白色灯光的停车控制功能。机车接收到次一架信号机的显示时，按其显示要求监控列车运行。非正常行车确认界面如图 2.4.25 所示，出站信号机确认界面如图 2.4.26 所示，确认有效界面如图 2.4.27 所示。

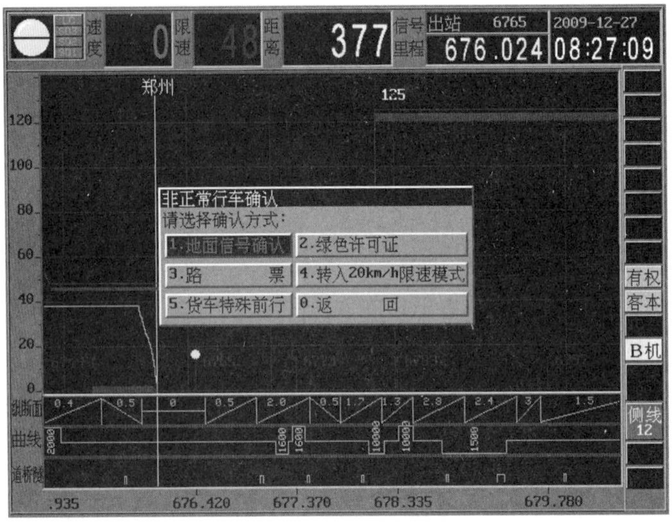

图 2.4.25 非正常行车确认界面

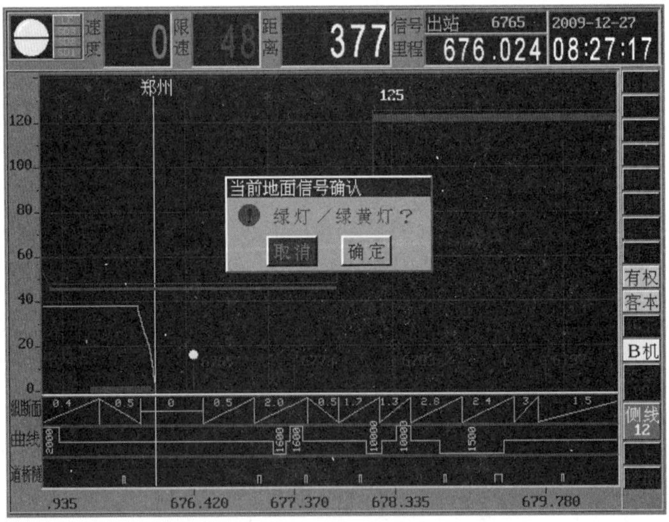

图 2.4.26 出站信号机确认界面

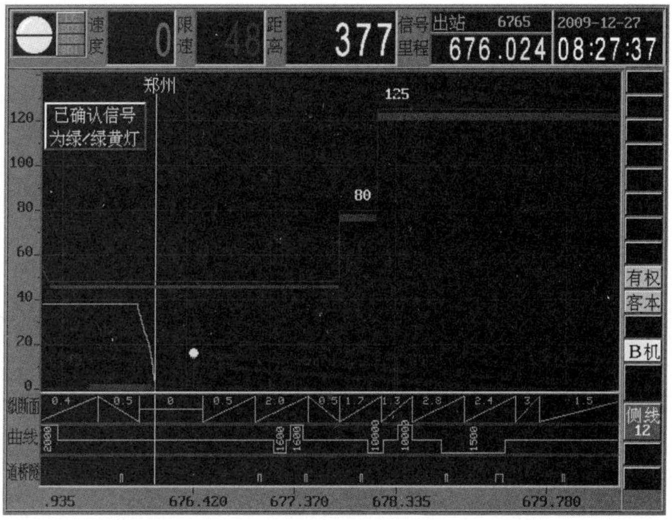

图 2.4.27 出站绿灯/绿黄灯确认有效界面

注：非始发站出站信号机前机车信号为双黄闪且为>1/12 道岔控制时，禁止进行绿灯确认。

（3）列车由车站无码股道发车。列车开车前，机车信号机显示白灯，司机确认出站信号机开放后，按压【解锁】+【确认】键，监控装置解除出站信号机前的停车控制功能，监控列车以不超过道岔侧向规定速度越过出站信号机。

（4）管理文件规定，当前信号机开放必须以次一架信号机开放为条件，监控装置预先将此设定为“关联发码特殊信号机”后，自动解除该机车信号为一个黄色灯光（或一个双半黄色灯光）转一个白色灯光的停车控制。

（5）对于监控装置线路数据文件中设置为“侧进正出”的股道，如果出站信号机前机车信号为双黄灯，则按“车站信息”中的出站道岔限速和出岔距离控制侧线出岔。

（6）列车经 18 号及以上道岔侧向通过。进站信号机显示一个黄色闪光灯光和一个黄色灯光，机车信号机显示双黄闪灯光，监控装置监控列车以不超过该道岔侧向规定速度通过道岔，并按次一架信号机的显示监控列车运行。

（7）列车运行中，司机应确认地面信号为进行信号后，方可使用特定操作解除监控装置的控制。对上述第（2）（4）的情形，装置解除监控装置对次一架信号机显示的控制时，列车运行到该信号机前，应确认地面信号机的显示，发现显示禁止信号时，应立即采取停车措施，防止列车越过该信号机。

任务评价

任务评价采取教师评价、小组自评、小组互评相结合的方式。其中，教师评价占总成绩的 60%，小组自评、小组互评各占总成绩的 20%（见表 2.4.9）。

表 2.4.9　任务实施评价表

任务名称	出站运行操作				
被评者		评价者		时间	
评价方式	自评　　互评　　师评				
项目	分值	评分标准		分值	得分
工作态度 纪律素养	20	态度积极		5	
		遵守纪律		5	
		环境卫生		5	
		安全操作		5	
团队合作	10	分工明确		5	
		团队合作		5	
任务实施	60	步骤一： 根据教师指令完成操作，动作标准、顺序正确、无缺项漏项		60	
操作规范性	10	操作动作标准、规范		5	
		操作结束设备恢复初始状态		5	
合计					

总结拓展

根据任务实施和评价情况填写任务实施总结和拓展学习计划（见表 2.4.10）。

表 2.4.10　任务实施总结和拓展学习计划表

任务实施总结
1. 知识目标掌握情况 2. 能力目标掌握情况
拓展学习计划

任务六　解除监控装置存储的运行揭示

任务目标

1. 知识目标

掌握 LKJ2000 型监控装置揭示解除的操作注意事项。

2. 能力目标

掌握 LKJ2000 型监控装置揭示解除的操作方法。

任务准备

1. 任务地点

列车监控运行装置应用实训室。

2. 任务设备

LKJ2000 模拟仿真训练系统。

3. 知识准备

理论篇 项目四 任务一～任务八。

任务描述

学生模拟机车乘务员，按照一次乘务作业标准独立完成不同情况下的揭示解锁操作，熟练掌握操作要领及注意事项。

任务实施

乘务员出乘时通过 IC 卡将运行揭示存储在监控装置中，当列车运行中接到新的调度命令取消前发运行揭示时，可解除存储在监控装置中的运行揭示控制。

一、步骤一：运行中取消前方揭示

（1）列车运行中，揭示信息提示框在揭示控制点前 4 000 m 处弹出。

司机接到取消前发改用电话闭塞法或绿色许可证行车的调度命令，确认需取消的运行揭示序列号，按压【转储】键，再按压与揭示序列号对应的数字键，显示屏弹出应解除的运行揭示窗口，输入新发调度命令号，将光标移至“确定”位置，按压【确认】键，取消该条前发运行揭示，监控装置解除对该运行揭示的控制。

以揭示解锁提示界面（见图 2.4.28）为例，当显示屏弹出“揭示解锁”窗口时，显示屏右上角不但显示命令号为 1223，前方“圃田”车站改按电话闭塞的运行揭示，同时显示前方“554.000 ~ 553.860”处有 45 km/h 的临时慢行，其序号 1 为临时慢行，序号 2 为改电话闭塞，若取消前发 1223 改电话闭塞揭示，则按压【转储】键，再按压【2】键，输入新发调度命令号（见图 2.4.29），将光标移至“确定”位置，按压【确认】键，前发改按电话闭塞的调度命令即取消，取消后的运行界面如图 2.4.30 所示。

（2）当列车距离临时慢行地点 4000 m 时，显示屏显示临时限制速度线，监控装置语音提示的同时，显示屏右上角显示临时慢行揭示，司机接到取消前发临时限速的调度命令，按压【转储】键，再按压与临时慢行序列号对应的数字键，显示屏弹出要求输入取消临时慢行调度命令号的窗口，输入新发调度命令号，将光标移至“确定”位置，按压【确认】键，取消前发临时慢行揭示，监控装置解除对该临时慢行的控制。

仍以图 2.4.28 为例，若取消限速 45 km/h 的临时慢行，则按压【转储】键，再按压【1】键，输入新发调度命令号，将光标移至“确定”位置，按压【确认】键，限速 45 km/h 的临时慢行即取消。

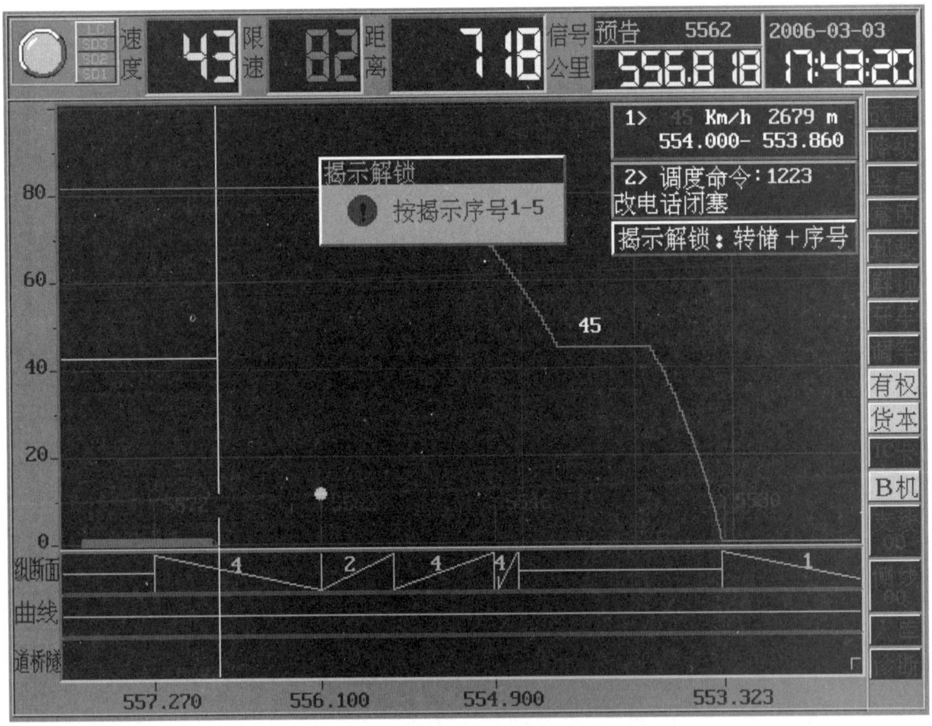

图 2.4.28　揭示解锁提示界面

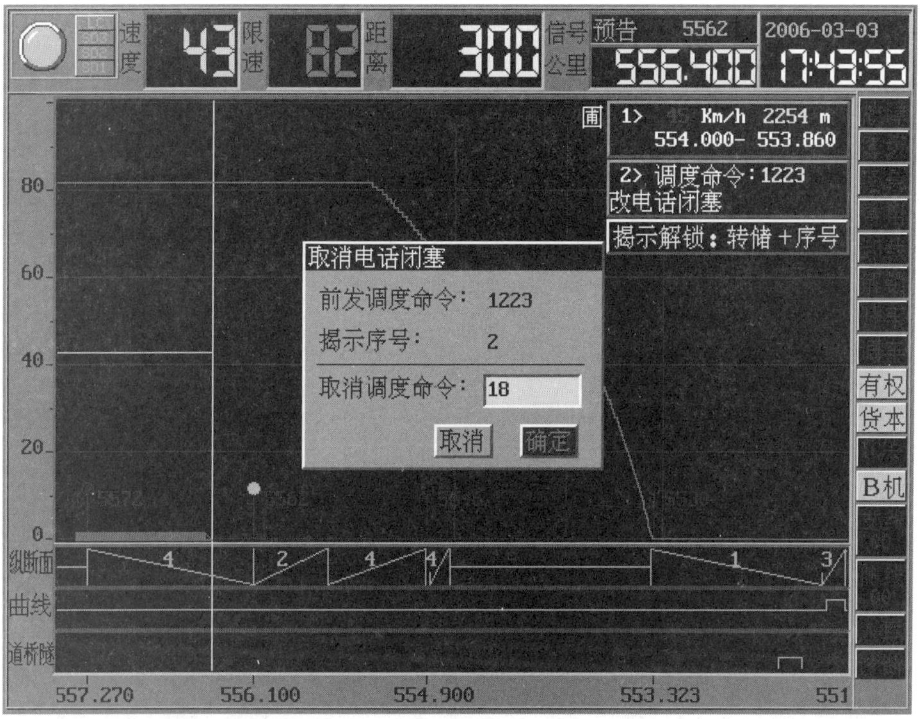

图 2.4.29　取消调度命令输入界面

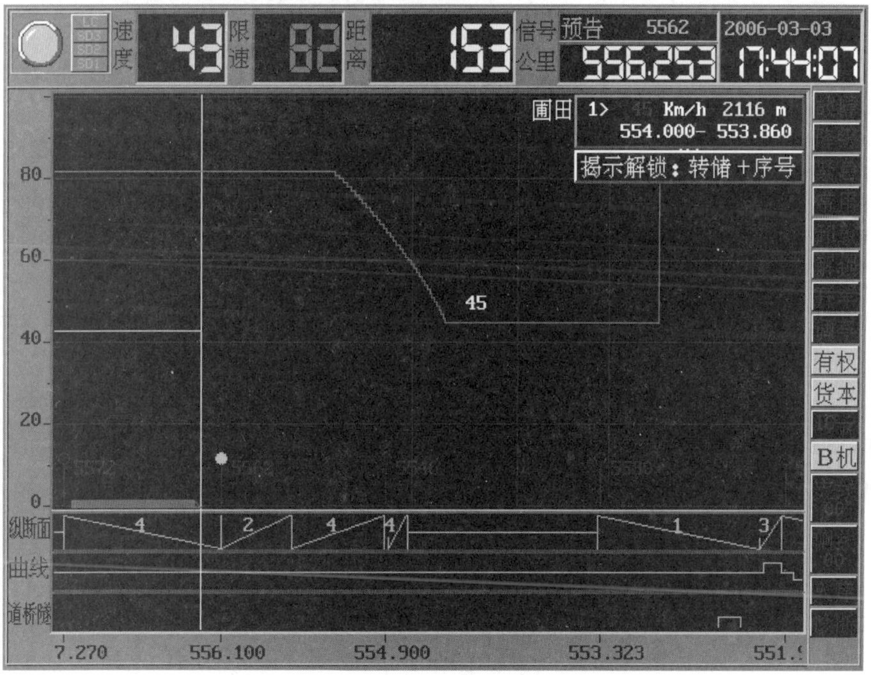

图 2.4.30　取消调度命令后的运行界面

二、步骤二：停车后取消前方揭示

列车停车时，司机接到取消前发运行揭示的调度命令后，可通过揭示查询方式取消前发运行揭示。方法为：

（1）司机按压【查询】键，显示屏进入查询选择界面（见图 2.4.31）。

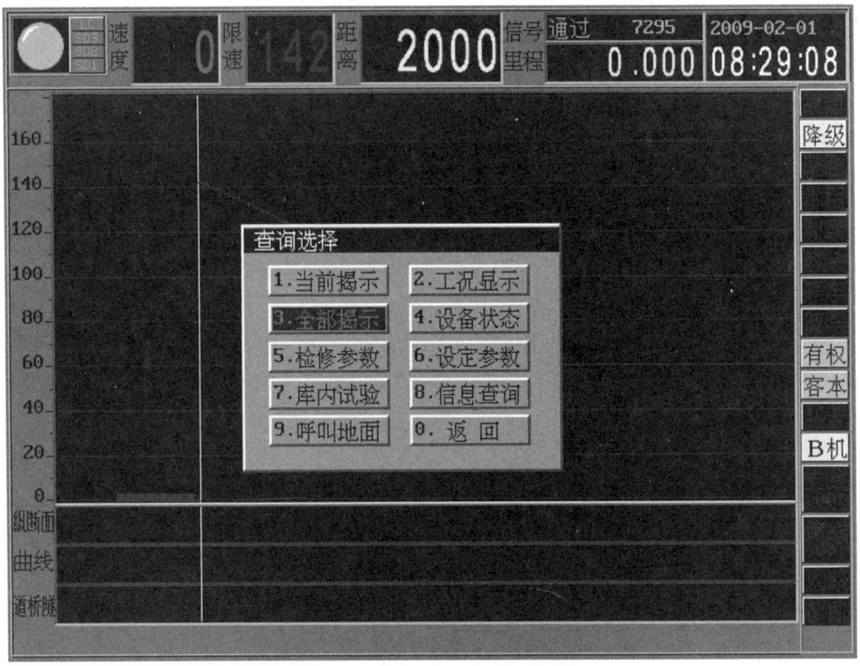

图 2.4.31　查询选择界面

（2）按压数字键【3】或将光标指向“全部揭示”时按压【确认】键，显示屏显示全部揭示（见图 2.4.32）。

（3）按压数字键【1】，或使用【←】【→】键将光标指向“选择”位置，按压【确认】键，进入选择状态。

（4）使用【↑】【↓】键将光标指向需要解除的运行揭示，按压【确认】键选中该揭示（见图 2.4.32 中选中的第一条，京广线谢庄站的特定引导）。

（5）按压数字键【3】，或使用【←】【→】键将光标指向“解锁”，按压【确认】键，显示屏弹出新发调度命令号输入窗口（见图 2.4.33）。

（6）输入新发调度命令号，按压【确认】键，将光标指向“确定”，再次按压【确认】键，窗口显示“取消揭示成功”，该条运行揭示即解除。取消的揭示以红色栏目标记（见图 2.4.34）。

重复上述操作可解除其他揭示。

将光标指向“返回”位置，按压【确认】键，两次按压【0】键，监控装置返回监控状态。

图 2.4.32　全部揭示显示界面

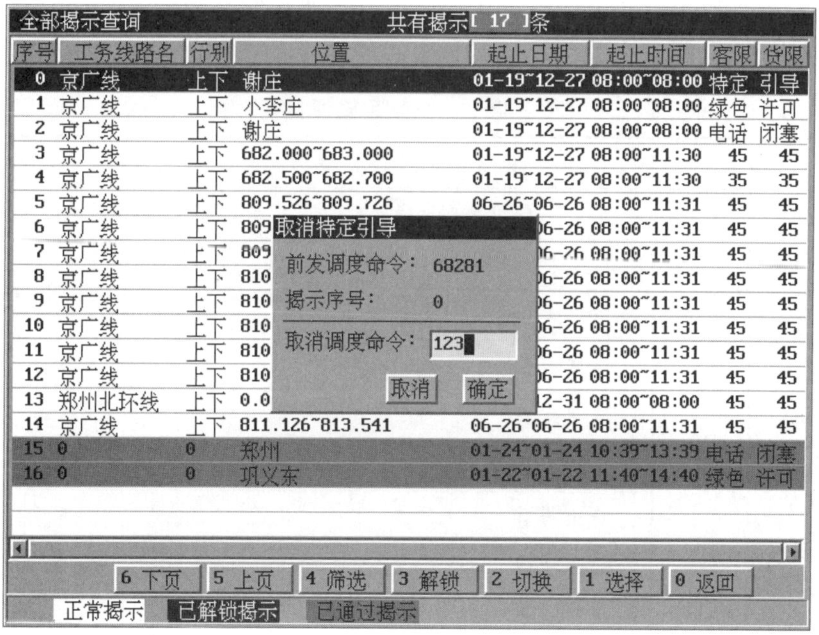

图 2.4.33　取消第 3 条揭示输入命令窗口

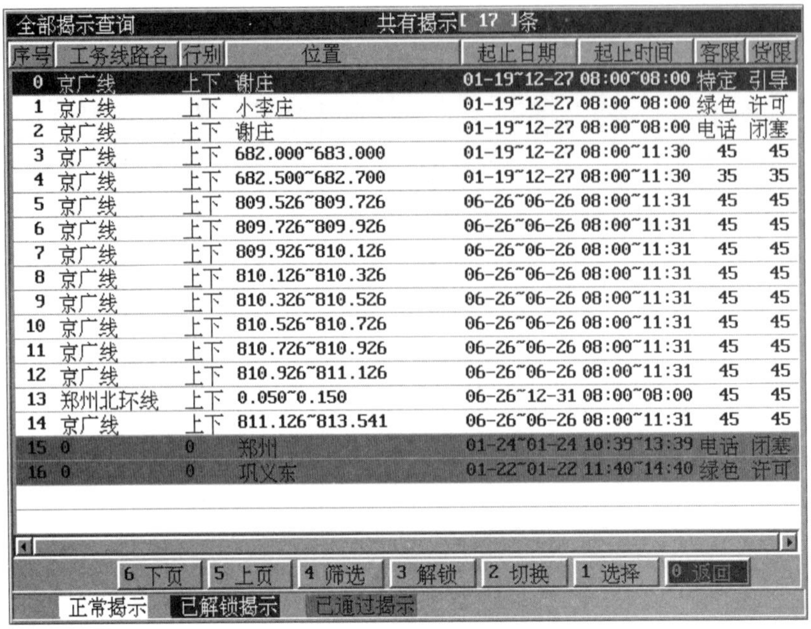

全部揭示查询　　共有揭示[17]条

序号	工务线路名	行别	位置	起止日期	起止时间	客限	货限
0	京广线	上下	谢庄	01-19~12-27	08:00~08:00	特定	引导
1	京广线	上下	小李庄	01-19~12-27	08:00~08:00	绿色	许可
2	京广线	上下	谢庄	01-19~12-27	08:00~08:00	电话	闭塞
3	京广线	上下	682.000~683.000	01-19~12-27	08:00~11:30	45	45
4	京广线	上下	682.500~682.700	01-19~12-27	08:00~11:30	35	35
5	京广线	上下	809.526~809.726	06-26~06-26	08:00~11:31	45	45
6	京广线	上下	809.726~809.926	06-26~06-26	08:00~11:31	45	45
7	京广线	上下	809.926~810.126	06-26~06-26	08:00~11:31	45	45
8	京广线	上下	810.126~810.326	06-26~06-26	08:00~11:31	45	45
9	京广线	上下	810.326~810.526	06-26~06-26	08:00~11:31	45	45
10	京广线	上下	810.526~810.726	06-26~06-26	08:00~11:31	45	45
11	京广线	上下	810.726~810.926	06-26~06-26	08:00~11:31	45	45
12	京广线	上下	810.926~811.126	06-26~06-26	08:00~11:31	45	45
13	郑州北环线	上下	0.050~0.150	06-26~12-31	08:00~08:00	45	45
14	京广线	上下	811.126~813.541	06-26~06-26	08:00~11:31	45	45
15	0	0	郑州	01-24~01-24	10:39~13:39	电话	闭塞
16	0	0	巩义东	01-22~01-22	11:40~14:40	绿色	许可

6 下页　5 上页　4 筛选　3 解锁　2 切换　1 选择　0 返回

正常揭示　已解锁揭示　已通过揭示

图 2.4.34　第 3 条运行揭示解除界面

任务评价

任务评价采取教师评价、小组自评、小组互评相结合的方式。其中，教师评价占总成绩的 60%，小组自评、小组互评各占总成绩的 20%（见表 2.4.11）。

表 2.4.11　任务实施评价表

任务名称	解除监控装置存储的运行揭示操作				
被评者		评价者		时间	
评价方式	自评　　互评　　师评				
项目	分值	评分标准		分值	得分
工作态度 纪律素养	20	态度积极		5	
		遵守纪律		5	
		环境卫生		5	
		安全操作		5	
团队合作	10	分工明确		5	
		团队合作		5	
任务实施	60	步骤一： 根据教师指令完成操作，动作标准、顺序正确、无缺项漏项		30	

续表

项目	分值	评分标准	分值	得分
任务实施		步骤二： 根据教师指令完成操作，动作标准、顺序正确、无缺项漏项	30	
操作规范性	10	操作动作标准、规范	5	
		操作结束设备恢复初始状态	5	
合计				

总结拓展

根据任务实施和评价情况填写任务实施总结和拓展学习计划（见表 2.4.12）。

表 2.4.12 任务实施总结和拓展学习计划表

任务实施总结
1. 知识目标掌握情况   2. 能力目标掌握情况
拓展学习计划

任务七　机车信号机故障

任务目标

1. 知识目标

（1）掌握机车信号机故障情况。

（2）掌握转入及转出 20 km/h 运行状态的操作时机和注意事项。

2. 能力目标

（1）掌握机车信号机故障时 LKJ2000 型监控装置的操作方法。

（2）掌握转入及转出 20 km/h 运行状态的操作方法。

任务准备

1. 任务地点

列车监控运行装置应用实训室。

2. 任务设备

LKJ2000 模拟仿真训练系统。

3. 知识准备

理论篇　项目四　任务一～任务八。

任务描述

案例：某年某月某日，DF4B8888 机车，梅州至铁山洋间×××次机班，16:50 该次列车在通过虢市站时因地面进出、站信号均不发码，机班未按机车信号不接码的处理程序处理，整个过程心中无数、盲目紊乱，直至 17:57 才开车，对行车秩序造成严重不良影响。案例表明，机车信号机故障情况不能正确掌握以及不能进行正确的应对操作会对行车安全造成严重不良影响。

学生模拟机车乘务员，按照一次乘务作业标准独立完成机车信号故障后的应对操作，熟练掌握操作要领及注意事项。

任务实施

一、步骤一：机车信号机故障情况

（1）运行途中出现下列情况之一可视为机车信号故障：

① 机车信号灭灯、多个灯位显示或数个灯位乱跳显示。

② 自动闭塞区段，连续两架区间通过信号机为进行信号，但机车信号显示白灯（单红灯）或红黄灯。

③ 进站、进路、出站信号机为进行信号，机车信号为红黄灯、单红灯或连续两架不接码（固定不发码股道除外）。

④ 机车信号升级显示。

⑤ 机车信号其他异常现象，影响监控装置正常工作。

（2）当出现以上现象时，应在停车后进行以下检查处理：

① 确认“上下行”开关位置是否正确，并来回切换一次开关位置。

② 装有“Ⅰ、Ⅱ室”机车信号转换开关或“试验、运行”开关的机车，要确认Ⅰ、Ⅱ端开关位置与机车运行方向一致，“试验、运行”开关位置放在“运行”位。

（3）经以上检查处理后故障现象仍未消除时，可进行一次机车信号关机、开机操作（关机后间隔 5 ~ 10 s 开机）。

二、步骤二：确认机车信号故障后的操作

（1）确认机车信号发生故障，应立即停车，报告车站值班员转报列车调度员。接到继续运行至前方站内停车的调度命令后：

① 当列车停于自动闭塞区段通过（含预告）信号机前时，操作监控装置进入“20 km/h 限速模式”。

② 当列车停于进站（接车进路）信号机前时，在向车站值班员报告并问清进路后，按照“手信号引导”操作。

进行上述操作后，必须严格按地面信号机的显示要求操纵列车，并以不超过 20 km/h 的速度运行，到前方站内停车。

（2）在出站（发车进路）信号机前突发机车信号故障，停车报告车站值班员转报列车调度员。

列车在进站、接车进路或发车进路信号机前，地面信号机显示进行信号，而机车信号为白灯、单红灯（固定无码情况除外）使监控装置按停车控制，应操纵列车停车，停车后，如机车信号仍未恢复，应将情况报告车站值班员，并在确认地面信号显示进行的信号后，对于进站（或接车进路）信号机按“手信号引导”操作，对于发车进路信号机按“临时使用绿色许可证”方式处理（“绿色许可证号”栏输入“98”）。解除监控装置对当前信号机前机车信号为停车信号的控制后，必须严格按地面信号的显示要求操纵列车，并以不超过 20 km/h 的速度运行。

列车在出站信号机前，地面信号机显示进行信号，而机车信号为白灯、单红灯（固定无码情况除外）使监控装置按停车控制，应操纵列车停车。停车后，如机车信号仍未恢复，应将情况报告车站值班员转报列车调度员。

列车在自动闭塞区间通过信号机前，地面信号机显示进行信号，而机车信号为停车信号使监控装置控制列车停车，按《技规》第 316 条执行。

三、步骤三：监控装置转入“20 km/h 限速模式”操作

机车信号故障，司机应使列车停车，将监控装置转为“20 km/h 限速模式”，操作方法如下：

持续按压【↑】键 2 s，显示屏弹出“非正常行车确认”窗口（见图 2.4.35），将光标移至“转入 20 km/h 限速模式”位置，按压【确认】键后，装置即转为“20 km/h 限速模式”。转为 20 km/h 限速模式后，装置不再按机车信号显示监控列车运行，停车 2 min 后，监控列车以不超过 20 km/h 的速度运行到前方车站出站信号机前停车。“20 km/h 限速模式”确认界面如图 2.4.36 所示，“20 km/h 限速模式”运行界面如图 2.4.37 和图 2.4.38 所示。

转入“20 km/h 限速模式”后，需要解除 20 km / h 限速模式时，只能在下一非线路所的车站内应在停车后按压显示器【↑】键 2 s，显示屏弹出“非正常行车确认”窗口，如图 2.4.39 所示，将光标移至“转出 20 km/h 限速模式”位置，按压【确认】键后，弹出“转出 20 km/h 限速模式”确认窗口，如图 2.4.40 所示，将光标移动至确认上按压【确认】键后，退出“20 km/h 限速模式”，进入降级状态。

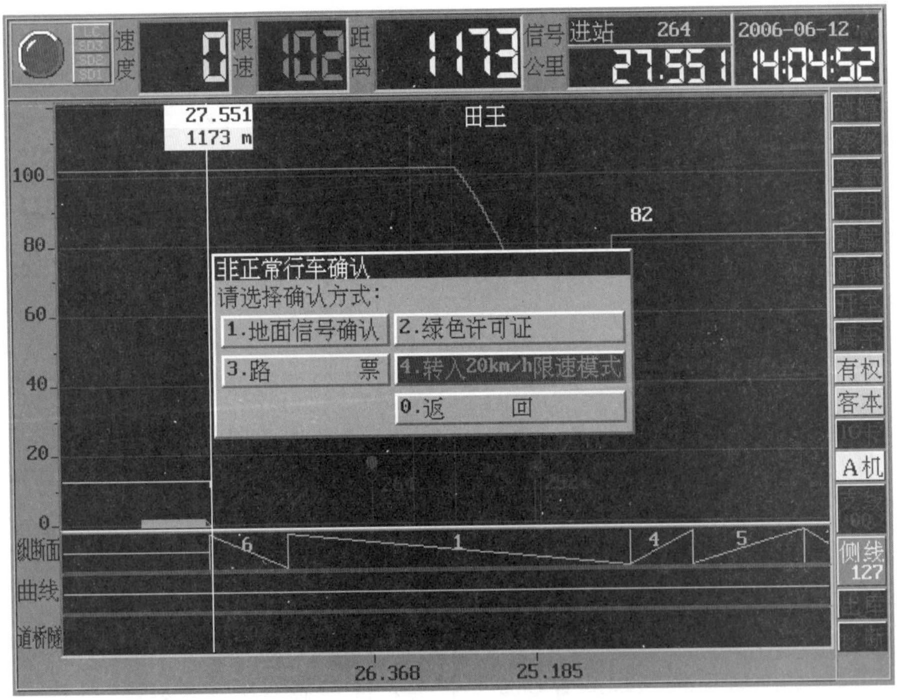

图 2.4.35　非正常行车确认界面

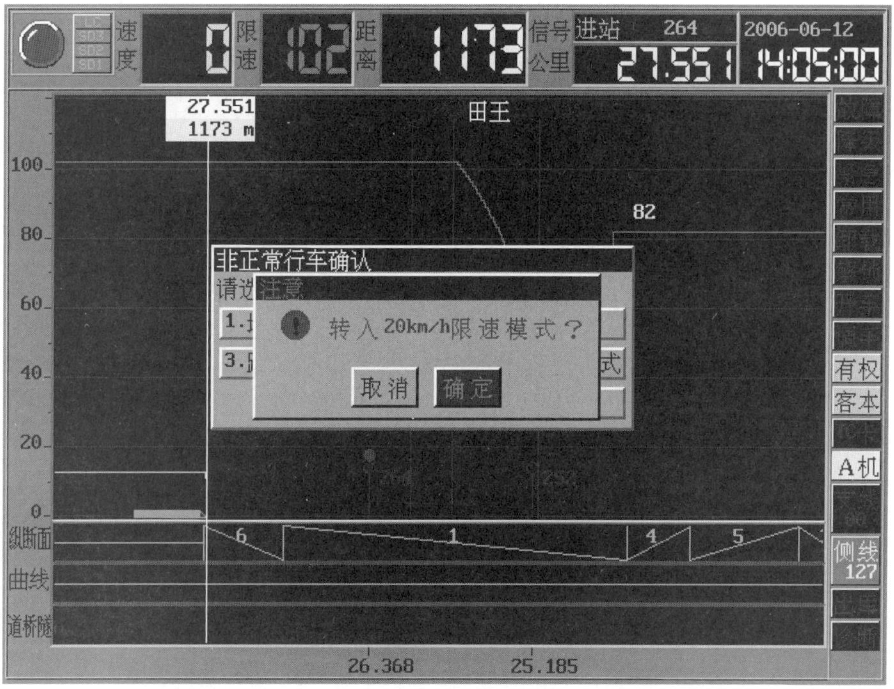

图 2.4.36 “20 km/h 限速模式”确认界面

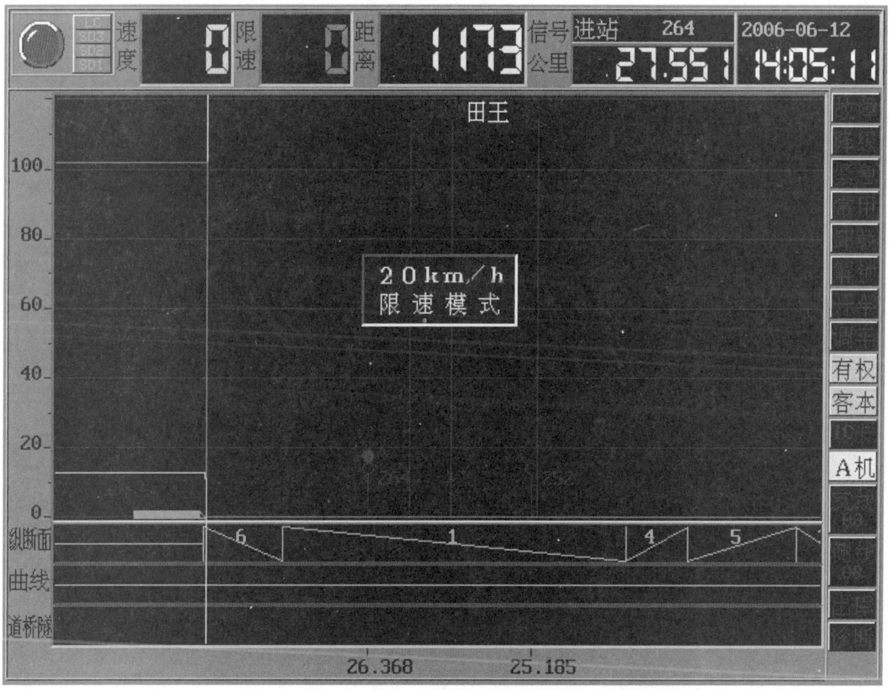

图 2.4.37 “20 km/h 限速模式”运行界面

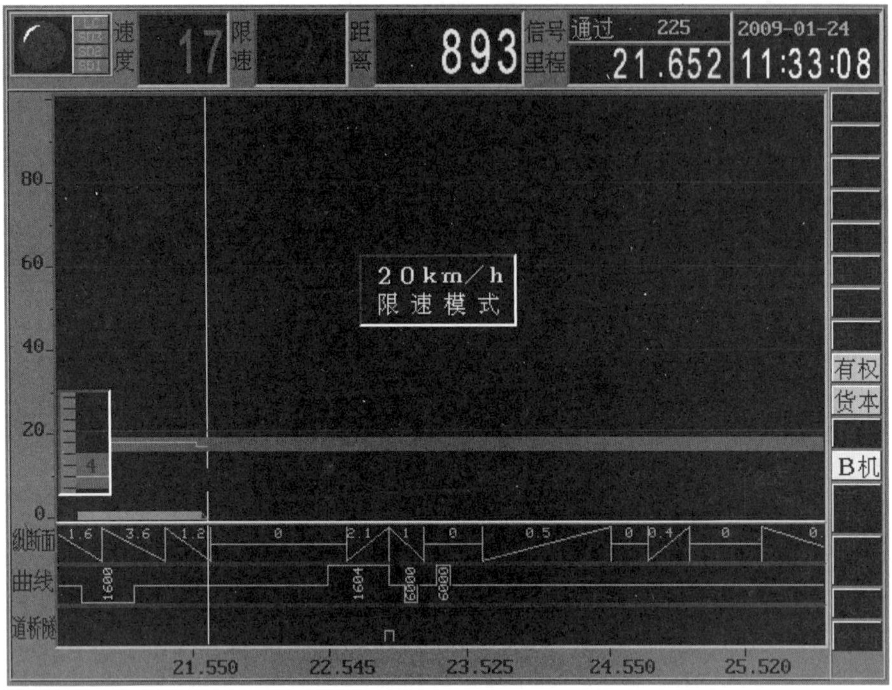

图 2.4.38 “20 km/h 限速模式”运行界面

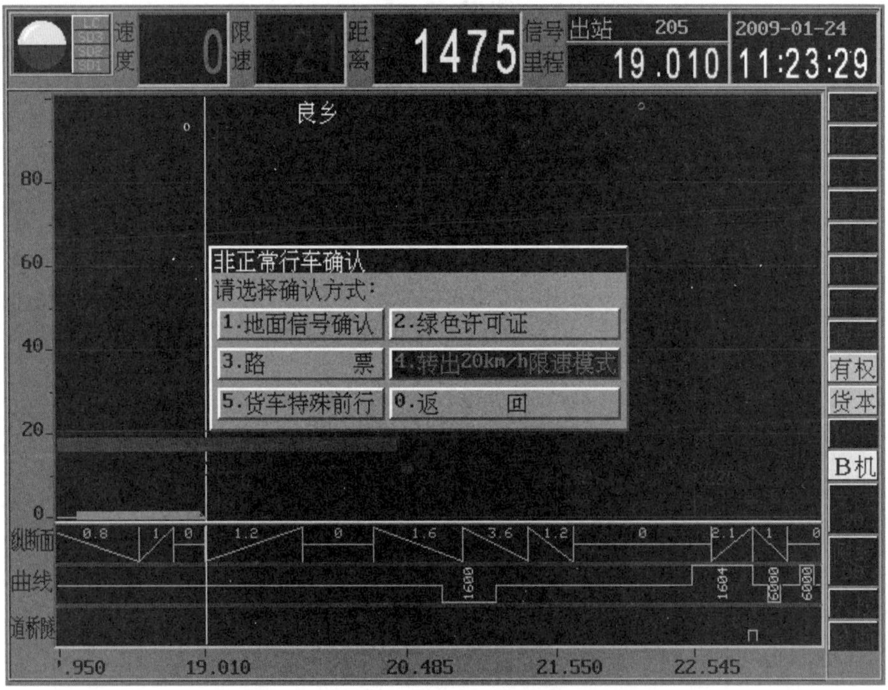

图 2.4.39 转出 20 km/h 非正常行车确认界面

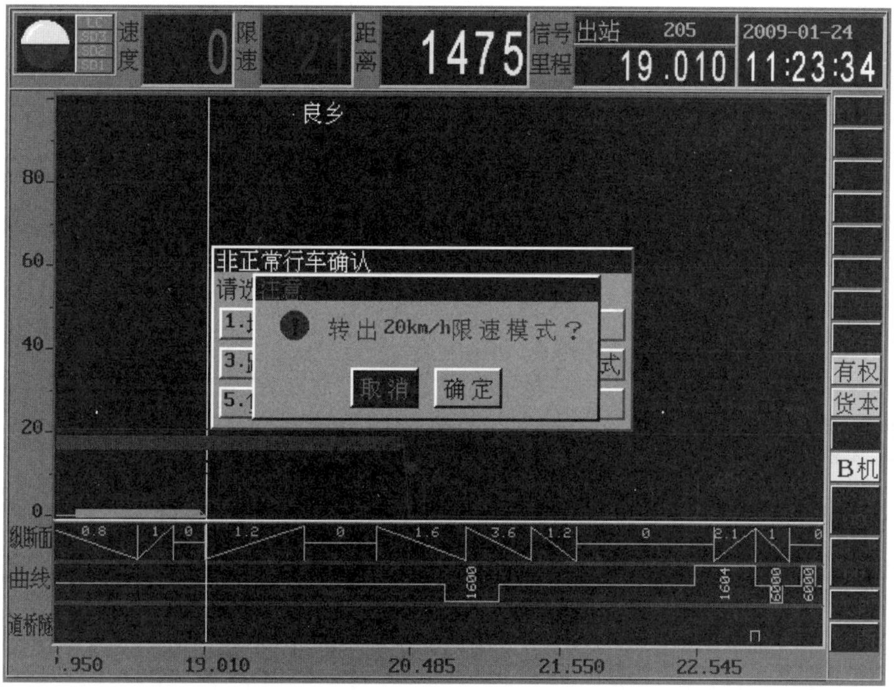

图 2.4.40　转出 20 km/h 限速模式确认界面

进入“20 km/h 限速工作状态”后：

（1）装置不以机车信号作为控制依据。

（2）装置不进行自动距离误差校正。

（3）不能输入侧线股道号。

（4）不能进入调车、降级工作状态。

（5）无各项解锁功能。

（6）无临时限速、区段限速控制和显示。

（7）对于发车进路、出站信号机，按停车模式控制。

（8）无机车信号变化的语音提示。

任务评价

任务评价采取教师评价、小组自评、小组互评相结合的方式。其中，教师评价占总成绩的 60%，小组自评、小组互评各占总成绩的 20%（见表 2.4.13）。

表 2.4.13　任务实施评价表

任务名称	机车信号机故障操作				
被评者		评价者		时间	
评价方式	自评　　互评　　师评				
项目	分值	评分标准		分值	得分
工作态度纪律素养	20	态度积极		5	
		遵守纪律		5	
		环境卫生		5	
		安全操作		5	
团队合作	10	分工明确		5	
		团队合作		5	
任务实施	60	步骤一： 根据教师指令完成操作，动作标准、顺序正确、无缺项漏项		20	
		步骤二： 根据教师指令完成操作，动作标准、顺序正确、无缺项漏项		20	
		步骤三： 根据教师指令完成操作，顺序正确、无缺项漏项		20	
操作规范性	10	操作动作标准、规范		5	
		操作结束设备恢复初始状态		5	
合计					

总结拓展

根据任务实施和评价情况填写任务实施总结和拓展学习计划（见表 2.4.14）。

表 2.4.14　任务实施总结和拓展学习计划表

任务实施总结
1. 知识目标掌握情况   2. 能力目标掌握情况
拓展学习计划

项目五　6A 系统音视频显示终端操作

项目描述

机车车载安全防护系统（6A 系统）的基本操作主要是音视频显示终端操作。通过音视频显示终端切换查看各子系统的工作状态及报警内容。

知识目标

（1）掌握 6A 系统基本操作相关知识。
（2）掌握 6A 系统报警消除操作相关知识。

能力目标

（1）熟练掌握机车车载安全防护（6A）系统音视频显示终端操作。
（2）熟练掌握 6A 系统报警后的操作流程。

思政目标

（1）培养敬业爱岗、遵章守纪、乐于奉献的职业精神。
（2）牢记安全第一、以质量促安全的职业规范。
（3）谨记作业流程，培育过硬业务能力。

任务一　6A 系统基本操作

任务目标

1．知识目标

掌握 6A 系统音视频显示终端显示界面。
掌握 6A 系统相关操作注意事项。

2. 能力目标

掌握 6A 系统相关操作。

任务准备

1. 任务地点

列车监控运行装置应用实训室。

2. 任务设备

机车模式驾驶实训台。

3. 知识准备

理论篇 项目五。

任务描述

学生模拟机车乘务员，按照一次乘务作业标准独立完成列车运行过程中 6A 系统所有操作，熟练掌握操作要领及注意事项。

任务实施

一、步骤一：6A 系统音视频显示终端显示界面

6A 系统音视频显示终端位于机车司机操作台上，是 6A 系统的人机交互装置，可以查询各子系统设备状态、监测数据、提示信息和报警信息（见图 2.5.1）。

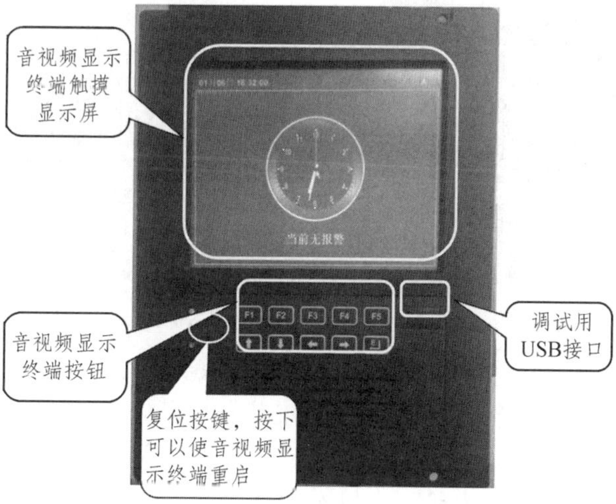

图 2.5.1　6A 系统音视频终端示意

6A 系统中央处理平台在启动后，将自动收集各子系统的自检信息，并将信息发送到音视频显示终端，如果 6A 系统主界面显示内容如下图所示，并且没有语音

报警，则表示 6A 系统运行正常（见图 2.5.2）。

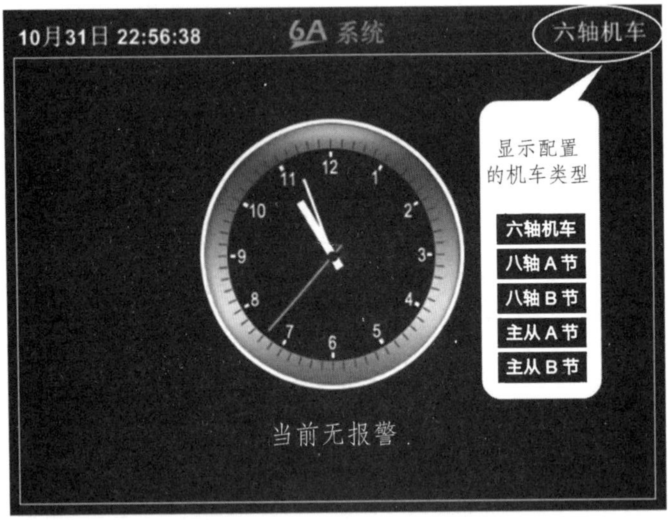

图 2.5.2　无报警显示界面

如果有故障报警，显示终端会在主界面自动显示相应的信息（见图 2.5.3）。

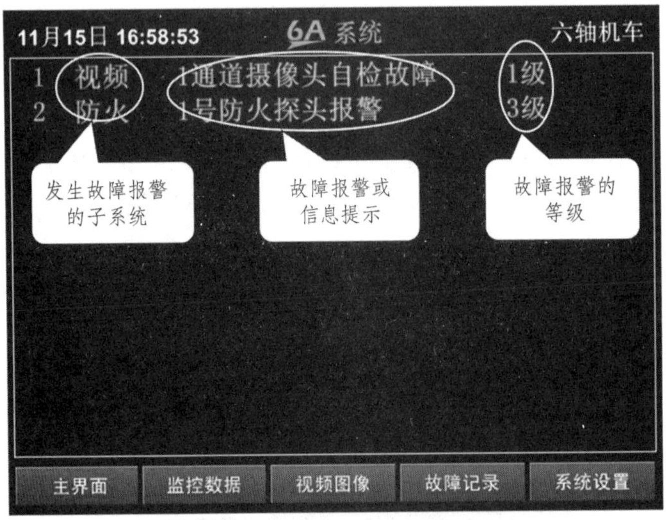

图 2.5.3　报警显示界面

在开机界面点击一下 6A 显示终端的屏幕，显示终端会进入主界面（见图 2.5.4）。主界面下方分布着 5 个功能选择按钮，点击可以查看下一级子菜单。

（1）点击【主界面】按钮，可以切换到主界面，显示当前故障报警信息。

（2）点击【监控数据】按钮，可以查看各子系统的监测数据。

（3）点击【视频图像】按钮，可以查看各视频通道的图像。

（4）点击【故障记录】按钮，可以查看机车本次运行的故障报警记录，以及历史的故障报警记录。

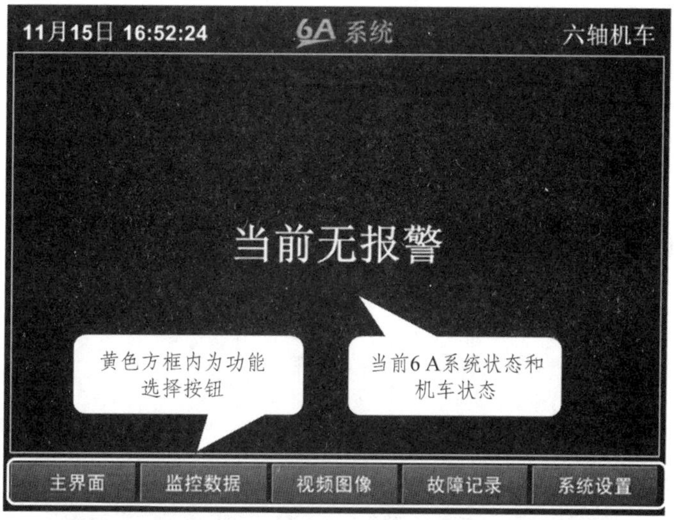

图 2.5.4　显示终端主界面

（5）点击【系统设置】按钮，可以查看系统的版本信息，配置系统的主要参数。

二、步骤二：空气制动监测子系统操作

点击【监控数据】【制动】按钮，进入机车空气制动监测界面，在此界面可以观测到运行速度、风管压力、列车贯通辆数等数据（见图 2.5.5）。

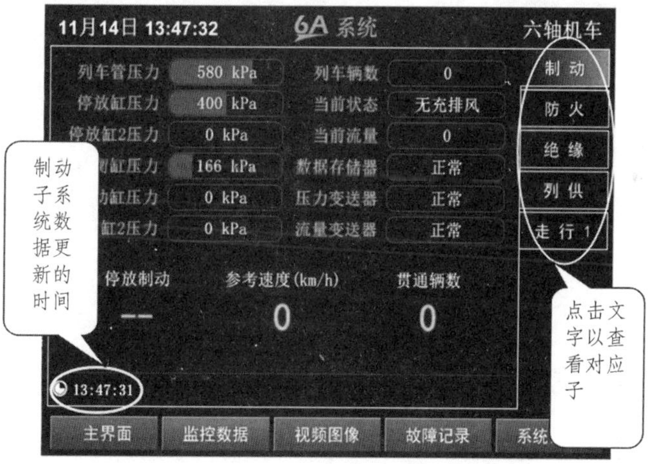

图 2.5.5　空气制动检测主界面

图中左侧显示的是机车制动系统当前的压力值，其作用是监测机车停放制动施加状态，当停放制动施加出现异常情况时，音视频显示终端会发出语音报警，并且会出现文字提示，同时记录并存储。图中右侧显示的是防折关监测模块的监测数据，其中：

（1）“列车辆数”是从机车 LKJ 获取的列车当前编组信息。

（2）“当前状态”显示列车管当前的充排风情况，在列车充排风过程中，显示终端会通过文字信息提示司机充排风状态。

（3）“当前流量”监测的是当前机车列车管内的充排风流量。

（4）“数据存储器”“压力变送器”“流量变送器”显示当前制动监测设备的状态。

（5）“贯通辆数”显示在列车正常充排风结束之后，防折关监测模块检测到的列车贯通辆数。

三、步骤三：防火监测子系统操作

点击【监控数据】【防火】按钮，进入机车防火监控界面，此界面显示当前机车的防火探头种类、安装位置和关联视频通道（见图 2.5.6）。

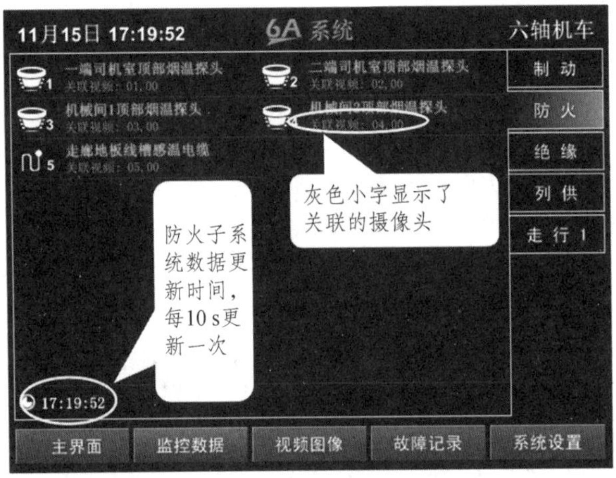

图 2.5.6　防火显示界面

当发生火灾时，界面上对应位置的探头图标会变为红色，显示终端发出语音报警提示，并且自动将画面切换为与报警探头关联的视频通道上，司乘人员可以立即通过显示终端观察发生火灾位置的情况。当火灾探头故障时，防火探头图标变为黄色。

四、步骤四：高压绝缘监测子系统操作

点击【监控数据】【绝缘】按钮，进入机车高压绝缘检测界面，此界面内可以观察到进行绝缘检测时的“检测类型”“检测结果”“电钥匙状态”“外网供电状态”“功率模块状态”“检测电压”和设置的“报警门限”（见图 2.5.7）。

机车高压绝缘检测子系统使用方法：

（1）确认机车处于安全操作状态，即无论机车处于库内还是在线运用，必须确认机车处于降弓停车、主断路器断开、高压连接器连接状态，并必须确认机车车顶无人操作并锁闭车顶门。

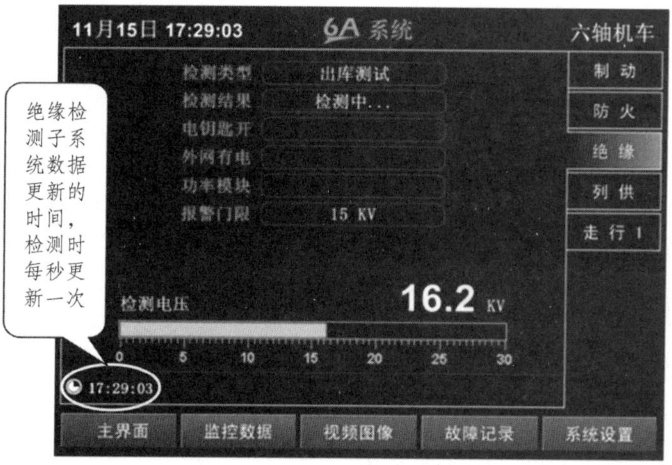

图 2.5.7　高压绝缘监测界面

（2）使用机车蓝钥匙将开关置于“开”位，打开高压绝缘检测装置电源，测试装置加电启动，进入自检状态，自检灯闪烁。

① 若此时机车禁止测试连锁线（KEY）有电或未降受电弓，该装置电联锁将自动启动，相应故障指示灯常亮，显示屏显示故障状态，向 6A 系统发送故障信息，并有蜂鸣器报警。此时，检测装置不能进入测试状态，直到排除联锁故障后方可进行下一步，排除联锁故障的方法：降受电弓或关闭机车电钥匙。

② 自检过程中，如本检测装置内部发生故障，则自检灯常亮，显示屏显示故障状态，并向 6A 系统发送故障信息。此时需要再次启动自检确认，如果检测装置还是不能进入测试状态，需要进行返厂维修。

（3）若自检正常通过后，即第（2）步所提情况未出现或者已经排除，则自检指示灯灭，显示屏显示自检完成。

（4）自检完毕后方可进行检测操作，机车出库前，按下“出库检测”；当机车在线运用时，按下“运行检测”。按相应测试按钮后，听到“滴”一声后测试装置进入测试状态，绝缘检测指示灯闪烁，显示屏显示目前测得的电压，并向 6A 系统发送检测信息，检测完成后，若测试的电压值高于报警阈值，显示屏显示绝缘正常，绝缘检测灯熄灭，若测试的电压值低于报警阈值，显示屏显示绝缘报警，绝缘检测灯常亮，并有蜂鸣器报警。详细情况如图 2.5.8 和图 2.5.9 所示。

五、步骤五：走行部故障监测子系统操作

点击【监控数据】【走行 1】按钮，进入机车走行部监测子系统监测界面，界面显示所有安装了传感器的轴位的温度值和冲击振动情况。如图 2.5.10 所示，小方框内的数字是对应传感器测量的温度值，文字是对应传感器状态，以及各测点（轴承、齿轮、踏面）的温度报警和冲击故障报警情况。

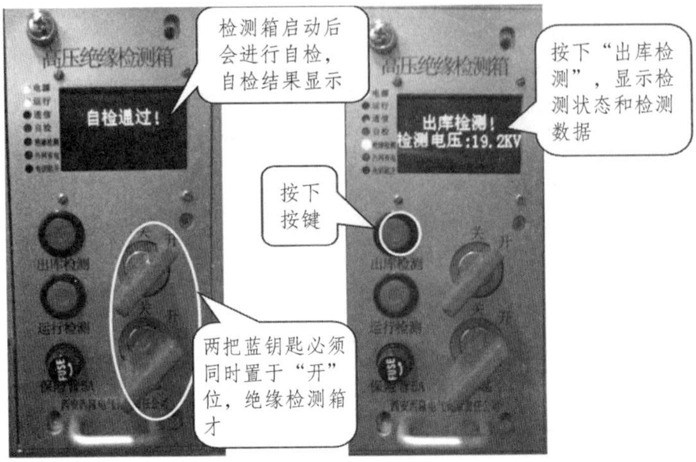

图 2.5.8　八轴机车高压绝缘检测示意

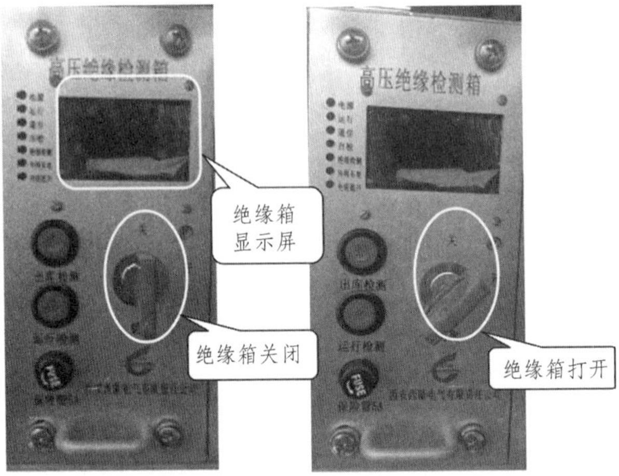

图 2.5.9　六轴机车高压绝缘检测示意

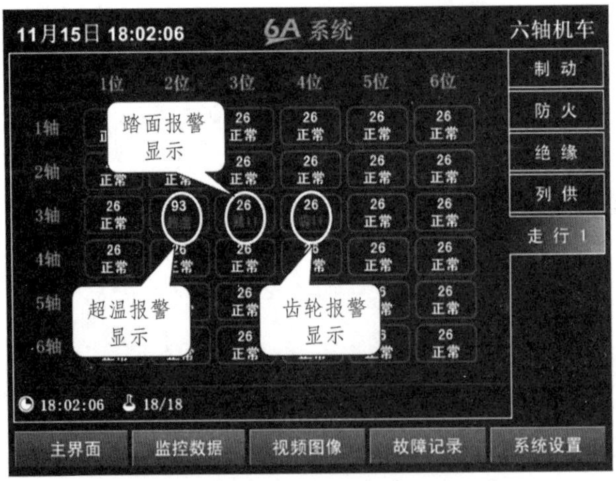

图 2.5.10　走行部监测界面

六、步骤六：视频监测子系统操作

点击【视频监控】按钮，可以查看实时的视频监控图像（见图 2.5.11）。八轴机车在 A 节司机室和 B 节司机室各有一个音视频显示终端，点击【监控数据】按钮，会出现选择提示，点击可以查看相应的数据；点击【视频图像】按钮会出现选择提示，可以查看相应的视频图像。

图 2.5.11　视频监测界面（单画面）

如图 2.5.11 所示，右侧选项栏内的带编号方框 1-16 为可安装视频监控设备的通道。其中，带有黄色文字的方框表示此通道已经安装了摄像头并完成了相关配置，黄色文字显示了视频摄像头安装的位置。当通道被选中时，方框的边框会变为红色。选项栏中“单画面”按钮可以切换视频通道显示数量，“单画面”表示当前界面只显示一个通道的视频图像，点击此按钮，“单画面”切换为“四画面”，表示当前界面同时显示四个通道的视频图像（见图 2.5.12）；再次点击，“四画面”切换为“单画面”。选项栏中“手动”按钮可以切换视频播放模式，“手动”表示司机可以根据需要自行选择视频通道；点击此按钮，“手动”切换为“自动”，界面当中的图像将按视频通道编号自动顺序播放。

七、步骤七：列车供电监测子系统操作

点击【监控数据】【列供】按钮，进入列车供电监测界面，显示列车两路供电的实时状态（具体参数见图 2.5.13）。

司乘人员可以通过点击【挂车前记录】【挂车后记录】按钮，记录并查看比对“挂车前记录”和“挂车后记录”的数据，更准确地掌握列车供电状态，点击【故障记录】按钮，然后再点击【漏电记录】按钮，可以查看机车的漏电记录（见图 2.5.14）。

图 2.5.12 视频监测界面（四画面）

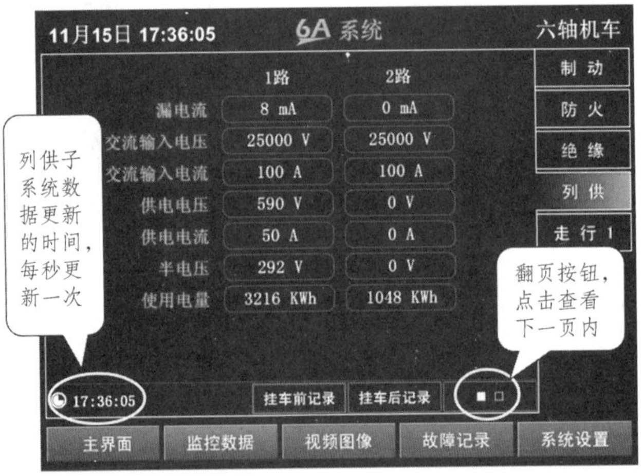

图 2.5.13 列车供电界面

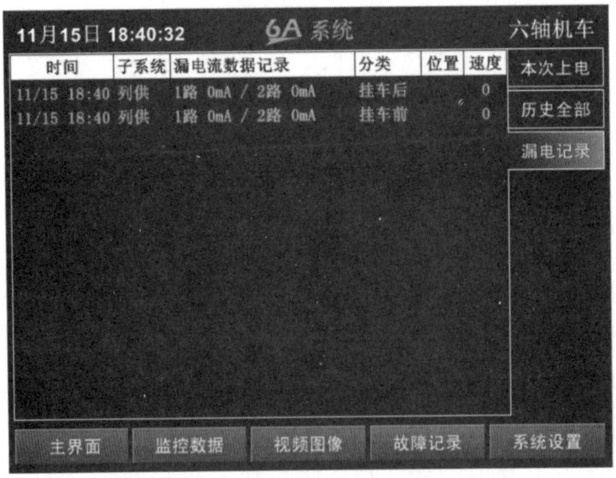

图 2.5.14 漏电记录界面

八、步骤八：其他操作

1. 故障记录查看

点击【故障记录】【本次上电】按钮，可以查看本次开电后发生的故障信息（见图 2.5.15）。点击【故障记录】【历史全部】按钮，可以查看历史曾经发生的故障信息。

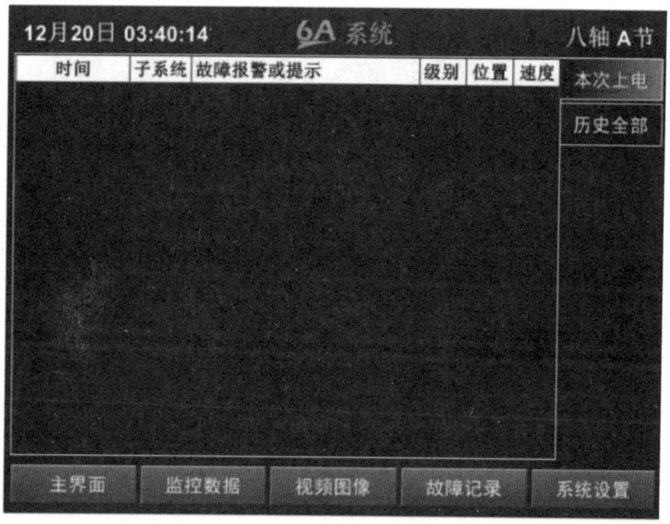

图 2.5.15　记录界面

2. 查看系统设置及相关信息

点击【系统设置】按钮，显示系统设置界面（见图 2.5.16），可以通过界面上的选项查看设置 6A 系统及子系统的相关信息。

图 2.5.16　系统设置界面

“机型配置”：此配置通常在机车出厂前完成，如需修改联系主机厂或者 6A 系统供应商。

“系统时间”：可以设置 6A 系统时间并选择对时方式。此设置通常在机车出厂前完成，如需修改联系主机厂或者 6A 系统供应商。

“下载数据”：可以设置数据下载模式，此设置通常在机车出厂前完成，如需修改联系主机厂或者 6A 系统供应商。

“防火复位”：使火灾探头和感温线缆以及防火监控板卡复位。

“绝缘限值”：设置高压绝缘检测报警门限值。

“制动参数”：设置制动监测和折角塞门监测参数，此设置通常在机车出厂前完成，如需修改联系主机厂或者 6A 系统供应商。

“视频通道”：设置视频通道名称、安装位置等信息，此设置通常在机车出厂前完成，如需修改联系主机厂或者 6A 系统供应商。

“防火探头”：设置火灾探头类型、安装位置、关联视频通道的信息，此设置通常在机车出厂前完成，如需修改联系主机厂或者 6A 系统供应商。

“外部插件”：选择视频和音视频显示终端的驱动插件。

“其他内容”：6A 系统供应商专用选项。

图中右侧所列为“机车信息”“版本信息”“平台信息”，通过点击，可以查看相关信息。

任务评价

任务评价采取教师评价、小组自评、小组互评相结合的方式。其中，教师评价占总成绩的 60%，小组自评、小组互评各占总成绩的 20%（见表 2.5.1）。

表 2.5.1　任务实施评价表

<table>
<tr><td>任务名称</td><td colspan="5">6A 系统基本操作</td></tr>
<tr><td>被评者</td><td></td><td>评价者</td><td></td><td>时间</td><td></td></tr>
<tr><td>评价方式</td><td colspan="5">自评　　　　互评　　　　师评</td></tr>
<tr><td>项目</td><td>分值</td><td colspan="2">评分标准</td><td>分值</td><td>得分</td></tr>
<tr><td rowspan="4">工作态度
纪律素养</td><td rowspan="4">10</td><td colspan="2">态度积极</td><td>3</td><td></td></tr>
<tr><td colspan="2">遵守纪律</td><td>3</td><td></td></tr>
<tr><td colspan="2">环境卫生</td><td>2</td><td></td></tr>
<tr><td colspan="2">安全操作</td><td>2</td><td></td></tr>
<tr><td rowspan="2">团队合作</td><td rowspan="2">5</td><td colspan="2">分工明确</td><td>3</td><td></td></tr>
<tr><td colspan="2">团队合作</td><td>2</td><td></td></tr>
</table>

续表

项目	分值	评分标准	分值	得分
任务实施	80	步骤一： 根据教师指令完成操作，动作标准、顺序正确、无缺项漏项	10	
		步骤二： 根据教师指令完成操作，动作标准、顺序正确、无缺项漏项	10	
		步骤三： 根据教师指令完成操作，顺序正确、无缺项漏项	10	
		步骤四： 根据教师指令完成操作，顺序正确、无缺项漏项	10	
		步骤五： 根据教师指令完成操作，顺序正确、无缺项漏项	10	
		步骤六： 根据教师指令完成操作，顺序正确、无缺项漏项	10	
		步骤七： 根据教师指令完成操作，顺序正确、无缺项漏项	10	
		步骤八： 根据教师指令完成操作，顺序正确、无缺项漏项	10	
操作规范性	5	操作动作标准、规范	3	
		操作结束设备恢复初始状态	2	
合计				

总结拓展

根据任务实施和评价情况填写任务实施总结和拓展学习计划（见表 2.5.2）。

表 2.5.2 任务实施总结和拓展学习计划表

任务实施总结
1. 知识目标掌握情况   2. 能力目标掌握情况
拓展学习计划

参考文献 ▸▸▸

[1] 徐宗奇，阳晋．我国轨道电路发展历程及现状[J]．铁道通信信号，2019（S01）：5．

[2] 高振天．UM71 轨道电路参数测试方法的研究[D]．秦皇岛：燕山大学，2016．

[3] 杨璟．ZPW-2000 轨道电路暂态故障诊断研究[D]．成都：西南交通大学，2011．

[4] 潘震．基于 DSP 的机车信号检测系统设计和实现[D]．北京：北京邮电大学，2019．

[5] 时慧茹．机车信号车载系统在铁路行车中的应用分析[J]．河南科技，2015（21）：1．

[6] 刘爱民．机车信号的故障分析与处理[J]．中国新技术新产品，2018（10）：2．

[7] 郑州铁路局．LKJ2000 型列车运行监控装置操作手册[M]．北京：中国铁道出版社，2012．

[8] 中国国家铁路集团有限公司．铁路技术管理规范（普速铁路部分）[M]．北京：中国铁道出版社，2018．

[9] 中华人民共和国铁道部．铁路机车操作规则——铁运〔2012〕281 号[M]．北京：中国铁道出版社，2016．